LOS TEXTOS DE LOS ATAÚDES DEL EGIPTO ANTIGUO

ANCIENT NEAR EAST MONOGRAPHS

Editors
Jeffrey Stackert
Juan Manuel Tebes

Editorial Board
Angelika Berlejung
Abraham I. Fernández Pichel
Tova Ganzel
Daniel Justel Vicente
Lauren Monroe
Emanuel Pfoh
Madadh Richey
Stephen C. Russell
Andrea Seri

Number 32

SBL PRESS

LOS TEXTOS DE LOS ATAÚDES DEL EGIPTO ANTIGUO

Variabilidad, legitimación y diálogo

by

Carlos Gracia Zamacona

SBL PRESS

SBL PRESS

Atlanta

Library of Congress Control Number: 2024934937

Para Lola

A la ciudad de Roma

Words, as is well known, are the great foes of reality. I have been for many years a teacher of languages. It is an occupation which at length becomes fatal to whatever share of imagination, observation, and insight an ordinary person may be heir to. To a teacher of languages there comes a time when the world is but a place of many words and man appears a mere talking animal not much more wonderful than a parrot.

—Joseph Conrad

Índice

Resumen xi
Lista de figuras y tablas xiii
Lista de abreviaturas y convenciones xvii
Agradecimientos xxvii
1. Los Textos de los Ataúdes como concepto egiptológico 1
2. Lecturas 21
3. Textos 97
4. Medios 121
5. Contextos 153
6. Respecto a un método 177
Anexo I: CT 682 y sus paralelos 185
Anexo II: glosario 193
Anexo III: fuentes incluidas en la edición de Adriaan de Buck 205
Anexo IV: fuentes no incluidas en la edición de Adriaan de Buck 221
Bibliografía esencial 229
Bibliografía general 231
Índices 279

Resumen

Este libro es un primer acercamiento a un enfoque integral y basado en el corpus de los Textos de los Ataúdes, un conjunto muy extenso de textos que se inscribieron, de manera predominante, en el interior de los ataúdes de la clase pudiente del Reino Medio egipcio, aproximadamente entre el 2050 y el 1650 a.Jc.

Nuestra información sobre los Textos de los Ataúdes procede de un par de centenares de documentos, sólo una parte mínima de los cuales ha sido publicada de manera conveniente, ya sea total o parcialmente. Estos documentos proceden del medio Egipto (Barsha, Asiut, Meir, Beni Hasan), la zona tebana, el sur (Gebelein y Asuán) y la zona menfita (principalmente, Saqqara), además de dos casos en el Delta del Nilo (Kom el-Hisn y Mendes) y uno en el oasis de Dajla (Balat). Hay muchos más documentos, procedentes de esos sitios u otros, que están aún por publicar aunque sea de manera preliminar. La imagen que se desprende de este material es la de un corpus mortuorio fundamental durante el Reino Medio y, probablemente, el más extenso de la civilización egipcia.

Escritos en egipcio medio (o "clásico"), con numerosos elementos de egipcio antiguo, los Textos de los Ataúdes conforman un repositorio de textos de muy diferente extracción que se consideraban útiles para el difunto en el proceso cultural relacionado con su muerte, enterramiento y trayectoria *post mortem*.

Este libro recoge las ideas del autor durante los últimos casi treinta años sobre los Textos de los Ataúdes desde una perspectiva empírica en la que los datos se intentan comprender en su contexto primero (el corpus), por encima de distintos enfoques teóricos o interpretaciones centradas en determinados conceptos.

Este libro aporta una nueva mirada a un corpus de enorme complejidad editorial, cultural, histórica, social, lingüística, antropológica y religiosa, que está en un arduo proceso de estudio constante.

Lista de figuras y tablas

Se proporcionan detalles sobre la propiedad de los derechos de autor y el uso permitido del material de terceros en el pie de foto. Si desea reutilizar cualquier material de terceros que no esté cubierto por la licencia indicada, deberá obtener permiso directamente del propietario de los derechos de autor.

Figuras

Fig. 1. Página de *The Egyptian Coffin Texts*, editados por Adriaan de Buck (1935–1961). © University of Chicago.

Fig. 2. Página del *Index of the Spells on Egyptian Middle Kingdom Coffins and Related Documents*, de Leonard Lesko (1979).

Fig. 3. Vista interior y exterior del ataúd exterior de *Zpi* (B1P). Musée du Louvre (E 10779 A). Barsha, dinastía XII. © Musée du Louvre.

Fig. 4. Ataúd y momia de *H̱nm-ḥtp*. Metropolitan Museum of Art (nº 12.182.131a–c). ¿Meir?, dinastía XII. CC 0.

Fig. 5. Disposición de la fórmula CT 1185, marcada en rojo en el fondo del ataúd B5C. Extraída de CT VII, plan 14. © University of Chicago.

Fig. 6. Grafías de Osiris con la corona blanca en los Textos de los Ataúdes. © University of Chicago.

Fig. 7. Transcripción de la fórmula de ofrenda real en el interior del lado frontal del ataúd de *Wẖ-šms* (M1War), según Dąbrowska-Smektała (1979, p. 131). Museo Nacional de Varsovia (nº inv. 139937). Meir, Reino Medio. © El autor.

Fig. 8. Papiro Gardiner III. Museum of the Institute for the Study of Ancient Cultures, University of Chicago (reg. nº E14062). ¿Asiut, Primer Periodo Intermedio? CC-BY-NC-ND.

Fig. 9. El nombre del difunto en el interior de la tapa del ataúd de *H̱.ty*. Metropolitan Museum of Art (nº 32.1.133a–k). Lisht, segunda mitad de la dinastía XII. CC 0.

Fig. 10. Fragmento del sarcófago de *Ḥnn.w* (TT 313). Deir el-Bahari (Luxor occidental), dinastía XI. © Middle Kingdom Theban Project.
Fig. 11. La expresión 𓂡 en el interior de la tapa del ataúd de *H̱.ty*. Metropolitan Museum of Art (nº 32.1.133a–k). Lisht, segunda mitad de la dinastía XII. CC 0.
Fig. 12. Diferencia en la escrituración de la expresión 𓂡 en el interior de la tapa del ataúd de *H̱.ty*. Metropolitan Museum of Art (nº 32.1.133a–k). Lisht, segunda mitad de la dinastía XII. CC 0.
Fig. 13. Ataúd de *Ꞽqr*. Museo Egizio (C00671). Gebelein, dinastía XI. Destruido. © Museo Egizio, Turín.
Fig. 14. Detalle de escritura retrógrada de las columnas de Textos de los Ataúdes del lado frontal del ataúd exterior de *Sn* (B4L) British Museum (nº EA30842). Barsha, dinastía XII. © The Trustees of the British Museum.
Fig. 15. Iannis Xenakis, *Metastasis* (1954). Angeldo, CC BY-SA 4.0 (https://creativecommons.org/licenses/by-sa/4.0), en Wikimedia Commons.
Fig. 16. Tela ewe o asante. British Museum (n° Af1934,0307.165, AN501677001). Ghana. © Trustees of the British Museum.
Fig. 17. Transcripción jeroglífica de la tablilla de escriba en el friso de objetos del interior del lado de la espalda del ataúd B1C. Museo del Cairo (CGC 28083). Barsha, dinastía XII. © El autor.
Fig. 18. La *tradición larga* de textos mortuorios del antiguo Egipto. © El autor.
Fig. 19. La *tradición corta* de textos mortuorios del antiguo Egipto. © El autor.
Fig. 20. Juego ontológico de determinativos en CT II 288 e. © University of Chicago.
Fig. 21. Detalle del interior del frente del ataúd de *Wẖ-ḥtp* (M1NY). Metropolitan Museum of Art (nº 12.182.132). ¿Meir?, dinastía XII. CC 0.
Fig. 22. Detalle del exterior del frente del ataúd de *Wẖ-ḥtp* (M1NY). Metropolitan Museum of Art (nº 12.182.132). ¿Meir?, dinastía XII. CC 0.
Fig. 23. Detalle del interior de la cabeza del ataúd de *Wẖ-ḥtp* (M1NY). Metropolitan Museum of Art (nº 12.182.132). ¿Meir?, dinastía XII. CC 0.
Fig. 24. Fragmento de caliza con escena ribereña. Brooklyn Museum (nº 65.16). Heracleópolis o Amarna, dinastía XVIII. Creative Commons-BY (Photo: Brooklyn Museum, 65.16_SL1.jpg).

Tablas

Tabla 1. Estructura comunicativa: factores y valores.
Tabla 2. Estructura comunicativa de CT 1.
Tabla 3. Estructura comunicativa de CT 38.
Tabla 4. Estructura comunicativa de CT 75.
Tabla 5. Estructura comunicativa de CT 94.
Tabla 6. Estructura comunicativa de CT 146.
Tabla 7. Testigos de CT 131–146.

Tabla 8. Estructura comunicativa de CT 210.
Tabla 9. Estructura comunicativa de CT 215.
Tabla 10. Estructura comunicativa de CT 225.
Tabla 11. Interpelación al difunto en CT III 214–215 a.
Tabla 12. Estructura comunicativa de CT 335.
Tabla 13. Expresiones de legitimación en CT 335.
Tabla 14. Estructura comunicativa de CT 343.
Tabla 15. Estructura comunicativa de CT 472.
Tabla 16. Estructura comunicativa de CT 473.
Tabla 17. Estructura comunicativa de CT 629.
Tabla 18. Estructura comunicativa de CT 1029.
Tabla 19. Estructura comunicativa de CT 1072.
Tabla 20. Estructura comunicativa de CT 1185.
Tabla 21. Proposiciones de finalidad neutrales y no-neutrales en inglés.
Tabla 22. CT 943 en P. Gardiner III: formato y lectura.
Tabla 23. Elementos de actualización de documentos con Textos de los Ataúdes.
Tabla 24. Estructura textual colaborativa: PT 669, PT 627B, CT 990 y CT 682 e Ibi.
Tabla 25. PT 213–214 en B1C (friso de objetos, interior de la espalda): formato y lectura.
Tabla 26. Aspectos de la reproducción textual escrita según Ragazzoli 2019, 78–81.
Tabla 27. Textos mortuorios de la tradición corta: grupos temáticos.
Tabla 28. El término *ꜥḥꜥ-ḥmsi* en los Textos de los Ataúdes.
Tabla 29. Verbos de dicción: estructuras valenciales (CT I–II).
Tabla 30. Estructuras de igualación y desigualación en los Textos de los Ataúdes.
Tabla 31. Expresión de igualdad en forma nominal (CT I 160 g–161 b).

Lista de abreviaturas y convenciones

TEXTOS, OBRAS DE REFERENCIA Y REVISTAS

ÄA	Ägyptologische Abhandlungen
ÄAT	Ägypten und Altes Testament
AAWL	Abhandlungen der Akademie der Wissenschaften und der Literatur
ADAIK	Abhandlungen des Deutschen Archäologischen Instituts Kairo
AegHel	Aegyptiaca Helvetica
AegLeod	Aegyptiaca Leodiensia
AegRoss	*Aegyptiaca Rossica*
AERR	Ancient Egyptian Religious Representations
AfO	*Archiv für Orientforschung*
AHAA	*Annales d'Histoire de l'Art et d'Archéologie*
AJA	*American Journal of Archaeology*
AJSLL	*American Journal of Semitic Languages and Literatures*
AntOr	*Antiguo Oriente*
ÄOPH	Ägyptische und Orientalische Papyri und Handschriften des Ägyptischen Museums und Papyrussammlung Berlin
APS	The Asyut Project Series. Wiesbaden
ArchOr	*Archiv Orientální*
ArchPhil	Archives de Philosophie
AuOr	*Aula Orientalis*
ARA	*Annual Review of Anthropology*
ARW	*Archiv für Religionswissenschaft*
ASAE	*Annales du Service des Antiquités de l'Egypte*
ASE	Memoirs of the Archaeological Survey of Egypt
ASGM	*Atti del Sodalizio Glottologico Milanese*
ÄSL	Ägyptologische Studien Leipzig
AUC–PM	Acta Universitatis Carolinae–Philologica Monographia
AUU	Acta Universitatis Upsaliensis

AVBWG	*Abhandlungen und Vorträge, hrsg. von der Bremer Wissenschaftlichen Gesellschaft*
BAÄ	Beiträge zum Alten Ägypten
BAEDE	*Boletín de la Asociación Española de Egiptología*
BALK	Beiträge zur Archäologie der literarischen Kommunikation
BAR–IS	British Archaeological Reports International Series
BdE	Bibliothèque d'Étude
BdM	Bibliothèque du Muséon
BEHE	Bibliothèque de l'École des Hautes Études. Sciences Historiques et Philologiques
BEJ	*Birmingham Egyptology Journal*
BiEg	*Bibliothèque égyptologique contenant les œuvres des égyptologues français dispersées dans divers Recueils et qui n'ont pas encore été réunies jusqu'à ce jour*
BIFAO	*Bulletin de l'Institut Français d'Archéologie Orientale*
BiOr	*Bibliotheca Orientalis*
BMMA	*Bulletin of the Metropolitan Museum of Arts*
BMOP	British Museum Occasional Paper
BMQ	*The British Museum Quarterly*
BOS	Bonner orientalistische Studien, Neue Serie
BR	Bersheh Reports
BSAW	Berlin Studies of the Ancient World
BSEG	*Bulletin de la Société Egyptologique de Génève*
BSL	*Bulletin de la Société Linguistique*
CAER	*Catálago de la Academia de España en Roma*
CAL	*Cambridge Archaeological Journal*
CBD	Catalogue of the Books of the Dead and other religious texts in the British Museum
CCE	*Cahiers Caribéens d'Egyptologie*
CdE	*Chronique d'Egypte*
CGC	Catalogue Général du Musée du Caire
CHANE	Culture and History of the Ancient Near East
CL	*Cognitive Linguistics*
CLR	Cognitive Linguistics Research
CNIP	Carsten Niebuhr Institute Publications
CRIPEL	*Cahiers de Recherches de l'Institut de Papyrologie et Egyptologie de Lille.*
CSE	Cahiers de la Société d'Égyptologie
DAWIO	Deutsche Akademie der Wissenschaften zu Berlin, Institut für Orientforschung, Veröffentlichung
DE	*Discussions in Egyptology*
DE–SN	Discussions in Egyptology Special Number
DHR	Dynamics in the History of Religion

DO	*Deutscher Orientalistentag*
EAE	Encounters with Ancient Egypt
EDAL	*Egyptian and Egyptological Documents, Archives and Libraries*
EDMA	*Enciclopedia Digital de los Mundos Antiguos*
EgMem	Egyptological Memoirs
EgUit	*Egyptologische Uitgaven*
EiIm	*Eikón Imago*
ENiM	*Égypte Nilotique et Méditerranéenne*
EtEg	Études Égyptiennes
ERA	Egyptian Research Account
FIFAO	Fouilles de l'Institut Français d'Archéologie Orientale
GHPE	Golden House Publications Egyptology
GM	*Göttinger Miszellen*
GOF	Göttinger Orientforschungen
GRBS	*Greek, Roman and Byzantine Studies*
HdO	Handbuch der Orientalistik
HES	Harvard Egyptological Studies
HOS	Handbook of Oriental Studies, Section 1, The Near and Middle East
HSS	Harvard Semitic Studies
IA–E	Informes Arqueológicos–Egipto
IASHP	*Israel Academy of Sciences and Humanities Proceedings*
IE	*Informatique et Egyptologie*
IEA	Les Institutions dans l'Égypte ancienne
JA	*Journal Asiatique*
JAEI	*Journal of Ancient Egyptian Interconnections.*
JANER	*Journal of Ancient Near Eastern Religions*
JAOS	*Journal of the American Oriental Society*
JARCE	*Journal of the American Research Center in Egypt*
JC	*Journal of Cognition*
JEA	*Journal of Egyptian Archaeology*
JEH	*Journal of Egyptian History*
JEOL	*Jaarbericht van het Vooraziatisch-Egyptich Genootschap Ex Oriente Lux*
JEP	*Journal of Ethnopharmacology*
JNES	*Journal of Near Eastern Studies*
JPR	*Journal of Politeness Research*
JPSP	*Journal of Personality and Social Psychology*
JSSEA	*The Journal of the Society for the Study of Egyptian Antiquities*
KAWW	Kaiserliche Akademie der Wissenschaften in Wien
KPAWS	*Königlich Preussische Akademie der Wissenschaften. Sitzungsberichte*
LibAn	*Liber Annus*
LingAeg	*Lingua Aegyptia*
LingAeg–SM	Lingua Aegyptia–Studia Monographica

LSM	Lexicographica Series Maior
MÄS	Münchner Ägyptologische Studien
MB	*Medelhavsmuseet Bulletin*
MDAIK	*Mitteilungen des Deutschen Archäologischen Instituts, Abteilung Kairo*
MelEg	*Mélanges Égyptologiques*
MGG	*Mitteilungsblatt der Gesellschaft für Ganzheitsforschung*
MIFAO	Mémoires de l'Institut Français d'Archéologie Orientale
MIO	*Mitteilungen des Instituts für Orientforschung*
MISH	*Méthodes et Interdisciplinarité en Sciences Humaines*
MonAeg	Monumenta Aegyptiaca
MT	Materiale Textkulturen
MTC	*Manuscript and Text Cultures*
MVEOL	Mededelingen en verhandelingen van het Vooraziatisch-Egyptisch Genootschap "Ex Oriente Lux"
NA	Narratio Aliena?
NLR	*New Left Review*
OA	*Oriens Antiquus*
OBO	Orbis Biblicus et Orientalis
OIMP	Oriental Institute Museum Publications
OIP	Oriental Institute Publications
OLA	Orientalia Lovaniensia Analecta
OLP	Orientalia Lovaniensia Periodica
OLZ	*Orientalistische Literaturzeitung*
ORA	Orientalische Religionen in der Antike
PÄ	Probleme der Ägyptologie
PAM	*Polish Archaeology in the Mediterranean*
PapLeod	Papyrologica Leodiensia
PIREI	Publications Interuniversitaires de Recherches Egyptologiques Informatisées. Utrecht.
PLB	Papyrologica Lugduno-Batava
PMAA	Princeton Monographs in Art and Archaeology: quarto series
PMMA-EE	Publications of the Metropolitan Museum of Arts: Egyptian Expedition
RA	*Res Antiquitatis*
RdE	*Revue d'Egyptologie*
REDMA	*Revista Digital de los Mundos Antiguos*
RHR	*Revue de l'Histoire des Religions*
RIIPOA	Estudios Orientales–Monografías RIIPOA
RSE	Routledge Studies in Egyptology
RT	*Récueil de Travaux relatifs à la philologie et à l'archéologie égyptiennes et assyriennes*
SAGA	Studien zur Archäologie und Geschichte Altägyptens

SAOC Studies in Ancient Oriental Civilization
SAK *Studien zur Altägyptische Kultur*
SAK Beihefte Studien zur Altägyptische Kultur—Beihefte
SAT Studien zum Altägyptischen Totenbuch
SDR Schriftenreihe des Deutschen Rechenzentrums
SEA *Svensk Exegetisk Årsbok*
SEAP *Studi di Egittologia e di Antichità Puniche*
SERAPHIM Studies in Education and Religion in Ancient and Pre-Modern History in the Mediterranean and Its Environs
SGKAO Schriften zur Geschichte und Kultur des Alten Oriens
ShE Shire Egyptology
SPAW *Sitzungsberichte der Preussischen Akademie der Wissenschaften. Philosophisch-historische Klasse*
SPE Studi Poliziani di Egittologia
SSHAW Supplemente zu den Schriften der Heidelberger Akademie der Wissenschaften. Philosophische-historische Klasse
StudAeg *Studia Aegyptiaca*. Budapest
TAL *Traitement Automatique des Langues / Natural Language Processing*
TIJSD *Text–Interdisciplinary Journal for the Study of Discourse*
TMOM Travaux de la Maison de l'Orient et de la Méditerranée
TSBA *Transactions of the Society of Biblical Archaeology*
TSL Typological Studies in Language
UGÄA Untersuchungen zur Geschichte und Altertumskunde Ägyptens
USE Uppsala Studies in Egyptology
UTPSS University of Texas Press Slavic Series
VA *Varia Aegyptiaca*. San Antonio
VO *Vicino Oriente*
WAW Writings from the Ancient World
WdO *Welt des Orients*
WSEAWA Wilbour Studies in Egypt and Ancient Western Asia
WZKM *Wiener Zeitschrift für die Kunde des Morgenlandes*
YES Yale Egyptological Studies
ZÄS *Zeitschrift für Ägyptische Sprache und Altertumskunde*
ZDMG *Zeitschrift der Deutschen Morgenländischen Gesellschaft*
ZPE *Zeitschrift für Papyrologie und Epigraphik*

OTRAS CONVENCIONES

BD Book of the Dead [Libro de los Muertos]
CT Coffin Texts [Textos de los Ataúdes] publicados en De Buck, A. 1935–1961. *The Egyptian Coffin Texts* I–VII. OIP 24, 49, 64, 67, 73, 81, y 87. Chicago: University of Chicago Press; y Allen, J. P. 2006. *The Egyptian Coffin*

Texts VIII: *Middle Kingdom Copies of Pyramid Texts* (OIP 132). Chicago: Oriental Institute Chicago. Las fórmulas (o capítulos) aparecen seguidas de un número; por ejemplo, CT 95. Los pasajes aparecen seguidos de un número romano, uno arábigo y una letra; por ejemplo, CT VII 23 a.

e.p. en prensa
e.pr. en preparación
IFAO Institut Français d'Archéologie Orientale
lit. literalmente
N Nombre del difunto
PT Pyramid Texts [Textos de las Pirámides]. Esta abreviatura se usa para las fórmulas (o capítulos); por ejemplo, PT 212.
Pyr *Pyramidentexte* [Pasajes de los Textos de las Pirámides] en Sethe, K. 1908–1922. *Die altägyptische Pyramidentexte* I–IV. Leipzig: Hinrichs. Por ejemplo, *Pyr* 736.
(S) Sahídico (dialecto copto)
(B) Bohaírico (dialecto copto)
Wb Erman, A. y H. Grapow. 1926–1963. *Wörterbuch der ägyptischen Sprache* I–VI. Leipzig: Hinrichs.

SIGNOS DE TRANSLITERACIÓN CONVENCIONALES USADOS PARA LAS PALABRAS EGIPCIAS

MONOLÍTERO	*VALOR FIGURATIVO*	*TRANSLITERACIÓN*	*VALOR FONÉTICO APROXIMADO*[1]
	Alimoche (Neophron percnopterus)	*ꜣ*	Como la alef semítica (inexistente en español; silencio producido por un golpe de la glotis)
	Junco / Dos juncos	*ỉ / y*	Como la yod semítica (semiconsonante, como la *y* del español en "hoy")
	Brazo	*ꜥ*	Como la ayin semítica (inexistente en español; fricativa sonora laringal)
	Polluelo de codorniz	*w*	Como la waw semítica (semiconsonante, como la *u* del español en "huevo")
	Parte inferior de la pierna	*b*	Como la *b* en español
	Taburete	*p*	Como la *p* en español
	Víbora cornuda	*f*	Como la *f* en español

[1] Joseph Vergote, *Phonétique historique de l'égyptien: Les consonnes*, BdM 19 (Lovaina: Université de Louvain, 1945); Igor Diakonoff, *Semito-Hamitic languages: An Essay of Classification* (Moscú: Nauka, 1965); Pascal Vernus, "L'égypto-copte", en *Les langues dans le monde ancien et moderne. 3ème partie: Les langues chamito-sémitiques; textes réunis par D. Cohen*, ed. J. Perrot (Paris: CNRS, 1988), 161–206; Karel Petráček, *Altägyptisch, Hamitosemitisch und ihre Beziehungen zu einigen Sprachfamilien in Afrika und Asien: Vergleichende Studien*, Acta Universitatis Carolinae Philologica Monographia 90 (Praga: Univerzita Karlova, 1988); Antonio Loprieno, *Ancient Egyptian: A Linguistic Introduction* (Cambridge: Cambridge University Press, 1995); Carsten Peust, *Egyptian Phonology: An Introduction to the Phonology of a Dead Language* (Göttingen: Peust & Gutschmidt, 1999); James P. Allen, *The Ancient Egyptian Language: An Historical Study* (Cambridge: Cambridge University Press, 2013); James P. Allen, *Ancient Egyptian Phonology* (Cambridge: Cambridge University Press, 2020).

MONOLÍTERO	*VALOR FIGURATIVO*	*TRANSLITERACIÓN*	*VALOR FONÉTICO APROXIMADO*[1]
	Lechuza	*m*	Como la *m* en español
	Línea de agua	*n*	Como la *n* en español (a veces también *l*)
	Boca	*r*	Como la *r* en español (a veces también *l*)
	Refugio	*h*	Como la *h* del inglés en *hello*
	Trenza de lino	*ḥ*	Inexistente en español; fricativa sorda laringal
	¿Placenta o cedazo?	*ḫ*	Como la *j* en español
	¿Vientre con mamas?	*ẖ*	Como la *ch* del alemán *Ich*
	Cerrojo	*z*	Como la *s* del inglés *rose*
	Pieza de tela	*s*	Como la *s* en español
	Estanque	*š*	Como la *sh* del inglés *she*
	Pendiente	*q*	Inexistente en español; *k* enfática
	Cesto con asa	*k*	Como la *k* en español
	Soporte de vasija	*g*	Como la *g* del español en "haga"
	Pan	*t*	Como la *t* en español

𓍿	Atadura para ganado	*ṯ*	Como la *ch* en español
𓂧	Mano	*d*	Como la *d* en español
𓆓	Cobra	*ḏ*	Como la *z* en italiano

Agradecimientos

Este libro es uno de los resultados del proyecto *Earlier Ancient Egyptian Mortuary Texts Variability* (MORTEXVAR), realizado en el marco del programa de excelencia investigadora Atracción de talento (modalidad 1), financiado por la Comunidad de Madrid, con base en la Universidad de Alcalá (2019–2024)[1].

A lo largo de los años, son tantas las personas que han contribuido a mi manera de ver estos textos que me resultaría imposible mencionarlas a todas. Sin embargo, por la relación directa que tienen con la producción de este libro, quiero dar las gracias a todos mis estudiantes de las universidades de Glasgow y de Alcalá, y muy en particular a Sika Pedersen. A María Ribes Lafoz le agradezco que me diera a conocer la obra de Franco Moretti y enfoque de "literatura lejana", que se ha revelado fundamental en mi análisis. A Antonio Morales, Angela McDonald y Roxana Flammini, muchas gracias por ser verdaderos colegas, algo raro de encontrar. Más en particular, la invitación de Angela McDonald a impartir con ella un curso (*Handwritten Egyptian*) en la Universidad de Glasgow, me dio la oportunidad de reflexionar en detalle sobre muchas cuestiones relativas a la materialidad de los textos que discuto en este libro. A Iker Barriales Valbuena, le agradezco nuestras largas discusiones sobre los problemas prácticos de análisis e interpretación que estos textos generan y cómo buscar diferentes maneras de enfocarlos. A Anthonny Contreras, le doy las gracias por hacer posible la publicación de la versión beta de la base de datos MORTEXVAR[2], y a Antonio Morales dotar de infraestructura al proyecto. También quiero expresar mi agradecimiento a mis colegas del Departamento de Electrónica de la Universidad de Alcalá (Álvaro Hernández, Daniel Pizarro, Sira Palazuelos, Laura de Diego y Patricia Cuesta) con los que llevamos a cabo el proyecto OCR-PT-CT[3] porque me han aportado una mirada radicalmente nueva, haciéndome reconsiderar el material de estudio y mi forma de pensar; en este sentido, quiero agradecer muy

[1] www.mortexvar.com

[2] http://database.mortexvar.com/

[3] https://www.mortexvar.com/ocr-pt-ct

especialmente a César Guerra Méndez su gran capacidad de trabajo y generosidad con su tiempo.

La mayor parte de este libro fue escrito en la biblioteca de la Universidad de Glasgow, que constituye un espacio de trabajo excelente. Agradezco a todo su personal la amabilidad y disposición a ayudar con las búsquedas bibliográficas y préstamos interbibliotecarios. Un millón de gracias también a Sergio Alarcón y Beatriz Noria por proporcionarme la bibliografía de más difícil acceso.

Igualmente, le agradezco a Juan Manuel Tebes su interés en publicar este libro en la serie Ancient Near East Monographs y su paciencia con mis retrasos a la hora de entregar el manuscrito. A los dos revisores anónimos, les agradezco su tiempo y su "lectura cercana" del manuscrito. Por supuesto, todos los errores e incongruencias que queden son de mi sola responsabilidad.

Por último, espero que Lola y Matilde puedan excusar todas mis ausencias. Aunque en la portada aparezca mi nombre, este libro es más suyo que mío porque han sacrificado más.

En Glasgow, a 30 de septiembre de 2023.

1
Los Textos de los Ataúdes como concepto egiptológico

Los estudios sobre las creencias mortuorias del Egipto antiguo y su evidencia material (ajuares, tumbas, textos, etc.) han adoptado ya un enfoque esencialista ya un marco teórico ad hoc, o una mezcla de ambos. Los enfoques esencialistas suelen tomar una divinidad (por ejemplo, Osiris)[1] o un concepto (por ejemplo, *maat* "orden")[2] como objetos de estudio bien definidos, a los que someten a un rastreo geográfico y cronológico lo más exhaustivo posible con objeto de organizar los datos, para luego abstraer esos mismos conceptos de los datos y aprehenderlos extensionalmente. En cuanto a las teorías ad hoc, intentan explicar los datos aplicándoles un marco coherente para el investigador. En ambos casos, los datos se conciben como el problema y los conceptos como la solución. A ambos casos les acecha el fantasma de la tautología. Los enfoques esencialistas encuentran una explicación a los conceptos que ellos mismos se plantearon de partida: "Osiris es un dios con estos rasgos y funciones específicos en estos sitios y periodos". Los enfoques teóricos ad hoc explican los datos desde dentro de un marco dado a priori: "El concepto egipcio *maat* ilustra la teoría X".

En contraste con lo anterior, un enfoque holístico y basado en un corpus se plantea superar la pérdida de información causada por la brecha entre especialidades (en particular, la filología y la arqueología) y anclar la investigación a los datos en sí mismos (el corpus como objeto y marco de estudio a la vez). Un enfoque de este tipo no tiene por qué implicar privilegiar los análisis cuantitativos respecto a los cualitativos ni adoptar una visión superficial de la

[1] John Gwyn Griffiths, *The Origins of Osiris and His Cult*, MÄS 9 (Leiden: Brill, 1966), por citar un clásico en la disciplina. Véase una reseña en Erik Hornung, Review of *The Origins of Osiris*, by J.G. Griffiths, *OLZ* 65 (1970): 17–19.

[2] Jan Assmann, *Ma'at: Gerechtigkeit und Unsterblichkeit im alten Ägypten* (Múnich: Beck, 1990), por citar otro clásico. Véase una reseña en Stephen Quirke, Review of *Maat: Gerechtigkeit und Unsterblichkeit im alten Ägypten*, by J. Assmann, *JEA* 80 (1994): 219–31.

interdisciplinariedad en lugar de las posiciones de los mejores especialistas[3]. Se trata, más bien, de lo contrario. Este tipo de enfoques debe aunar los esfuerzos combinados de varios especialistas en el corpus de estudio, los Textos de los Ataúdes en el caso que nos ocupa, que trabajan de manera coordinada desde puntos de vista complementarios.

Por supuesto, un enfoque como este no está exento de ideas preconcebidas, sean esencialistas o teóricas. La visión de los Textos de los Ataúdes que presento en este libro asume dos premisas: una, que las unidades mínimas de estudio son las unidades textuales ("fórmulas") *tal como se encuentran* en los documentos que constituyen el corpus objeto de estudio; dos, que esas unidades se materializan en dichos documentos a través de un complejo proceso editorial que responde al concepto englobador de *sampleo*, el cual cubre varios mecanismos utilizados para adaptar las unidades textuales mencionadas al plan editorial del documento[4]. En otras palabras, en este libro considero los Textos de los Ataúdes como un *repositorio* no editado (en todo caso, no de manera definitiva) y los *documentos*, en su mayoría ataúdes de madera, como productos editados compuestos de unidades textuales materializadas (*testigos*).

Desde el punto de vista del método, presumo igualmente que las funciones de una unidad sólo pueden aprehenderse a través de sus usos en contexto. Esto hace absolutamente necesario un estudio exhaustivo basado en un corpus extenso y cerrado (en la medida en que esto es posible) que será capaz de llevar la investigación a un ámbito radicalmente nuevo. Para llevar a cabo un enfoque como este, es imprescindible contar con acceso a las fuentes disponibles, lo cual sería deseable que ocurriera por medio de la futura publicación en acceso abierto en internet del archivo fotográfico del *Coffin Texts project* por parte del Instituto Oriental de Chicago[5], en colaboración con la Universidad de Leiden[6]. Entretanto, en junio de 2022 se publicó la base de datos del proyecto MORTEXVAR, resultado de mi trabajo de los últimos veinte años, y que ve finalmente la luz gracias a la colaboración con el ingeniero Anthonny Contreras[7]. Esta base

---

[3] Carlos Gracia Zamacona, "(In(ter))discipline: The Case of Egyptology", *AuOr* 39 (2021): 53–75.

[4] Véase los capítulos 4 y 6. El término "sampleo", en este sentido, aparece utilizado por primera vez en Carlos Gracia Zamacona, "Some Remarks on a Multidimensional Approach to the Unique Spells in the Coffin Texts", en *Middle Kingdom Palace Culture and Its Echoes in the Provinces*, ed. A. Jiménez Serrano y A.J. Morales, HES 12 (Leiden: Brill, 2021), 171–222.

[5] Véase la información preliminar aquí: The Oriental Institute, "Coffin Texts Project" (https://tinyurl.com/2s4brr2k).

[6] The Netherlands Institute for the Near East, "De Buck Archive" (https://www.nino-leiden.nl/collections/de-buck-archive).

[7] Carlos Gracia Zamacona, "A Database for the Coffin Texts", en *Texts, Languages and Information Technology in Egyptology*, ed. Stéphane Polis y Jean Winand, AegLeod 9 (Lieja:

de datos recopila unos 27.000 registros que integran el total de los Textos de los Ataúdes en un testigo seleccionado para cada fórmula; las variantes se irán añadiendo próximamente. Para cada pasaje de los Textos de los Ataúdes, la base incluye una línea de transliteración (transposición del texto jeroglífico a un código alfabético) y una línea de traducción (de momento sólo al francés), a las que se añadirán, en el futuro, una línea de análisis gramatical, así como datos editoriales, geográficos y cronológicos de los documentos. Sin duda alguna, la publicación en abierto tanto de los archivos fotográficos y documentales como de la base de datos textual mencionados constituirá un punto de inflexión en el estudio de los Textos de los Ataúdes. Más específicamente, la base de datos es el primer peldaño hacia la construcción de un corpus anotado que permitirá estructurar y recuperar la información de manera sistemática, detallada y compleja, posibilitando estudios hasta ahora fuera de nuestro alcance.

Durante el Reino Medio (ca. 2050–1650 a. Jc.[8]), los ataúdes y otros materiales mortuorios de la clase pudiente del Egipto antiguo se inscribieron con textos mortuorios de nueva creación, conocidos por esta razón como Textos de los Ataúdes, y con copias de otros textos mortuorios ya conocidos, llamados Textos de las Pirámides. Los Textos de los Ataúdes son el principal corpus textual mortuorio escrito en la fase de la lengua egipcia conocida como egipcio medio (o "clásico"); o más probablemente, en su primera subfase.

El rasgo más característico de este corpus es su variabilidad[9]. Los Textos de los Ataúdes se encuentran en más de 200 documentos completos o casi completos (ver anexos III y IV), en su mayoría ataúdes rectangulares de madera, y cientos de fragmentos de tamaño y estado de conservación muy diferentes. Los textos, típicamente escritos en el interior de los ataúdes, comprenden una gran variedad de estructuras y contenidos (himnos, fórmulas mágicas, guías, liturgias, etc.), aunque el formato dialógico y el propósito legitimador del difunto en el

Presses Universitaires de Liège, 2013), 139–55. La base está accesible aquí: Carlos Gracia Zamacona y Anthonny Contreras, "The MORTEXVAR database".

[8] Una excepción notable y aún inexplicada es la tumba del sacerdote Medunefer (Michel Valloggia, *Balat I. La mastaba de Medou-nefer. Fasc. I: texte*, FIFAO 31.1 [El Cairo: IFAO, 1986]), que data de finales del Reino Antiguo o algo más tarde (Mark Smith, "Democratization of the Afterlife", en *UCLA Encyclopedia of Egyptology*, ed. J. Dieleman y W. Wendrich [Los Angeles: UCLA, 2009]), en Balat, oasis de Dajla, 300 km al sudoeste del valle del Nilo.

[9] Carlos Gracia Zamacona, "The MORTEXVAR Project: Valuing Variability in the Ancient Egyptian Mortuary Texts", *Cadmo–Revista de História Antiga* 29 (2020): 275–80; Gracia Zamacona, ed., *Variability in the Earlier Egyptian Mortuary Texts*, HES 21 (Boston: Brill, 2024); Gracia Zamacona, "Variability in the Earlier Egyptian Mortuary Texts: Two Possible Issues in Diachrony; *ꜣ* / *i* / *r* /zero Variation, and the Nature of the Oblique Agent", en *Chronologies and Contexts of the First Intermediate Period*, ed. A. Pillon, BdE (El Cairo: IFAO, e.p.).

otro mundo predominan de manera clara[10]. Este amplio rango de textos y documentos posibilita estudiar variaciones en muchos campos; desde creencias a talleres de producción de madera; desde dialectos a patrones decorativos; desde estructura y crítica textual hasta tradiciones grafémicas, por mencionar sólo líneas de investigaciones mayores.

La extensión del corpus es otro rasgo crucial para la investigación. Se trata de un corpus muy extenso, que comprende siete volúmenes en la edición de referencia de Adriaan de Buck (CT I–VII) más otro volumen con las copias de los Textos de las Pirámides conservadas en ataúdes del Reino Medio, editado por James P. Allen (CT VIII)[11]. El total asciende a casi 3.500 páginas *in folio*.

Otro rasgo esencial es que el corpus está cerrado conceptual y funcionalmente. Aunque puedan hallarse nuevos documentos con textos nuevos, el corpus permanece coherente respecto a sus contenidos y funciones textuales. Esto no implica canonicidad[12]. Antes bien, los Textos de los Ataúdes son un repositorio de textos mortuorios disponible durante el Reino Medio, probablemente incluso antes y ciertamente después, utilizado para componer el aparato escrito al que los difuntos más ricos tenían acceso. Este corpus representa un cierto estadio de las creencias mortuorias del Egipto antiguo, pero no un "libro" canónico sobre ese asunto.

Por último, una parte del corpus está ya disponible gracias a las publicaciones, archivos y base mencionadas, con lo que un estudio integral de los textos y las fuentes por medio de análisis estadísticos fundados, cualitativamente ajustados y contextualizados de manera específica, aunque sea de manera parcial, es factible por primera vez.

Los Textos de los Ataúdes plantean dificultades enormes de interpretación y, al mismo tiempo, son un corpus irreemplazable para el estudio del Egipto antiguo. Su dificultad inherente deriva de que son textos performativos y de naturaleza ideológica: en estos textos, las palabras no necesitan explicación porque "hacen cosas"[13]; y los propios textos no necesitan explicación porque pertenecen al paisaje ideológico donde se crearon. Por ejemplo, las alusiones a los que nosotros llamaríamos "mitos" son, con frecuencia, pocas y breves, y usadas de

---

[10] Carlos Gracia Zamacona, "¿Qué quería? Tiempos segundos y legitimación en los Textos de los Ataúdes del Egipto antiguo (ca. 2000–1500 a.Jc.)", *Habis* 51 (2020): 9–22.

[11] Adriaan de Buck, *The Egyptian Coffin Texts* I–VII, OIP 24, 49, 64, 67, 73, 81 y 87 (Chicago: University of Chicago Press, 1935–1961); James P. Allen, *The Egyptian Coffin Texts, VIII. Middle Kingdom Copies of Pyramid Texts*, OIP 132 (Chicago: Oriental Institute Chicago, 2006). CT, del inglés *Coffin Texts* ("Textos de los Ataúdes").

[12] Pascal Vernus, "L'écrit et la canonicité dans la civilisation pharaonique", en *Problems of Canonicity and Identity Formation in Ancient Egypt and Mesopotamia*, ed. Ryholt, Kim and Gojko Barjamovic (Copenhagen: Museum Tusculanum Press; Department of Cross-Cultural and Regional Studies, University of Copenhagen, 2016), 271–347.

[13] John L. Austin, *How to Do Things with Words* (Oxford: Oxford University Press, 1962).

manera no-narrativa, fragmentaria e incoherente para nosotros, que ya no reconocemos ese paisaje ideológico. Estos textos nunca fueron pensados para ser leídos por un lector exógeno, sino para servir al difunto, un recién llegado a un mundo hostil (el más allá) que necesitaba de todo aquello que tuviera a mano para poder legitimarse en ese nuevo mundo. Estos textos son una parte clave de ese "todo aquello". Su importancia apunta a que los textos debían componerse, editarse y colocarse en las fuentes tal y como se hizo por alguna razón determinada, que se nos escapa con frecuencia. De ahí que necesitemos enfoques que combinen análisis cuantitativos y cualitativos con perspectivas integrales e interdisciplinares. De esta manera, no sólo podremos plantear nuevas preguntas y abrir áreas de investigación, sino que también podremos proponer soluciones nuevas a cuestiones antiguas tales como la cronología de textos y documentos, su génesis y transmisión, su uso y producción, que han sido discutidas desde que se publicaron por vez primera.

Historia de la investigación

Fue en 1867 cuando la egiptología supo por vez primera de los Textos de los Ataúdes. En ese año, Karl Richard Lepsius publicó *Aelteste Texte des Todtenbuchs nach Sarkophagen des altaegyptischen Reichs im Berliner Museum* [*Los textos más antiguos del Libro de los Muertos en sarcófagos del Reino Antiguo en el Museo de Berlín*][14]. En efecto, a pesar del título del libro, tres de las fuentes allí publicadas no contenían el Libro de los Muertos[15], sino Textos de las Pirámides y de los Ataúdes, y eran ataúdes del Reino Medio: T1Be[16] (perdido) y T2Be, ambos pertenecientes a *Mnṯ.w-ḥtp.(w)*; y T3Be, de *Sbk-ꜥꜣ*. En 1896, Georg Steindorff se encargó de la publicación arqueológica de estos ataúdes y el ajuar funerario relacionado; algo antes, Samuel Birch había publicado el ataúd T1L, perteneciente a *Ỉmꜣ*, actualmente en el Museo Británico. Adolf Erman propuso una primera interpretación de estos textos como "precedentes" del Libro de los Muertos, relacionándolos

[14] Karl R. Lepsius, *Aelteste Texte des Todtenbuchs nach Sarkophagen des altaegyptischen Reichs im Berliner Museum* (Berlín: Hertz, 1867).

[15] El término egipcio de este repositorio de textos era *pr.t m hrw*. Dado que la traducción del mismo no es clara ("Salida al día" o "Salida durante el día"), conservo el término tradicional (Libro de los Muertos), que, aunque inadecuado, permite acotar perfectamente el referente. Véase Jean-Louis De Cenival, *Le livre pour sortir le jour* (París: Musée d'Aquitaine et Réunion des Musées Nationaux, 1992). Por coherencia, he conservado también otros términos tradicionales como Letanía de Ra, Textos de las Pirámides y similares.

[16] Las siglas estándar para los ataúdes con Textos de los Ataúdes significan: procedencia-número secuencial-localización actual. Así, T1Be significa "ataúd número 1 de Tebas (T) actualmente en Berlín (Be)".

con los anteriores Textos de las Pirámides y englobando todos estos textos en una única tradición de textos mortuorios[17].

A comienzos del siglo XX, Hans Schack-Schackenburg publicó el primer estudio temático, al que seguirían muchos, sobre grupos de "fórmulas" (unidades textuales o capítulos) que los egiptólogos pensaban que pertenecían a un mismo "libro" (un grupo de fórmulas relacionadas temáticamente). Schack-Schackenburg se centró en lo que él llamó Libro de los dos caminos (una expresión inexistente en los documentos egipcios), el "libro" más extenso de los Textos de los Ataúdes (alrededor de un 10% del repositorio completo de los Textos de los Ataúdes)[18]. Kurt Sethe publicó por entonces sus análisis fundamentales sobre la estructura textual de los corpus mortuorios, a lo que siguieron nuevas publicaciones de ataúdes concretos y la publicación, por parte de Pierre Lacau, del primer conjunto de ataúdes del Reino Medio en el Museo del Cairo[19].

Un hito determinante se alcanzó con la publicación de la edición sinóptica de los Textos de los Ataúdes por Adriaan de Buck entre 1935 y 1961 en siete volúmenes (CT I–VII). El *Coffin Text project* había empezado mucho antes (1922) gracias a la colaboración emprendida por tres de los más grandes egiptólogos de su tiempo: James Breasted (profesor del Instituto Oriental de Chicago), Alan Gardiner (un referente en la disciplina) y Pierre Lacau (entonces director del Servicio

---

[17] Georg Steindorff, *Grabfunde des mittleren Reiches in den königlichen Museen zu Berlin: I. das Grab des Mentuhotep* (Berlín: Spemann, 1896); Samuel Birch, *Egyptian Texts of the Earliest Period from the Coffin Amamu* (Londres: Longmans, 1886); Adolf Erman, "Die Entstehung eines 'Totenbuchtextes'", *ZÄS* 32 (1894): 2–22. Véase también Bernard Mathieu, "La distinction entre Textes des Pyramides et Textes des Sarcophages est-elle légitime?", en *D'un monde à l'autre: Textes des Pyramides et Textes des Sarcophages*, ed. S. Bickel y B. Mathieu, BdE 139 (El Cairo: IFAO, 2004), 247–62.

[18] Hans Schack-Schackenburg, *Das Buch von den zwei Wegen des seiligen Toten (Zweiwegebuch)* (Leipzig: Hinrichs, 1903).

[19] Kurt Sethe, "Zur Komposition des Totenbuchspruches für das Herbeibringen der Fähre (Kap. 99. Einleitung)", *ZÄS* 54 (1918): 1–15; Sethe, "Die Totenliteratur der alten Ägypter: Die Geschichte einer Sitte", *SPAW* 18 (1931): 520–41; Aylward M. Blackman, "Some Middle Kingdom Religious Texts", *ZÄS* 47 (1909): 116–32; Blackman, "Some Chapters of the Totenbuch and Other Texts on a Middle Kingdom Coffin", *ZÄS* 49 (1911): 54–66; Ludlow S. Bull, *The Religious Texts from an Egyptian Coffin of the Middle Kingdom* (Tesis doctoral defendida en el Oriental Institute, University of Chicago, 1922); Pierre Lacau, "Textes religieux", *RT* 26 (1904): 59–81 y 224–36; Lacau, *Sarcophages antérieurs au Nouvel Empire*, I–II, CGC 14 y 27 (El Cairo: IFAO, 1904–1905); Lacau, "Textes religieux", *RT* 27 (1906): 53–61 y 217–33; Lacau, "Textes religieux", *RT* 29 (1907): 143–59; Lacau, "Textes religieux", *RT* 30 (1908): 65–73 y 185–202; Lacau, "Textes religieux", *RT* 31 (1909): 10–33 y 161–75; Lacau, "Textes religieux", *RT* 32 (1910), 78–87; Lacau, *Textes religieux égyptiens* (París: Champion, 1910); Lacau, "Textes religieux", *RT* 33 (1911): 27–37; Lacau, "Textes religieux", *RT* 34 (1912): 175–82; Lacau, "Textes religieux", *RT* 36 (1914): 209–18; Lacau, "Suppressions et modifications de signes dans les textes funéraires", *ZÄS* 51 (1914): 1–64; Lacau, "Textes religieux", *RT* 37 (1915): 137–47.

de Antigüedades egipcio, la máxima autoridad sobre patrimonio egipcio de la época). Los tres acordaron preparar una edición sinóptica de los textos mortuorios del Reino Medio[20], tomando como modelo la edición de los Textos de las Pirámides realizada por Kurt Sethe[21]. Durante el trabajo de Lacau sobre los ataúdes del Museo del Cairo, mencionado más arriba, se hizo evidente la necesidad de contratar a tiempo completo a un editor para el proyecto, y así, un estudiante de Sethe, llamado Adriaan de Buck, fue contratado por la Universidad de Chicago en 1924. De Buck llevó a término la edición de los Textos de los Ataúdes (1935–1961), de referencia hasta el día de hoy.

Durante la producción y publicación de la obra cumbre de De Buck, aparecieron dos estudios interpretativos mayores: uno de Eberhard Otto sobre los rasgos generales de la composición de los Textos de los Ataúdes; y el otro, de Jan Zandee, sobre la terminología de la hostilidad relacionada con el difunto[22]. La excelente edición de De Buck abrió el camino a la realización de estudios filológicos, que tomaron la cabeza durante treinta años. Se publicaron numerosos estudios sobre fórmulas específicas durante los años sesenta y setenta, entre ellos el de Matthieu Heerma van Voss sobre la fórmula más frecuente del corpus, la CT 335, el de Otto sobre la fórmula CT 1130 y los estudios de Zandee sobre determinadas fórmulas[23]. También proliferaron los estudios sobre grupos de

---

[20] Arno Egberts, "The Collection De Buck at Leiden", *GM* 60 (1982): 9–12; Matthieu S. H. G. Heerma van Voss, "Adriaan de Buck: Some Memories and Reflections", en *The World of the Coffin Texts*, ed. H. Willems, EgUit 9 (Leiden: Nederlands Instituut voor het Nabije Oosten, 1996), 41–44.

[21] Kurt Sethe, *Die altägyptische Pyramidentexte*, I–IV (Leipzig: Hinrichs, 1908–1922).

[22] Eberhard Otto, "Sprüche auf altägyptische Sargtexten", *ZDMG* 27/102 (1952): 187–200; Jan Zandee, *Death as an Enemy according to Egyptian Conceptions* (Leiden: Brill, 1960).

[23] Eberhard Otto, "Sprüche auf altägyptische Sargtexten", *ZDMG* 27/102 (1952): 187–200; Jan Zandee, *Death as an Enemy according to Egyptian Conceptions* (Leiden: Brill, 1960); Matthieu S.H.G. Heerma van Voss, *De oudste versie van Dodenboek 17a: Coffin Texts spreuk 335a* (Leiden: Groen & Zoon, 1963a); Jan Zandee, "Sargtexte, Spruch 75", *ZÄS* 97 (1971): 155–62; Zandee, "Sargtexte, Spruch 75. Fortsetzung (CT I 348b–372c)", *ZÄS* 98 (1972): 149–55; Zandee, "Sargtexte, Spruch 75. Schluss (CT I 372d–405c)", *ZÄS* 99 (1973): 48–63; Zandee, "Sargtexte, Spruch 76", *ZÄS* 100 (1973): 60–71; Zandee, "Sargtexte, Spruch 77 (CT II 1–17)", *ZÄS* 100 (1973): 71–72; Zandee, "Sargtexte, Spruch 78 (CT II 19–23c)", *ZÄS* 100 (1974): 141–44; Zandee, "Sargtexte, Spruch 79 (CT II 23d–27c)", *ZÄS* 100 (1974): 145–49; Zandee, "Sargtexte, Spruch 80 (CT II 27d–43)", *ZÄS* 101 (1974): 62–79; Zandee, "Sargtexte, Spruch 81 (CT II 44)", *ZÄS* 101 (1974): 80; Zandee, "Sargtexte um über Wasser zu verfügen (CT V 8–22; Sprüche 356–362)", *JEOL* 8/24 (1975–1976): 1–47; Zandee, "Bemerkungen zu einigen Kapiteln aus den Sargtexten", en *Fragen an die altägyptische Literatur: Studien zum Gedenken an Eberhard Otto*, ed. J. Assmann, E. Feucht y R. Grieshammer (Wiesbaden: Reichert, 1977), 511–29; Eberhard Otto, "Zur Komposition von Coffin Texts Spells 1130", en *Fragen an die altägyptische Literatur*, 1–18; Zandee, "Egyptian Funerary Ritual: Coffin Texts, Spell 173", *BiOr* 41 (1984): 5–33; Zandee, "Sargtexte, Sprüche 363–366 (Coffin Texts V 23–28)", en *Funerary Symbols and Religion: Essays Dedicated to Professor M. S. H. G. Heerma Van Voss on the*

fórmulas, algunos destinados a comprender temas significativos, tales como las redes para atrapar aves o las transformaciones realizadas por el difunto en el más allá[24]; otros estudios trataban de definir formas o géneros textuales, como el inspirador trabajo de Jan Assmann sobre las liturgias *s3ḫ.w*[25]; otros hubo incluso dedicados al estudio de "libros", es decir, macro-unidades textuales marcadas con algún tipo de paratexto (un título, por ejemplo)[26].

A causa del rápido incremento de publicaciones sobre los Textos de los Ataúdes, Reinhard Grieshammer publicó en 1974 una lista de referencias bibliográficas por parágrafo de los Textos de los Ataúdes, que fue probablemente la primera reflexión sobre cómo manejar lo que ya era una cantidad de información impresionante[27]. Una necesidad similar subyace en la primera introducción a este corpus de la mano de Joris Borghouts[28] y en el índice de fórmulas de estos textos mortuorios (Textos de los Ataúdes, copias de Textos de las Pirámides y del libro de los Muertos, y otros) en cada documento del Reino Medio, disponible en ese momento, realizado por Leonard Lesko[29]. Además de esto, se publicaron dos estudios sobre conceptos religiosos, siguiendo el camino abierto por Zandee: el de Grieshammer sobre el juicio *post mortem* del difunto[30] y el de Brigitte Altenmüller sobre el sincretismo de los dioses[31]; los primeros estudios lingüísticos se publicaron en esta época también, tales como el pionero de Franz Hintze en

Occasion of His Retirement from the Chair of the History of Ancient Religions at the University of Amsterdam, ed. J.H. Kamstra, H. Milde y K. Wagtendonk (Kampen: Kok, 1988), 165–81.

[24] Respectivamente, Dino Bidoli, *Die Sprüche der Fangnetze in den altägyptischen Sargtexten*, ADAIK 9 (Glückstadt: Augustin, 1976); Hannes Buchberger, *Transformation und Transformat*, Sargtextstudien 1, ÄA 52 (Wiesbaden: Harrassowitz, 1993).

[25] Jan Assmann, "Egyptian Mortuary Liturgies", en *Studies in Egyptology Presented to Miriam Lichtheim* 1–2, ed. S. Groll (Jerusalén: Magnes Press, 1990), 1:1–45; Assmann, *Images et rites de la mort dans l'Égypte ancienne: l'apport des liturgies funéraires* (París: Cybèle, 2000); Assmann, *Altägyptische Totenliturgien* 1: *Totenliturgien in den Sargtexten des Mittleren Reiches*, SSHAW 14 (Heidelberg: Winter, 2002).

[26] Como Leonard H. Lesko, "The Field of Hetep in Egyptian Coffin Texts", *JARCE* 9 (1971–1972): 89–101; Lesko, *The Ancient Egyptian Book of Two Ways* (Berkeley: University of California Press, 1972); Dieter Mueller, "An Early Egyptian Guide to the Hereafter", *JEA* 58 (1972): 99–125; Edmund Hermsen, *Die zwei Wege des Jenseits*, OBO 112 (Fribourg: Universitätsverlag Freiburg Schweiz; Vandenhoeck & Ruprecht, 1991).

[27] Reinhard Grieshammer, *Die altägyptischen Sargtexte in der Forschung seit 1936. Bibliographie zu de Bucks, The Egyptian Coffin Texts I–VII*, ÄA 28 (Wiesbaden: Harrassowitz, 1974).

[28] Joris Borghouts, *An Introductory Guide to Coffin Texts* (Amsterdam: Egyptologisch Seminarium Universiteit van Amsterdam, 1973).

[29] Leonard Lesko, *Index of the Spells on Egyptian Middle Kingdom Coffins and Related Documents* (Berkeley: B.C. Scribes Publications, 1979).

[30] Reinhard Grieshammer, *Das Jenseitsgericht in den Sargtexten*, ÄA 20 (Wiesbaden: Harrassowitz, 1970).

[31] Brigitte Altenmüller, *Synkretismus in den Sargtexten*, GOF 4.7 (Wiesbaden: Harrassowitz, 1975).

lingüística empírica y los estudios sobre determinadas unidades de la lengua de Jean-Louis de Cenival, Wolfgang Schenkel y Éric Doret[32].

A lo anterior, el último tercio del siglo XX vio unirse la publicación de nuevos documentos a resultas de la actividad arqueológica: Borghouts produjo un estudio preliminar de un nuevo papiro con Textos de los Ataúdes; David Silverman publicó la cámara sepulcral de *Ḫsw* en Kom el-Hisn; Alessandro Roccati proporcionó un primer informe de los Textos de los Ataúdes de Heracleópolis; Allen publicó los textos de *W3ḥ-k3-Rꜥ*; y Michel Valloggia publicó la capilla cultual del difunto *Mdw-nfr* en Balat (oasis de Dajla), el documento más antiguo con Textos de los Ataúdes conocido hasta la fecha (dinastía VI)[33]. Desde mitad de los años ochenta, se llevaron a cabo estudios tipológicos de los ataúdes en su conjunto por parte de Günter Lapp, Harco Willems y A. Schwab, con objeto de ajustar su cronología relativa y distribución geográfica[34]. En 1996, Willems publicó

[32] Fritz Hintze, "Statistisches zu den Sargtexten", *GM* 9 (1974): 63–74; Jean-Louis de Cenival, "Les écritures du verbe *m33* "voir" dans les textes des sarcophages: leurs conséquences théoriques", *RdE* 29 (1977): 21–37; Wolfgang Schenkel, "Die Endungen des Negativkomplements im Spiegel der Befunde der Sargtexte", *LingAeg* 7 (2000): 1–26; Schenkel, "Die Endungen des Prospektivs und des Subjunktivs (*sḏm.f, sḏm.w.f, sḏm.y.f*) nach Befunden der Sargtexte", *LingAeg* 7 (2000): 27–112; Schenkel, "*s*-Kausativa, *t*-Kausativa und 'innere' Kausativa: Die *s*-Kausativa der Verben I.*s* in den Sargtexten", *SAK* 27 (1999): 313–52; Schenkel, "*sḏm.(w).f*-Passiv, Perfekt vs. Futur, nach dem Zeugnis der Sargtexte: 1. Teil", *ZÄS* 131 (2004): 173–88; Schenkel, "Das *sḏm.(w).f*-Passiv, Perfekt vs. Futur, nach dem Zeugnis der Sargtexte: 2. Teil", *ZÄS* 132 (2005): 40–54; Schenkel, "Die ägyptische Nominalbildungslehre und die Realität der hieroglyphischen Graphien der Sargtexte: Die Nominalbildungsklassen A I 5 und A I 6", *LingAeg* 13 (2005): 141–71; Eric Doret, "Phrase nominale, identité et substitution dans les CT", *RdE* 40 (1989): 49–63; Doret, "Sur une caractéristique grammaticale de quelques sarcophages d'El-Bershe", *BSEG* 13 (1989): 45–50; Doret, "Phrase nominale, identité et substitution dans les CT (2ème partie)", *RdE* 41 (1990): 39–56; Doret, "Phrase nominale, identité et substitution dans les Textes des Sarcophages (3ème partie)", *RdE* 43 (1992): 49–73.

[33] Joris Borghouts, "A New Middle Kingdom Netherworld Guide", en *Akten des vierten internationalen Ägyptologen Kongresses, München 1985* 1–4, ed. S. Schoske (Hamburgo: Buske, 1988), 131–39; David Silverman, *The Tomb Chamber of ḫsw the Elder: The Inscribed Material at Kom el-Hisn: I. Illustrations* (Winona Lake: Eisenbrauns, 1988); Alessandro Roccati, "I testi dei sarcofagi di Eracleopoli", *OA* 13 (1974): 161–97; James P. Allen, "The Funerary Texts of King Wahkare Akhtoy on a Middle Kingdom Coffin", en *Studies in Honor of George R. Hughes, January 12, 1977*, ed. J. Johnson y E. Wente, SAOC 20 (Chicago: The Oriental Institute of the University of Chicago, 1976), 1–29; Michel Valloggia, *Balat I: La mastaba de Medou-nefer, fasc. I: texte*, FIFAO 31.1 (El Cairo: IFAO, 1986).

[34] Günter Lapp, *Särge des Mittleren Reiches aus der ehemaligen Sammlung Khashaba*, ÄA 43 (Wiesbaden: Harrassowitz, 1985); Lapp, *Typologie der Särge und Sargkammern von der 6. bis 13. Dynastie*, SAGA 7 (Heidelberg: Heidelberger Orientverlag, 1993); Harco Willems, *Chests of Life: A Study of the Typology and Conceptual Development of Middle Kingdom Standard Class Coffins* (Leiden: Vooraziatisch-Egyptisch Genootschap, 1988); Adelaid Schwab, *Die*

el primer estudio integral (arqueológico, filológico, religioso) de un ataúd, el de *Ḥqꜣ-tꜣ*[35], y organizó el primer congreso internacional sobre los Textos de los Ataúdes, que fue otro hito en la investigación sobre este corpus[36].

Enfoques actuales

Los últimos treinta años han presenciado nuevas interpretaciones y aproximaciones metodológicas, la publicación de nuevos materiales y el esfuerzo por llegar a una audiencia más amplia. Los estudios lingüísticos con material de los Textos de los Ataúdes se han multiplicado, en especial por medio de enfoques basados en el corpus, en lexicografía[37], concordancias morfosintácticas[38] y semántica[39], además de estudios iniciales en cuestiones diacrónicas y

---

Sarkophage des MR: Eine typologische Untersuchung für die 11.-13. Dyn. (Tesis doctoral defendida en la Universidad de Viena, 1989).

35 Harco Willems, *The Coffin of Heqata (Cairo 36418): A Case Study of Egyptian Funerary Culture of the Early Middle Kingdom*, OLA 70 (Lovaina: Peeters, 1996). Otra publicación de un ataúd específico en esta época es A. Shunnar, *Bilderschmuck und Texte auf dem Sarg des Mittleren Reiches Nr. 70/1971 in der Ägyptischen Abteilung der Staatlichen Museen Berlin (West)* (Memoria de máster inédita, Berlín: 1974).

36 Harco Willems, ed., *The World of the Coffin Texts*, EgUit 9 (Leiden: Nederlands Instituut voor het Nabije Oosten, 1996).

37 Dirk Van der Plas y Joris F. Borghouts, *Coffin Texts Word Index*, PIREI 6 (Utrecht: CCER, 1998); Rami Van der Molen, *A Hieroglyphic Dictionary of Egyptian Coffin Texts*, *PÄ* 15 (Leiden: Brill, 2000).

38 Rami Van der Molen, *An Analytical Concordance of the Verb, the Negation and the Syntax in Egyptian Coffin Texts* 1–2, HOS 77 (Leiden: Brill, 2005).

39 Carlos Gracia Zamacona, "Sur les déterminatifs de mouvement et leur valeur linguistique", *GM* 183 (2001): 27–45; Gracia Zamacona, "Las preposiciones simples del complemento de dirección de los verbos de desplazamiento en el egipcio medio de los Textos de los Sarcófagos", *CAER* 2001 (2001): 104–7; Gracia Zamacona, *Les verbes de mouvement dans les Textes des Sarcophages: étude sémantique* (Tesis doctoral defendida en la EPHE, 2008); Gracia Zamacona, "Space, Time and Abstract Relations in the Coffin Texts", *ZÄS* 137 (2010): 13–26; Gracia Zamacona, "The Spatial Adjunct in Middle Egyptian: Data from the Coffin Texts", en *Raumdimensionen im Altertum: Zum spatial turn in den Kulturwissenschaften*, *MOSAIKjournal* 1, ed. M. K. Lahn y M.G. Schröter (Piscataway: Gorgias, 2011), 221–58; Gracia Zamacona, "A Database for the Coffin Texts", 139–55; Gracia Zamacona, "*ʿq* 'Enter', but How, and Where? Data from the Coffin Texts", *AntiOr* 3 (2015): 41–82; Gracia Zamacona, "Tests on Verbal Aktionsart Applied to Ancient Egyptian: Instruments to Determine Verbal Semantics in an Ancient Language", *Afrikanistik-Aegyptologie-Online*, 2015; Gracia Zamacona, "Verbes sans limite, verbes à limite: étude préliminaire d'après les données des Textes des Sarcophages", en *Aere perennius: Mélanges égyptologiques en l'honneur de Pascal Vernus*, eds Ph. Collombert, D. Lefèvre, S. Polis y J. Winand, OLA 242 (Lovaina: Peeters, 2016), 303–26; Gracia Zamacona, "The Semantics of the Verb *sḏr* in the Coffin Texts: Actancy and Aktionsart", *BAEDE* 8 (2019): 41–76; Gracia Zamacona, "¿Qué quería?", 9–22; Gracia Zamacona, "Cómo convertirse en pulga, y con qué fin: la fórmula

diatópicas[40]. Igualmente, han aparecido estudios de orientación antropológica en los últimos años. Siguiendo dos teorías, *Religionsökologie*[41] y ritualización[42], Erika Meyer-Dietrich se ha ocupado de los ataúdes M3C y M5C para reinterpretar las creencias del Egipto antiguo en su relación con el medio natural y su cristalización en los documentos mortuorios[43]. Rune Nyord ha usado de manera coherente herramientas teóricas antropológicas, filosóficas, lingüísticas y de la psicología cognitiva para analizar cómo se construyen esquemas mentales a partir de la imagen del cuerpo y cómo pueden usarse en otras esferas conceptuales, tomando como base el hecho de que el proceso de corporeidad (*embodiment*)[44] es esencial en las actividades metafóricas[45]. Nyord también ha realizado aportaciones fundamentales sobre la ontología subyacente a estos textos y la epistemología que trasciende de su estudio[46]. En un enfoque interdisciplinar innovador que combina antropología física y filología, Tasha Dobbin-Bennett leyó

---

49 de los Textos de los Ataúdes", *REDMA*, 2022; Gracia Zamacona, "Divine Words in the Ancient Egyptian Coffin Texts (ca. 2000–1500 BC)", en *Uses and Misuses of Ancient Mediterranean Sources: Erudition, Authority, Manipulation*, ed. Ch. Meccariello y J. Singletary, SERAPHIM 12 (Tubinga: Mohr Siebeck, 2022), 119–40; Gracia Zamacona, "Algunas reflexiones sobre cómo estudiar una lengua antigua: el caso de la semántica verbal del antiguo egipcio", en *Lenguas modernas y antiguas: diferencias y similitudes en el estudio de la semántica verbal*, ed. C. Gracia Zamacona y J. Santos Saavedra, RIIPOA 1 (Alcalá de Henares: RIIPOA, 2022), 66–83; Gracia Zamacona, "Variability in the Earlier Egyptian Mortuary Texts: Two Possible Issues in Diachrony; *ꜣ* / *i* / *r* /Zero Variation, and the Nature of the Oblique Agent", en *Chronologies and Contexts of the First Intermediate Period*, ed. A. Pillon, BdE (El Cairo: IFAO, e.p.).

[40] Respectivamente, Pascal Vernus, "La position linguistique des Textes des Sarcophages", en *The World of the Coffin Texts*, ed. H. Willems, EgUit 9 (Leiden: Nederlands Instituut voor het Nabije Oosten, 1996), 143–96; James P. Allen, "Traits dialectaux dans les Textes des Pyramides du Moyen Empire", en *D'un monde à l'autre: Textes des Pyramides et Textes des Sarcophages*, ed. S. Bickel y B. Mathieu, BdE 139 (El Cairo: IFAO, 2004), 1–14. Véase también Gracia Zamacona, "Variability", para una posición más matizada.

[41] Åke Hultkranz, "An Ecological Approach to Religion", *Ethnos* 31 (1966): 131–50.

[42] Catherine Bell, *Ritual Theory, Ritual Practice* (Oxford: Oxford University Press, 1992).

[43] Erika Meyer-Dietrich, *Nechet und Nil: Ein ägyptischer Frauensarg des Mittleren Reiches aus religionsökologischer Sicht*, AUA 18 (Uppsala: University Press, 2001); Meyer-Dietrich, *Senebi und Selbst: Personenkinstituentien zur rituellen Wiedergeburt in einem Frauensarg des Mittleren Reiches*, OBO 216 (Friburgo: Academic Press, 2006).

[44] Del influyente estudio George Lakoff y Mark Johnson, *Metaphors We Live By* (Chicago: Chicago University Press, 1980) y expansiones posteriores.

[45] Rune Nyord, *Breathing Flesh: Conceptions of the Body in the Ancient Egyptian Coffin Texts*, CNIP 37 (Copenhague: Museum Tusculanum, 2009).

[46] Rune Nyord, "Taking Ancient Egyptian Mortuary Religion Seriously: Why Would We, and How Could We?", *JAEI* 17 (2018): 73–87; Nyord, ed., *Concepts in Middle Kingdom Funerary Culture: Proceedings of the Lady Wallis Budge Anniversary Symposium Held at Christ's College, Cambridge, 22 January 2016*, CHANE 102 (Leiden: Brill, 2019); Nyord, "On Interpreting Ancient Egyptian Funerary Texts", *Claroscuro* 19 (2020): 1–23.

una tesis doctoral sobre la interpretación cultural de la putrefacción tal como se refleja en los Textos de los Ataúdes[47]. Los estudios culturales también han florecido en estos últimos años, con objeto de reconstruir la transición entre los Reinos Antiguo y Medio, con sus dinámicas entre ruptura y continuidad, en los que los Textos de los Ataúdes jugaron un papel significativo[48].

En esta época, se han publicado algunas monografías sobre necrópolis en que han aparecido Textos de los Ataúdes, en particular las mejor conocidas (Barsha y Asiut), pero también Naga ed-Deir, a lo que hay que añadir la paleografía de los jeroglíficos monumentales de los ataúdes de Asiut, hecha por Rainer Hannig[49]. Los trabajos sobre nuevos ataúdes se han centrado en especial sobre el periodo menos estudiado del final de la dinastía XII y el segundo periodo intermedio, durante el cual el uso residual de los Textos de los Ataúdes coexiste con la emergencia de nuevos usos mortuorios y materiales[50]. No obstante lo anterior, también se han publicado nuevos ataúdes de Sedment de principios de la dinastía XII, así como reinterpretaciones de ataúdes ya conocidos de Saqqara (Sq5C y Sq6C)[51], y la excelente edición por parte de Ilona Regulski de los papiros

---

[47] Tasha Dobbin-Bennett, *Rotting in Hell: Ancient Egyptian conceptions of decomposition* (Tesis doctoral defendida en la Universidad de Yale, 2014).

[48] Jochem Kahl, *Siut-Theben: Zur Wertschätzung von Traditionen im alten Ägypten*, PÄ 13 (Leiden: Brill, 1999); Ludwig Morenz, *Die Zeit der Regionen mi Spiegel der Gebelein-Region: Kulturgeschichtliche Re-Konstruktionen*, PÄ 27 (Leiden: Brill, 2010); Harco Willems, *Historical and Archaeological Aspects of Egyptian Funerary Culture: Religious Ideas and Ritual Practice in Middle Kingdom Elite Cemeteries*, CHANE 73 (Leiden: Brill, 2014).

[49] Harco Willems, *Dayr al-Barsha I: The Rock Tombs of Djehutinakht (17K74/1), Khnumnakht (17K74/2) and Iha (17K74/3)*, OLA 155 (Lovaina: Peeters, 2007); Jochem Kahl, *Ancient Asyut: The First Synthesis after Three Hundred Years of Research*, APS 1 (Wiesbaden: Harrassowitz, 2012); Marcel Zitman, *The Necropolis of Assiut: A Case Study of Local Egyptian Funerary Culture from the Old Kingdom to the End of the Middle Kingdom* I–II, OLA 180 (Lovaina: Peeters, 2010); Edward J. Brovarski, *Naga ed-Dêr in the First Intermediate Period* (Boston: MFA, 2016); Rainer Hannig, *Zur Paläographie der Särge aus Asiut*, HÄB 47 (Hildesheim: Gerstenberg, 2006).

[50] Christina Geisen, *Die Totentexte des verschollenen Sarges der Königin Mentuhotep aus der 13. Dynastie: ein Textzeuge aus der Übergangszeit von den Sargtexten zum Totenbuch*, SAT 8 (Wiesbaden: Harrassowitz, 2004); Geisen, "Zur zeitlichen Einordnung des Königs Djehuti an das Ende der 13. Dynastie", *SAK* 32 (2004): 149–57; Gianluca Miniaci, *Rishi Coffins and the Funerary Culture of Second Intermediate Period Egypt*, GHPE 17 (Londres: Golden House, 2010); Miniaci, "The Incomplete Hieroglyphs System at the End of the Middle Kingdom", *RdE* 61 (2010): 113–34; Wolfram Grajetzki, *The Coffin of Zemathor and other Rectangular Coffins of the Late Middle Kingdom and Second Intermediate Period*, GHPE 15 (Londres: Golden House, 2010); Grajetzki, *Tomb Treasures of the Late Middle Kingdom: the Archaeology of Female Burials*, (Philadelphia: Penn Press, 2013).

[51] Respectivamente, Ahmed G. Fatah y Susanne Bickel, "Three Coffins from Sedment", *BIFAO* 100 (2000): 1–36; Jan-Michael Dahms, *Die Särge des Karenen: Untersuchungen zu Pyramidentexten und Sargtexten*, OLA 285 (Lovaina: Peeters, 2020); Dahms, "Die Zusammenstellung von Pyramiden- und Sargtexten im Sarg des Karenen (Sq6C) und im Grab von Chesu

Berlin 10480-82 que contienen los Textos de los Ataúdes de un cierto *Sdḫ* de Asiut[52]. También se han publicado *nuevos* Textos de los Ataúdes de Naga ed-Deir y Saqqara[53], además de las copias de Textos de las Pirámides en documentos del Reino Medio[54], y estudios de grupos de fórmulas ("libros"), en particular el Libro de los dos caminos[55].

En 2004, vieron la luz las actas del segundo congreso internacional sobre los Textos de los Ataúdes, editadas por Susanne Bickel y Bernard Mathieu, que marcaron un redireccionamiento de la atención en la investigación hacia la cuestión de la continuidad entre este corpus y los Textos de las Pirámides[56]. Por último, todo un nuevo horizonte para la difusión de los Textos de los Ataúdes se ha abierto con la realización de exposiciones de gran impacto organizadas en el Museum of fine Arts de Boston (2009–2010) y en los Musées Royaux d'Art et d'Histoire de Bruselas (2015–2016)[57].

---

dem Älteren (KH1KH)–Die Rolle des Verstorbenen als Empfänger oder Handelnder in sacerdotal und personal texts", en *Studies in Ancient Egyptian Funerary Literature*, ed. S. Bickel y L. Díaz-Iglesias, OLA 257 (Lovaina: Peeters, 2017), 181–204.

[52] Ilona Regulski, *Repurposing Ritual: Pap. Berlin P. 10480-82; A Case Study from Middle Kingdom Asyut*, ÄOPH 5 (Berlín: De Gruyter, 2020).

[53] Ramadan B. Hussein, "A New Coffin Text Spell from Naga ed-Dêr", en *Egypt and Beyond: Essays Presented to Leonard H. Lesko*, ed. S.E. Thompson y P. der Manuelian (Providence: Department of Egyptology and Ancient Western Asian Studies, Brown University, 2008), 171–95; Barbara Russo, "Funerary Spells at Saqqarah South: Some Considerations about the Inscriptions of Anu's Coffin (Sq20X) and their Date", *ZÄS* 139 (2012): 80–92.

[54] James P. Allen, *The Egyptian Coffin Texts, VIII. Middle Kingdom Copies of Pyramid Texts*, OIP 132 (Chicago: Oriental Institute Chicago, 2006).

[55] Doris Topmann, *Die "Abscheu"-Sprüche der altägyptischen Sargtexte. Untersuchungen zu Textemen und Dialogstrukturen*, GOF IV.39 (Wiesbaden: Harrassowitz, 2002); Patrik Wallin, *Celestial Cycles: Astronomical Concepts of Regeneration in the Ancient Egyptian Coffin Texts*, USE 1 (Uppsala: Department of Archaeology and Ancient History Uppsala University, 2002); Susanne Bickel, "D'un monde à l'autre: le thème du passeur et de sa barque dans la pensée funéraire", en *D'un monde à l'autre: Textes des Pyramides et Textes des Sarcophages*, ed. S. Bickel y B. Mathieu, BdE 139 (El Cairo: IFAO, 2004), 91–117; Burkhard Backes, *Das altägyptische "Zweiwegebuch": Studien zu den Sargtext-Sprüchen 1029–1130*, ÄA 69 (Wiesbaden: Harrassowitz, 2005); Wael Sherbiny, *Through Hermopolitan Lenses: Studies on the So-Called Book of the Two Ways in Ancient Egypt*, PÄ 33 (Leiden: Brill, 2017); Jochem Kahl y John Moussa Iskander, "Der Torpassagen der Zweiwegebuchs in Assiut", en *Asyut: The Capital that never Was*, ed. J. Kahl y A. Kylian, APS 18 (Wiesbaden: Harrassowitz, 2022), 145–54.

[56] Susanne Bickel y Bernard Mathieu, eds., *D'un monde à l'autre: Textes des Pyramides et Textes des Sarcophages*, BdE 139 (El Cairo: IFAO, 2004) y en particular el artículo de B. Mathieu (247–62).

[57] *The Secrets of Tomb 10A Egypt 2000 BC* (http://www.mfa.org/exhibitions/secrets-tomb-10a); Marleen De Meyer y Kylie Cortebeeck, *Djehoetihotep: 100 jaar opgravingen in Egypte / Djéhoutihotep: 100 ans de fouilles en Égypte* (Peeters: Lovaina, 2015).

Hacia un enfoque holístico de los Textos de los Ataúdes

La investigación de los últimos 150 años sobre los Textos de los Ataúdes ha hecho avanzar nuestro conocimiento de este corpus de manera innegable, en especial por lo que respecta al acceso a documentos y textos. A pesar de ello, la sensación general es que no entendemos en qué consisten. Los estudios realizados son restrictivos en alcance y rango. La especialización de estos estudios es su fuerza, pero también su debilidad. Por un lado, estos estudios proporcionan una visión profunda en algunos aspectos; y ese es su principal valor, incluso si esos aspectos se definen "desde arriba" (de lo teórico a lo empírico) según el enfoque específico que adopten. Por otro lado, a pesar de las dificultades intrínsecas que los Textos de los Ataúdes plantean a nuestra comprensión, este corpus ofrece al estudioso casi una infinidad de posibilidades para la investigación a causa de la riqueza y complejidad de la información que atesoran. Quizás por esta misma razón, los estudios disponibles son individualistas y fragmentarios; y esa es su debilidad. La necesidad de reconsiderar el corpus entero en todas sus dimensiones (textual, material, cultural) es evidente. Tal reconsideración es factible tanto desde un punto de vista teórico como práctico. Un ejemplo de ello en el campo de la crítica literaria es el enfoque teórico *distant reading* ("lectura lejana"), de Franco Moretti, que ha contribuido de manera decisiva a implementar técnicas cuantitativas que permiten valoraciones cualitativas de conjunto sólo posibles gracias a equipos interdisciplinares y a la tecnología computacional, como el Stanford Literary Lab, en el campo citado[58]. Moretti acuña el término *distant reading* en oposición al *close reading* ("lectura cercana") de la crítica norteamericana, apostando por una pérdida del detalle (de la obra concreta) a cambio de un mejor conocimiento de un fenómeno mayor transversal, por ejemplo un género o un patrón textual[59].

En egiptología, numerosos estudios filológicos adoptan el enfoque de la estemática (o cladística o método de Lachmann), que se sustenta en la visión ideal del texto como un original, sus copias y la relación entre ellas[60]. De manera similar a lo que ocurre con otros marcos teóricos, el problema es la inadecuación

---

[58] Franco Moretti, *Distant Reading* (Londres: Verso, 2013). Para el Standford Literary Lab, véase https://litlab.stanford.edu/. Agradezco a María Ribes Lafoz las referencias a Franco Moretti y al Stanford Literary Lab.

[59] Véanse los capítulos 2 y 6, para una explicación de este enfoque.

[60] Wolfgang Schenkel, *Das Stemma der altägyptischen Sonnenlitanei: Grundlegung der Textgeschichte nach der Methode der Textkritik*, GOF 4.6 (Wiesbaden: Harrassowitz, 1978), por citar un clásico. Para la cladística, véase Paolo Trovato, *Everything You Always Wanted to Know about Lachmann's Method* (Padua: Libreria Universitaria, 2014). Una reconsideración sobre la copia en general es Darren H. Hick y Reinold Schmücker, eds., *The Aesthetics and Ethics of Copying* (Londres: Bloomsbury, 2017), aunque siempre desde una perspectiva occidental.

de aplicar un patrón cultural occidental de manera mecánica a los datos procedentes de los textos del Egipto antiguo[61].

En fechas recientes, diferentes investigadores están reclamando más atención hacia un acercamiento más material a los textos, y trabajando en esa dirección. Estos enfoques tienen en común que se centran en las relaciones de los textos con sus soportes y en las relaciones entre las unidades textuales en contextos determinados (arqueológicos, históricos, ideológicos). En otras palabras, ponen el *testigo* (un caso concreto de una unidad textual) en el centro de atención, en vez de la unidad textual. Este esfuerzo por contextualizar los textos sigue líneas diferentes pero conectadas entre sí, tales como el medio cultural, la transmisión de los textos y su *entextualización* (puesta final por escrito)[62]. La necesidad de una filología material es especialmente cierta para los textos mortuorios del Egipto antiguo. La edición de los Textos de los Ataúdes de De Buck es una edición sinóptica en la que la unidad textual es el centro de atención: los testigos se alinean en columnas y las partes del texto ideal, establecidas por el editor moderno, marcan la estructura (volumen, página, parágrafo) para construir la unidad textual ("fórmula") que se enumera y escribe en la parte superior de la página.

[61] Carsten Peust, "The Stemma of the Story of Sinuhe or How to Use an Unrooted Phylogenetic Tree in Textual Criticism", *LingAeg* 20 (2012): 209–20; Jean Winand, "The *Tale of Sinuhe*: History of a Literary Text", en *Interpretations of Sinuhe*, ed. H. Hays, F. Feder y L.D. Morenz, EgUit 27 (Leiden: Peeters, 2014), 215–43.

[62] Respectivamente, Richard B. Parkinson, *The Tale of the Eloquent Peasant: A Reader's Commentary*, LingAeg–SM 10 (Hamburgo: Widmaier, 2012); Stephen Quirke, *Going Out in Daylight: prt m hrw; The Ancient Egyptian Book of the Dead*, GHPE 20 (Londres: Golden House Publications, 2013); Harco Willems, "A Fragment of an Early Book of Two Ways on the Coffin of Ankh from Dayr al-Barshā (B4B)", *JEA* 104 (2014): 1–12; Antonio J. Morales, *The Transmission of the Pyramid Texts of Nut: Analysis of their Distribution and Role in the Old and Middle Kingdoms*, SAK Beihefte 19 (Hamburgo: Buske, 2017); Antonio J. Morales, "Unraveling the Thread: Transmission and Reception of Pyramid Texts in Late Period Egypt", en *Studies in Ancient Egyptian Funerary Literature*, ed. S. Bickel y L. Díaz-Iglesias, OLA 257 (Lovaina: Peeters, 2017), 463–96; Harold. M. Hays, *The Organization of the Pyramid Texts: Typology and Disposition* I–II, PÄ 31 (Leiden: Brill, 2012), 67, *apud* Richard Bauman y Charles Briggs, "Poetics and Performance as Critical Perspectives on Language and Social Life", *ARA* 19 (1990): 73–75.

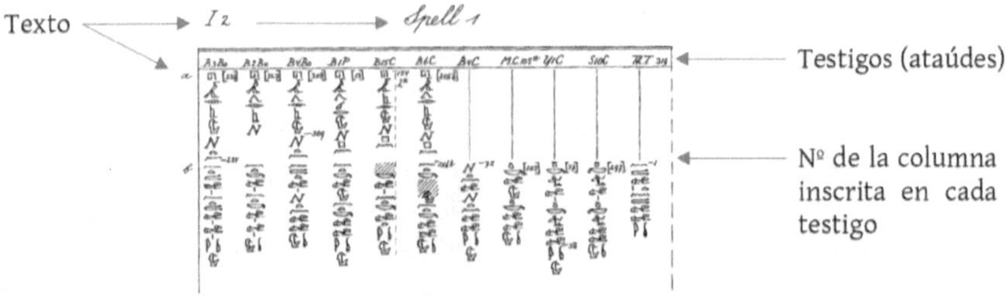

Fig. 1. Fragmento de una página de *The Egyptian Coffin Texts*, editados por Adriaan de Buck (1935–1961). © University of Chicago.

De esta manera, la edición original del documento (la de los antiguos egipcios) desaparece. Para reconstruirla, sólo contamos con una herramienta: el *Index* de Leonard Lesko (de 1979), que lista los documentos usados por De Buck indicando los números de columna de cada documento (ataúd) y el lado del mismo en el que se inscribieron las fórmulas.

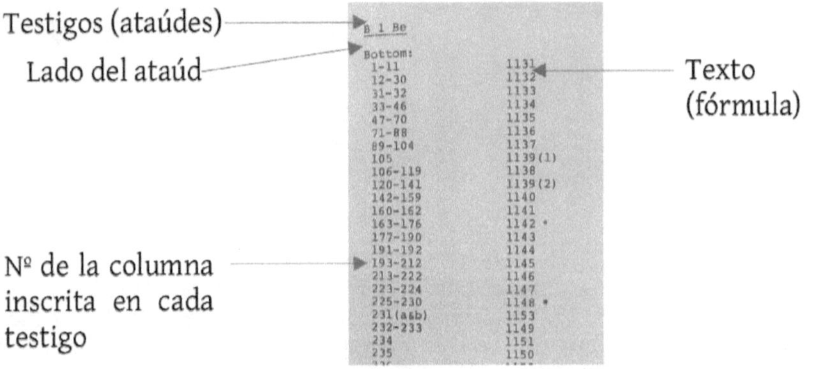

B 1 Be

Bottom:

1-11	1131
12-30	1132
31-32	1133
33-46	1134
47-70	1135
71-88	1136
89-104	1137
105	1139(1)
106-119	1138
120-141	1139(2)
142-159	1140
160-162	1141
163-176	1142 *
177-190	1143
191-192	1144
193-212	1145
213-222	1146
223-224	1147
225-230	1148 *
231(a&b)	1153
232-233	1149
234	1151
235	1150

Fig. 2. Fragmento de una página del *Index of the Spells on Egyptian Middle Kingdom Coffins and Related Documents*, de Leonard Lesko (1979).

Esta herramienta no es suficiente para un estudio adecuado de la edición original. Por un lado, necesita actualizarse con las nuevas fuentes descubiertas tras la publicación del *Index* de Lesko. Por otro, el orden de las columnas de texto es puramente convencional: el conteo empieza por el lado norte del ataúd (lado de la cabeza de la momia) y sigue luego por el pie (sur), la espalda (oeste), el frente (este), la tapa (cénit) y el fondo (nadir).

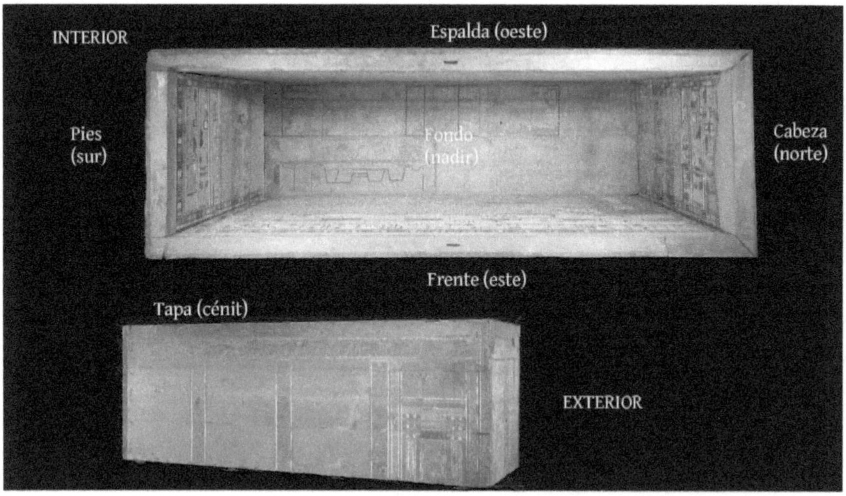

Fig. 3. Vista interior y exterior del ataúd exterior de *Zpi* (B1P). Musée du Louvre (E 10779 A). Barsha, dinastía XII. © Musée du Louvre.

De esta manera, gran cantidad de información relevante no está recogida en el *Index* de Lesko. Por ejemplo, los siguientes rasgos mayores de la edición original no aparecen en el *Index*:

- La disposición original de la escritura en el interior del ataúd procede con frecuencia desde el ángulo del pie con la espalda al ángulo de la cabeza con el frente.
- La orientación de la escritura en los diferentes lados del ataúd, que normalmente es estándar en la cabeza, la espalda, la tapa y el fondo, es retrógrada en el pie y el frente.
- La marca de entextualización supracolumnar (*mdw-ḏd.w*)[63] no se registra nunca (ni en la edición de De Buck tampoco).

La necesidad de cambiar de enfoque es obvia, si queremos reconstruir los procesos originales implicados en la actividad editorial antigua. Esto implica implementar un enfoque integral que conjunte el acceso a todo el material fotográfico del *Coffin Texts project*, la publicación de nuevas fuentes y el trabajo colaborativo de especialistas en textos, soportes, patrones decorativos y análisis de redes.

---

[63] Gracia Zamacona, "Divine Words".

En esta línea de investigación, un enfoque holístico centrado en los procesos subyacentes a la variabilidad más que en la recuperación de las unidades textuales ideales en los textos mortuorios del egipcio de la primera fase ya está en marcha: se trata del mencionado proyecto MORTEXVAR (2019–2024), con base en la Universidad de Alcalá, financiado por la Comunidad de Madrid por medio de su programa Atracción de talento (Modalidad 1) y bajo mi dirección[64]. MORTEXVAR ya ha demostrado con casos de estudio concretos a diferentes niveles de análisis que un enfoque multidimensional y basado en el corpus de los textos mortuorios que se centre en analizar e interpretar variaciones en el interior de grandes corpus es la herramienta necesaria para mejorar nuestra comprensión de cómo se producían y usaban estos textos. Estos estudios de caso, profundos, exhaustivos y contextualizados se han centrado, hasta ahora, en las fórmulas únicas de los Textos de los Ataúdes (aquellas de las que sólo se conoce un testigo)[65]; en las grafías de determinadas palabras[66]; en las variaciones diacrónicas y diatópicas, fonéticas y semánticas;[67] y en el significado del propio concepto "variabilidad"[68].

Un enfoque como la estemática, que emana de la taxonomía de Lineo y cuya lógica está en el centro del pensamiento occidental (desde las "familias" lingüísticas y los análisis sintácticos hasta los directorios informáticos y los diagramas de árbol), reposando en el principio del tercio excluido, no constituye una herramienta adecuada para operar con los datos de los textos mortuorios del Egipto antiguo. Por ejemplo, un documento, típicamente un ataúd, puede tener dos testigos del mismo texto. Estos testigos pueden estar en el mismo lado o en lados distintos del ataúd y los testigos pueden llevar la misma versión (o "lección") del texto o versiones diferentes. Las razones de este fenómeno se nos escapan aún. Recientemente, Bernard Arquier ha propuesto el término *emboîtement* ("ensamblaje") y ha atribuido a la repetición de una fórmula en el mismo lado del ataúd una función protectora[69]. La distinción entre los conceptos de

[64] Gracia Zamacona, "The MORTEXVAR project" (www.mortexvar.com).
[65] Gracia Zamacona, "Some Remarks on a Multidimensional Approach".
[66] Gracia Zamacona, "The Semantics of the Verb".
[67] Gracia Zamacona, "Variability".
[68] Gracia Zamacona, *Variability in the Earlier Egyptian Mortuary Texts*.
[69] Bernard Arquier, *Le double sarcophage de Mésehti S1C (CG 28118)–S2C (CG 28119): recherches sur l'organisation du décor iconographique et textuel* (Tesis doctoral defendida en la Universidad Paul Valéry–Montpellier III, 2014); Arquier, "La mise en exergue du nom du défunt dans les Textes des Sarcophages des deux cercueils de Mésehti (S1C et S2C)", *GM* 243 (2014): 15.

testigo y *versión*[70] es crucial para captar las razones materiales[71] que subyacen a este fenómeno y a otros similares como la continuidad de una fórmula a lo largo de varios lados del ataúd[72] y la contigüidad de varias fórmulas que podrían pertenecer a un mismo grupo[73].

Tal complejidad implica factores materiales tales como el tipo de soporte, el espacio disponible y la escritura; factores textuales, como, ante todo, el contenido de los textos; y factores editoriales, es decir, los que se refieren a la cuestión de cómo se produce el documento como una unidad coherente que sirva al difunto; es decir, cómo se crea el documento adecuado para un propietario concreto por medio del acople perfecto entre soporte, diseño y textos. Los mecanismos que implementan este complejo proceso editorial se pueden englobar en el concepto, operativo y amplio, de *sampleo*[74]. El concepto general de *sampleo*, tal y como lo utilizo aquí, está inspirado en la descripción que hace David Byrne de la colaboración musical, que integra, de manera potente y simple, las interpretaciones improvisadas (siguiendo un eje sincrónico) y las interpretaciones basadas en partituras (siguiendo un eje diacrónico), con el fin de proponer un marco explicativo que considera todas las composiciones musicales como colaboraciones[75].

En los textos mortuorios, el *sampleo* podría haber operado en numerosos y diferentes niveles. Por ejemplo, a lo largo del eje sincrónico, fenómenos textuales como los mencionados de continuidad y contigüidad en la inscripción de determinadas fórmulas únicas en los lados de los ataúdes podría responder a un esfuerzo colaborativo por ensamblar una composición coherente (el documento) siguiendo un patrón de "llenar huecos" en un documento determinado: estas fórmulas aparecen como piezas de texto que se han de insertar en el lugar adecuado para completar el patrón textual del ataúd como un todo. El enfoque basado en el concepto de *sampleo* podría tener consecuencias importantes a lo largo del eje diacrónico también. Si los testigos se construían por medio del complejo proceso compositivo de *sampleo*, que habría seguido los requisitos de un documento específico, los testigos de una unidad textual determinada deberían verse más como un grupo de testigos de un texto concreto que una línea de transmisión del texto de un documento a otro[76].

---

[70] Stéphane Polis y Baudouin Stasse, "Pour une nouvelle philologie numérique: réflexions sur la relation texte(s)-document(s)", *MISH* 2 (2009), 163–66.

[71] Para observaciones generales sobre cómo el hilomorfismo es incapaz de proporcionar un marco adecuado para analizar los datos del Egipto antiguo, véase Antonio Loprieno, *La pensée et l'écriture* (París: Cybèle, 2001), 6.

[72] Gracia Zamacona, "Some Remarks on a Multidimensional Approach", 184.

[73] Gracia Zamacona, "Some Remarks on a Multidimensional Approach", 185–86.

[74] Gracia Zamacona, "Some Remarks on a Multidimensional Approach", 186 y 201–203.

[75] David Byrne, *How Music Works* (Edimburgo: Cannongate, 2013), cap. 6.

[76] Véanse los capítulos 4 y 6, para una explicación de este enfoque.

Numerosas cuestiones como estas y otras parecidas sólo podrán resolverse con un análisis sistemático, holístico, de abajo arriba y multidimensional. Se notará que, debido a la secular separación entre arqueología y filología, las conexiones potenciales entre el marco de producción de soportes y textos nunca han sido investigadas de manera sistemática[77], de ahí que el elemento multidisciplinar de un enfoque tal resulte crucial. Un enfoque basado en el corpus permitirá interpretar los datos en su contexto y aplicar análisis cuantitativos y cualitativos[78]. Sólo un enfoque basado en el corpus permite ambas cosas porque el corpus es el universo del estudio. Un corpus bien definido material, funcional y conceptualmente como los Textos de los Ataúdes proporciona tanto el objeto de estudio como el entorno cultural en el que interpretar los textos. Esta es la diferencia de un enfoque de este tipo con todos los anteriores estudios sobre los Textos de los Ataúdes y materiales relacionados. Tal estudio deberá tener como objeto la reconstrucción integral de los patrones editoriales de los textos mortuorios empleados durante el Reino Medio. Para ello, tendrá que catalogar, estudiar y clasificar los soportes (ataúdes, etc.), así como sus mecánicas de producción y distribución; registrar, analizar e interpretar los textos, así como sus funciones grafémica, lingüística, textual e ideológica, y su contexto cultural; determinar y clasificar los diseños de los ataúdes, además de interpretar su rol como vehículos de significado entre textos e imágenes; gestionar la información de un manera integral que permita análisis extensionalistas e intensionalistas, y las interpretaciones correspondientes de los soportes, textos, diseños y agentes de este corpus.

---

[77] Gersande Eschenbrenner Diemer y Barbara Russo, "Quelques particuliers inhumés à Saqqara Nord au début du Moyen Empire", en *BIFAO* 114 (2015): 155–86; Gersande Eschenbrenner-Diemer y Alejandro Jimenez-Serrano, "Middle Kingdom Coffins from Qubbet el-Hawa: Manufacturing Techniques Investigated", en *Proceedings of the Second Vatican Coffin Conference*, e.p.

[78] Veronika Dulíková y Miroslav Bárta, eds., *Addressing the Dynamics of Change in Ancient Egypt: Complex Network Analysis* (Praga: Charles University, 2020).

2
Lecturas

El enfoque de Franco Moretti, la lectura lejana (*distant reading*), por oposición a la crítica literaria basada en la lectura cercana (*close reading*), abre la puerta a un cambio de punto de vista. En las lecturas que siguen, he intentado adherirme a la idea de que ese alejamiento de la unidad textual por parte del interpretante permite hacerse una imagen más ajustada de la misma en su conjunto y en su entorno, aunque se pierda información sobre los detalles de la unidad textual; o, precisamente, gracias a ello:

> The trouble with close reading (in all of its incarnations, from the new criticism to deconstruction) is that necessarily depends on an extremely small canon. This may have become an unconscious and invisible premise by now, but it is an iron one nonetheless: you invest so much in individual texts *only* if you think that very few of them really matter. Otherwise, it doesn't make sense. And if you want to look beyond the canon..., close reading will not do it. It's not designed to do it; it's designed to do the opposite. We know how to read texts, now let's learn how not to read them. Distant reading: where distance, let me repeat it, *is a condition of knowledge*: it allows you to focus on units that are much smaller or much larger than the text: devices, themes, tropes—or genres and systems. And if, between the very small and the very large, the text itself disappears, well, it is one of those cases when one can justificably say, less is more. If we want to understand the system in its entirety, we must accept losing something. We always pay a price for theoretical knowledge: reality is infinitely rich; concepts are abstract, are poor. But it's precisely this 'poverty' that makes it possible to handle them, and therefore to know. This is why less is actually more[1].

---

[1] Moretti, *Distant Reading*, 48–49.

Este enfoque ofrece una posibilidad de análisis e interpretación distintos, principalmente por lo que Moretti dice al principio de la cita: la lectura lejana supera a la cercana porque esta se basa en dos pilares fruto de una selección previa del interpretante (un corpus muy pequeño y un corpus canónico). La superación de esta visión "cercana", es decir, en detalle, de un determinado texto preseleccionado, abre el camino hacia una valoración "lejana", es decir más abstracta y comparativa, de muchos textos no preseleccionados.

El lector encontrará algunos análisis e interpretaciones en esta línea en los siguientes capítulos, centrados en los propios textos (capítulo tres), sus medios (capítulo cuatro) y sus contextos (capítulo cinco). En el capítulo seis volveré sobre algunas cuestiones de método, que incluyen reflexiones sobre el enfoque de Moretti.

En el presente capítulo, a pesar de lo dicho y por razones prácticas exclusivamente, he debido seleccionar unas fórmulas del total del corpus por razón de las características de este libro, que no puede presentar los Textos de los Ataúdes en su totalidad detallada (son 1.185 fórmulas). Además, sólo los llamados Textos de los Ataúdes se han tenido en cuenta, obviando las copias de Textos de las Pirámides en ataúdes del Reino Medio. Esto último responde a otra razón práctica: la base de datos[2] en la que se fundamentan las propuestas del presente libro sólo abarca los Textos de los Ataúdes, editados por Adriaan de Buck (CT I-VII)[3], mientras que no incluye, todavía, las mencionadas copias de Textos de las Pirámides, editadas por James Allen (CT VIII)[4].

Por todo ello, y teniendo en cuenta el aviso, en las lecturas que siguen, inspirado por el enfoque de la literatura lejana, propongo una simple rejilla de atributos y valores que permiten caracterizar la *estructura comunicativa* de cada unidad textual ("fórmula") y buscar patrones comunes. Esta rejilla permite identificar partes del texto (A, B, C, D, ...). Estas partes dependen de los siguientes atributos:

- El atributo *comunicación* se refiere a los participantes involucrados en el texto[5]. Los valores posibles para este atributo son: 0 (un oficiante, normalmente el primogénito del difunto); 1 (el difunto); 2 (el/los interlocutor(es)); 3 (el/los que está(n) fuera de la comunicación)[6]. El atributo *comunicación* permite codificar de manera simple quién habla a quién a través del operador ":". Así, 1:2 significa que el difunto se dirige a un

[2] La versión beta está accesible aquí http://database.mortexvar.com/.
[3] De Buck, *The Egyptian Coffin Texts I-VII* (abreviado CT).
[4] Allen, *The Egyptian Coffin Texts.*
[5] Adaptado de Jan Assmann, "Egyptian Mortuary Liturgies".
[6] Lo que Émile Benveniste llamó la "no-persona": véase Émile Benveniste, "Les relations de temps dans le verbe français", en *BSL* 54 (1959): 69–82.

interlocutor, mientras que hay que entender 0:3 como que el oficiante habla en general o 0:1 como que el oficiante habla al difunto.

- El atributo *marca* se refiere a los elementos que se usan como marcas materiales en el documento que porta el texto. Los valores posibles para este atributo son: RU (texto escrito en rojo, es decir, rubricado)[7]; RE (texto escrito con los signos orientados a la contra de la dirección de lectura)[8]. El atributo *marca* nos permite delimitar partes del texto de manera objetiva, especialmente por lo que se refiere a los paratextos, con los que es especialmente frecuente[9].
- El atributo *tipo* de texto[10] se refiere al objetivo comunicativo general del texto. Los valores posibles para este atributo son: (I) relato subjetivo o informe; Na (relato objetivo o narración); De (descripción, o texto objetivo que no es un relato); Di (texto comunicativo bidireccional o diálogo); Ti (paratexto inicial o título); Co (paratexto final o colofón).
- El atributo *persona* se refiere a la persona gramatical en la que se presenta el texto. Los valores posibles para este atributo son: 1ª (yo, nosotro/as); 2ª (tú, vosotro/as) o 3ª (él/ella, ello/as).
- El atributo *modo* se refiere a la manera general en la que se presenta el texto. Los valores posibles para este atributo son: R (real, si expresa una aserción sobre el mundo); Hi (hipotético, si expresa una posibilidad); D (desiderativo, si expresa un deseo); Ho (hortativo, si expresa una orden).

---

[7] Thomas G. Allen, "Types of Rubrics in the Egyptian Book of the Dead", *JAOS* 56 (1936): 145–54; Georges Posener, "Les signes noirs dans les rubriques", *JEA* 35 (1949): 77–81; Posener, "Sur l'emploi de l'encre rouge dans les manuscrits égyptiens", *JEA* 37 (1951): 75–80; Tycho Quirinus Mrsich, "Ein imjt-pr-Rubrum der Sargtexte (sp. 754) und seine Implikationen", en *Studien zu Sprache und Religion Ägyptens zu Ehren von Wolfhart Westendorf überreicht von seinen Freunden und Schülern* I–II, ed. F. Junge (Gotinga: Junge, 1984), 561–611; Marina I. Sokolova, "Rubrics of Spells as a Method of Analysis of the Coffin Texts (Based on CT I–II)", en *St. Petersburg Egyptological Readings 2009-2010* (San Petersburgo: State Hermitage, 2011), 257–68; Jean-Guillaume Olette-Pelletier, "Note sur l'emploi d'une rubrique cryptographique dans un papyrus du Moyen Empire", *Nehet* 4 (2016): 59–64.

[8] Carlos Gracia Zamacona, "The Two Inner Directions of the Ancient Egyptian Script", *BEJ* 3 (2015): 9–23, con bibliografía anterior.

[9] Un paratexto es un texto que se refiere al texto principal o texto *stricto sensu*, mientras que este último se refiere al mundo; véase Gérard Genette, *Palimpsestes* (París: Seuil, 1982), 9–10. En egiptología, véase recientemente Jean Winand, "Quand le texte ne suffit plus", en *Signes dans les textes*, PapLeod 9 (Lieja: Presses Universitaires de Liège), 11–40; y, más en concreto sobre los Textos de los Ataúdes, Roland Enmarch, "Paratextual Signs in Egyptian Texts of the Old and Middle Kingdoms", en *Signes dans les textes*, 11–40; y Carlos Gracia Zamacona, "Textos de los Ataúdes", en *Cultos, mitos y prácticas mágicas en el antiguo Egipto: textos religiosos (2800 a.C.-1000 d.C.)* (Barcelona: Universitat Autònoma de Barcelona, e.p.3).

[10] Adaptado de Benveniste, "Les relations de temps dans le verbe français".

Los tres atributos que propongo a continuación son expresiones lingüísticas muy particulares de los Textos de los Ataúdes y los planteo aquí por primera vez. Sin embargo, son fundamentales para que el difunto consiga legitimarse en el más allá y necesitan una aclaración, dada su importancia capital en los textos mortuorios del antiguo Egipto[11].

El atributo *énfasis* se refiere al uso de enunciados marcados, tales como tiempos segundos o estructuras focalizadoras (p.ej., proposiciones hendidas con *in*)[12]. Los valores posibles para este atributo son: Sí (si el enunciado es marcado); No (si el enunciado es neutral).

El atributo *identificación* se refiere a la expresión explícita de la identificación del difunto con una deidad o similar ("Yo soy X") para recabar su poder. Los valores posibles para este atributo son: Sí (si se expresa identificación); No (si no se expresa).

El atributo *objetivo* se refiere a la expresión explícita de la intención del difunto, que suele tomar la forma de expresiones de finalidad (p.ej., subjuntivos, estructura *r* + infinitivo). Los valores posibles para este atributo son: Sí (si se expresan los objetivos); No (si no se expresan).

Atributos	**Valores**					
COMUNICACIÓN	Oficiante (0)	Difunto (1)	Interlocutor (2)	Otros (3)		
MARCA	Rubricado (Ru)	Retrógrado (Re)	Horizontal (H)			
TIPO	Informe (I)	Narración (Na)	Descripción (De)	Diálogo (Di)	Título (Ti)	Colofón (Co)
PERSONA	1ª	2ª	3ª			
MODO	Real (R)	Hipotético (Hi)	Desiderativo (D)	Hortativo (Ho)		
ÉNFASIS	Sí / No					
IDENTIFICACIÓN	Sí / No					
OBJETIVO	Sí / No					

Tabla 1. Estructura comunicativa: atributos y valores

[11] Gracia Zamacona, "¿Qué quería?"

[12] Para una explicación en detalle sobre los enunciados marcados, véase Michel Malaise y Jean Winand, *Grammaire raisonnée de l'égyptien classique*, AegLeod 6 (Lieja: CIPL, 1999), §424–34.

Según estos ocho atributos (o su ausencia, que marco con Ø), se puede sintetizar la estructura comunicativa[13] de una fórmula por medio de una cadena como la siguiente: A-B-CDx15-ED-CDx3-ED-F-CDx2-GDx2-E-GDx5-G-ED-H. En ella, las mayúsculas indican las secciones, los agrupamientos de secciones se separan con guiones y los números precedidos por x indican repeticiones de grupos.

El objeto de este enfoque es conseguir expresiones que nos permitan buscar patrones formales en el corpus entero para determinar posibles tipos textuales que podrían ser de utilidad para definir "géneros" (tipos literarios de textos) y unidades supratextuales ("libros").

A manera de ejemplo, presento a continuación dieciséis fórmulas para su lectura y análisis de estructura comunicativa. Las fórmulas aparecen según el orden que les dio Adriaan de Buck, para facilitar su referencia al lector. La idea es que el lector interesado pueda contrastar la interpretación que se da aquí con una revisión detallada de las fuentes, incluso si no conoce bien la lengua egipcia, gracias a la transliteración, traducción anotada y comentario específico que se dan en esta parte.

En un corpus de la envergadura de los Textos de los Ataúdes (1.185 fórmulas, unas tres mil páginas *in folio*), la selección de un número tan pequeño de fórmulas (el 1,35 % del total) puede parecer arbitraria. Sin embargo, los criterios de frecuencia y representatividad de grupos enteros de fórmulas asociadas a las seleccionadas contrarrestan en gran parte tal arbitrariedad, a la par que ofrecen una visión relativamente ajustada de los hilos temáticos más relevantes del cor pus, que veremos en el capítulo siguiente.

De esta manera, la selección de las dieciséis fórmulas propuestas como lecturas responde a esos dos criterios: la frecuencia de las fórmulas según los datos que disponemos actualmente (CT 335 y 75 en particular); y su capacidad para representar asuntos que considero fundamentales en este corpus: la familia (CT 38 y 146), los cambios ontológicos del difunto (CT 75 y 335), el mantenimiento del orden natural y social (CT 94, 210, 215 y 472), la legitimación (CT 225 y 629, pero también CT 1), la supervivencia (CT 343 y 473) y el control de los espacios (CT 1029 y 1072, aunque también presente en CT 1 y 1185). He considerado un tercer criterio, que se desprende del criterio de frecuencia, ya que De Buck tomó la sabia decisión editorial de numerar (en general) las fórmulas por orden decreciente de frecuencia[14]; de esta manera, incluyo en la lista las fórmulas inicial (CT 1) y final (CT 1185). Estas son las dieciséis fórmulas seleccionadas, con los temas que tratan, que no son los títulos originales de los textos:

---

[13] Siguiendo los términos básicos de análisis fundamentales de Mikhail Bakhtin, "The Problem of Speech Genres", en *Speech Genres and Other Later Essays*, UTPSS 8 (Austin: University of Texas Press, 1986), 60–102, de los años cincuenta originalmente. Véase también Douglas Biber, "A Typology of English Texts", *Linguistics* 27 (1989): 3–43.
[14] CT I XII.

CT 1. El doble león: la tumba y el mundo, lugares de paso
CT 38. Padre e hijo: la lucha por la tumba
CT 75. *ḫpr*: la transformación poderosa
CT 94. El gran *bꜣ*: fertilidad
CT 146. Recuperar la propiedad: el derecho
CT 210. No trabajar en la necrópolis: mantener el estatus (1)
CT 215. El tabú: mantener el orden por la negociación
CT 225. El proceso: la justificación ante todo enemigo
CT 335. *sꜣḫ*: brillo y eficacia, comida y magia
CT 343. Escapar de la red: asegurar la supervivencia del oeste al este (1)
CT 472: Delegar las labores: mantener el estatus (2)
CT 473. Escapar de la red: asegurar la supervivencia del oeste al este (2)
CT 629. La legitimación por el conocimiento: una escala al cielo
CT 1029. En la barca de Ra: un camino siguiendo al sol
CT 1072. Los caminos de Rosetau: el valor del conocimiento
CT 1185. Los caminos acuáticos de Rosetau: topografía y ofrendas.

Tras una breve presentación de cada fórmula, sigue una transliteración y traducción simplificadas; es decir, sigo el *testigo* que he considerado principal, y que es, con frecuencia, el que De Buck colocó en la columna izquierda de su edición. Entre paréntesis, indico sólo aquellas variantes que ayudan a entender el texto mejor.

La transliteración es necesaria porque presenta un valor clave para entender la traducción que la sigue; además, indica el análisis gramatical y el uso contextualizado de las palabras del texto. Si se omite la transliteración, el lector puede pensar erróneamente que no hay interpretación en la lectura propuesta. Basta comparar dos traducciones de una misma fórmula de los Textos de los Ataúdes para convencerse de que esa impresión no es correcta. El objetivo final de la transliteración, por tanto, es el de contribuir a entender los textos, evitando repetir sin contrastar traducciones de trabajos previos y avanzando en el análisis gramatical y léxico que está en la base de nuestra apreciación de este corpus. Además de ello, la transliteración es también una herramienta fundamental para el lector que está en proceso de aprendizaje de lectura e interpretación de la escritura egipcia.

En cuanto a la traducción, se ajusta al máximo al contexto preciso en que aparece cada palabra, y piensa tanto en el lector que conoce la lengua egipcia como en el que no, intentando dar un texto comprensible en español de por sí, aparte de las dificultades de comprensión de los propios temas de los que trata el texto original. Por ello, no he realizado traducciones "automáticas", es decir, sacadas directamente de los diccionarios disponibles. Muy en particular, he renunciado a traducir términos clave de manera "convencional", porque traducir *bꜣ* por "alma", *imꜣḫ* por "reverenciado" o *ꜣḫ* por "espíritu" no es convencional, sino sesgado, y lleva al lector a error y con ello a la incomprensión de los textos. Pondré un ejemplo. En el pasaje CT IV 228–229 b (fórmula CT 335), he traducido *ḫpr im.ṯn* por "acaecer entre vosotros" y no "transformarse en vosotros" porque, en ese pasaje, la preposición *m* no tiene sentido de "identidad", sino locativo. El sentido es radicalmente diferente y este uso específico cambia el significado de *ḫpr* que, en un contexto religioso, se suele traducir demasiado rápidamente por "transformarse". En mi opinión, tal automatismo es un reflejo de la importancia del concepto socrático de *definición* en el pensamiento occidental, que lleva a interpretar que *ḫpr* implica un cambio de identidad[15]. La traducción se articula por medio de acotaciones en negrita, que van entre corchetes y se corresponden a las secciones de la estructura comunicativa.

Tras la traducción, el lector encontrará un breve comentario con objeto de facilitar la comprensión del significado del texto, con mucha frecuencia oscuro por falta de contexto.

Por último, nótese lo siguiente:

- Una N mayúscula en la transliteración y la traducción sustituye al nombre difunto.
- Los testigos se denominan por la sigla: mayúscula (lugar de procedencia)–número (secuencial)–mayúscula (localización actual); por ejemplo, T1L significa ataúd 1 procedente de Tebas (T) que se conserva en Londres (L).
- Los pasajes de los Textos de los Ataúdes se citan según la edición de De Buck (CT = Coffin Texts): número romano (volumen)–número arábigo (página)–minúscula (parágrafo); por ejemplo, CT VII 23 a.

Las fórmulas (unidades textuales) se citan según la misma edición por medio de un número secuencial entre 1 y 1185; por ejemplo, CT 335.

CT 1
EL DOBLE LEÓN: LA TUMBA Y EL MUNDO, LUGARES DE PASO

Esta fórmula abre la edición de los Textos de los Ataúdes de Adriaan de Buck (CT I 1–7 d), que la recoge en veintiún testigos, siendo así una de las más frecuentes

[15] Otra manifestación de la centralidad del concepto occidental *definición* se encuentra en los enfoques sobre el concepto derivado *identidad* (de la de género a la nacional, por ejemplo), que han visto un aumento sorprendente en la última década en los estudios sobre la Antigüedad. Véase, en particular, Nyord, *Concepts in Middle Kingdom*. Véase también un reciente comentario al respecto, sobre el caso de las prohibiciones alimentarias como instrumento de identidad, en Youri Volokhine, "Ancient Egyptian Food Prohibitions", en *The Ancient Near East Today*, 10.8 (2022).

del corpus. Sigo aquí la versión del testigo T1L, un ataúd tebano, pero incluyo también algunas variantes presentes en otros testigos, que son importantes para el sentido de la fórmula.

Estructura comunicativa: A-B-C

	A	B	C
COMUNICACIÓN	0:3	0:1	0:1
MARCA	Ru	Ø	Ø
TIPO	Ti	Di	Di
PERSONA	3ª	2ª	2ª
MODO	R	R	Ho
ÉNFASIS	No	No	No
IDENTIFICACIÓN	No	Sí	No
OBJETIVO	No	No	No

Tabla 2. Estructura comunicativa de CT 1

1	[*ḏd-mdw sꜣḫ.w*] ? (...) *tm šm.*(*w*) *ỉs ḫdḫd.*(*w*) *ỉn bꜣ m ẖr.t-nṯr* (Y1C) *ḥꜣ.t-ꜥ mḏꜣ.t n.t smꜣꜥ ḫrw z m ẖr.t-nṯr*
2a–3c	[*hꜣ N pn*] [*ntk rw ntk rwty*] *ntk Ḥr nḏ ỉt.f*
2–3d	(MC105b y T9C) *n*[*t*]*k ḏḥwty* [*mꜣꜥ-ḫrw*]
2e–5a	(B3Bo y grupo). *ntk fd*[*.nw n fd nṯr.w ỉ.pw ꜣḫ.w ỉtp.w*]
4–5b	(B3Bo y grupo). *ỉnn.w m.w*
4–5c	(Y1C y grupo). *ỉrr.w bꜥḥ*
4–5d	(B3Bo y grupo). *ỉrr.w* (/ *ỉnn.w*[16]) *Ḥ*(ꜥ)*p* (/ *Ḥkꜣ.w*[17])
4–5e	[*ỉrr.w*] *hy ỉrr.w hnw*
5f	*ỉrr.w* (...) *ỉr*[*r.w*] (...)
5g–h	(BH5C). *ỉrr.w ỉꜣ ỉrr.w zꜣṯ.w nhm.w m ḫpš.w m bꜥbꜥ nw ỉr.w r ỉt.w.sn*
6–7a	*m ḫ*[*pš.w n.w ỉt.w.sn*] {*Wsỉr*}
6–7b	*hꜣ N pn ṯz tw* [*ḥr ỉꜣb*]*.k*
6–7c	[*dỉ ṯw ḥr ỉmn*]*.k*
7d	(...) *k dỉ* (...) *ḥms.t*(*ỉ*)

[A. Título]

(1) Recitación *sꜣḫ.w*. (...). No ir cabeza abajo, en ningún caso, el *bꜣ* en la necrópolis. (Comienzo del libro de la justificación (*smꜣꜥ-ḫrw*) de un hombre en la necrópolis.)

[B. El oficiante se dirige al difunto]

(2a–3c) "¡Oh, el osiris N! Tú eres Ru. Tú eres Ruty. Tú eres Horus, el que protege a su padre. (2–3d: Tú eres Thot el justificado.)

[16] Esta variante sólo existe en Y1C y S10C.

[17] B1P: *Ḥkꜣ.w* en lugar de *Ḥ*(ꜥ)*p* (Hapi, el dios de la crecida).

(2e–5a) Tú eres el cuarto de estos cuatro dioses, de estos *3ḫ* (4–5b que traen agua,) (4–5c producen la inundación,) (4–5d producen / traen la crecida (Hapi) / "magia" (Hekau),) (4–5e) producen el gozo, producen la celebración[18], (5f) producen (...), producen, (5g–h producen la adoración, producen la libación, tiemblan con sus patas delanteras en la corriente, esos que actúan contra sus padres,) (6–7a) con el poder de sus padres".

[C. El oficiante ordena al difunto]

(6–7b) "¡Oh, el osiris N! ¡Levántate sobre tu izquierda! (6–7c) ¡Colócate sobre la derecha! (7d) ¡(...) tu (...)! ¡Haz (...)! Estás sentado".

Fórmula de "orientación" de la momia hacia el oeste y el este (*Rwty*). Quizás implicara el movimiento de la momia: primero su incorporación sobre el lado derecho (oeste), por donde empieza el circuito solar nocturno; y luego sobre el izquierdo (este), que es sobre el que queda al final apoyada la momia, como preparación para el circuito solar nocturno y la consecución del estatuto de *3ḫ*[19] (véase CT 343, más abajo).

El difunto es tratado de "osiris", pero se le identifica con Horus. El difunto no es Osiris (de ahí que escriba "este osiris N", osiris con minúscula, como si fuera una fórmula de tratamiento: "este señor N[20]").

El oficiante se dirige directamente al difunto en segunda persona, algo que, según Assmann, es rasgo de texto litúrgico[21]. Esta interpretación va de la mano del título en CT I 1 (Y1C) *ḥ3.t-ʿ m md3.t n.t sm3ʿ ḫrw z m ḫr.t-nṯr* "Comienzo del libro de la justificación de un hombre en la necrópolis", quizás la razón por la que De Buck puso esta fórmula en primer lugar en su edición. Es probable que este fuera el título original del repositorio de textos mortuorios utilizados en el Reino Medio, los cuales incluirían no sólo lo que los egiptólogos llaman Textos de los Ataúdes, sino también los Textos de las Pirámides (que se copian en los ataúdes del Reino Medio) y quizás también lo que podríamos considerar "versiones antiguas" de algunas fórmulas del Libro de los Muertos. Nótese que el término empleado, *md3.t*, significa "rollo de papiro". Desgraciadamente, la fecha y procedencia de Y1C nos es desconocida[22].

CT 38

PADRE E HIJO: LA LUCHA POR LA TUMBA

Esta fórmula se conserva en cinco testigos de Barsha, según la edición de De Buck (CT I 157 e–165 e). Aquí sigo la versión de B12C^b.

---

[18] T9C añade: que crean la corriente (*irr.w bʿbʿ*).

[19] Véase los comentarios de Willems, *Historical and Archaeological*, 135–36.

[20] Para la discusión sobre el tratamiento del difunto como Osiris, véase Mark Smith, "Osiris NN or Osiris of NN?", en *Totenbuch-Forschungen: gesammelte Beiträge des 2. Internationalen Totenbuch-Symposiums, Bonn, 25. bis 29. September 2005*, ed. B. Backes, I. Munro y S. Stöhr (Wiesbaden: Harrassowitz, 2006), 325–37.

[21] Assmann, "Egyptian mortuary liturgies", 1–45; Assmann, *Altägyptische Totenliturgien*, 1.

[22] Harco Willems, *Chests of Life*, 34.

Estructura comunicativa: A-B-CDx2-ED-F

	A	B	C	D	E	F
COMUNICACIÓN	0:3	1:2	2:2	1:2	1:2	1:2
MARCA	H-Re	Ø	Ø	Ø	Ø	Ø
TIPO	Ti	I	I	Di	Di	Di
PERSONA	Ø	1ª (3ª)	1ª (3ª)	2ª (1ª)	2ª	2ª
MODO	R	R	R	Hi	Ho	Ho
ÉNFASIS	No	No	No / Sí	No	Sí	No
IDENTIFICACIÓN	No	No	No	No	No	No
OBJETIVO	No	No	No	No	No	Sí

Tabla 3. Estructura comunicativa de CT 38

157e *rdi͗.t wꜣḥ i͗b n i͗m.y ẖr.t-nṯr r z*
157f–159a *i͗ tꜣ-(wr)-ꜥꜣ i͗ i͗m.y-wr.t-ꜥꜣ i͗ i͗r.yw wsḫ.t md<.i͗> m-bꜣḥ.ṯn*
m.ṯn i͗t.i͗ pf ꜥḥꜥ.w.i͗ pf mḥ.y.i͗ pf ḥꜣ.y.i͗ pf
hꜣ.n.i͗-n.f pf i͗m.y i͗mn.t i͗m.y ẖr.t-nṯr
si͗w.y.n.f wi͗ m ḏꜣḏꜣ.t
i͗n.tw.i͗ tp r.ṯn
ḏd.n.f
sꜥr.tw hrw.w.i͗ m tꜣ pn n ꜥnḫ.w nt(y) wi͗ i͗m.f
159b–c *ḏd.n.f*
i͗ṯ.i͗ s.t.f nḥm.i͗ sꜥḥ.f m tꜣ pf ḏsr ntf i͗m.f
159d–h *i͗n ḏd.n.ṯn i͗ni͗.t(w).i͗ n.ṯn*
r sꜣr n.i͗ i͗t.i͗ pf
r i͗wꜥ.i͗ s.t.f
r nḥm.i͗ sꜥḥ.f
i͗n ḏd.(w).ṯn i͗ni͗.tw.i͗ n.ṯn tp r.ṯn
160a *i͗sk sw rḫ(.w) ẖn.w.ṯn šsꜣ.w m i͗ri͗.t.n.ṯn*
160b–f *sk mꜣ.n.i͗ ꜥfd.t n.t si͗ꜣ*
rḫ.n.i͗ i͗m.t.s
i͗ri͗.n.i͗ npḏ.wt ꜥḏ(.wt) ẖf.t(y) m ḥw.t swḫ ḥr-[tp] i͗m.t qdm
i͗ i͗t.i͗ pf i͗m.y ẖr.t-nṯr
160g–161b *i͗n ḏd.k i͗ni͗.tw.i͗ r tꜣ pw ḏsr ntk <i͗m.f>*
r nḥm.i͗ n.i͗ i͗ꜣ.wt.k
r ḏd rf ꜣḫ.w.{k}<i͗> mi͗.tw.k r.k
161c–162c *i͗.n zꜣ<.i͗> m i͗w nsrsr r šd.t-mdw n.i͗*
r wbꜣ ẖn.w kkw smꜣ.w
r i͗ri͗.t sbꜣ m dwꜣ.t
r i͗ṯi͗(.t) s.t n.t i͗t.f
r i͗wꜥ sꜥḥ.f
r spẖr ꜣḫ.w.f
r nḥm i͗ꜣ.wt.f
r nḥn ẖf.tyw.k i͗m.k i͗m.yw i͗w nsrsr i͗m.yw tꜣ ḏsr ntk i͗m.f

	mr.s(n) whn pr.k
	sḏ (ꜥ)rr.wt.k
	wš iwꜥ.k {tp} tp tꜣ m iw nsrsr
	i it.i im.y imn.t
162d–162f	*ꜣḫ.w nṯr ir.k m imn.t m tꜣ pw ḏsr ntk im.f*
	bꜣ.k n.k ꜣḫ.w.k ḥnꜥ.k
	mr.n.k bꜣ.k im.i tp tꜣ
162g–163a	*in ḏd.k*
	in.t(w).i r.i r tꜣ pw ḏsr ntk im.f r sḏ rf pr.k
	r whn rf ꜥrr.w[t].k
	r wš {r} rf iwꜥ.k
	r nḥn ḫf.tyw.k im.k
163b–j	*isṯ wi ꜥꜣ m tꜣ pn ḥr ḏbꜣ ns.t.k ḥr sꜣq bdš.yw.k*
	sk wi <m> zk ꜥḥꜥ.n.i wn.w-ḏw.t.k ḥr šd.t nmḥ.yw.k
	ꜥꜣ.k ḥꜣi ḥr rwd.t.k
163k–164c	*wꜣḥ ib zp 2*
	nṯr tw zp 2 m tꜣ pw ḏsr ntk im.f
	m iꜣ.wt.k m ḫrw.k pw <m> tꜣ ḏsr ntk mi
164d–h	*isk N pn m tꜣ pn ꜥnḫ.w*
	qd.f ḫꜣw.wt.k
	smn{.k}<f> pr.t-ḫrw.k m pr-n-ḏ.t.k n.t(y) m iw nsrsr
	iw grt sḏm.n.i mdw mr.f m-ẖn.w iw n ꜥnḫ ḫnt ḏbꜣ.t n.t wꜥb.w
164i–165a	*n(n) m(w)t.(w).<i> {N pn} n sin.(w)*
	n mn.y.i n.sn
	n(n) mn.y.<i> {N pn} ḫꜣḫꜣ
165b–165e	*wꜣḥ-ib.w ḫm.w mdw.sn im.(yw) imꜣḫ*
	wḏ n.ṯn wꜣḥ N pn <m tꜣ> ḫft mr.f
	N pn wnm i.š.wt.f m tꜣ pn n ꜥnḫ.w

[A. Título]
(I 157e) Hacer que el que está en la necrópolis sea amable con un hombre.
[B. El hijo difunto habla a unas deidades en el oeste]
(I 157f–159a) "¡Oh, El-del-gran-babor! ¡Oh, El-del-gran-estribor[23]! ¡Oh, Guardianes de la sala ancha! Hablo ante vosotros. He aquí que aquel padre mío, aquel servidor mío, aquel vigilante mío, aquel protector mío, aquel para quien he bajado, que está en el oeste, que está en la necrópolis, él me ha anunciado en el tribunal diciendo (que) se me trae según vuestra palabra, cuando se me acaban los días en esta tierra de los vivos en la que estoy. (I 159b–c) Él ha dicho que yo puedo tomar su sitio y que puedo llevarme su dignidad en aquella tierra

[23] "Babor" y "Estribor" indican aquí, probablemente, "izquierda" y "derecha", es decir "este" y "oeste". Los antiguos egipcios se orientaban mirando al sur, así que el este quedaba a la izquierda del observador y el oeste a su derecha; véase Carlos Gracia Zamacona, "*im.y-wr.t-(ꜥꜣ)-n-p.t* and *tꜣ-wr-(ꜥꜣ)-n-tꜣ* in the Solar Circuit: Data from the Coffin Texts", *JEA* 98 (2012): 185–94.

sagrada en la que él está. (I 159 d–h) ¿Acaso habéis dicho que yo os sea traído para que se retire aquel padre mío por mí, para que yo herede su sitio y para que me quede con su dignidad? ¿Acaso habríais dicho que yo os fuera traído según vuestra palabra?"

[C. El padre difunto habla a las mismas deidades en el oeste]

(I 160a) "Pues bien: él (= el hijo) conoce vuestra corte y es consciente de todo lo que habéis hecho. (I 160b–f) Ahora bien, yo he visto el cofre de Sia y sé lo que hay en él; he hecho cuchillos que destruyen al enemigo en la morada ancha, por razón de la que está en Quedem".—Ha dicho aquel padre mío que está en la necrópolis—.

[D. El hijo difunto habla al padre difunto]

(I 160g–161b) "¿Habrías dicho tú que yo fuera traído a la tierra sagrada en la que tú estás para que me quede con tu cargo, para decir, por tanto, que mi poder (*3ḫ.w*) es igual al tuyo?"

[C. El padre difunto habla a las mismas deidades en el oeste]

(I 161c–162c) "Si ha venido mi hijo de la Isla de la llama, es para leerme la palabra, para perforar el interior de la oscuridad crepuscular, para acceder a la Duat, para quedarse con el sitio de su padre, para heredar su dignidad, para que le sirvan sus (= del padre) *3ḫ*, para arrebatarle su cargo, para que exulten sus (= del padre) enemigos contra él (= el padre), los que están en la Isla de la llama y los que están en la tierra sagrada donde él está, que quieren derribar su casa, romper sus accesos y despojarle de su heredad sobre la tierra y en la Isla de la llama".—Ha dicho mi padre que está en el oeste—.

[D. El hijo difunto habla al padre difunto]

(I 162d–f) "El poder (*3ḫ.w*) divino está a tu lado en el oeste, en la tierra sagrada donde tú estás, tu *b3* te pertenece, tus *3ḫ* están contigo y (aun así) quieres tu *b3* que está conmigo, sobre tierra. (I 162g–163a) ¿Acaso ibas tú a decir que yo fuera traído hasta ti, hasta la tierra sagrada donde tú estás para destruir tu casa, para demoler tu acceso, para despojarte de tu heredad y para exultar a tus enemigos contra ti? ¿Seguro? (I 163b–j) Sin embargo, aquí estoy yo, en esta tierra, decorando tu trono y reuniendo a tus Agotados. Resulta que estoy en Zek (?), que he respaldado a tus compañeros, que estoy cuidando de tus huérfanos y levantando[24] la puerta de tu tumba (*ḥ3y*) sobre tu escalinata".

[E. El hijo difunto habla al padre difunto]

(I 163k–164c) "¡Sé amable (bis), sé divino (bis) en esta tierra sagrada en la que estás, en tu cargo y en ese cometido tuyo en la tierra sagrada en la que estás!"

[D. El hijo difunto habla al padre difunto]

(I 164d–h) "Cuando yo estaba en esta tierra de los vivos, construí tus altares y fundé tu invocación en tu morada funeraria que está en la Isla de la llama. También escuché la palabra de Él-quiere en el interior de la Isla de la vida delante del vestuario de los Puros. (I 164i–165a) Yo no moriré de repente, no pereceré por ellos, no pereceré rápidamente".

---

[24] Aceptando como mejor lección *ḥr sꜥḥꜥ*, ausente en B12C^{b}, pero presente en B13C^{b}, B16C y B20C.

[F. El hijo difunto ordena a unas deidades en el oeste]

(I 165b–e) "¡Oh, Amables, de palabra desconocida, que estáis en la veneración (*ỉmȝḫ*)! ¡Ordenad, pues, que yo perdure en la tierra a la manera de Él-quiere, porque soy yo quien come sus ofrendas en esta tierra de los vivos!"

El acceso a la morada funeraria en el oeste crea un conflicto entre el hijo difunto que busca sitio y el padre difunto que no parece querer cedérselo. Si este último es Osiris o no es difícil de decir. Si ese fuera el caso, Osiris se resitúa en el contracielo (la hora más oscura del circuito solar, al norte), dejando el oeste al difunto recién llegado, que aparece como su hijo.

Al padre que accede al deseo de sepultura del hijo se le llama Él-quiere (*mr.f*) y se le determina con el signo de un dios () en CT I 164 g. Este proceso de divinización, por tanto, sería necesario para la lógica de la ocupación de la necrópolis, cualesquiera fueran las consecuencias materiales de este proceso ideológico, si es que las hubo.

En el contexto de los textos mortuorios, esta fórmula es rara[25], pues el hijo no suele aparecer como difunto, sino como el oficiante vivo que atiende al padre difunto. De lo que se trata aquí es, probablemente, de garantizar la continuidad de la morada funeraria dentro del grupo familiar de línea patrilineal (*ȝb.t*) (véase CT 146, más abajo). Se notará, además, que el padre no contesta al hijo: sólo habla con los dioses.

[25] Para varias interpretaciones de la fórmula, véase Adriaan de Buck, "The Fear of Premature Death in Ancient Egypt", en *Pro Regno Pro Sanctuario: Een bundel studies en bijdragen van vrienden en vereerders bij de zestigste verjaardag van Prof. G. van der Leeuw*, ed. C. F. Nijkerk y N.V. Callenbach (Leiden: Brill, 1950), 79–88; Raymond O. Faulkner, "Spells 38–40 of the Coffin Texts", *JEA* 48 (1962a): 36–44; Reinhard Grieshammer, *Das Jenseitsgericht*, 120; Tjalling Bruinsma, "Some Literary Aspects of Coffin Texts Spell 38", en *Acta Orientalia Neerlandica: Proceedings of the Congress of the Dutch Oriental Society Held in Leiden on the Occasion of Its Fiftieth Anniversary, 8-9 May 1970* (Leiden: Brill, 1971), 13–18; Reinhard Grieshammer, "Zur Formgeschichte der Sprüche 38–41 der Sargtexte", en *Miscellanea in honorem Josephi Vergote*, ed. P. Naster, H. de Meulenaere y J. Quaegebeur, OLP 6–7 (Lovaina: Departement Orëntalistiek, 1975–1976), 231–35; Aleid de Jong, "Coffin Texts Spell 38: The Case of the Father and the Son", *SAK* 21 (1994): 141–57; Assmann, *Images et rites de la mort*, 46–67; Harco Willems, "The Social and Ritual Context of a Mortuary Liturgy of the Middle Kingdom (CT Spells 30–41)", en *Social Aspects of Funerary Culture in the Egyptian Old and Middle Kingdoms*, ed. H. Willems, OLA 103 (Lovaina: Peeters, 2003), 253–72; Alexandra von Lieven, "Originally Non-funerary Spells from the Coffin Texts: The Example of CT Spell 38", en *Studies in Ancient Egyptian Funerary Literature*, ed. S. Bickel y L. Díaz-Iglesias, OLA 257 (Lovaina: Peeters, 2017), 345–54.

CT 75

ḪPR: LA TRANSFORMACIÓN PODEROSA

La fórmula 75 aparece en veintitrés testigos según la edición de Adriaan de Buck, siendo una de las más extensas del corpus (CT I 314 a–405 e) y de las más frecuentes. Sigo aquí la versión del testigo S1C, salvo indicación contraria.

Estructura comunicativa: A-B-C-C-B-C-B-D-E-B-F-B

	A	B	C	D	E	F
COMUNICACIÓN	0:3	1:3	1:2	0:3	3:3	2:1
MARCA	Ru	(Ru)[26]	Ø	Ø	Ø	Ø
TIPO	Ti	I	I (Di)	De	De	Di
PERSONA	Ø	1ª	1ª (2ª)	3ª	3ª	2ª
MODO	R	R	R (Ho)	R	D	R
ÉNFASIS	No	Sí	Sí	No	No	No
IDENTIFICACIÓN	No	Sí	Sí	No	No	No
OBJETIVO	No	Sí	Sí	No	Sí	No

Tabla 4. Estructura comunicativa de CT 75.

314–315a	*r n bꜣ Šw ḫpr.w m Šw*
314b–317a	*i͗nk bꜣ Šw nṯr ḫpr ḏs.f*
316b–319a	*i͗nk bꜣ Šw nṯr sfg i͗rw*
318–319b	*ḫpr.n.i͗ m ḥꜥ.w n nṯr ḫpr ḏs.f*
318–319c	*i͗nk i͗m.y ḏr n nṯr*
320–321a	*ḫpr.n.i͗ i͗m.f*
320–321b	*i͗nk sgr n.f p.t i͗nk sidd n.f tꜣ.wy*
320–321c	*wsr.k(w)i͗ ḏnd.k(w)i͗ r psḏ.t nb(.t)*
320d–323a	*i͗nk sr sw pr.f m ꜣḫ.t*
322–323b	*i͗nk rdi nr(w).f n ḏꜥr.w rn.f*
322–323c	*i͗nk i͗m.y ḥḥ.w sḏm mdw ḥḥ.w*
324–325a	*i͗nk zbb mdw ḫpr-ḏs.f n ꜥšꜣ.t.(f)*
324–325b	*i͗nk srr wiꜣ ꜥpr.w.f*
324c–327a	*wsr.k(w)i͗ ḏnd.k(w)i͗ r psḏ.wt nb(.t)*
326b–329b	*i͗w wḥm.n.i͗ mdw nṯr.w i͗m.yw-bꜣḥ ḫpr.w r-sꜣ.i͗*
	i͗.z(b)<.sn> nḏ.sn ḫpr.w.i͗ m-ꜥ Nw
	mꜣꜣ.sn wi wsr.k(w)i͗ ḏnd.k(w)i͗ m dp.t sqd.w.t ḫpr-ḏs.f
330a–331b	*ꜥḥꜥ.n.i͗ (ḥms(i͗).n.i͗) mm.sn di.i͗ fꜣ.w<.i͗> ḫft ḫpr.i͗*
330c–333a	*i͗w.i͗ ḏd.i͗ gr psḏ.t i͗d.y nṯr.w*
332b–349a	*ḏd.i͗ n.ṯn ḫpr.i͗ m i͗rw.i͗ ḏs.i͗*
	m nḏ ḫpr.i͗ m-ꜥ n.w

---

[26] S14C rubrica *i͗nk bꜣ Šw*, que es la expresión de identidad fundamental para la identificación del difunto.

mꜣ.n wi n.w ḫpr.k(w)i
rḫ.n.i rn.f rḫ.n.i bw ḫpr(.w).n.i im
n mꜣ.f ḫpr.i m ḥr.f
ḫpr.n.i ṯz.n.i m ḥꜥ.w nṯr ḫpr-ḏs.f
qmꜣ.n.f wi m ib.f
iri.n.f wi m ꜣḫ.w.f
ink nfꜣ irw pḏ.(w).n nṯr p[n] šps(.y) wpš p.t m nfr.f
iwty rḫ nṯr.w {rḫ} rn.f šms.w ḥnmm.t
rd.n.i m rd.wy.f
ḫpr.n.i m ꜥ.wy.f
šw.n.i m ꜥ.wt.f
qmꜣ.n.f wi m ib.f
iri.n.f wi m ꜣḫ.w.f
n ms.n.t(w).i is ms.yt
iri.n.t(w) n.i sm.w m sḫ.wt sṯ.t
ink iri pꜣd.w[27] *<n.ṯn>*[28] *nṯr.w*
ink ḥr.(y)-ib dbn.f nb sḫw.t wꜣḏ(.wt) m dwꜣ.t
348b–357b *i Rꜥ-Tm (i) Nw*
ink sḥtp ḏfꜣ.w swꜣḏ Ḥw n Wsir ḥr ḫpr.i m ḥꜥ.w [nṯr] pn šps(.y) ḫpr-ḏs.f
wpš p.t m nfr.f dmḏ{.f} irw.w nṯr.w nb mꜣꜥ.t ḫtm ꜥwꜣ.w dmḏ.f irw.i
ink nfꜣ irw
n ms(.w).f wi m ḫfꜥ.f
n iwr(.w).f wi m ḫfꜥ.f
nfꜣ.n.f wi m šr.t
iri.n.f wi m-ḥr-ib nfr.f
356c–383c *ḥꜥ.n im.yw znš.w sṯ mꜣꜣ.i sšp.f*
ink nfꜣ irw ḫnt(.y) sḫ.wt.f wḏꜥ-mdw m ḫ.t imn.t im.t ḥw.t 6
iw qmꜣ.n.i bꜣ.i ḥꜣ.i n(n) ns.(w).f ḥr ḫꜣ.t.i
n zꜣ.n.t(w) bꜣ.i in ir.yw ꜥ.wt Wsir
iw.i sṯ.i   iw bꜣ.i sṯ.i
sṯṯ bꜣ.i m rmṯ im.yw iw nsr(sr)
sṯṯ.i ḏs.i m nṯr.w nṯr.wt
mꜣꜣ.t(w) nms.i n im.y-ṯ<p> ḥ.t.f
(in) im(.y)-ṯpḥ.t.f fꜣꜣ n.i nms.i
in im.y-irw.f sꜥḥ wi fꜣꜣ sꜥḥ.w.i
nḥm.i sꜥḥ.w im.yw-ṯpḥ.wt.sn
n sḏm.n.i n ḥkꜣ(.w)   ḫpr.n.i tp-ꜥ.wy<.f>
pr.n.i ḫnt nṯr ḫpr-ḏs.f ḫpr.(w) wꜥ.y sms.(w) r nṯr.w
ink dm.n.f qꜣꜣ.w p.t
ink inn.w n.f ꜣḫ.k(w)i
ink (i)ꜥb.w n.f ḥḥ.f n kꜣ d.y m wn(ḏ)w.t.f

---

[27] La mayoría de los documentos tiene *pꜣq.w*.
[28] En la mayoría de los documentos.

	ꜥḫm.n.i͗ sḏ.t sqbb.n.i͗ bꜣ wps.t sgr.n.i͗ ḥr-i͗b.t dšrr.s
	i͗nk nbi͗ ns n sḏ.t <n tꜣ>.n hh <n r>.s r.i͗
	i͗nk ssd bꜣ wps.t i͗ri͗ mr ns n ḥr-i͗b.t dšr(.w).s wꜣwꜣ.t wḏꜥ.t sꜣm.wt
	nṯr.w
382d–385c	*i͗w ḏd.n n<.i͗> ḥꜣty.w.ṯn nṯr.w n pr.t m r.ṯn*
	<ḥr>-ntt ḫpr.n<.i͗> i͗s m ꜥ.i͗ i͗r.t mi͗ r-ḏr ḥr pr.t m r n <nṯr pn> šps.y
	ḫpr-ḏs.f i͗wty wḏb.n.f ḥr ḏd.t.n.f
	ḥr-ntt i͗nk i͗s i͗ri͗ r-ḏr ḫft wḏ.t.n.f
385d–387a	*twr.n.i͗ rw.w snḏ n.i͗ ḥꜣ.w kꜣr ꜥḥꜥ n.i͗ šn.wt kꜣr*
	ꜥq.i͗ r.i͗ pr.i͗ r.i͗ m kꜣr ḫpr-ḏs.f
387b–c	*šzp.n.i͗ N.t m tp.i͗ ḥꜥꜥ.t(w) dšr.t mꜣꜣ.s*
388a	*i͗w N.t.i͗ m tp<.i͗>*
388b	*i͗w dšr.t m tp n ḫpr-ḏs.f*
388c	*ḥꜥ n.t mꜣ.n.s dšr.t*
389a	*ḫrw.sn nṯr.w sḏm.w ḫrw.s*
389b–c	*snsn {s} nṯr r nṯr ḫpr m ḥꜥ.w.f mꜣ.n.sn sw*
390a–396b	*ki͗.n n.i͗ nꜥw.w m hn i͗ri͗.sn n.i͗ wꜣ.t nfr.t mꜣꜣ.sn prr.i͗ m kꜣr*
	wḏꜥ.(w).i͗ šn.wt ḥꜣ.t kꜣr wḥꜥ.i͗ wḥꜥ.y.i͗ sꜥnḫ.i͗ sꜥnḫ.y.i͗
	dr.i͗ sḏb n dr.(w) sḏb.i͗ wḥꜥ.i͗ sḏb<.i͗>
	bw(.t).i͗ pw dšr.w
	wnn.i͗ ḥnꜥ nb ꜥnḫ
	i͗nk (i͗)ꜥb n.f ḥḥ.w i͗nk ṯz n.f šn.wt i͗nk smn <n.f> ḥꜣ.w kꜣr.f ḫft wḏ.t.n.f
	n.i͗
	i͗w qmꜣ.n.f <n.i͗ ḥ>w bꜣ.i͗ ḥꜣ.i͗ r rdi͗.t rḫ.f rḫ.t.n.i͗
	sk wi͗ ḫt p.t nb(.t) zḫn.n.i͗ tꜣ.w nb.w
	i͗w i͗ri͗.n.i͗ wḏ.t.n.f n.i͗
	nn ns n bꜣ.i͗
	n zꜣ.n.t(w) bꜣ.i͗ i͗n i͗r.yw ꜥ.wt <Wsir>
396c–397a	*bꜣ.k n.k sḫm.k n.k i͗ i͗n ḫpr-ḏs.f r.i͗*
397b–399b	*n nḏr.t(w) bꜣ.i͗ i͗n bi͗k.w n ꜣmm bꜣ.i͗ i͗n šꜣw.w n ḫfꜥꜥ bꜣ.i͗ i͗n ꜣkr.w*
	n ꜣmm bꜣ.i͗ i͗n ḥkꜣ.w swꜣ bꜣ.i͗ m sgr{.i͗} ḥr.sn r ꜥq.f [r kꜣr.f]
399c–400b	*i͗ṯi͗.n.f ḫr.t.i͗ n ḫpr.n.i͗ ḫnt.f*
	di͗.f sḫm.i͗ m ḫf.tyw.i͗
400c–405a	*i͗w dr.n.i͗ sn m i͗z.w.sn*
	i͗w whn.n.i͗ sn m ḥw.wt.sn dr.n.i͗ n.t(y)w i͗m ḥr s.wt.sn szn.n.i͗
	sꜥḥ.w.sn ḥḏ[.i͗] ḥkꜣ.w.sn bḥn.i͗ ꜣḫ.w.sn si͗p.i͗ sn n ḏ.t n(.t) zwn
	mi͗ wḏ.t.n ḫpr-ḏs.f i͗r.t r ḫf.tyw.i͗ m m(w)t.w m ꜥnḫ.w i͗m.yw p.t tꜣ
	si͗ꜣṯ.w.sn sm.w.i͗ m sḫ.wt[.i͗] tm.t(y).sn(y) sqꜣ.(w) wi͗
	i͗wt.(y)w sr(.w).sn n.i͗ wꜣ.t r hn.y
405b–e	*i͗nk sfg i͗rw*

[A. Título]

(314–315a). (Sólo en S1C) Fórmula del *bꜣ* de Shu. Transformación en Shu.

[B. El difunto habla en general]
(314b–317a). Soy yo el *b3* de Shu, el dios autocreado. (316b–319a) Soy yo el *b3* de Shu, el dios invisible de forma. (318–319b) En el cuerpo del dios autocreado me he transformado. (318–319c) Soy yo quien está al lado / en el costado del dios. (320–321a) En él me he transformado. (320–321b) Soy yo quien calma el cielo para él. Soy yo quien pone orden en las Dos Tierras para él. (320–321c). Soy más poderoso y violento que toda la Enéada. (320d–323a) Soy yo quien lo anuncia cuando sale del horizonte. (322–323b) Soy yo quien da su (= del dios autocreado) terror a los que indagan su nombre. (322–323c) Soy yo quien está con los dioses del caos, quien escucha la palabra de los dioses del caos. (324–325a) Soy yo quien transmite la palabra del autocreado a su multitud. (324–325c) Soy yo quien dirige la barca solar y su tripulación. (324c–327a) Soy más poderoso y violento que toda la Enéada.
(326b–329b) Yo he repetido[29] la palabra de los dioses pasados y de los que vendrán después de mí, para que pasen y consulten a Nun sobre mis transformaciones, al verme que soy poderoso y violento en la barca que el autocreado hace navegar.
(330a–331b) Si me he levantado (y sentado[30]) entre ellos, es para colocar mi esplendor según mi transformación.
(330c–333a) Yo hablo y la Enéada calla. Los dioses han sido calmados.
[C. El difunto habla a la Enéada]
(332b–349a) "Es con mi propia forma como os digo mi transformación. ¡No consultéis a Nun sobre mi transformación! Estando yo ya transformado, así me vio Nun. Me he enterado de su nombre (y) me he enterado del sitio donde me he transformado. Él no presenció mi transformación. Es en el cuerpo del dios autocreado en quien me he transformado y encarnado. Con su corazón me ha creado él. Con sus *3ḫ* me ha hecho él. Yo soy aquel cuya forma fue soplada, aquel a quien tensó este dios noble, que hiende el cielo con su belleza, cuyo nombre los dioses no conocen, al que siguen los *ḥnmm.t*. De sus pies he crecido. De sus manos he comenzado a existir. De sus miembros me he elevado. Con su corazón me ha creado. Con sus *3ḫ* me ha hecho. No es por nacimiento como yo he sido engendrado. Para mí ha sido hecha la hierba en los campos de Asia. Soy yo quien os ha hecho los pasteles, ¡dioses! Soy yo quien está en medio de[31] su circuito, el señor de los campos frescos en la Duat".

[29] O "implementado, realizado": véase Anja Kootz, "Zur Bedeutung des Begriffes *wḥm*", *Afrikanistik-Aegyptologie-Online* 2023 (2023): 1-27.
[30] El par de verbos *ꜥḥꜥ ḥmsi* "levantarse y sentarse" está en la mayoría de documentos (S14C, T3C, B3C, B1Bo, B1C, B2L, B1P, M2C, G1T y A1C) y es importante para entender la fórmula: el hecho de que alguien (el difunto) se levante y se siente a la vez que un grupo (los dioses) puede indicar que ambas partes están al mismo nivel jerárquico: véase Kim Ridealgh, "Polite like an Egyptian? Case Studies of Politeness in the Late Ramesside Letters", *JPR* 12 (2016): 250.
[31] Estar "en medio de" algo es dominarlo, ser su jefe.

[C. El difunto habla a Nun y a Ra-Atum]

(348b–357b) "¡Oh, Ra-Atum! ¡(Oh), Nun! Soy yo quien abastece de provisiones (y) reverdece a Hu[32] para Osiris por el hecho de transformarme en el cuerpo de este noble dios autocreado que divide el cielo con su belleza, que adopta las formas de los dioses, el señor de *maat*, el que encerrará al impostor que adopte mi forma. Soy yo aquel cuya forma fue soplada. En absoluto me engendrará con su puño. En absoluto me concebirá con su puño. Él me ha soplado de su nariz. Él me ha creado en medio de su perfección".

[B. El difunto habla en general]

(356c–359c). Es cuando yo veo su (= de Ra-Atum) luz cuando se alegran los que están en sus zaguanes.

(358d–375b) Yo soy aquel cuya forma fue soplada, el que está al frente de sus campos, aquel que juzga sobre la cosa oculta en la Morada del Tejido-de-seis. He creado mi *b3* alrededor de mí. Nunca se quemará sobre mi cadáver. Mi *b3* no puede ser retenido por los Guardianes de los miembros[33] de Osiris. Yo copulo[34]. Mi *b3* copula. Al igual que la gente que está en la Isla de la llama copula mi *b3*. Al igual que los dioses y diosas[35] copulo yo mismo. Para Aquel-que-está-en-su-caverna se revisa[36] mi *nemes*. Es[37] Aquel-que-está-en-su-caverna quien me trae mi *nemes*[38]. Es Aquel-que-está-en-su-forma quien me ennoblece, quien trae mis insignias y yo me llevo las insignias de aquellos-que-están-en-sus-cavernas. No puedo obedecer a la magia[39]: vine a la existencia antes que ella.

(375c–383c) Es transformado, solo y mayor que los dioses como salí de la nariz del dios autocreado. Yo soy uno que ha tocado la altura del cielo. Soy yo quien

---

[32] Hu es "la capacidad de mando". Se refiere al restablecimiento de Osiris en el poder por su asimilación con Ra, porque Hu es un dios que acompaña a Ra en su barca. Obviamente, el difunto es el beneficiario del texto, puesto que no sólo se le asimila a Osiris, sino que accede al ciclo solar, para volver a la vida.

[33] La palabra *ʿ.t* significa "elemento, parte"; dependiendo del determinativo, significa "parte del cuerpo" (S1C, G1T, A1C, M23C, T3C y B1Bo) o "estancia de un edificio" (MAnn, M28C, M5C, B3C, B1C, B2L, M3C y M20C; B6C usa el sinónimo *ʿrr.wt* "accesos"; B1P confunde el determinativo de edificio con la palabra *p.t* "cielo", aunque quizás no se trate de una confusión en verdad; véase Philippe Collombert, "The Egyptian Hieroglyphic Sign for the Sky ", *Hieroglyphs* 1 [2023]: 219–44).

[34] La traducción "me reproduzco" o "procreo" también sería aceptable: se trata de recuperar una capacidad fundamental del difunto, que encaja perfectamente en el contexto del inicio de la creación cósmica.

[35] Con variantes menores. Para el sentido, véase M5C.

[36] Sólo S1C y S2C usan el verbo *m33* "mirar"; los demás testigos usan *ip* "examinar", de donde la traducción.

[37] El resto de testigos llevan la marca de focalización *in*, de ahí la traducción enfática.

[38] Este término se refiere, normalmente, al pañuelo de cabeza real. Sin embargo, la mayoría de los testigos usan un determinativo de corona (la blanca, la roja o ambas). Véase Katja Goebs, "Untersuchungen zu Funktion und Symbolgehalt des *nms*", *ZÄS* 122 (1995): n. 26.

[39] *ḥk3.w*, pero sin determinativo de dios (Hekau), de donde la traducción.

le trae (provisiones), siendo un *ꜣḫ*. Soy yo quien ha acumulado para él su millón de *kꜣ* que serán colocados con sus colegas: he apagado la llama, he refrescado el *bꜣ* de la Ardiente y he calmado a La-que-está-en-medio-de-su-matanza. Soy yo el ardor de la lengua de la llama: la incandescencia de su boca no es más caliente que yo. Soy yo quien hace temblar al *bꜣ* de la Ardiente, quien produjo el dolor de la llama de La-que-está-en-medio-de-su-matanza, la salvaje, la que juzga, la melena de los dioses.

[C. El difunto habla a los dioses]

(382d–385c) "Vuestros corazones (*ḥꜣ.ty*) me han hablado, dioses, antes de que nada saliera de vuestra boca, porque es con mi poder como me he puesto a hacer todo gracias a lo que ha salido de la boca de este dios noble, el Autocreado, aquel que no se retracta de lo que ha dicho; y porque soy yo en verdad quien ha hecho todo según ha ordenado él".

[B. El difunto habla en general]

(385d–387a) Si he domeñado a los leones, es para que me teman los que están alrededor de la capilla, para que el séquito de la capilla se levante[40] para mí y que yo entre y salga también de la capilla del Autocreado.

(387b–c) Sobre mi cabeza, he recibido la corona *N.t*. Es cuando ella (= la corona *N.t*) mira cuando la corona roja está contenta.

(388a) Mi corona *N.t* está sobre mi cabeza. (388b) La corona roja está sobre la cabeza del Autocreado. (388c) ¡Pueda regocijarse la corona *N.t* una vez haya visto a la corona roja!

[D. El oficiante habla en general]

(389a) Y ellos dirán, los dioses que escuchan su (= de la corona) voz:

[E. Los dioses hablan en general]

(389b–c) "¡Pueda un dios fraternizar con el dios transformado en sus miembros, una vez lo haya visto!"

[B. El difunto habla en general]

(390a–396b) Si las serpientes que brincan han gritado para mí en gozo, estando el séquito alrededor de la capilla en la fiesta *zꜣ-tꜣ*, es para hacerme un bello camino cuando vean que salgo de la capilla. Si yo he de juzgar al séquito alrededor de la capilla, es para soltar al que soltaré, para revivir al que reviviré, para eliminar el obstáculo del que eliminó mi obstáculo y para soltar mi obstáculo. Mi abominación es lo rojo (= la sangre). Es con el Señor de la vida con quien estaré. Soy yo quien le acumula los Millones; soy yo quien le recluta el séquito; soy yo quien hace formar[41] para él a los que están alrededor de su capilla, tal como él me ordenó. Él me ha creado a Hu, mi *bꜣ*, alrededor de mí para hacer que él (= Hu) sepa lo que yo sé. Ahora bien, soy yo quien ha recorrido el cielo entero, tras haber recorrido todas las tierras. He hecho lo que me ordenó. No hay llama para

---

[40] Ridealgh, "Polite like an Egyptian?", 250.

[41] El verbo *smn* significa literalmente "colocar en su sitio": es el causativo del verbo *mn*. Para el sentido de base, compárese 𓏠(Y5), el ideograma de *mn* "permanecer en su sitio", que es un damero en el que cada pieza permanece en su casilla.

mi *bꜣ* a causa de mi estado cadavérico. Mi *bꜣ* no puede ser retenido por los guardianes de los miembros (¿o estancias?) de Osiris.

[F. El dios autocreado habla a N]

(396c–397a) "Tienes tu *bꜣ*; tienes tu poder (*sḫm*[42])".—Dicho a mí por el Autocreado—.

[B. El difunto habla en general]

(397b–399b) Mi *bꜣ* no puede ser atrapado por los halcones; mi *bꜣ* no será agarrado por los cerdos; mi *bꜣ* no será capturado por los *ꜣkr*; mi *bꜣ* no será agarrado por la magia, de manera que mi *bꜣ* pueda pasar en silencio por ellos para entrar en su capilla.

(399c–400b) Si él (= el *bꜣ*) se ha hecho con mis bienes, es porque yo me he transformado ante él. ¡Pueda él hacer que yo prevalezca sobre mis enemigos!

(400c–405a) Yo los (= los enemigos) he expulsado de sus tumbas. Los he abatido en sus moradas, he echado a los que están allí en sus sedes y he hecho pasar sus dignidades para destruir su magia, cortar su poder (*ꜣḫ.w*) (¿o sus *ꜣḫ*?) y apuntarlos como gente mortal[43], tal como ordenó hacer el Autocreado con mis enemigos, tanto muertos como vivos, tanto los del cielo como los de la tierra, que devasten los pastos de mis campos, que no me enaltezcan y que no me muestren el camino hasta la barca Júbilo (= la barca solar).

(405b–e) Yo soy el invisible de forma.

Esta es una de las 85 fórmulas llamadas de "transformación" (*ḫpr.w*[44]), que forman un grupo temático admitido como tal en la literatura egiptológica, apareciendo en los Textos de los Ataúdes y continuando en el Libro de los Muertos y literatura mortuoria posterior[45].

De ellas, CT 75 es la más frecuente. Sin duda, esto se debe a que esta fórmula de "transformación" es la más poderosa de todas, porque permite al difunto acceder a la barca solar, normalmente llamada *wiꜣ*, pero que aquí se denomina *hn.y* "Júbilo", con su ideograma de hombre exultante y el determinativo de embarcación (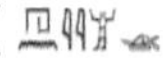). El júbilo procede de que el acceso a la barca solar garantiza al difunto su incorporación al circuito solar y, por lo tanto, su viaje nocturno hacia el este, desde donde ascenderá por el brillo solar (*ỉ.ꜣḫ.w*) al Campo de los juncos, su destino final más allá del espacio solar. Este es el objetivo último de la fórmula; y sólo el *bꜣ* de Shu, es decir, el aire (o el viento), puede colarse en la llama

[42] B1C y B1P añaden *ẖꜣ.t.k* "tu cadáver". B2L sustituye *sḫm.k* por *ẖꜣ.t.k*.

[43] *ḏ.t n.t zwn*, literalmente "gente/cuerpo de perecer".

[44] CT 75–76, 84, 86, 89, 105, 147–149, 208, 223, 227, 252–253, 256, 257, 261, 268–274, 277, 279, 283–289, 291–293, 295, 297, 302, 312–313, 316–317, 322, 325–326, 329–331, 334, 374, 464, 505, 533, 537–538, 540, 546–547, 573, 584, 612, 631, 668, 703, 706, 720, 722, 794, 829, 867, 871, 873–874, 957–959, 987–989, 991–993 y 1015–1016.

[45] Entre otros, véase Walter Federn, "The 'Transformations' in the Coffin Texts: A New Approach", *JNES* 19 (1960): 241–57; Hannes Buchberger, *Transformation und Transformat*; Frédéric Servajean, *Les formules de transformations du Livre des morts*, BdE 137 (El Cairo: IFAO, 2003); Anne Landborg, *Manifestations of the Dead in Ancient Egyptian Coffin Texts* (Tesis doctoral defendida en la Universidad de Liverpool, 2014).

que protege la barca sin quemarse, de ahí que sea el más poderoso de los *bꜣ*, en ámbito mortuorio.

Sin embargo, el término "transformación" resulta engañoso. A tenor de lo que leemos en CT 75, *ḫpr* es una adopción de forma que no implica un cambio de identidad, sino de apariencia: el difunto no pretende convertirse en alguien diferente; de hecho, necesita seguir siendo sí mismo para poder llegar al este y devenir un *ꜣḫ* (a través de otro proceso que veremos en CT 335, más abajo). Lo que el difunto busca es que no lo identifiquen como un intruso y le impidan, en el caso de CT 75, el paso a la barca. La acción *ḫpr* es la *adopción de una apariencia distinta a la propia*: cuanto más adecuada al contexto sea esa apariencia, más útil será para superar dicho contexto. Ese contexto puede ser sumamente variado, de ahí las 85 fórmulas *ḫpr* que encontramos en los Textos de los Atáudes: acceder a la barca solar con la apariencia del *bꜣ* de Shu (CT 75), viajar en la barca solar y eludir los peligros que acechan en las orillas como un halcón divino (CT 274) o escapar de los atacantes nocturnos en la Sala ancha como una pulga (CT 49[46]), por poner tres ejemplos.

Esta es la función de las fórmulas *ḫpr*: dar al difunto la opción de sobrevivir en el más allá en esos sitios donde no debería estar, porque no está legitimado a ello. Desde este punto de vista, si el difunto no está legitimado y no se le identifica con una entidad poderosa (como un dios), al menos le queda otro recurso: pretender que es otro.

CT 94
El gran *bꜣ*: la capacidad de reproducción

El texto que sigo aquí es el de B3L, el testigo principal de los once disponibles en la edición de De Buck. Las variantes son menores y no afectan al sentido del texto.

Estructura comunicativa: A–B

	A	B
COMUNICACIÓN	0:3	1:3
MARCA	Ru	Ø
TIPO	Ti	I
PERSONA	Ø	1ª
MODO	R	R
ÉNFASIS	No	Sí
IDENTIFICACIÓN	No	Sí
OBJETIVO	No	Sí

Tabla 5. Estructura comunicativa de CT 94.

[46] Gracia Zamacona, "Cómo convertirse en pulga, y con qué fin". (https://mundosantiguos.web.uah.es/revista/como-convertirse-en-pulga-y-con-que-fin-ct-49/).

67a–b	*sḥr bꜣ r ẖꜣ.t k.t mḏꜣ.t n.t pr.t m hrw*
67c	*ink bꜣ pw ꜥꜣ n Wsir*
67d	*wḏ.(w).n nṯr.w nk.f im.f*
68a	*ꜥnḫ ḥr qꜣ m hrw*
68b–c	*iri.(w).n Wsir m rḏw im.y iwf.f m mtw.t pr.t m ḥnn.f*
68d	*r pr.t m hrw nk.f im.f*
69a	*ink zꜣ Wsir iwꜥ.f m-ẖn.w sꜥḥ.w.f*
69b	*ink bꜣ m-ẖn.w dšr.w.f*
69c–70b	*ink kf bi.t tw ꜥꜣ.t n.t Wsir snḏ.t nṯr.w kf.t.s*
70c	*n-ntt ink is bꜣ pw ꜥꜣ n Wsir*
70d	*wḏ.(w).n nṯr.w nk.f im.f*
71a	*ꜥnḫ ḥr iꜣ m hrw*
71b–c	*iri.(w).n Wsir m rḏw n iwf.f m mtw.t pr.t m ḥnn.f*
72a	*r pr.t m hrw nk.f im.f*
72b–c	*ink wn ḫb.wt spd ḥꜣ.wt*

[A. Título]
(67a–b: B1Ca) Alejar al *bꜣ* del cadáver. Otro libro de/para salir al/durante el día.
[B. El *bꜣ* de Osiris (posiblemente identificado con el difunto) habla en general]
(67c) Soy yo el gran *bꜣ* de Osiris (67d) al que los dioses han ordenado copular en cuanto él (= Osiris), (68a) el que vive en lo alto durante el día, (68b–c) aquel que Osiris creó con el fluido que hay en su carne, con el semen salido de su falo (68 d) para salir al (¿o durante?) día de manera que él (= Osiris) pueda copular en cuanto él (mismo). (69a) Soy yo el hijo de Osiris, su heredero en el interior de su dignidad (= momia). (69b) Soy yo el *bꜣ* en el interior de su sangre (lit. "lo rojo"). (69c–70b) Soy yo quien destapa esta gran corona del Bajo Egipto de Osiris que los dioses temen destapar (70c) porque yo soy, en verdad, el gran *bꜣ* de Osiris (70d) al que los dioses han ordenado copular en cuanto él (mismo), (71 a) el que vive a lo lejos durante el día (71b–c) aquel que Osiris creó con el fluido de su carne, con el semen salido de su falo (72a) para salir al (¿o durante?) el día de manera que él (= Osiris) copule en cuanto él (mismo). (72 b–c) Soy yo el que abre los mataderos, el que prepara los cuartos delanteros.

El hijo de Osiris (Horus), probablemente identificado con el difunto, se presenta como su *bꜣ*. Esto le permite permanecer en el mundo de los vivos de una manera concreta: a través de su capacidad reproductora. Esta perdurabilidad en el mundo de los vivos se pone en paralelo con el ámbito sucesorio de la realeza, que le da la legitimación deseada por el difunto, si bien no se menciona a Horus explícitamente (sólo se dice que el *bꜣ* de Osiris es su hijo). La alusión a la corona roja debe estar relacionada con la cuestión real, pero específicamente se alude a su capacidad aterradora, conectada con los sacrificios y la sangre[47].

[47] Sobre las coronas, véase, en último término, Katja Goebs, *Crowns in Egyptian Funerary Literature* (Oxford: Griffith Institute, 2008), §3.5.

En este sentido, el *bꜣ* puede identificarse con el hijo del difunto, pues a través de la reproducción el padre difunto se manifiesta en el mundo. Dado que el *bꜣ* está conectado al cadáver y que en este la apariencia física concreta es fundamental, no parece muy descabellado pensar que, en este contexto, el "parecido de familia" pudo haber jugado un papel importante. De manera paralela, los padres difuntos pueden ser referidos como *kꜣ*, pues el hijo va visitar el *kꜣ* de sus ancestros, de manera periódica, en la zona pública de la tumba, donde el *kꜣ* recibe sus ofrendas[48]. De ello resulta que, por metonimia[49], el *bꜣ* pueda interpretarse como el hijo y el *kꜣ* como el padre. En esa dirección apunta la mención final al *bꜣ*-hijo como el encargado de preparar la ofrenda funeraria de carne para el padre-*kꜣ*.

S1C nos da un contexto concreto para comprender esta fórmula. CT 94 está escrita en el interior de la tapa de S1C (el ataúd interior de *Mzḥ.ty*), en dos partes (los testigos S1C[a] y S1C[b]), al principio y al final de la misma[50]. Entre estas dos partes, hay una larga serie de fórmulas en dos registros, uno a cada lado de la banda central del reloj estelar con los decanos. Toda esta serie de fórmulas, incluidas las contenidas por las dos partes de CT 94, inciden en el tema de la continuidad (circuito solar, sucesión paterno-filial) como elemento de supervivencia a través del *bꜣ* y su salida al/durante el día, que debe ser la función primera de estos textos[51].

CT 146

Recuperar la propiedad: el derecho

La fórmula CT 146 (CT II 180 a–205 e[52]) es un excelente ejemplo de cómo la esfera legalista de la sociedad egipcia penetra en sus creencias mortuorias. Aparece en ocho testigos de Barsha, de los que aquí sigo a B1C.

---

[48] El ideograma del *kꜣ* (⊔) representa dos brazos recibiendo ofrendas, visto de arriba. El estudio más reciente sobre el *kꜣ* es Nyord "The Concept of *ka* between Egyptian and Egyptological Frameworks", en *Concepts in Middle Kingdom Funerary Culture: Proceedings of the Lady Wallis Budge Anniversary Symposium Held at Christ's College, Cambridge, 22 January 2016*, ed. R. Nyord, CHANE 102 (Leiden: Brill, 2019), 150–203.

[49] En el sentido de Carolin Ostermann, *Cognitive Lexicography*, LSM 149 (Berlín: De Gruter, 2015), 127: "In contrast to the cross-domain mapping of metaphor, conceptual metonymy is a cognitive mapping process between a source and a target within one domain".

[50] Arquier llama "emboîtement" a este fenómeno por el cual las partes de una fórmula engloban otras; véase Arquier, *Le double sarcophage de Mésehti*, § 6.1.4; Arquier, "La mise en exergue du nom", 15–22.

[51] Arquier, *Le double sarcophage de Mésehti*, 213–16, 295, 313, 320–26, 458–60.

[52] Carlos Gracia Zamacona, "Pero no la esposa: la fórmula 146 de los Textos de los Ataúdes para encontrase con los suyos", en *Voces de mujeres del antiguo Egipto* (Editado por Antonio J. Morales, e.pr.), con bibliografía anterior.

Estructura comunicativa: A-B-C-D-E-F-E-G.

	A	B	C	D	E	F	G
COMUNICACIÓN	0:3	0:2	0:1	0:2	0:3	2:1	0:3
MARCA	Ru / H	Ø	Ø	Ø	Ø	Ø	Ru
TIPO	Ti	Di (De)	Di	De	Na	Di	Co
PERSONA	Ø	2ª (3ª)	2ª	3ª	3ª	2ª	Ø
MODO	R	Ho (R)	R	R (Hi)	R	Ho	R
ÉNFASIS	No	No	Sí	No	No	No	No
IDENTIFICACIÓN	No	No	Sí	No	No	No	No
OBJETIVO	No	Sí	No	No	No	No	No

Tabla 6. Estructura comunicativa de CT 146.

180a *dmḏ ꜣb.t*
180b–183a *ỉ Rʿ ỉ Tm ỉ Gb ỉ nw.t m.ṯn N pn hꜣ.f r p.t hꜣ.f r tꜣ hꜣ.f r mw*
zḫn.f ꜣb.t.f zḫn.f ỉt.f mw.t.f zḫn.f ms.ww.f sn.w.f zḫn.f mr.t.f zḫn.f ḫn
ms.w.f
zḫn.f zmꜣ.w.f mr.t.f ỉrỉ.w ḫ.wt n N pn tp tꜣ zḫn.f mt-ḥn.t.f rḫ.t.n.f
183b *n-ntt N pn ṯwt ỉs qmꜣ wr(.w)*
183c–184b *dmḏ(.w) n N pn ms.ww.f mt-ḥn.wt.f šzp(.w).n ỉb n N pn*
dmḏ(.w) n N pn mr.t.f ỉrỉ.wt ḫ.wt n N pn tp tꜣ
184c–191b *ỉr ḥm wdf ỉn.(w) ntỉtỉ rdỉ.t n N pn ỉt.f sfḫ.t n.f mw.t.f*
dmḏ n N pn ꜣb.t.f ỉt.f mw.t.f ṯꜣy.w.f ḥm.wt.f
ỉr ḥm wdf ỉn.(w) ntỉtỉ dmḏ n N pn ẖrd.w.f dmḏ n N pn sn.wt.f
mr.t.f ḫnms.w.f zmꜣ.w.f ỉr.wt-ḫ.wt n N pn tp tꜣ
nḥm.kꜣ.t(w) ḥb-ỉb m ʿ Rʿ nḥm.kꜣ.t(w) sṯp.wt ḥr ḫꜣ.wwt nṯr.w
nn sqr.t(w) pꜣq.w nn ꜣmỉ.t(w) t-ḥḏ.w nn swḏꜣ.t(w) ỉwʿ r nm.t-nṯr
nn ṯz.ṯn ʿqꜣ.w nn zmꜣ.ṯn mẖn.wt
191c–199b *ỉr swt dỉ.t(w) ỉt.f pn n.f*
ỉr swt sfḫ.t(w) mw.t n.t N pn n.f
ỉr swt dmḏ.t(w) n N pn ꜣb.t.f ỉt.f mw.t.f ṯꜣ.yw.f ḥm.wt.f ẖrd.w.f mr.t.f
ḫnms.w(.f) zmꜣ.w.f ms.w.f mt-ḥn.wt.f
šzp(.w).n ỉb n N pn mr.t.f ỉrỉ.w-ḫ.wt n N pn tp tꜣ
ỉr swt dmḏ.t(w) n N pn ꜣb.t.f ỉm.t p.t ỉm.t ẖr.t-nṯr ỉm.t nw ỉm.t ỉꜣkb ỉm.t
ḥʿp
ỉm.t ꜣgb ỉm.t ḥw.t-wr-ỉḥ.w ỉm.t ḏdw ỉm.t ḏd.t ỉm.t p-wr ỉm.t ẖr-ʿḥꜣ ỉm.t
ꜣbḏ.w
sqr.kꜣ.t(w) pꜣq.w ꜣmỉ.kꜣ.t(w) t-ḥḏ.w swḏꜣ.kꜣ.t(w) ỉwʿ r nm.t-nṯr
ṯz.kꜣ.t(w) ʿqꜣ.w zmꜣ.kꜣ.t(w) mẖn.wt
sqd.kꜣ.t(w) wỉꜣ pw n Rʿ ỉn ỉz.wt(y) ỉptwty n.ty ỉ.ḫm.w-sk ỉ.ḫm.w-wrḏ
ḫm(.w) rn.f ḫmm rn.f Ỉḥ.y n Ḥw.t-ḥr m-sꜣ N pn n ʿnḫ
199c–200a *ỉr grt ꜣms pw zꜣ sn.t N pn pw ḥm.t ỉr.t-ḫt-n.t sḫ.t ʿꜣ.t*
ỉw grt ḏd.n sn.t N [pn ḥm.t ỉr.t-]ḫt-n.t sḫ.t ʿꜣ.t
200b–201a *mk ṯw ỉ.t(ỉ) ḥʿ.t(ỉ) ỉb.k nḏm(.w) ỉ[.t] n N pn*

ḥw rf ỉ[n-ỉw rdỉ](.w) n.k wḏ n ꜣb.t.k [t]n
201b–205a *ỉw rf N pn hꜣ[.w ḥꜥ].w ỉb.f nḏm(.w) rdỉ(.w) n.f ꜣb.t.f*
ỉw wr.w n.w ꜣb[.t] N pn hꜣ.y ḥꜥ.w ỉb.sn nḏm(.w) m-ḫsf.w N pn
ỉw ṯwn.n.sn ḥꜥb.w.sn ḥnk.w.sn ḥnn.w.sn ḏnỉ.w.sn ỉr tꜣ
ỉw nḥm.n st N pn m ꜥ ỉrw n ꜣs.t m ꜥ ṯn.wt n.t nw.t m ꜥ ỉrw ꜥꜣ n rwty
ỉr bꜣ nb ỉr nṯr nb rdỉ.t(y).f(y) nḥm.t(w) ꜣb.t n.t N pn m ꜥ.f
rdỉ(.w) N pn swꜣ.t(w) tp.f ḥr mꜥḏ ẖnmw
205b–e *dmḏ ꜣb.t ỉt mw.t ḫnms.w zmꜣ.w ẖrd.w*
ḥm.wt mt-ḥn.wt mr.wt bꜣk.w ḫ.t nb.t n.t z n.f m ẖr.t-nṯr
šsr mꜣꜥ ḥḥ n zp

[A. Título]
(180a) Reunir a los suyos en la necrópolis.
[B. El oficiante a los dioses]
(180b–183a) “¡Oh, Ra! ¡Oh, Atum! ¡Oh, Gueb! ¡Oh, Nut! Sabed que este N desciende al cielo, a la tierra y al agua para encontrarse con los suyos, para encontrarse con su padre y a su madre, para encontrarse con sus hijos, con sus hermanos y hermanas, para encontrarse con sus subordinados, para encontrarse con sus amigos, para encontrarse con sus socios y los subordinados que trabajaron para este N sobre la tierra, y para encontrarse con su concubina, a la que él conoce”.
[C. El oficiante al difunto]
(183 b) “Porque, N, eres tú quien creó a los Grandes”.
[D. El oficiante a los dioses]
(183c–184b) “Sus hijos y sus concubinas, que a este N alegran, deberán ser reunidos para él. Sus subordinados, que trabajaron para este N sobre la tierra, deberán ser reunidos para él.
(184c–191b) Ahora bien, si se retrasa, demora o dificulta que a este N se le dé su padre, que se le entregue su madre, que a este N se le reúnan los suyos: su padre y su madre, sus hombres y mujeres; si se retrasa, demora o dificulta que a este N se le reúnan sus hijos, que a este N se le reúnan sus hermanos y hermanas, sus subordinados, sus amigos, sus asociados y los subordinados que trabajaron para este N sobre la tierra, entonces se arrebatará el cetro *Fiesta del corazón* de la mano de Ra y se arrebatarán las ofrendas de carne de los altares de los dioses; no reposará la masa de los pasteles *pꜣq* ni se amasarán los panes blancos; no se llevará el muslo de buey al matadero divino, y vosotros no anudaréis las cuerdas y no alcanzaréis los transbordadores.
(191c–199b) Sin embargo, si se le da su propio padre; si se le entrega a N su propia madre; si se reúnen para este N los suyos: su padre, su madre, sus hombres y sus mujeres, sus hijos, sus subordinados, sus amigos y sus socios, sus hijos y sus concubinas, los que a este N alegran, sus subordinados, que trabajaron para este N sobre la tierra; si, sin embargo, se reúnen para este N los suyos que están en el cielo, en la necrópolis, en el Nun, en la pena, en la inundación, en la crecida, en La mansión del Grande de bueyes, en Busiris, en Mendes, en Heliópolis, en Letópolis, en la gran Buto, en *H̱r-ꜥḥꜣ* y en Abidos, entonces reposará la

masa de los pasteles *p3q*, se amasarán los panes blancos, se llevará el muslo de buey al matadero divino, se anudarán las cuerdas, se alcanzarán los transbordadores y esta barca de Ra será tripulada por estas dos tripulaciones de Imperecederas e Incansables. Su nombre no se conoce ni se conocerá, estando Ihy de Hathor tras este N para vivir".

[E. El oficiante en general]

(199c–200a) Ahora bien, en cuanto al cetro *3ms*, es el hijo de la hermana de este N, la mujer encargada del gran campo. Y la hermana de este N, la mujer encargada del gran campo dijo así:

[F. La hermana de este N, la mujer encargada del gran campo, al difunto]

(200b–201a) "Hete aquí venido en alabanza, tu corazón contento" — dicho a este N —: "¡Declara pues! ¿Acaso el decreto sobre los tuyos ya te ha sido otorgado?"

[E. El oficiante en general]

(201b–205a) Este N ha bajado alabado, su corazón contento y los suyos le han sido dados. Los grandes de los suyos han bajado alabados, sus corazones contentos, al encuentro de este N. Han arrojado sus yugos, sus cestas, sus azadas y sus cuencos por tierra. Este N los ha liberado de la corvea de Isis, de la capitación de Nut y de la gran corvea de Ruty.

En cuanto a todo *b3* y en cuanto a todo dios que cause que los de N sean arrebatados de su poder, este N hará que se les parta la cabeza en el bloque (de ejecución) de Jnum.

[G. Colofón]

(205b–e) Reunir a los suyos: padre, madre, amigos, socios, hijos, mujeres, concubinas, subordinados, sirvientes y todo aquello de un hombre, para él, en la necrópolis. Máxima verdadera un millón de veces.

El texto forma parte de un grupo de fórmulas del citado corpus mortuorio (CT 131–146) que trata del tema del reencuentro del difunto con los suyos[53]. Estas fórmulas aparecen, según la edición de De Buck, en siete ataúdes procedentes de Barsha (la necrópolis de Hermópolis), dos de Asiut, dos de Saqqara (una necrópolis de Menfis) y uno de Gebelein, así como en un papiro que quizás provenga de Asiut:

[53] Jules Baillet, "Réunion de la famille dans les enfers égyptiens", *JA* 10 (1904): 307–29; Harco Willems, "Family Life in the Hereafter according to Coffin Texts Spells 131–146: A Study in the Structure of Ancient Egyptian Domestic Groups", en *Lotus and Laurel: Studies on the Egyptian Language and Religion in Honour of Paul John Frandsen*, ed. R. Nyord y K. Ryholt, CNIP 39 (Copenhague: Tusculanum, 2015), 447–72. Para *3b.t*, ver también Dimitri Meeks, "Notes de lexicographie", *RdE* 26 (1974): 62–65; Leire Olabarria, *Kinship in Ancient Egypt: Archaeology and Anthropology in Dialogue* (Cambridge: Cambridge University Press, 2021), 137–39.

Fórmulas	Testigos	Fórmulas	Testigos
133	S1C, G2T y S2C	140	B2L, Sq4C y Sq3Sq
134	S1C, G2T, S2C y pGardII[54]	141	Sq3Sq
135	S1C, G2T y S2C	142	Sq3Sq
136	B2L, B2P, Sq3Sq y Sq4C	143	Sq3Sq
137	B2L, B2P y Sq4C	144	pGardII
138	B2L y Sq4C	145	S2C
139	B2L y Sq4C	146	B1C, B2L, B1L, B17C, B2P, B4L[a], B4L[b] y B3L

Tabla 7. Testigos de CT 131–146.

Los documentos más antiguos datan de quizás el Reino Antiguo (pGardII), finales del Primer Periodo Intermedio (G2T) y finales de la dinastía XI (Sq3Sq). A este respecto, se tendrá en cuenta que documento y texto no tienen por qué ser contemporáneos, si bien la datación del documento nos da un término *ante quem* para datar el texto.

La fórmula CT 146 es peculiar en varios aspectos: solo aparece en los siete ataúdes de Barsha, la mayoría de la época de Sesostris III (excepto B1C, que data de la época de Sesostris II); en uno de ellos (B4L) está copiada dos veces; además, es la que aparece en mayor número de ataúdes, lo que puede hacernos pensar que era la fórmula más representativa del grupo.

Esta fórmula, junto con otras de los Textos de los Ataúdes con las que forma grupo temático, tiene por objeto conseguir que el difunto se reúna en el más allá, y quizás también en la necrópolis, con un grupo de personas llamado *3b.t*, por medio de la consecución de un documento jurídico (*wḏ* "contrato, norma, decreto")[55]. Ese grupo de personas incluye miembros familiares del difunto (padres, hermanos e hijos), subordinados y allegados, entre ellos una concubina[56]; pero, de manera muy notable, no incluye a la esposa. A tal objeto, el oficiante identifica al difunto como creador de los dioses y no duda en amenazar a estos si no acceden a sus intenciones.

[54] pGardII = papiro Gardiner II.

[55] Para *wḏ* "decreto" en ámbito religioso, véase recientemente Pascal Vernus, "À propos du 'Götterdekret über das Abaton': accord des toponymes, prépositions formées sur *ḥ3.t* et le nisbé *ḥry* en tant que qualificatif divin", *GM* 266 (2022): 127–42, con abundante bibliografía anterior.

[56] El término egipcio que traduzco aquí tentativamente por "concubina" es el compuesto *mt-ḥn.t*, literalmente "falo-muchacha" (CT II 183 a). Para otros términos que se suelen traducir por concubina, véase Jennifer Hellum, "The Questions of the Maidservant and the Concubine: Re-examining Egyptian Female Lexicology", en *Dust, Demons and Pots: Studies in Honour of Colin A. Hope*, ed. A. R. Warfe, J. C. R. Gill, C. R. Hamilton, A. J. Pettman y D. A. Stewart, OLA 289 (Lovaina: Peeters, 2020), 269–78.

En la estructura de la fórmula CT 146, destacan dos partes, C y F, en las que el difunto es interpelado directamente. En C, el oficiante, de manera enfática, identifica al difunto con el creador de los dioses. Esto es clave para poder explicar el tono autoritario de las otras partes en las que el oficiante parece leer un decreto que emana de ese poder superior (partes B y D). En cuanto a F, la hermana del difunto (identificado con el dios creador), que guarda el Gran campo adonde se dirige el difunto, le exige el decreto que le autoriza a reunir a los suyos.

Otra consecuencia de esta autoridad del difunto, es la referencia (CT 201 b–204 b) a la liberación de este grupo de personas dependientes suyas de las cargas reales de trabajo, una referencia muy similar a la que se encuentra en la fórmula de los shabtis (CT 472, ver más abajo).

CT 210

No trabajar en la necrópolis: mantener el estatus (1)

Esta breve fórmula (en CT III 164 a–167 c) aparece en 17 testigos y es un buen ejemplo de que la importancia relativa de una unidad textual no tiene por qué estar relacionada con su extensión. Considero como versión principal la de S1C[b].

Estructura comunicativa: A-B-C

	A	B	C
COMUNICACIÓN	0:3	1:2	0:3
MARCA	Ru	Ø	Ru
TIPO	Ti	Di	Co
PERSONA	Ø	2ª (1ª)	Ø
MODO	R	Ho	R
ÉNFASIS	No	Sí	No
IDENTIFICACIÓN	No	No	No
OBJETIVO	No	No	No

Tabla 8. Estructura comunicativa de CT 210.

164–165a *tm ỉrỉ.(w) kꜣ.wt m ẖr.t-nṯr*
164–165c *pr.n.ỉ m p*
164–165d. *sḏr.n.ỉ m knm.t*
166–167a *ỉq my ỉrỉ nn ḥnʿ.ỉ*
167c *ḫpr.w m kꜣ ỉwn.w*

[A. Título]
(164–165a: B1C y resto de documentos salvo S1C[b]) No trabajar en la necrópolis.

[B. El difunto habla a Iq]
(164–165c[57]) "De Pe es de donde he salido; (164–165d) en Kenmet me he acostado. (166–167a[58]) ¡Oh, Iq! ¡Ven! ¡Haz esto conmigo!"
[C. Colofón]
(167c: B1Bo[a–b]) Transformación en el Toro de Heliópolis.

La fórmula se ha interpretado como una alusión al circuito solar[59], con una referencia clara al oeste y otra al sol. La referencia al oeste es *Knm.t* "Finis terrae", cuya raíz significa "envolver en/con una prenda", con determinativo de piel de animal[60]. La referencia solar está en el colofón (sólo en B1Bo[a–b]), donde se menciona la transformación (del difunto) en el Toro (= campeón, jefe, señor) de Heliópolis, es decir, Ra. Esto cuadra bien con la disposición de la fórmula en algunos documentos. En particular, la pareja de ataúdes de *Mzḥ.ty* (S1C–S2C), estudiada por Bernard Arquier, es interesante porque, entre los dos, tienen nada menos que cinco testigos de CT 210. En S1C, sus dos testigos aparecen en el frente (este) y tapa (cénit) del ataúd, lo cual concuerda bien con la parte solar; mientras que en S2C, dos testigos aparecen en la espalda (oeste) y el tercero en el pie (sur)[61]. Además, en dos ataúdes provinciales del sur del país (A1C y G1T), que pueden provenir de un mismo esquema editorial, CT 210 aparece en el frente (este), cerca de la falsa puerta[62], lo que apunta en el mismo sentido.

Sin embargo, la interpelación por parte del difunto a una entidad divina llamada *Ỉq.(w)* es difícil de entender. Se trata de una entidad con características típicas del cocodrilo (para la mente egipcia), como indica su determinativo / ideograma (𓆊)[63], cuyo nombre podría significar "torturador[64]". A ese ente, el

[57] CT III 164–165b (S1C[a]): *zm3-t3* "Enterrar", probablemente el título desplazado de CT 172 (véase CT III 165 n. 4).
[58] CT III 166–167b (B2L & S2C[a]) añade: *m ẖr.t-nṯr* "en la necrópolis".
[59] Arquier, *Le double sarcophage de Mésehti*, 201.
[60] *Wb* V 132.
[61] Arquier, *Le double sarcophage de Mésehti*, 201–2 y tabla 56.
[62] Arquier, *Le double sarcophage de Mésehti*, 225 (con bibliografía anterior).
[63] Para este tipo de categorización conceptual, véase, en primer término, Jan Assmann, "Ancient Egypt and the materiality of the sign", en *Materialities of Communication*, ed. H. U. Gumbrecht and K. L. Pfeiffer (Stanford: Stanford University Press, 1994), 29–30; en último término, Carlos Gracia Zamacona, "Modulating Semograms: Some Procedures for Semantic Specification and Re-categorization in the Pyramid Texts and Other Mortuary Texts", en *Signs, Language and Culture: The Semograms of the Pyramid Texts between Iconicity and Referential Reality*, ed. J. Cervelló y M. Orriols, HES (Leiden: Brill, e.p.1, con bibliografía anterior), donde se muestra que esta particular función de los determinativos no es exclusiva de un animal concreto o de los animales, sino que es un fenómeno utilizado para fijar una cualidad a una entidad.
[64] Christian Leitz, ed., *Lexikon der ägyptischen Götter und Götterbezeichnungen*, OLA 110 (Leuven: Peeters, 2002), 1:563; Simon D. Schweitzer, *Ancient Egyptian Dictionary* (Dallgow,

difunto le ordena que acuda hasta él y haga algo junto con él. No se especifica qué es ese algo, pero parece una tarea. Esto podría concordar justamente con el título, que no parece tener relación con el resto de la fórmula; el título dice "No trabajar en la necrópolis" y está presente en todos los testigos salvo S1C[b]. Esto trae inmediatamente a la mente la fórmula de los shabtis (CT 472, ver más abajo) y el objetivo de mantener un estatus de privilegio en el más allá. La expresión que usa el difunto es *iri nn ḥnꜥ.i* "¡Haz esto conmigo!", lo cual expresa más una cooperación entre el difunto e *Ꞽq.(w)* que un servicio de este, que se hubiera expresado *iri n.i*[65].

Parece difícil cuadrar ambas interpretaciones (circuito solar y trabajo), pero quizás la frase final que añaden B2L & S2C[a], *m ẖr.t-nṯr* "en la necrópolis", puede apuntar a que la actividad esté vinculada a alguna labor relacionada con la tumba del difunto: el punto donde comienza el circuito solar desde el punto de vista mortuorio[66].

CT 215
El tabú: mantener el orden por la negociación

La fórmula CT 215 (CT III 175 a–189 b) aparece en once testigos recogidos en la edición de De Buck. El testigo considerado principal es S1C.

Estructura comunicativa: A-B-C-D-C-E-F-G-C

	A	B	C	D	E	F	G
COMUNICACIÓN	0:3	0:3	1:3	3:3	1:3	1:2	1:2
MARCA	Ru / Ru-H	Ru / Ru-H	Ø	Ø	Ø	Ø	Ø
TIPO	Ti	Ti	I	D	I	Di	Di
PERSONA	Ø	Ø	1ª (3ª)	3ª	1ª (3ª)	2ª	2ª
MODO	R	R	R (D)	R	R	Ho	D
ÉNFASIS	No	No	No	No	No	Sí	Sí
IDENTIFICACIÓN	No	No	Sí	Sí	Sí	No	No
OBJETIVO	No	No	Sí	No	Sí	Sí	Sí

Tabla 9. Estructura comunicativa de CT 215.

2020), 1009 (doi.org/10.5281/zenodo.3581069). La variante *iqr* en B9C, B1C, B5C y B2L es minoritaria y parece errónea.

[65] Para el tema del trabajo de las entidades divinas, véase Katalin Anna Kóthay, "Divine Beings at Work: A Motif in Late First Intermediate Period and Early Middle Kingdom Mortuary Texts", *JEA* 96 (2010): 83–100.

[66] Para la tumba como *ꜣḫ.t*, véase en primer término William C. Hayes, "Career of the Great Steward Henenu under Nebhepetre Mentuhotpe", *JEA* 35 (1949): 48.

175a	(pGardII[b]) ꜣw.t
175b–c	(B1Y) tm wnm(.w) ḥs tm zwr(.w) [wzš].t
	(B2Bo) r n tm wnm(.w) ḥs [m] ẖr.t-nṯr tm zwr(.w) wzš.t
176a–b	(B2L) ỉnk wr npr ḥty nb ꜥꜣb.wt wr.(w)t nb ỉ.š.tt 9 m-ḫnt psḏ.t wr.t
177a	(S2C) ḫ.t 3 m ḏdw ḫ.t 3 m ỉwnw m ḥw.t-[gm.t] m-ḫnt sḫ.t ỉꜣr.w
178a–179b	šb.ỉ pw šb.w Rꜥ ḥqr Rꜥ ḥqr.ỉ ꜥnḫ.ỉ m ꜥnḫ.t.f ỉm ỉꜥ sw ptḥ dỉ.f t [n] whd
180a–b	ỉw rdỉ(.w) n.ỉ t m-bꜣḥ <ptḥ> wp<.f> r.ỉ
180c–181a	ỉw ptḥ {3} <4> wp.sn r.ỉ m ḏꜣḏꜣ.t wp(.t).n Ḥr r n Wsỉr ỉm.s
181b	ḏd.f zp 2
181c	zꜣ.f ỉs pw
181d	(pGardII[a]) ḏd.f wḥm
182a	ỉ(w)ꜥ.f ỉs pw
182b–c	(pGardII[a] y M22C) Ḥr ỉs pw ỉnk ỉs pw
182d–183a	ptḥ ẖr-bꜣ<q>.f ỉm.y-ḫnt-wr ḫnt(.y)-ṯnn.t
183b–184a	dỉ.sn n.ỉ ꜥnḫ mỉ (r)dỉ.t ꜣs.t m.w n Ḥr kꜣ ḥtp.w
184b	<ḥtp(.w).ỉ> wnnt ỉr.t(y) {m} ḫ.t 5 <m ḥw.t-nṯr>
184c–185a	ỉw ḫ.t 3 r p.t ḫr Rꜥ ḫ.t 2 r tꜣ ḫr Gb
185b	ỉnk Tm
185c–d	ḥms.(w).ỉ r wnm t ḥms.w Rꜥ r wnm t
186a	rdỉ(.w) m.w {f} <n> {ḏḥwty} psḏ.t(y)
186b	ꜥḥꜥ rf ꜣgb ẖnm.w n Rꜥ ḥr wdḥ.w.ỉ
186c–187a	ỉw.n.ỉ ḫr.k ꜣgb
187b	dỉ.k n.ỉ t ỉw.ỉ ḥqr.k(w)ỉ r.k dỉ.f n.ỉ sp.ty.{ỉ}<k> mṯn.{ỉ}sny
188b–c	nḏ.<n>.{ỉ}<k> ḥr n Rꜥ sḥtp.<n>.k n.ỉ ḥr n psḏ.ty
189a	dỉ.(w).ṯn n.ỉ {dỉ.ṯn} nṯr.w m t m ḥnq.t
189b	ỉw <ꜥ.wy>.ỉ r.s

[A. Título genérico]

(175a) Ofrendas.

[B. Título]

(175b–c) No comer excrementos; no beber orina[67]. (/ Fórmula para no comer excrementos en la necrópolis, ni beber orina[68].)

[C. El difunto, identificado con Nepri, habla en general]

(176a–b[69]) Soy yo un Grande (*wr*), Nepri el tostado, el señor de las grandes ofrendas, el señor de las 9 porciones al frente de la Gran Enéada. (177a) Hay 3 porciones en Busiris (/Abidos), 3 en Heliópolis y 3 en la Morada del ibis, que está al frente del Campo de los juncos.

[67] B1Y, B3C, M22C (muy lagunar), B2L y pGardII[b].

[68] B2Bo.

[69] Lección de B2L y su grupo.

(178a–179b[70]) Mi comida es la comida de Ra. El hambre de Ra es mi hambre. ¡Pueda yo vivir de lo que él vive! ¡Pueda Ptah darle el desayuno! ¡Pueda él (= Ra) darle pan al Atacante!
(180a–b[71]) Me ha sido dado pan en presencia de Ptah, cuando él abre mi boca. (180c[72]) Los 4 Ptah, ellos abren mi boca[73] (181a) en el tribunal donde Horus abrió la boca de Osiris.
[D. Ptah habla en general]
(181b) Él (= Ptah) dice (bis): (181c) "En verdad, es su hijo". (181d) Él (= Ptah) dice (bis): (182a) "En verdad, es su heredero".
[E. El difunto, identificado con Nepri, habla en general]
(182d–184a[74]) Ptah, El-que-(está)-bajo-su-moringa, El-que-(está)-delante-del-Grande (*wr*) (y) El-que-(está)-delante-de-la-capilla-*ṯnn.t*, ellos me dan la vida como Isis da agua a Horus, el toro (= campeón) de las ofrendas.
(184b) En verdad, estaré satisfecho como guardián de las 5 porciones en el templo. (184c–185a) 3 porciones son para el cielo, donde Ra, y 2 porciones son para la tierra, donde Gueb.
(185b–186a) Soy yo (Ra)-Atum[75]. A comer pan me sentaré. A comer pan se sentará Ra. A las dos Enéadas se les dará agua.
[F. El difunto, identificado con Nepri, habla a la Inundación]
(186b–188a) ¡Álzate, Inundación (*ꜣgb*), proveedor de Ra, sobre mis mesas de libaciones! Si he venido a ti, Inundación, es para que me des pan cuando tengo hambre[76]! Tu boca, ella me da tus labios y tu distinción.
[G. El difunto, identificado con Nepri, habla a la Inundación y a los dioses de las Dos enéadas]
(188b–189a) Si tú has venerado el rostro de Ra y has satisfecho el rostro de las Dos Enéadas para mí, es para que vosotros, dioses, me seáis dados como cerveza y pan.
[C. El difunto, identificado con Nepri, habla en general]
(189b) Mis manos están destinadas a ello.

Esta fórmula es una de las numerosas de los Textos de los Ataúdes que trata de garantizar comida y bebida al difunto, evitando el tabú de comer excrementos

[70] La lección más consistente aquí es la de S1C y su grupo.
[71] La lección más consistente aquí es la de S1C y su grupo. Interpolación de pGardII[b] en CT III 179c–e: "Me ha sido dado pan como si fuera su (= de Ra) pan. Ptah, él abre su (= de Ra) boca. Los Ptah, ellos abren la boca de Mano-de-allí, Mano-de-allí, con su varita".
[72] La lección más consistente aquí es la de S1C y su grupo.
[73] pGardII[b] especifica quiénes son los 4 Ptah: "Ptah, El-que-(está)-bajo-su-moringa, El-que-(está)-delante-del-Grande (*wr*) y El-que-(está)-delante-de-la-capilla-*ṯnn.t*, ellos abren mi boca".
[74] A partir de aquí, sigo la lección de S1C y su grupo.
[75] Atum sólo en S1C. Los demás documentos: Ra-Atum.
[76] M22C añade en CT III 187 c: "y cerveza cuando tengo sed".

y beber orina[77]. Estas fórmulas suelen relacionarse con el mantenimiento del orden en general, como no caminar bocabajo, aunque no es el caso de esta fórmula (véase CT 343, más abajo).

El título genérico aparece sólo en pGardII[b], rubricado y en horizontal. Quizás se trate del título de un grupo temático o funcional de fórmulas: "(Textos para/de las) Ofrendas". Si el papiro formaba parte de un repositorio de textos en una biblioteca de ámbito templario, podría tratarse de una marca de organización bibliotecaria (de catalogación o similar), aunque esto es más difícil de demostrar. En cuanto al tipo textual, funciona como un "súper-título". En términos de Gérard Genette, podríamos llamarlo *architexto*[78], aunque no se refiere a un género (poema, novela, etc.), sino a un ritual genérico. Los Textos de los Ataúdes son un repositorio y, como tal, tiene todo el sentido agrupar los textos de una manera que resulte práctica a los que deben usarlos para componer los ataúdes: cuando necesiten textos para garantizar las ofrendas, buscarán por el título genérico "Ofrendas". A este nivel (hiper-) debe entenderse quizás también la expresión *pr.t m hrw* "Salir al / durante el día", que se encuentra en la zona de paratexto o es aludida en la zona de texto en varias fórmulas de los Textos de los Ataúdes (sobre todo CT 335, pero también CT 94 y CT 225, por citar las comentadas aquí). A partir del Reino Nuevo, la expresión adquiere estatuto de unidad textual compleja independiente (el conocido normalmente como Libro de los Muertos).

En CT 215, el difunto se identifica con Nepri[79] (y con Ra-Atum) en la partes C, E, F y G para asegurarse el acceso a las provisiones, una identificación que Ptah avala (parte D). Gracias a este poder, el difunto puede ordenar a la inundación que le traiga sus ofrendas (parte F). Se notará que el comportamiento del difunto varía según a quién se dirija. En las partes E y C, el difunto habla en general y manifiesta su poder de manera fehaciente (modo real), sin énfasis, y a través de la identificación con Nepri, entre otras. Sin embargo, en las partes F y G, donde se dirige a la inundación y a otros dioses, el énfasis es el recurso textual que usa, desapareciendo la identificación. El elemento de legitimación parece activarse cuando el difunto se dirige a entidades divinas más poderosas, aunque se haya identificado a sí mismo con una divinidad y tenga el aval de Ptah. Lo que expresan de manera constante esas cuatro partes es el

[77] Topmann, *Die "Abscheu"-Sprüche der altägyptischen Sargtexte,* 15–16 y 37, que la incluye en el grupo con dudas.

[78] Genette, *Palimpsestes*, 7.

[79] Divinidad del grano (literalmente, *n-pr(i)* "El que germina"). La relación del texto con la práctica de depositar en algunos ajuares funerarios figuras huecas o no de Osiris hechas de tierra con granos para que germinen parece evidente; véase, Maria Costanza Centrone, *Egyptian Corn-mummies: A Class of Religious Artefacts Catalogued and Systematically Analysed* (Saarbrücken: VDM, 2009); Angela Tooley, "Osiris bricks", *JEA* 82 (1996): 167–79 y lám. XIII–XV.

objetivo del difunto: el acceso a las provisiones, que es la función esencial de esta fórmula.

CT 225

El proceso: la justificación ante todo enemigo

Veinticuatro testigos conservan esta fórmula según la edición de De Buck (CT III 212 a–250 b). La versión que sigo aquí es la de S2C[b]. La fórmula presenta numerosas interpolaciones y repeticiones, según se indica en las notas al pie; pero no afectan al sentido.

Estructura comunicativa: A-B-C-D-C-E-F

	A	B	C	D	E	F
COMUNICACIÓN	0:3	0:1	0:1	0:1	0:1	0:3
MARCA	Ru	Ø	Ø	Ø	Ø	Ru
TIPO	Ti	Na	Di	Di	Di	Co
PERSONA	Ø	3ª	2ª	2ª	2ª	Ø
MODO	R	R	D	R	Ho	R
ÉNFASIS	No	No	No	Sí	No	No
IDENTIFICACIÓN	No	No	No	No	No	No
OBJETIVO	No	No	Sí	No	No	No

Tabla 10. Estructura comunicativa de CT 225.

212a	*ḏd.mdw smꜣꜥ-ḫrw z r ḫf.t(y).f*
212b–d	*sḫm m m.w pr.t m hrw m grḥ in ꜣḫ r bw nb mrr.w ib.f im* (T1L)
212e	*r n wn wꜣ.t n* (...) (B4C)
213a	*rdi.t šzp z pr.t-ḫrw n.f m dwꜣ m mšr.w* (B1L)
213b–c	*r n sḫm z m ḫf.t(y)w.f m tꜣ m ẖr.t-nṯr ḥtm ḥkꜣ.w nb ḏw ḏw* (B2L)
213d–e	*r n sḫm z m ḫf.t(y)w.f m ib.f m ḥꜣty.f m ꜥ.wy.f m rd.wy.f* (B1C)
214a–215c	*hꜣ N wn <n>.k p.t tꜣ wn n.k qꜣꜣ.wt Gb tp-ḥw.t ptr.wy*
216–217a	*in zꜣꜣ.(w) ṯw sfḫ ṯw*
216–217b	*in mr ꜥ.f im.i stt ꜥ.f im[.k r tꜣ]*
218b–219b	*wn n.k r n ḥn.t*
218c–219c	*[zn]š n.k r n ḥn.t*
220a–221a	*r bw mrr.w ib.k im*
220b–221c	*hꜣ N sḫm.k m ib<.k>*
222a–223a	*sḫm.k m ḥꜣt(y).k*
222c–223c	*sḫm.k m ꜥ(.wy).k*
222d–223d	*sḫm.k m rd.wy.k*
224–225c	*sḫm.k m pr.t-ḫrw.k n.k-im.yt*
226–227a	*sḫm.k m m.w*
226–227b	*sḫm<.k m> ṯꜣw.w*
226–227d	*[sḫ]m[.k] m n.wt*

228–229a	*sḫm.k m wḏb.wy*
230–231c	*sḫm.k m ỉrr.w [r].k m ẖr.t-nṯr*
232–233a	*sḫm.k m wḏ<.w> ỉrỉ.t r.k m ẖr.t-nṯr*
232–233b	*ỉw ms rf mỉ ḏd.k N*
234–235a	*ꜥnḫ(.w).k ỉs m t n Gb*
234b–235c	*bw.t.k pw n wnm.n.k st*
236–237a	*ꜥnḫ(.w).k m t n bty dšr.t*
236–237b	*sꜥm.k m ḥnq.t [n.t bty dšr.t] r bw wꜥb*
238a–241a	*ḥms.(w).k r.k ẖr zmꜣ.w nhw.t [ꜥn]tyw m-sꜣḥ.t Ḥw.t-ḥr ḫnt.t ỉtnw.s*
240–241b	*ỉ(w).s sḏꜣ.s r ỉwnw ẖr zš n mdw-nṯr mḏꜣ.t n.t ḏḥwty*
242a–243b	*hꜣ N sḫm.k m ỉb.k*
242–243c	*sḫm.k m ḥꜣt(y).k*
242–243d	*sḫm.k m ꜥ.wy.k*
243e	*sḫm.k m [rd.wy.k]*
243f	*sḫm.k m pr.t-ḫrw n.k-(ỉ)m.yt*
243g	*sḫm.k m [mw]*
244–245a	*sḫm.k m ṯꜣw.w*
244–245b	*sḫm.k m ỉ[t]rw*
244–245d	*sḫm.k m n.t*
246–247a	*sḫm.k m wḏb.wy*
246–247b	*sḫm.k m ḫf.tt.k*
246–247d	*ṯz ṯw ḥr gs.k ỉmn*
248c–250a	*dỉ ṯw ḥms.t(ỉ) ꜥḥꜥ wḫꜣ.k ḫmy.k ns.k r.s m <š>sꜣ[.w spd]*
250b	*sḫm z m ỉb.f ḥꜣty.f ꜥ.wy.f rd.wy.f m tꜣ m ẖr.t-nṯr* (B2L)

[A. Título]

(212a) Recitación (*ḏd-mdw*). Justificar a un hombre contra su enemigo.
(212b–d: T1L) Disponer de (*sḫm m*) agua y salir un *ꜣḫ* durante el día y durante la noche a todo lugar donde su corazón (*ỉb*) desee (salir).
(212e: B4C) Fórmula (*r*) de abrir un camino (...).
(213a: B1L) Hacer que un hombre reciba su invocación (*pr.t-ḫrw*) por la mañana y por la tarde.
(213b–c: B2L) Fórmula (*r*) de tener poder (*sḫm m*) un hombre sobre sus enemigos en la tierra y en la necrópolis, y de destruir toda magia muy mala.
(213d–e: B1C) Fórmula (*r*) de tener poder (*sḫm m*) un hombre sobre sus enemigos, sobre su corazón (*ỉb*), sobre su corazón (*ḥꜣ.ty*), sobre sus brazos y sobre sus pies.

[B. El oficiante se dirige al difunto: informe]

(214a–215c) ¡Oh, N! El cielo y la tierra se han abierto para ti; los cerrojos de Gueb y la contraventana de las dos ventanas se han abierto para ti, se han desbloqueado para ti[80].
(216–217a) ¿Acaso el que te guarda (*zꜣw*) es quien te suelta (*sfḫ*)? (216–217b) ¿Acaso el que aprieta su mano conmigo es quien arroja al suelo su mano contigo?

[80] Interpolación en CT III 215d–g y 217 c.

(218b–219b[81]) La boca del pelícano se ha abierto para ti (/ B1L: Tu boca ha sido abierta por el pelícano), (218c–219c) la boca del pelícano se ha desbloqueado para ti (/ B1L: la boca ha sido desbloqueada por el pelícano) (218d–219d) y el pelícano ha hecho que salgas durante el (/ al (?))[82] día[83] (220a–221a) al lugar adonde tu corazón (*ib*) desea salir.

[C. El oficiante se dirige al difunto: deseo]

(220b–221c) ¡Oh, N! Ojalá puedas tener poder sobre tu corazón (*ib*). (222a–223a) Ojalá puedas tener poder sobre tu corazón (*ḥ3.ty*)[84]. (222c–223c) Ojalá puedas tener poder sobre tus brazos. (222d–223d) Ojalá puedas tener poder sobre tus piernas[85]. (224–225c) Ojalá puedas disponer de tu ofrenda, que te pertenece. (226–227a) Ojalá puedas disponer de agua (*m.w*). (226–227b) Ojalá puedas disponer de aire[86]. (226–227d) Ojalá puedas disponer de las olas (*n.wt*). (228–229a) Ojalá puedas disponer de las dos orillas[87]. (230–231c) Ojalá puedas tener poder sobre los que actúen contra ti en la necrópolis. (232–233a) Ojalá puedas tener poder sobre los que ordenen actuar contra ti en la necrópolis.

[D. El oficiante se dirige al difunto: pronóstico]

(232–233b) Así (es) pues, como tú dices, N. (234–235a) Es del pan de Gueb de lo que vivirás. (234–235c) La abominación tuya, no puedes comerla[88]. (236–237a) Es del pan de espelta roja de lo que vivirás. (236–237b) Es de la cerveza de espelta roja de lo que beberás en el lugar puro (*bw wʿb*). (238a–241a) Bajo las ramas de los árboles de mirra, junto a Hathor, la que lleva en la frente su disco solar (*itn.w.s*), te sentarás. (240–241b) Ella cruza hasta Heliópolis con el escrito de las palabras divinas, el libro de Thot.

[C. El oficiante se dirige al difunto: deseo]

(242a–243b) ¡Oh, N! Ojalá puedas tener poder sobre tu corazón (*ib*). (242–243c) Ojalá puedas tener poder sobre tu corazón (*ḥ3.ty*). (242–243d) Ojalá puedas tener poder sobre tus brazos. (243e) Ojalá puedas tener poder sobre tus piernas. (243f) Ojalá puedas disponer de tu ofrenda, que te pertenece. (243g) Ojalá puedas disponer de agua (*m.w*). (244–245a) Ojalá puedas disponer de aire. (244–245b) Ojalá puedas disponer del río[89]. (244–245d) Ojalá puedas disponer de las olas (*n.wt*)[90]. (246–247a) Ojalá puedas disponer de las dos orillas. (246–247b) Ojalá puedas tener poder sobre tus enemigos[91].

---

[81] Interpolación menor en CT III 218a.
[82] De Cenival, *Le livre pour sortir le jour*, 20–23.
[83] Interpolación menor en CT III 219e.
[84] Interpolación menor en CT III 222b–223b.
[85] Interpolación de otra fórmula en CT III 223e–225b.
[86] Variante irrelevante en CT III 226–227c (B1L).
[87] Variantes irrelevantes en CT III 228b–231a (T1L) y CT III 230–231b (B1L).
[88] Variante irrelevante en CT III 234–235c (B1L).
[89] Variante irrelevante en CT III 244–245c (B1L).
[90] Variante irrelevante en CT III 245e–j (B1L).
[91] Variante irrelevante en CT III 246–247c y 247e–g (T1L); CT III 247 h (MC105).

[E. El oficiante se dirige al difunto: orden]

(246–247d) ¡Levántate sobre tu lado derecho[92]! (248c–250a) ¡Colócate sentado! ¡Levántate para que pueda sacudirte el polvo, tu lengua estando contra esto como un cuchillo de sacrificio afilado!

[F. Colofón]

(250b: B2L) Tener un hombre poder sobre su corazón (*ib*), sobre su corazón (*ḥ3.ty*), sobre sus brazos y sobre sus piernas, en la tierra y en la necrópolis.

Esta fórmula no sólo garantiza el poder de un hombre sobre todo enemigo posible, sino que disponga de sus libaciones y alimentos, así como de su cuerpo para poder moverse a voluntad. Se notará que, en egipcio, la expresión usada, *sḫm m*, tiene el sentido tanto de "tener poder sobre (un enemigo)" como de "disponer de (agua, etc.)", que son efectos de la traducción al español. Esto quiere decir que la fórmula trata del control del difunto sobre elementos esenciales para su supervivencia en el más allá: el acceso al agua (y también a la comida y al aire), el control del cuerpo para poder moverse y el dominio sobre los enemigos que le pueden impedir recuperar sus capacidades y disponer de sus provisiones básicas. La fórmula se considera como muy poderosa y de amplio alcance. Además, en el título en S2C^{b} (CT III 212 a), se la sitúa en el ámbito legal, haciéndose referencia explícita a la legitimación (*sm3ʿ-ḫrw*) del difunto ante su enemigo.

En la sección B, un oficiante interpela al difunto usando exclamación y vocativo (CT 214–215 a). En una ocasión (B2Bo), el difunto aparece sin su nombre actualizado (*mn pn*) y es interpelado como "¡Oh, este fulano!" De manera sorprendente, tres testigos (S2C^{a}, pBerl 10482 y Y1C) usan la primera persona, en lo que aparece un autointerpelación: "¡Oh yo!" Esta estructura es única y sumamente contraintuitiva. Parece claro que la redacción original es en tercera persona, con un oficiante interpelando al difunto, y que por alguna razón en esos tres casos se eligió cambiar a la primera persona. En el caso del papiro Berlín 10482, que se considera un papiro con un ritual de ofrendas funerarias para un difunto concreto (*Sdḫ*)[93], el cambio de persona se debe a que la secuencia de textos en que aparece CT 225 en ese testigo está también redactada en primera persona, como si el oficiante tomará el papel del difunto en un ritual de transfiguración (*s3ḫ*)[94]. En el caso de S2C^{a}, nos encontramos con que comparte documento con otro testigo de la fórmula (S2C^{b}) y con otro (S1C^{b}) del mismo propietario (*Mzḥ.ty*)[95], que están en tercera persona. Además, hay otra diferencia: mientras la mayoría de los testigos usan como exclamación *h3*, típica de los textos mortuorios, los tres testigos en primera persona (y tres testigos de Barsha en tercera persona, B2Bo, B4Bo y B1Y) usan la exclamación *i*, que es la más frecuente en

[92] Variante irrelevante en CT III 248a–b (T1L).
[93] Ilona Regulski, *Repurposing ritual*, 293–6 principalmente.
[94] Regulski, *Repurposing ritual*, en particular 210, 238–39 y 242–45, con bibliografía anterior.
[95] Arquier, *Le double sarcophage de Mésehti*, 15–22.

egipcio, entre los vivos. Se notará que entre esos testigos en tercera persona con exclamación *i* está B2Bo que usa la expresión genérica del difunto (*mn pn*). Podemos recopilar los datos de los testigos relevantes en la siguiente tabla:

	h3	*i*
N	S1C^b, S2C^b y resto de testigos	B4Bo y B1Y
mn pn	-	B2Bo
ink	-	S2C^a, pBerl10482 y Y1C

Tabla 11. Interpelación al difunto en CT III 214–215 a.

Es decir, la expresión típica de interpelación mortuoria al difunto sólo ocurre en tercera persona específica (con el nombre del difunto actualizado). Con la expresión genérica del nombre y con la primera persona, sólo ocurre la interpelación al difunto como si estuviera aún en vida. Teniendo en cuenta que S2C es un ataúd exterior (S1C es su ataúd interior correspondiente) y que la expresión (testigo S2C^a) ocurre en el interior al principio del lado de la espalda, donde estaría la cabeza de la momia aproximadamente, justo enfrente de los falsos ojos del ataúd, se puede hipotetizar que, en este caso, tanto la exclamación i como la primera persona pueden responder a la posición que más está en contacto con los vivos (ataúd exterior, frente a los ojos). Hay que tener en cuenta que CT 225 aparece copiada una segunda vez (S2C^b) en el interior del lado de la espalda de ese mismo ataúd, pero cerca de los pies, y en ese caso se usa la exclamación mortuoria (*h3*) y el nombre específico del difunto. Por todo lo anterior, es posible que la redacción original fuera *i N pn* y que el texto se tratara de un ritual realizado por un oficiante que interpela al difunto como si estuviera vivo: antes del enterramiento. El caso *i mn pn* ("¡Oh, fulano!") de B2Bo sería una copia no actualizada (por despiste) en ese ataúd. En el proceso de entextualización mortuoria, se cambia la exclamación *i* por *h3* y se actualiza el nombre del difunto (en la mayoría de los testigos), salvo en los casos en que aparece la primera persona, por las razones, distintas para pBerl10482 y S2C^a, que acabo de comentar.

La parte D, que es la central de la fórmula, comienza (CT III 232–233 b) con una referencia a un parlamento de N, que está implícito: "Así (es) pues, como tú dices, N". Esta expresión es sumamente infrecuente y parece apuntar a que todos los Textos de los Ataúdes son un diálogo, también entre el oficiante (que no aparece en el texto) y el difunto, además de los que se producen entre el difunto y las entidades (dioses y similares) que sí aparecen en los textos. En este caso, el difunto habla explícitamente, mientras que en aquel no. Esto serviría para clasificar las fórmulas en dos grupos desde un punto de vista de comunicación interno: las explícitas (entre el difunto y las entidades del otro mundo) y las implícitas (entre el oficiante y el difunto en este mundo, o al menos en la necrópolis).

CT 335

s3ḫ: BRILLO Y EFICACIA, COMIDA Y MAGIA

La fórmula 335[96] de los Textos de los Atáudes aparece en veintiocho testigos, cuyas versiones están recogidas en la edición de De Buck. Según esto, es la fórmula más frecuente del corpus. Los elementos de intertextualidad son abundantes; especialmente, destacan las redes de los tramperos[97], el lago de fuego[98] y, quizás, los dos caminos[99], todas ellas zonas peligrosas para el *3ḫ*, y que aparecen en otras fórmulas de la "tradición larga[100]" de los textos mortuorios (Textos de las Pirámides, Textos de los Ataúdes y Libro de los Muertos).

Los testigos se dividen en dos versiones generales: una con metatextos (glosas[101]) y otra sin ellos[102].

La mayoría de los testigos tienen como emisor principal al difunto en la primera persona singular. Esto es así en todos los documentos con metatextos, salvo B1P que duda en ocasiones con la expresión explícita del nombre del difunto y el uso de la tercera persona, sobre todo al principio (CT IV 186 b y 188 a). Parece que los testigos con metatextos mantienen la edición del papiro fuente: presencia de metatextos y falta de personalización.

Sin embargo, entre los textos sin metatextos, aunque predomine la primera persona, B3C hace uso de la expresión explícita del nombre de la difunta, si bien los pronombres que se refieren a ella son masculinos: la personalización es sólo parcial; quizás adaptaron el ataúd de un hombre para una mujer o la presión cultural era tan fuerte como para, simplemente, "blindar" los pronombres masculinos en la mente del sacerdote o del escriba. Otro testigo sin metatextos, Sq4Sq, se personaliza en la segunda persona, planteándose como un diálogo con el difunto, que no responde; ¿quizás esto responde a una realización del proceso *s3ḫ* mediante la fórmula?

Estos cambios editoriales (cambios de pronombres y ausencia de metatextos) deben responder al proceso de edición en el documento (ataúd) y forman parte, por tanto, del complejo procedimiento de entextualización de los Textos de los Ataúdes. El texto original, con sus metatextos, parece un texto de

---

[96] Véase, Heerma van Voss, *De oudste versie van Dodenboek 17a*; recientemente, Dina Serova, "CT 335 in the Sarcophagus of Ipi (TT 315): On Variation and Register Choices", en *Variability in the Earlier Egyptian Mortuary Texts*, ed. C. Gracia Zamacona, HES 21 (Boston: Brill, 2024), con bibliografía anterior.

[97] CT IV 306 c (L1NY). Véase las fórmulas CT 473–481 y 343.

[98] Cf. CT IV 313 d–314 a.

[99] CT IV 319 c.

[100] Véase el capítulo 5.

[101] T1C^{b}, B1P, B9C^{a}, B5C, Sq1C, Sq7C, Sq1Sq, M4C, M7C, M8C, M54C, M57C, L1NY, T1Be, T2Be, T3Be, L3Li, T3L, M1NY y Bh1Br.

[102] T1C^{a}, H, B9C^{b}, B3C, B1Y, Sq4Sq y M1C.

teodicea, de origen templario. Su uso podría ser más complicado de entender, sin embargo, como veremos.

Podemos sintetizar la estructura comunicativa de la fórmula (según T1C^{b}) como sigue:

A-B-CDx14-ED-CDx4-ED-F-CDx2-GDx2-E-GDx5-G-ED-H

	A	B	C	D	E	F	G	H
COMUNICACIÓN	0:3	0:3	1:3	0:3	1:2	1:3	1:2	0:3
MARCA	Ru / Re[103] / H	Ø	Ø	Ru	Ø	Ø	Ø	Ru
TIPO	Ti	Na	I	De	Di	De	Di	Co[104]
PERSONA	Ø	3ª	1ª	3ª	2ª	3ª	2ª	3ª
MODO	R	R	R	R	Ho	R	D	R
ÉNFASIS	No	No	Sí	No	No	No	No	No
IDENTIFICACIÓN	No	No	Sí	No	Sí	No	No	No
OBJETIVO	No	No	No	No	Sí	No	Sí	No

Tabla 12. Estructura comunicativa de CT 335.

Dado que esta fórmula es una de las más extensas del corpus (CT IV 184 a-326 n) y presenta numerosas variantes, me limitaré, en general, a seguir la versión de T1C^{b}, uno de los testigos de la versión general con metatextos. Mencionaré otras versiones sólo cuando sean imprescindibles para entender el sentido general de la fórmula.

184–185a (B3C) *pr.t m hrw*
(B5C) *mḏꜣ.t n.t [pr.t m hrw]*
(M1NY) *ḥtp-di-nsw Wsir di.f pr.t-ḫrw t ḥnq.t iḥ.w ꜣpd.w n imꜣḫ N pn ḏd.f*
pr.t m hrw
(M4C) *ḏd-mdw*
(M54C) *[r n pr.t] m hrw m ẖr.t-nṯr N mꜣꜥ-ḫrw ḏd.f*
(M57C) *ḏd-mdw N ḏd.f*
(M8C, M7C y L1NY) *[r] n pr.t m hrw m ẖr.t-nṯr*
(Sq1C y Sq7C) *r n pr.t m hrw m ẖr.t-nṯr imꜣḫ.yt N mꜣꜥ.t-ḫrw nb.t imꜣḫ*
(T1Be) *imꜣḫ(.y) r rdi(.w).i rdi nb N ḏd.f r n pr.t m hrw m ẖr.t-nṯr*
(T1C^{b}) *ḏd-mdw pr.t m hrw ḏd-mdw*
(T2Be) *r n mḏꜣ.t n.t pr.t m hrw m ẖr.t-nṯr imꜣḫ.y N ḏd.f*
(T3Be) *r n pr.t m hrw m ẖr.t-nṯr in imꜣḫ.y N pn ḏd.f*

[103] En la versión de Ipi (TT315); véase Serova, "CT 335 in the Sarcophagus of Ipi", 165.

[104] Siguiendo T2Be. Los otros dos testigos con colofón presentan un diferente estado: T1Be está muy lagunar, pero parece ser similar a T1Be; M1NY interpela al osiris N y añade una estructura desiderativa de ofrendas en tercera persona plural ("¡Oh osiris N...! ¡Puedan ellos darte...!").

184–185b1	*ḫpr mdw.t*
184–185b2	*n<.y i>nk Tm*
184–185c	*ink Rꜥ*
186–187a	*wnn.i wꜥ.k(w)i*
186–187b	*ink Rꜥ m ḫꜥ.ww.f tp.(y)w*
186–187c	(H) *wbn.f pw dwꜣ.w m ꜣḫ.t.f*
188–189a	*ink ꜥꜣ ḫpr ḏs.f*
188b–189c	(B9C^{a}) *ptr sw ꜥꜣ ḫpr ḏs.f mw nw.w pw*
190a–191b	*qmꜣ rn.w.f nb psḏ.t iwty ḫsf.f m nṯr.w*
190c–191d	(BH1Br) *zy ty pw Tm pw im.y itn.f*
192–193a	*n<.y i>nk sf iw rḫ.k(w)i dwꜣ.(w)*
192–193b	*Wsir pw*
192–193c	(H) *ir dwꜣ.(w) i.ꜣḫ.w pw*
194–195a	*iri.n.t(w) ꜥḥꜣ.t nṯr.w ḫft* ***ḏd.i***
194b–195e	(BH1Br) *ptr s(y) ꜥḥꜣ.t nṯr.w imn.t pw iri.n.<t>(w).s r bꜣ.w nṯr.w ḫft ḏd Wsir*
196–197a	*iw rḫ.k(wi) rn n nṯr pw ꜥꜣ n.t(y) im.s*
196b–197c	*ḏd mdw ḥkn.w pw Rꜥ {pw Rꜥ}*
198–199a	*ink bn.w pw ꜥꜣ n.t(y) m iwnw*
200–201a	*ir.(y)-sip n ntt-wnn.(w)*
200b–201e	*ir ntt-wnn.(w) nḥḥ pw ḥnꜥ ḏ.t*
202a–203b	(Sq1C) *ir nḥḥ hrw pw ir ḏ.t grḥ pw*
202c–203d	*ink mnw m pr.wt.f rdi.n.(i) šw.ty.(i) m tp.(i)*
204a–205c	*ḏd mdw Ḥr pw nḏ it.f*
204d–207a	*ir grt šw.ty.f wr.ty im.ty ḥꜣ.t (it).f Tm*
206b–207d	*wnn.(i) m tꜣ.(i) i.n.(i) m niw.t.(i)*
208a–209b	*ꜣḫ.t it.{i}<f> pw Tm*
208c–209d	*dr.(w) iw.i ḫsr.(w) ni.t.(i)*
209e–g	(BH1Br) *zy ty pw šꜥ.t ḫpꜣ.f pw pr.t m hrw*
210a–213b	*sḥr.y izf.t ir.t.(i) wꜥb.n.(i) m sš.wy ipw(y) wr.w(y) ꜥꜣ.w(y) n.ty(wy) m* *nni-nsw swꜥb.w ꜥꜣb.wt rḫy.t im*
213c–e	*ḏd mdw š pw n ḥsmn ḥnꜥ š n mꜥꜣ.t*
214–215a	*n nṯr pw ꜥꜣ n.t(y) im.s(ny)*
214b–217e	*ḏd mdw Rꜥ pw*
218–219a	*šm.i ḥr wꜣ.t rḫ.t.n.(i) tp-m iw n mꜣꜥ.tyw*
218b–221b	*ḏd mdw wꜣ.{w}t pw šm.t.n it.i Tm ḥr.s m wḏꜣ.f r sḫ.t iꜣr.w*
222a–223b	*spr.(i) r tꜣ n ꜣḫ.tyw p.t pr.(i) m sbꜣ ḏsr*
222c–227a	*ḏd mdw ir tꜣ pn nṯr.w pw ḥꜣ.(y)w kꜣr* *ir grt sbꜣ pn {qrs}<ꜥꜣ>.(w)y pw ḏꜣ.w.n it.(i) ḥr.f r ꜣḫ.t iꜣb.tt n.t p.t*
226b–229b	*im.yw-bꜣḥ imi n.(i) ꜥ.ṯn ink bꜣ ḫpr im.ṯn*
228c–231b	*ḏd-mdw ḥw pw ḥnꜥ siꜣ wnn ḥnꜥ it.i Tm m ẖr.t-hrw n.[t rꜥ nb]*
232a–233b	*iw mḥ.n.(i) ir.t m-ḫt ḫqs.s hrw pw n ꜥḥꜣ rḥ.wy*
234a–239b	*ꜥḥꜣ Ḥr pw ḥnꜥ Stḫ*
238b–239c	*iw ṯz.n.(i) šn m wḏꜣ.t r tr.s n nšn*

238d–243d *ḏd-mdw ir.t Rꜥ pw m nšn.s m-ḫt h3b.f s<y> in grt ḏḥwty ṯz šn pn*
im.s
244a–247a *iw m3.n.(i) Rꜥ pw ms.y m sf r ḫpd.w Mḥ.t-wr.t wḏ3.f wḏ3.(i) ṯz-pẖr*
246b–251a *ḏd-mdw twt pw n ir.t Rꜥ dw3 ms.wt.f rꜥ nb*
ir grt Mḥ.(t)-wr.t wḏ3.t pw
250–251b *ḥr-ntt ink is wꜥ m nw n (i)m.(yw)-ḫt Ḥr*
251c–253b *ḏd-mdw mdw ḥr-tp mr.y nb.f*
252c–261a *i.nḏ ḥr.ṯn nb.w m3ꜥ.t ḏ3ḏ3.t ḥ3.t Wsir didi.w šꜥ.wt m izf.tyw*
(i)m.(yw)-ḫt ḥtp.s-ḫw.s
m.ṯn {n} w(i) i.k(wi) ḫr.ṯn dr.ṯn ḏw.t ir.t.(i) mi nw iri.n.ṯn n 3ḫ 7
ipw im.y(w) šms.w nb sp3.t iri.(w).n Inp.w s.t.sn hrw pf n my r.k im
260b–262a *ir ḥtp.s-ḫw.s nsr.t pw rdi.n.t(w).s m-ḫt Wsir r s3m.t <b3.w>*
ḫf.tyw.f
268a–275 *nḏḥḏḥ n{i}<q>d{i}<q>d k3-nbi.f-ḫnt-hw.t.f*
ꜥq-ḥr-im.y-wnw.t.<f> nbs-ḥr-prr-m-ḫtḫt
m3-m-grḥ-ini.t(w).f-m-hrw
276–277a *ink b3.wy.f ḥr.(wy)-ib ṯ3.wy.f*
276b–281d *ḏd-mdw Wsir pw m ꜥq.f r ḏd.t ꜥḥꜥ.n ḫpr.(w) m b3.wy.f*
ir ṯ3.wy.f Ḥr pw nḏ [it.f] ḥnꜥ Ḥr (i)m.y-ḫnt n-ir.ty
282a–285b *ink miw pw ꜥ3 [pš]n i.šd.t r-gs.f m iwnw grḥ pw n ꜥḥ3-ꜥ n iri.t*
z3w.t
sbi.w hrw pf n ḥtm ḫf.tyw nb r-ḏr im.f
286a–292a *Rꜥ pw ḏs.f*
ḏd pw in si3 in miw sw m nn (n) irr.(w).f ḫpr rn.f pw n miw
ir pšn išd.t m3ꜥ ms.ww bdš.t iri.t.n.sn pw
ir grḥ n ꜥḥ3-ꜥ sꜥq.t(w) ms.ww bdš.t pw r i3b.t
ꜥḥꜥ.n ꜥḥ3-ꜥ m t3 r ḏr.f m p.t m t3
292b–301b *i Rꜥ im.y swḥ.t.f wbn m itn.f psḏ m 3ḫ.t.f nbb ḥr bi3.f iwty sn.nw.f m*
nṯr.w sqdd ḥr sṯz.w Šw didi ṯ3w.w m hh n r.f sḥḏ t3.wy m i.3ḫ.w.f
nḥm.k w(i) m ꜥ nṯr pw št3 irw wnn.w ꜥnḥ.wy.f m rmn.wy mḫ3.t hrw
pf n ḥsb.t ꜥw3 m-b3ḥ-ꜥ.wy nb r-ḏr
301c–302e *Ḥr pw nb Ḫm*
303a–b *nḥm.k w(i) m ꜥ nw n ir.yw s3ṯ.w nm.ty(w) mr.w ḏbꜥ.w n.w Wsir*
304 a–c *ḏd-mdw ir nm.tyw n.w Wsir ḏ3ḏ3.t tn pw ḫsf.t ḫ.t n ḫf.tyw n.w Rꜥ*
305a–306b *n(n) ḫr.(w).i n ds.wt.ṯn nn h3.y.i r wḥ3.wt.ṯn*
ḥr-ntt wi rḫ.k(w)i rn.w.ṯn
308b–311b *ḥr-ntt ink wḏ3 tp t3 ḫr Rꜥ mn.y nfr.(w) ḫr Wsir*
n(n) ḫpr.(w) ꜥ3b.wt.ṯn im.i n n3 n ḥr.(y)w ꜥḫ.w.ṯn
iw.i m šms.w n nb ḫ.wt r zš n ḫpr.w
ꜥḫ.y.i m bik ng.i m smn sk.y.i nḥḥ mi Nḥb-k3.w
311c–314e *i Rꜥ-Tm im.y ḥw.t-ꜥ3.t ity im.y nṯr.w nb.w*
nḥm.k wi m ꜥ nṯr pw ꜥnḫ m ḫr.yt n.t(y) ḥr.f m ṯzm inm.f m rmṯ
ir.y q3b pf n š n sḏ.t ꜥm šw.wt ḫnp ḥ3ty.w wdd sṯ3.w n m3.n.t(w).f
315a–316a *ḏd mdw ir nṯr pn n.t(y) ḥr.f m ṯzm inm.f m rmṯ ꜥm-ḥḥ rn.f*
316b–317b *i nr.w ḥr.(y)-tp t3.wy nb dšr.w w3ḏ nm.wt rd.y n.f wrr.t 3w.t-ib*

m-ḫnt.(y) Nni-nsw
317c *ḏd mdw Wsir pw*
317d–318b *wḏḏ n.f ḥqꜣ.t m nṯr.w hrw pw n zmꜣ.t tꜣ.wy m-bꜣḥ-ꜥ.(wy) nb r-ḏr*
318c–e *ir zmꜣ.t tꜣ.wy dhn.t(w) qrs Wsir pw in it.f Rꜥ*
319a–c *bꜣ m[nḫ] im.y nni-nsw dd kꜣ.w dr izf.tyw sšm.w n.f wꜣ.wt nḥḥ*
319d *ḏd mdw Rꜥ pw ḏs.f*
319e–320d *nḥm.k wi m ꜥ nṯr pw ṯꜣꜣ bꜣ.w nsb iw.tyw ꜥnḫ m ḥwꜣꜣ.wt im.y kkw*
im.y znk.t snḏ.w n.f im.yw bꜣg
320e–321b. *ḥm pn Stḫ*
321c–322c. *i ḫpr pw ḥr.(y)-ib wiꜣ.f pꜣ.ty ḏ.t.f ḏ.t nḥm.k wi m ꜥ nw n ir.yw*
sip.w
rdi.(w).n n.sn {n} nb r-ḏr ꜣḫ irr.w zꜣw.wt ḫf.tyw.f
didi.w šꜥ.t m-ẖn.w iꜣṯ.w iw.tyw pr.t ẖr zꜣw.wt.sn
322d–325a *nn ḫr.(w).i n ds.w.ṯn*
nn ḥms.(w).i m-ẖn.w ṯnm.w.ṯn
nn ꜥq.(w).i ir iꜣṯ.w.ṯn
nn hꜣ.y.i r-ẖn.w ḥꜣd.w.ṯn
nn iri.t(w) n.i ḫ.t m nw n bw.t nṯr.w
ḥr-ntt ink swꜣ wꜥb.(w) ḥr-ib msq.t rdi.y n.f ms.yt m ṯḥn.t m ṯnn.t
325b–d *ir i.ṯḥn.t ir.t pw qn.t hiw*
ir ṯnn.t ḥꜣ.t Wsir pwi
326a–i (T1Be). *ḏd N r pn wꜥb (...) ḥs[m]n wḏꜣ tp tꜣ [ḫr Rꜥ] mn.y nfr.(w) ḫr*
[Wsir] (...)r.w rdi(...) ib.f
pr.t m hrw ḥꜥb zn.(t) ḥms.t m zḥ in N m-ḫt mn.y.f
ir [ḏd] sw ḥr.f (...) [iw.f] pr.f m ḫ.t (...)
326j–k (T2Be). *ḏd z r pn ꜥq.f r imn.t r-sꜣ prr.f*
ir ḫm nb r pn n ꜥq.n.f n pr.n.f m ḫm
326l–n (M1NY). *wsir N iqr mꜣꜥ-ḫrw nb imꜣḫ ḫr nṯr.w niw.tyw nṯr.w*
šmꜥ.w
ḥꜣ.w
di.sn pr.t-ḫrw (m) t ḥnq.t iḥ ꜣpdw n imꜣḫ.(y) ḫr wsir N nb imꜣḫ
iri.(w).n N nb.t imꜣḫ mꜣꜥ.t-ḫrw {t ḥnq.t}

[A. Título]
(184–185a: B5C) Libro de salir al / durante el día.
[B. El oficiante habla]
(184–185b) Se ha producido el veredicto (*mdw.t*).
[C. El difunto (identificado con Ra) habla]
(184–185b) "Atum me pertenece. (184–185c: T2Be) Yo soy Ra. (186–187a) Solo estoy. (186–187b) Yo soy Ra en sus primeras apariciones".
[D. Glosa] (186–187c: H) Esto significa que él despunta por la mañana en el horizonte.
[C. El difunto (identificado con Ra) habla]
(188–189a) "Yo soy el grande (*ꜥꜣ*) autocreado",

[D. Glosa] (188b–189c: B9C[a]) ¿Quién es el grande (*ꜥ3*) autocreado? Es el agua de Nun.
[C. El difunto (identificado con Ra) habla]
(190a–191b) "el que crea sus nombres, el señor de la Enéada, el que no será rechazado por los dioses".
[D. Glosa] (190c–191d: BH1Br) Entonces, ¿quién es? Es Atum, el que está en su disco.
[C. El difunto (identificado con Ra) habla]
(192–193a) "El ayer me pertenece. Conozco el mañana".
[D. Glosa] (192–193b) (En cuanto al ayer), es Osiris. (192–193c: H) En cuanto al mañana, es *i.3ẖ.w*.
[C. El difunto (identificado con Ra) habla]
(194–195a) "Es según *lo que yo digo*[105] como el barco de guerra de los dioses ha sido hecho".
[D. Glosa] (194b–195e: BH1Br) ¿Cuál es, pues, el barco de guerra de los dioses? Es el oeste, el que ha sido creado para los *b3* de los dioses, según lo que dice Osiris.
[C. El difunto (identificado con Ra) habla]
(196–197a) "Yo sé el nombre de este gran (*ꜥ3*) dios que está allí (= en el barco de guerra)".
[D. Glosa] (196b–197c) Recitar: "Es Alabanza-de-Ra".
[C. El difunto (identificado con Ra) habla]
(198–199a) "Yo soy el gran (*ꜥ3*) fénix (*bn.w*) que está en Heliópolis;"
[D. Glosa] (198b–199c) Recitar: "Es Osiris".
[C. El difunto (identificado con Ra) habla]
(200–201a) "el examinador de lo que existe".
[D. Glosa] (200b–201e) En cuanto a lo que existe, es la eternidad *nḥḥ* y la eternidad *ḏ.t*. (202a–203b) En cuanto a la eternidad *nḥḥ*, es el día; en cuanto a la eternidad *ḏ.t*, es la noche.
[C. El difunto (identificado con Ra) habla]
(202c–203d) "Yo soy Min en sus procesiones; me he puesto mis dos plumas en la cabeza".
[D. Glosa] (204a–205c) Recitar: "Es Horus, el que protege a su padre. (204d–207a) Y en cuanto a sus dos plumas, son los dos Grandes (*wr*) qui están en la frente de su padre Atum".
[C. El difunto (identificado con Ra) habla]
(206b–207d) "Es en mi tierra donde estoy. Es a mi ciudad adonde he venido".
[D. Glosa] (208a–209b) Es el horizonte de su padre Atum.
[C. El difunto (identificado con Ra) habla]
(208c–209d) "Mi pena ha sido rechazada. Mi desgracia ha sido anulada".

---

[105] La parte enfatizada (*ḏd.i* "lo que yo digo") está rubricada en el original (en negrita en la transliteración), además de estar focalizada por el tiempo segundo (*iri.n.tw*), una forma *sḏm.n.tw.f* enfática.

[D. Glosa] (209e–g: BH1Br) ¿Qué es pues? Es el corte de su cordón umbilical: salir al / durante el día.

[C. El difunto (identificado con Ra) habla]

(210a–213b) "La mentira sobre mí ha sido desterrada y me he purificado en los dos estanques grandes (*wr*) y grandes (*ˁ3*) que están en Heracleópolis, donde son purificadas las ofrendas de los *rḫ.yt*"

[D. Glosa] (213c–e) Recitar: "Son el Lago de natrón y el Lago de *m3ˁ.t*".

[C. El difunto (identificado con Ra) habla]

(214–215a) "gracias a este gran (*ˁ3*) dios que está en ellos dos".

[D. Glosa] (214b–217e) Recitar: "Es Ra".

[C. El difunto (identificado con Ra) habla]

(218–219a) "He partido por el camino que conozco en dirección a la Isla de los Verdaderos".

[D. Glosa] (218b–221b) Recitar: "Es el camino por el que se fue mi padre Atum cuando se dirigía al Campo de los juncos".

[C. El difunto (identificado con Ra) habla]

(222a–223b) "He atracado en la tierra de los del horizonte del cielo. He salido por la puerta sagrada".

[D. Glosa] (222c–227a) Recitar: "En cuanto a esta tierra, son los dioses que están alrededor de su capilla; y en cuanto a esta puerta, es la puerta de doble hoja por la que mi padre Atum cruzó hasta el horizonte oriental del cielo".

[E. El difunto (identificado con Ra) habla a Hu y a Sía]

(226b–229b) "¡Los que estáis delante! ¡Dadme la mano! ¡Soy un *b3* que acaece entre vosotros!"

[D. Glosa] (228c–231b) Recitar: "Son Hu y Sía los que están con mi padre Atum en las rutinas diarias cada día".

[C. El difunto (identificado con Ra) habla a Hu y a Sía (¿o en general?)]

(232a–233b) "Yo he restaurado (lit. llenado) el ojo después de que resultara dañado el día de la lucha de los Dos compañeros".

[D. Glosa] (234a–239a) Es la lucha de Horus y Seth.

[C. El difunto (identificado con Ra) habla a Hu y a Sía (¿o en general?)]

(238b–239c) "He quitado el pelo del ojo sano en su momento de combate".

[D. Glosa] (238d–243d) Recitar: "Es el ojo de Ra en su combate después de que él (= Ra) lo (= el ojo) enviara; y es Thot quien quitó el pelo de él (= el ojo)".

[C. El difunto (identificado con Ra) habla a Hu y a Sía (¿o en general?)]

(244a–247a) "He visto a este Ra nacido ayer de las nalgas de *Mḥ.t-wr.t* (= la vaca celeste). Él está sano siempre que yo lo esté, y viceversa".

[D. Glosa] (246b–251a) Recitar: "Es la imagen del ojo de Ra que adora sus nacimientos diarios; y en cuanto a *Mḥ.t-wr.t*, es el ojo sano".

[C. El difunto (identificado con Ra) habla a Hu y a Sía (¿o en general?)]

(250–251b) "Porque yo soy, en verdad, uno de los que están en el séquito de Horus".

[D. Glosa] (251c–253b) Recitar: "(Es) aquel que habla en nombre del amado, su Señor".

[E. El difunto (identificado con Ra) habla a los dioses]
(252c–261a) "¡Con la venia, Señores de Maat, (miembros del) tribunal que está alrededor de Osiris, que ordenáis el sacrificio de los mentirosos, los del séquito de Ella-está-satisfecha-Ella-protege! Heme aquí ante vosotros para que expulséis un mal que me afecta, como aquello que hicisteis para esos 7 *ꜣḫ* que están en el séquito del Señor del nomo y cuya (= de los *ꜣḫ*) sede hizo Anubis el día aquel de '¡Ven ya!' (= el día de la muerte)".
[D. Glosa] (260b–262a) En cuanto a Ella-está-satisfecha-Ella-protege, es la Ardiente (una serpiente). Es para quemar el poder (*bꜣ.w*) de sus enemigos para lo que ella ha sido colocada detrás de Osiris.
[F. El difunto dice la lista de los 7 *ꜣḫ*]
(268a–272c)[106] "Nedyejdyej, Nequequed, Toro-cuya-llama-está-al-frente-de-su-ardor, El-que-ha-entrado-hacia-él-en-su-hora, (Sanguinario-que-está-al-frente-de-la-morada-del-lino-rojo)[107], El-de-rostro-en-llamas-que-sale-volviendo, El-que-ha-mirado-durante-la-noche-y-que-es-traído-durante-el-día".
[C. El difunto (identificado con Ra) habla (¿a los dioses?)]
(276–277a) "Yo soy esos dos *bꜣ* que están en medio de sus (= de Osiris) dos retoños".
[D. Glosa] (276b–281d) Recitación: "Es Osiris al entrar en Mendes, cuando se transformó en sus dos *bꜣ*[108]. En cuanto a sus dos retoños, son Horus que protege a su padre y Horus que está al frente de El-que-no-tiene-ojos".
[C. El difunto (identificado con Ra) habla (¿a los dioses?)]
(282a–285b) "Yo soy ese gato grande que hendió la persea al lado de él (= Osiris) en Heliópolis la noche del combate y sometimiento de los transgresores y el día aquel del exterminio de los enemigos del Señor de todo".
[D. Glosa] (286a–292a) Recitación: "Es Ra en persona. Es el decir de Sia: 'Es felino a causa de las cosas que hace para que este nombre suyo de 'gato' exista'. En cuanto a lo de hendir la persea, es el hecho de que los niños de la Estéril presenten lo que han hecho. En cuanto a la noche del combate, es que los niños de la Estéril son introducidos en el este y que el combate se ha producido en el mundo entero, en el cielo y en la tierra".
[G. El difunto habla a Ra]
(292b–301b) "¡Oh, Ra, el que está en su huevo, el que despunta en su disco, el que ilumina en su horizonte, el que nada por su firmamento, el que no tiene igual entre los dioses, el que navega sobre los soportes de Shu (quien produce el viento con el soplo de su boca), el que esclarece las Dos Tierras con su luz (*i.ꜣḫ.w*)! ¡Puedas tú librarme del poder de ese dios de imagen oculta, cuyas cejas

[106] CT IV 262b–267e presenta versiones diferentes en otros testigos. En CT IV 273–275 se pueden consultar los planos de los testigos (ataúdes).
[107] T1Cb omite este *ꜣḫ* (*dšr.ty-ḫnt.(y)-ḥw.t-ins*), que recogen la mayoría de los testigos (CT IV 270–271a).
[108] CT IV 278b–281a: en otros testigos, se explica que el doble *bꜣ* se refiere a la unión de Osiris y Ra. Esa unión queda reflejada en el *bꜣ* (carnero) de Mendes y es un tema fundamental en los textos del inframundo típicos del Reino Nuevo.

son cual los brazos de la balanza el día aquel de pesar el robo en presencia del Señor de todo!"
[D. Glosa] (301c–302e) Es Horus, el Señor de Letópolis[109].
[G. El difunto habla a Ra]
(303a–b) "¡Puedas tú librarme del poder de esos guardianes lesivos, los del matadero, los de dedos dañinos, los de Osiris!"
[D. Glosa] (304a–c) Recitación: "En cuanto a los del matadero de Osiris, es este tribunal que rechaza la comida a los enemigos de Osiris".
[E. El difunto (identificado con Ra) habla a los del matadero]
(305a–306b) "Nunca caeré ante (lit. para) vuestros cuchillos ni bajaré hasta vuestros calderos porque sé vuestros nombres[110], (308b–311b) porque soy el que está seguro sobre tierra donde Ra y el que atracará sin problema donde Osiris. No haréis presa de mí para los que se encargan de vuestros braseros. Yo estoy en el séquito del Señor de las ofrendas, según (consta en) el registro de Transformados. Cual halcón volaré; cual ganso graznaré; y, como hace Nejebkau, desapareceré para siempre (*nḥḥ*)[111]".
[G. El difunto habla a Ra-Atum]
(311c–314e) "¡Oh, Ra-Atum, el que está en la gran morada, soberano de todos los dioses! ¡Puedas tú librarme del poder de este dios que vive de sacrificios, cuyo rostro es de perro y su piel humana, el guardián de aquella curva (del camino) del Lago de la llama, el que devora sombras, el que captura corazones (*ḥ3.ty*), el que inflige heridas sin ser visto!"
[D. Glosa] (315a–316a) Recitación: "En cuanto a este dios cuyo rostro es de perro y su piel humana, Devorador-del-millón (*ʿm-ḥḥ*)[112] es su nombre".
[G. El difunto habla al Señor del terror (Osiris = Ra)]
(316b–317b) "¡Oh, el Terrible, el que está al cargo de las Dos Tierras, el Señor de la sangre y la (carne) fresca de los mataderos, a quien han sido dadas la corona grande y la felicidad, el que está al frente de Heracleópolis",
[D. Glosa] (317c) Recitación: "Es Osiris".
[G. El difunto habla al Señor del terror (Osiris = Ra)]
(317d–318b) "aquel a quien le fue adjudicado el gobierno de los dioses el día de la unión de las Dos Tierras en presencia del Señor de todo!"
[D. Glosa] (318c–e) Recitación: "En cuanto a la unión de las Dos Tierras, es que el sudario de Osiris es asignado por su padre Ra".

---

[109] En CT IV 302 b–c, otros testigos (M4C, M54C y L1NY) identifican a este Horus con Thot, sin duda por su carácter lunar: se trata del ojo herido (la Luna), que es curado por Thot; Horus es el protector solar de Osiris y Thot el lunar.
[110] En CT IV 307a–307f, tres testigos (M54C, M57 y L1NY) añaden una glosa con el nombre de cinco entidades divinas. T1Be, T2Be y T3Be proporcionan un sexto nombre en CT IV 308a.
[111] Probablemente hay que entender "desaparecer del ciclo astronómico (*nḥḥ*)", zona espacio-temporal de los humanos (vivos y muertos), para pasar a la zona espacio-temporal *ḏ.t*, la de los dioses.
[112] Este dios debe de estar relacionado con *nḥḥ* (*n-ḥḥ* "el circuito del millón de ciclos)".

[G. El difunto habla al Señor del terror (Osiris = Ra)]
(319a–c) "¡*b3* excelente, el que está en Heracleópolis, el que coloca los *k3*, el que rechaza a los mentirosos, aquel para quien se trazan los caminos de la eternidad (*nḥḥ*)!
[D. Glosa] (319d) Recitación: "Es Ra en persona".
[G. El difunto habla al *b3* de Heracleópolis (= Ra)]
(319e–320d) "¡Puedas tú librarme del poder de este dios que roba los *b3*, que lame los corruptos, que vive de la podredumbre, el que está en las tinieblas, el que está en el crepúsculo, aquel a quien temen los inmóviles!"
[D. Glosa] (320e–321b) Recitación: "Seth es esta majestad".
[G. El difunto habla a Jeper]
(321c–322c) "¡Oh Jeper, el que está en medio de su barca (*wi3*), cuyo cuerpo (*ḏ.t*) es siempre (*ḏ.t*) primigenio! ¡Puedas tú librarme del poder de los encargados de los controles a quien el Señor de todo le dio el *3ḫ* para realizar las vigilancias de sus enemigos, aquel que causa la matanza en el interior de los mataderos de los que no hay salida bajo su (= de los mataderos) vigilancia!"
[E. El difunto (identificado con Ra) habla a los transgresores]
(322d–325a) "Nunca caeré ante (lit. para) vuestros cuchillos; nunca me sentaré dentro de vuestras tinajas; nunca entraré en vuestros mataderos; nunca bajaré al interior de vuestras jaulas; nada de esas abominaciones de los dioses me será hecho nunca, porque soy yo el que pasa purificado por en medio de Mesquet, aquel cuya cena de turquesa le ha sido dada en *ṯnn.t*".
[D. Glosa] (325b–d) Recitación: "En cuanto a la turquesa, es el ojo que golpeó al monstruo. En cuanto a *ṯnn.t*, es la tumba de Osiris[113]".
[H. Colofón]
(326a–i: T1Be) "N ha dicho esta fórmula pura (...) (...)-natrón, aquel que va por tierra adonde Ra, aquel que atracará perfectamente donde Osiris, (...) poner (...) su corazón. Salir al / durante el día, jugar a *senet* y sentarse en la tienda, por parte de N, después de haber atracado (= fallecido). En cuanto a aquel que dice esto sobre (/ por medio de) (...), él sale / sube de / con la ofrenda".
(326j–k: T2Be) "Que un hombre diga esta fórmula (significa) que él entra en el oeste después de salir. En cuanto a todo aquel que desconozca esta fórmula, no puede entrar ni salir, por ignorante".
(326l–n: M1NY) "¡El osiris N, excelente y justificado, señor de la excelencia donde los dioses de la ciudad y los dioses del Alto y Bajo Egipto! ¡Puedan ellos dar una invocación a manera de pan, cerveza, vacas (y) aves para el excelente donde Osiris, N, señor de la excelencia, aquel que N, señora de la excelencia y justificada, engendró!"

Respecto al posible uso de la fórmula CT 335, el lector se topa en CT IV 243 d (BH1Br) con este texto rubricado: *s3ḫ.w pr.t m hrw* "Transfiguraciones *Salir al / durante el día*". Probablemente, debería entenderse que el término *s3ḫ.w* está especificado como un tipo de texto gracias al título que le sigue (*pr.t m hrw*) y que

---

[113] T1C[b] acaba aquí.

se aplica a un grupo de textos (*s3ḫ.w* está en plural), es decir un "libro". Como es bien sabido, *pr.t m hrw* es el título genérico para el así llamado "Libro de los muertos"[114]. En este sentido, es de destacar que CT 335 es el (o un) precedente textual de BD 17 (la fórmula 17 del Libro de los Muertos, en inglés Book of the Dead, de donde la sigla BD).

Ahora bien, *pr.t m hrw* podría referirse, originalmente, a un ritual[115] relacionado con un festival tal como se lee en CT IV 290 b–293 f (BH1Br), en donde se menciona, precisamente, un festival *pr.t m hrw*: *ỉr gr*(*t*) *hrw n ỉḥ-ʿ.wy ʿq.sn r ỉ3b.t ʿḥʿ.n ỉḥn-ʿ m p.t m t3 m st.yt nb.yt n.*(*t*) *pr.t m hrw* "Asimismo, en cuanto a "día de la contienda", (significa) que ellos entran en el este, que la contienda ha ocurrido en el cielo y en la tierra, en el festival dorado (*st.yt nb.t*) de *Salir al / durante el día*". En el texto, este festival dorado lleva el determinativo del rollo de papiro [116], , lo cual parece apuntar a un texto ritual leído por un oficiante, tal como ha destacado Jan Assmann[117]. Por su parte, las glosas (metatextos)[118], la sección D, parecen ser también recitaciones a intervalos, en ocasiones interrumpiendo la sintaxis de la recitación principal para explicar detalles de la misma. Esto hace pensar que quizás esas glosas eran emitidas por un coro o por los asistentes al ritual. Además, en T1C[b] van introducidas por la instrucción del oficiante *ḏd mdw* "Decir las palabras", seguida por las palabras del coro. Una situación comunicativa como esta es muy probable que se produzca en un contexto ritual.

Por otro lado, en CT IV 184–185b (sección B) se afirma brevemente: *ḫpr mdw.t* "Se ha producido el veredicto", que hace referencia al uso de la palabra, pero en ámbito legal. Este punto aparece corroborado en otros pasajes de los Textos de los Ataúdes, lo que otorga a este corpus una dimensión legal importante, en relación directa con la legitimación del difunto en el más allá. En concreto, en otro pasaje de esta misma fórmula (CT IV 310 a) se menciona la existencia de un "registro de transformados" (*zš n ḫpr.w*), en el cual el difunto aparece como miembro del "séquito del Señor de las ofrendas".

Merece la pena comparar las secciones C, E y G. En ellas, el difunto se presenta como alguien legitimado, pero de distintas maneras. En C, el difunto se identifica con Osiris-Ra y presenta ante los dioses sus logros de manera fehaciente y en primera persona, destacándolos en ocasiones con formas enfáticas (tiempos segundos), pero sin expresar objetivos futuros: no se solicita

---

[114] Véase, entre muchos otros: De Cenival, *Le livre pour sortir le jour*; Stephen Quirke, *Going Out in Daylight.*

[115] Para los rituales, véase Harold M. Hays, "Funerary Rituals (Pharaonic Period)", en *UCLA Encyclopedia of Egyptology*, ed. J. Dieleman y W. Wendrich (UCLA: Los Ángeles, 2010).

[116] Signo Y2 de la lista de Gardiner. Y1 () no aparece en los Textos de los Ataúdes.

[117] Assmann, "Egyptian Mortuary Liturgies", 1–45; Assmann, *Altägyptische Totenliturgien* 1.

[118] Un metatexto es un texto que comenta otro texto; véase Genette, *Palimpsestes.*

legitimación. En E, el difunto, identificado con Osiris-Ra, emite una serie de órdenes a seres inferiores (los miembros del tribunal de Maat, los del matadero); el énfasis ha desaparecido, porque el difunto no necesita probar nada, pero expresa claramente sus objetivos futuros por medio de prospectivos negativos. En G, el difunto se dirige a los dioses más poderosos (Osiris-Ra, Ra, el *bꜣ* de Heracleópolis que es Ra también y Jeper) expresando su objetivo de manera desiderativa, pero sin necesidad de legitimarse por ello (no hay énfasis).

Parece por lo tanto que podemos matizar la relación entre la necesidad de legitimación del difunto y los siguientes elementos textuales: la presencia de énfasis (tiempos segundos) suele ocurrir cuando el difunto se dirige a entes más poderosos que él e indica una gran necesidad de legitimación, pero las últimas dos cosas no ocurren aquí (en C): el difunto se dirige a iguales y no existe la expresión del objetivo de manera desiderativa (subjuntivos). Es la combinación de esos dos elementos (énfasis y objetivos), junto con la comunicación a interlocutores superiores, lo que hace que un texto exprese necesidad de legitimación.

Si el atributo *énfasis* no está presente, la expresión del *objetivo* se podrá hacer de manera real (prospectivos), como en E, donde el difunto se dirige a inferiores.

En cuanto al atributo *identificación*, normalmente aparece como suplemento al énfasis reforzando la legitimación que busca el difunto si se dirige a superiores (no es el caso de C, porque el difunto se dirige a iguales). Pero la identificación también puede aparecer en ausencia de énfasis como en E, donde el difunto se dirige a inferiores, sin implicar legitimación. Estas observaciones, que comentaré en el capítulo siguiente, se pueden resumir provisionalmente en la siguiente tabla:

	C	E	G
COMUNICACIÓN	1:3	1:2	1:2
MARCA	Ø	Ø	Ø
TIPO	I	Di	Di
PERSONA	1ª	2ª	2ª
MODO	R	Ho	D
ÉNFASIS	Sí	No	No
IDENTIFICACIÓN	Sí	Sí	No
OBJETIVO	No	Sí	Sí
JERARQUÍA	A iguales	A inferiores	A superiores
LEGITIMACIÓN	Ø	Ø	Implícita

Tabla 13. Expresiones de legitimación en CT 335.

En definitiva, no parece que CT335 sea una "fórmula de legitimación", sino una fórmula de confirmación del triunfo del difunto como *ꜣḫ*. Al fin y al cabo, en

B se nos dice que el veredicto ya se ha dado. Parece, más bien, que es el poder del conocimiento (parte F) el elemento clave en esta fórmula: el difunto es capaz de dar los nombres de los siete *ꜣḫ* ante los miembros del tribunal de Maat. Esos siete *ꜣḫ* son seres a los que Anubis concedió un lugar donde estar en el más allá. Este conocimiento le da al difunto ese mismo poder. Se notará que la parte F aparece hacia el centro de la estructura comunicativa de la fórmula:

A-B-CDx14-ED-CDx4-ED-**F**-CDx2-GDx2-E-GDx5-G-ED-H.

CT 343

Escapar de la red: asegurar la supervivencia del oeste al este (1)

Esta fórmula[119], relativamente larga (CT IV 348 a–365 c), se conserva en once testigos. El testigo principal es S2C, que sigo aquí para la transliteración y traducción.

Estructura comunicativa: A-B

	A	B
COMUNICACIÓN	0:3	0:1
MARCA	Ru	Ø
TIPO	Ti	Di
PERSONA	3ª	2ª
MODO	R	Ho
ÉNFASIS	No	No
IDENTIFICACIÓN	No	Sí
OBJETIVO	No	Sí

Tabla 14. Estructura comunicativa de CT 343.

348a–b	(B1C) *r n tm hꜣ.w r i͗ꜣd.t ḥꜣm.t mꜣꜥ-ḫrw m-bꜣḥ Wsir kꜣ i͗mn.t*
	(B2Bo) *ṯz.t.f ḥr gs.f i͗mn r gs.f i͗ꜣb*
	(T1L) *r n šꜣš i͗ꜣd.t zn.t i͗ny.t i͗n ꜣḫ m ḫr.t-nṯr*
349a–b	*hꜣ N wn ṯw ꜥḥꜥ*
349c–350a	*nb šꜣ.wt nb ꜥb.w snq.w ḥzꜣ.t*
350b	*sr pw n i͗mn.(w) s.wt*
351a	*rdi͗.y n.f sḏr.w m tꜣ*
351b–c	*wn [r].k [ṯz] r.k*
351d–352b	*nḏr.k sḏ n ng(ꜣ.w) r(m)nw.t(y) i͗np.w i͗.rḫ wꜣ.wt i͗mn.t*
352c–353b	*nmi͗ ṯw nmi͗.w p.t [ḏ]ꜣꜣ bi͗ꜣ pnꜥ.w tꜣ ḏsr*
353c	*šm{s}.k ḫb.t*

[119] Harold M. Hays, "The Mutability of Tradition: The Old Kingdom Heritage and Middle Kingdom Significance of Coffin Texts Spell 343", *JEOL* 40 (2007): 175–200; Fatah y Bickel, "Trois cercueils de Sedment", 6–8.

353d	*snỉ.k ỉny.t ỉḥ*
354a–c	*ỉꜣd.t n.t ḫnt.(y)-ỉmn.tyw ḥꜣm.t ḏbꜣ.w.s m p.t*
354d	[*d*]*ns.wt.s* [*m tꜣ*]
355a	[*ỉrỉ.t n*] *ꜣḫ.*(*w*) (*ỉ*)*pw z*(*b*)*ỉ.w* [*n*] *kꜣ.w.sn*
355b	(T1L) *pr.w n hhn.sn m p*
356a	*tm.s*[*n ỉw*] *zp.f*
356b	*qbḥ.kꜣ.k r.k r* [*qb*]*ḥ.w*
357a–c	*sḥḏ.kꜣ.k r.k r sḥḏ.w ꜣḫ.t m sḥḏ pw wꜥ ỉm.y-wr.t n p.t tꜣ-wr n tꜣ*
357d–e	(T1L) *pẖr.*(*w*)*.k ỉm.y-wr.t-ꜥꜣ n tꜣ šꜣs.*(*w*)*.k r.k rw.w tꜣ*
358a	*r.k mḥ.*(*w*) *m ꜣḫ n ḏỉ.t*
358b	*Ḥr-ḫnt.y-ẖ.t.f dwn.*(*w*) *pḏ.w*[*t*]*.f*
	(T1L) *ꜣḫ.s*(*n*) *ḫm.w*
359a	[*ỉṯỉ*]*.k* [*š.wy*] *dmḏ.w*[*y*]
359b	[*ꜥḥꜥ*]*.kꜣ.k r.k ḥr w*[*ꜥr*]*.t* [*t*]*w ḫnt.t knz*[*.t*]
359c–e	*nỉs.kꜣ r.f nṯr pw r.k ḫꜥꜥ Rꜥ m bꜣ.f ḫr nỉs.k r.k r mꜣ-ḥꜣ.f*
360a	(T1L) *srs.*(*w*)*.*(*f*) *n.k ꜥqn*
360b	[*ỉnỉ*]*.t*(*y*)*.* {*s*}<*f*>(*y*) *n.k mẖn.t ḏꜣꜣ.t ꜣḫ.w ꜥpr*[*.w*] *ỉm.s*
360c	(T1L) *hꜣ N pn ꜣḫ tw r ꜣḫ.w ỉn.t*(*y*)*.sn*(*y*) *tw*
361a–b	(B1C) *wḏ.*(*w*)*.k wḏ.*(*w*)*.sn ṯw*
361c	*sšm.sn ṯw m š ꜥꜣ*
362a	*nmỉ.sn ṯw m nw.w*
362b	(B15C) *ꜥpr* [*ṯ*]*w m ꜥpr.w*
363a	(B1C) *zmꜣ.*(*w*)*.k tꜣ r tꜣ r zmꜣ.*(*y*) *n tꜣ-wr*
363b	(B1P^{b}) *hꜣ wsỉr N pn*
363c	(B1C) *pr.kꜣ.k r.k r-tp* [*qꜣꜣ*] *qꜣ*
364a	*sḏm.k ḫrw bg.w m r-ꜥꜣ ỉꜣb.t*
364b	*pẖr.kꜣ.k r.k pḏ.*(*w*)*t*
365a–b	*ꜣwḫ.*(*w*) [*skm*]*.w r.k* {*s*[*k*]*m*} *šms.*(*w*) *ṯw ỉ.gr.w*

[A. Título]

(348a–b: B1C) Fórmula de no bajar hasta la red *ỉꜣd.t* y la red *ḥꜣm.t* y de justificarse en presencia de Osiris, el toro (= campeón) del Oeste.
(348a–b: B2Bo) Su levantamiento del lado derecho al lado izquierdo.
(348a–b: T1L) Fórmula de evitar la red *ỉꜣd.t* y superar la red *ỉn.yt* por un *ꜣḫ* en la necrópolis.

[B. El oficiante habla al difunto]

(349a–b) ¡Oh, N! ¡Apresúrate! ¡Ponte de pie! (349c–350a) ¡El Señor de las aguas bajas, el Señor de la pureza, al que amamanta la vaca *ḥzꜣ.t*! (350 b) ¡El Príncipe de los que ocultan las sedes! (351a) ¡aquel a quien han sido dados los que están acostados dentro de la tierra!
(351b–c) ¡Apresúrate pues! ¡Levántate ya! (351d–352b) ¡Puedas tú agarrar la cola del buey *ngꜣ.w*, el compañero de Anubis que conoce los caminos del Oeste!
(352c–353b) ¡Recorre, tú, los itinerarios del cielo, la travesía del firmamento y las inversiones de la tierra sagrada! (353 c) ¡Puedas tú caminar (por) el

matadero! (353d) ¡Puedas tú cruzar el valle (= wadi) de la trampa, (354a–c) la red *i3d.t* de Jenty-imentiu, la red *ḥ3m.tt*, cuyos flotadores están en el cielo (354d) y cuyas plomadas están en la tierra, (355a) y que ha sido hecha para estos *3ḫ* enviados a sus *k3*, (356a) para que ellos mueran (lit. "terminen") cuando llegue su momento!

(356b) Entonces, tú (te) refrescarás en las Aguas frescas.

(357a–c) Entonces, tú brillarás más que las estrellas del horizonte en cuanto esta estrella única del estribor (= oeste) del cielo y el babor (= este) de la tierra, (358a) estando tu boca llena del verdor (*3ḫ*) de los papiros, (358b) y Horus-jenty-jetef, con sus arcos tensados, (359a) cuando tú conquistas los dos lagos completos.

(359 b) Entonces, tú te alzarás sobre esa meseta que está al frente del cénit (Kenzet).

(359c–e) Entonces, ese dios te convocará, a ti, aquel en tanto cuyo *b3* aparece Ra, y entonces deberás convocar a Mahaef, (360b) el cual te traerá el transbordador con el que cruzan los *3ḫ* provistos con él (361c) para que ellos te guíen por el gran lago, (362a) te transporten por el Nun, (364a) y puedas oír el sonido de la inmovilidad a la entrada del este.

(364b) Entonces, flanquearás (*pẖr*), tú, los arcos.

(365a–b) Los canosos te servirán; los silenciosos te seguirán.

La acción sucede en el oeste y en el este, pasando por el norte y el sur (a los que se alude de manera indirecta). Se trata de conseguir acceso a la topografía en la que se produce el circuito solar. Tal acceso está comprometido por unas redes enormes en el oeste y el este, que van desde el cielo a la tierra, manejadas por un grupo de individuos hostiles relacionados con el barquero encargado de transportar al difunto a través de un curso de agua, que parece el último obstáculo para que el difunto ascienda hasta el Campo de los juncos, fuera de la zona del circuito solar (véase CT 473, más abajo).

Nuestra percepción de que el circuito solar procede de oeste a este y de este a oeste pasando por el nadir y el cénit puede ser errónea. En esta fórmula, hay dos alusiones indirectas a que la parte más oscura del circuito (la que se alcanza durante la noche) se sitúa en o identifica con el norte, mientras que la parte más luminosa del circuito (la que se alcanza durante el día) se sitúa en o identifica con el sur. Este razonamiento debe responder a la siguiente observación del movimiento aparente del sol: si durante el día el sol está siempre más alto por el sur (en el hemisferio norte, donde está Egipto), durante la noche el sol debe de estar por el norte. En este sentido, el punto de desaparición del sol está en el sector noroeste (la zona más oscura al observador), mientras que el punto de aparición del sol está en el sector sudeste (la zona más luminosa al observador).

La referencia indirecta al norte aparece en CT IV 357d–e (T1L): "Rodearás (*pẖr*) el Gran estribor de la tierra y recorrerás (*š3s*), tú, los apoyos de la tierra". El gran estribor es el oeste y con la especificación "de la tierra", debemos entender que se trata del punto de vista del viaje nocturno, que ocurre por debajo de la tierra[120]. El verbo *š3s* tiene el sentido específico de "atravesar las marismas", que pueden situar la acción en el Delta del Nilo, al norte. Antes, en el texto (CT IV 353 b), se mencionan las "inversiones" (*pnꜥ.w*) que tienen lugar durante el circuito solar y que parecen implicar una navegación cabeza abajo en la "tierra sagrada" (*t3-ḏsr*), más que una referencia a posibles "cataratas[121]". Estas inversiones parecen aludir a la inversión general del orden en el inframundo que hay que evitar a toda costa, como andar bocabajo, comer heces y beber orina (véase CT 215, más arriba). Todas estas inversiones se resumen, en último término, en la existencia de un "contracielo" (*nn.t*), que es un cielo invertido verticalmente (bocarriba): ; es decir, el mundo al revés: un espejo del mundo conocido. En CT IV 356 b, la referencia a las Aguas frescas (*qbḥ.w*, una zona del cielo), puede referirse a esa zona más oscura, en el norte, por donde el Sol debe transcurrir para salir, rejuvenecido (CT IV 358 a), y brillar de nuevo en el cielo como astro más poderoso, "la estrella única" (CT IV 357 a–c). De manera muy reveladora, en CT IV 356 b, todos los testigos salvo S1C, se refieren al difunto como *z3 Rꜥ* "hijo de Ra".

En cuanto a la referencia indirecta al sur, la encontramos en CT IV 359 b, donde se menciona Kenzet, posiblemente la parte más meridional del cielo, allí donde el sol alcanza su máxima altura en la eclíptica solar: el cénit[122]. En este sentido, se notará que el término *pḥ Knz.t* "El fin de Kenzet" se refiere al distrito más meridional de Nubia: al sur de Meroe[123]. El marco espacial de la "topografía del más allá" podría no estar tan desvinculado del "más acá"[124].

Esta fórmula nos da información sobre otro punto clave: la identificación del difunto y su posición en el ataúd (microcosmos) con el sol y su movimiento aparente (macrocosmos). En el título de la fórmula conservado en B2Bo (CT IV 348 a–b) se hace referencia a su (= de la momia) levantamiento del lado derecho (= oeste) al izquierdo (= este). Tenemos referencias a que la momia se cambiaba de costado, terminando sobre su lado izquierdo, tras una recitación que está recogida, por ejemplo, en CT 1 (ver más arriba). En CT 343 se hace explícita la dimensión solar de esta recitación y ritual asociado de cambiar a la momia de posición, de su costado derecho al izquierdo, con objeto de que mirara al sol matinal, a través de los ojos pintados en el interior y/o exterior del ataúd en el lado del frente, justo delante del rostro de la momia.

---

[120] Gracia Zamacona, "*im.y-wr.t-(ꜥ3)-n-p.t* and *t3-wr-(ꜥ3)-n-t3*", 185–94.

[121] *pnꜥ* significa "capotar" (*Wb* I, 508–509), pero también puede significar "catarata" (*Wb* I, 509).

[122] *Wb* V, 133–134.

[123] *Wb* V, 134.

[124] Véase Thomas Schneider, "The West beyond the West: The Mysterious "Wernes" of the Egyptian Underworld and the Chad Palaeolakes", *JAEI* 2 (2010): 1–14.

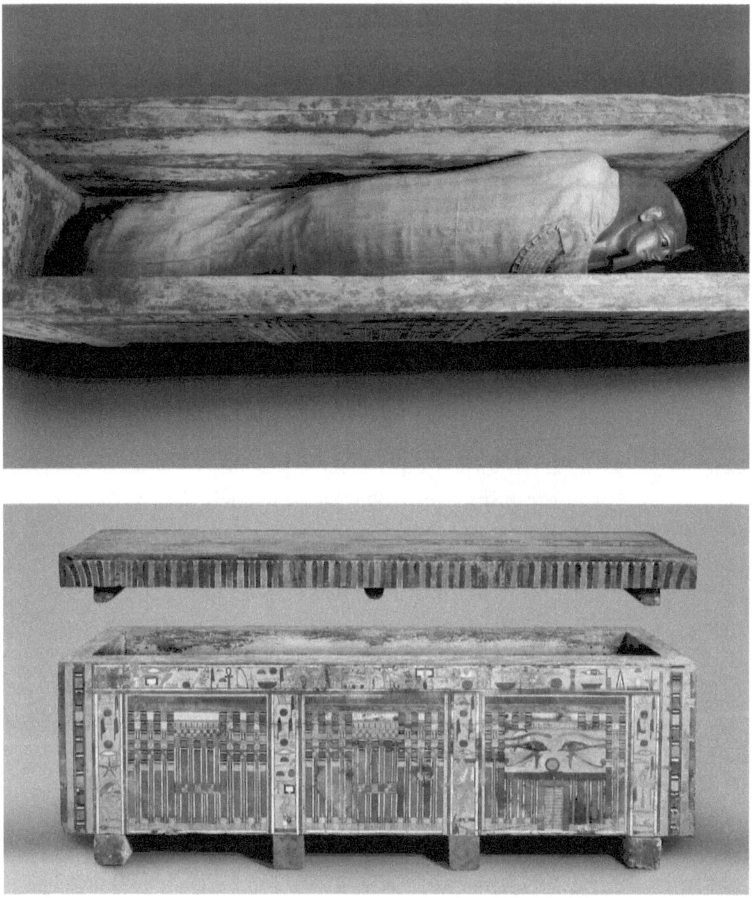

Fig. 4. Ataúd y momia de *H̱nm-ḥtp*. Metropolitan Museum of Art (nº 12.182.131a–c). ¿Meir?, dinastía XII. CC 0.

CT 472
Delegar las labores: mantener el estatus (2)

Esta fórmula (en CT VI 1 a–2 k) sólo ha aparecido, hasta el momento, en dos testigos de Barsha (B1P y B2L). A pesar de ello, es de gran importancia cultural por el elemento del ajuar mortuorio para el que está pensada: el *shabti*. Aquí sigo B2L.

Estructura comunicativa: A-B-C-C-D

	A	B	C	D
COMUNICACIÓN	0:3	0:2	0:2	0:3
MARCA	Ru	Ø	Ø	Ru
TIPO	Ti	Di	Di	Co
PERSONA	3ª	2ª	2ª (1ª)	3ª
MODO	R	Ho	Ho	R
ÉNFASIS	No	No	No	No
IDENTIFICACIÓN	No	No	No	No
OBJETIVO	No	No	No	No

Tabla 15. Estructura comunicativa de CT 472.

1a *r n rdi.t iri.y šꜣb.tyw kꜣ.t n nb.f m ẖr.t-nṯr*
1b *mꜣ sw ir.ṯn šps.w nṯr.w ꜣḫ.w m(w)t.w {sw} <im.yw> p.t tꜣ*
1c *iṯi.n.f pḥ.ty.f*
1d *iṯi.n.f n.f ns.wt.f*
1e *ḥqꜣ.n.f m ꜥw.wt iri.(w)t n N pn ḫft wḏ nṯr.w*
1f–g *ir ip.t(w) N pn r iwꜣ.w n.w ḏbꜣ.t r drdr.w n.w wꜥr.t*
1h–i *r spẖr.(w) wḏb.w r sẖr.t sḫ.wt mꜣ.wt n nsw im.y hꜣ.w.f*
1j *mk wi kꜣ.k n wp.tyw šps nb iw.t(y).f(y) r N pn m-zn.w.f*
1k–l *ṯꜣ n.ṯn išr.wt.ṯn ḥnn.w.ṯn nbꜣ.w.ṯn ḥnk.w.ṯn m ꜥ.ṯn mi iri.t z nb n nb.f*
2a *i šꜣb.tyw iri.y n N pn*
2b *ir ip.ṯw{.i} N pn r ẖr.t.f*
2c *sk.w sḏb im n N pn m z r ẖr.t.f*
2d *mk.n kꜣ.(w).ṯn*
2e–f *ir ip.t(w) N pn r nw ir.w im n sẖr.t sḫ.wt mꜣ.wt r srd.t wḏb.w*
2g *r ẖn.t šꜥ n imn.tt d.y n iꜣb.tt ṯz-pẖr*
2h *mk.n kꜣ.(w).ṯn n.f r.s*
2i–k *ḏd-mdw ḥr sšm n nb n-tp tꜣ iri m isr m nbs di kꜣr n ꜣḫ šps*

[A. Título]
(1a) Fórmula de/para hacer que los shabtis hagan el trabajo para su señor en la necrópolis.

[B. El oficiante habla a los dioses]
(1b) ¡Miradlo bien, nobles, dioses, los *ꜣḫ* y muertos que estáis en el cielo y en la tierra! (1c) Se ha hecho con su poder, (1d) se ha hecho con sus tronos (1e) y ha gobernado sobre los rebaños (humanos) creados para este N según las órdenes de los dioses.

[C. El oficiante habla a cada shabti]

(1f–g) Si este N es reclutado para las reparaciones de canalizaciones, las nivelaciones de plataforma, (1h–i) la patrulla de las orillas (o) el cultivo de nuevos campos para el rey de turno, (1j) "¡Heme aquí"—dirás a todo mensajero ilustre que venga contra este N—"en su lugar!"

[C. El oficiante habla a todos los shabtis]

(1k–l) ¡Tomad, pues, vuestros picos (?), vuestras azadas, vuestras estacas y vuestras cestas en vuestra mano como hacen todos los hombres para su señor!

(2a) ¡Oh, shabtis! ¡Ayudad[125] a este N!

(2b) Si este N es reclutado para su obligación, (2c) habiendo en ella (= la obligación) una carga penosa para este N como (para) cualquier hombre en relación con su obligación, (2d) "¡Henos aquí!"—diréis.

(2e–f) Si este N es reclutado para vigilar la realización del cultivo de nuevos campos, para plantar en las orillas (2g) (o) para transportar (a remo) arena del oeste destinada al este, y viceversa. (2h) "¡Henos aquí!"—le diréis sobre eso—"en su lugar!"

[D. Colofón]

(2i–k) Recitación sobre una figura del señor viviente hecha en tamarisco y azufaifo, colocada (en) la capilla del noble *ꜣḫ* (= el difunto).

Las figurillas mortuorias (*shabti*) reciben orden del oficiante de sustituir al difunto cuando sea reclutado para los trabajos reales. Se trata, como indica el colofón, de su activación mágica por medio de la recitación del texto. Es decir, es una fórmula mágica en sentido estricto.

La sección C es interesante porque incluye una cita del parlamento de los shabtis en primera persona ("¡Aquí estoy/estamos en su lugar!") dirigido a los reclutadores del rey.

La fórmula pretende mantener el estatus del difunto, de clase pudiente, que dispone de sustitutos suyos, iguales a él, para librarse de los trabajos del rey. En este sentido, esta fórmula es similar a CT 210 (ver más arriba). De manera similar, en CT 146 (ver más arriba), se hace referencia a la liberación legal por parte del difunto de los suyos en el otro mundo ("el Gran campo"), de manera que no tengan que cumplir trabajos regios.

En otro sentido, CT 472 también parece describir un proceso similar pero opuesto al de las fórmulas de transformación (como CT 75): mientras que, en estas, es el difunto quien adopta una forma distinta, en CT 472 los shabtis adquieren la forma de "este osiris N": son mumiformes, verdeazulados y suelen llevar inscrito el nombre del difunto. En ambos casos, se trata de eludir una

[125] Para la expresión *iri* + *n* + alguien "actuar para alguien" = "ayudar", véase Thomas G. H. James, *The Hekanakhte Papers and Other Early Middle Kingdom Documents*, PMMA-EE 19 (Nueva York: Metropolitan Museum of Art, 1962), 109.

responsabilidad o un problema. Esta función parece ser esencial en estos textos que implican un cambio de apariencia.

La fórmula se encuentra en el posterior Libro de los Muertos (BD 6).

CT 473

Escapar de la red: asegurar la supervivencia del oeste al este (2)

Esta fórmula (CT VI 3 a–16 i) se conserva en cuatro ataúdes de Barsha. Sigo aquí la versión de B9C, completada con algunas variantes cuando se necesitan para completar el sentido de la fórmula. Junto con otras fórmulas (CT 474–481 y CT 343)[126], forman un grupo temático compacto de pescadores y tramperos, hostiles al difunto, que actúan en la zona oriental a las órdenes de un barquero[127], que, reticente, pasa al difunto por el Canal desbordante en dirección al Campo de los juncos.

Estructura comunicativa: AB(CDx3)BC.

	A	B	C	D
COMUNICACIÓN	0:3	1:2	1:2	1:2
MARCA	Ru	Ø	Ø	Ø
TIPO	Ti	Di	I	De
PERSONA	Ø	2ª	1ª	3ª
MODO	R	Ho	R	R
ÉNFASIS	No	No	Sí	Sí / No
IDENTIFICACIÓN	No	No	Sí	No
OBJETIVO	Sí	No	Sí	No

Tabla 16. Estructura comunicativa de CT 473.

3a–b	(B1C) *r n ỉꜣd.t ỉzzy.t hꜣꜣ.t z r.s(ny)*
3c–4b	*ỉ ḥr.f-ḥꜣ.f wḥꜥ wḏꜥ.w sḫm-ỉb {Gb} zꜣ wbꜣ.t-tꜣ*
	ỉ wḥꜥ.w nn.w
	(B6Bo y B1Y) *ỉ ms.w ỉt.w.sn ỉpw ḥꜣm.w nn.w*
	ỉs(s).sn ḫt.(y)w-tꜣ
	n ḥꜣm.ṯn wỉ mm ỉꜣd.wt.ṯn ḥꜣm.w(t).ṯn nn.y(w) ỉm.s(n)
	ỉs(s) r.ṯn (ḫt.yw-tꜣ)
4c–13g	*n-ntt w(ỉ) rḫ.kw(ỉ) rn.w.ṯn*
	(B1C y B6Bo) *ỉnn.t- pw -ỉꜣd.t-nṯr.w*
	(B1C y B6Bo) *ntt wỉ rḫ.kwỉ rn n mm.w.s*
	(B1C y B6Bo) *pḏ.w-pw- pw -rdỉ-n.f-ḥḏ.t-m-tp.f-n.t-ḫsbḏ*

[126] Dino Bidoli, *Die Sprüche der Fangnetze.*

[127] Que dispone de su grupo de fórmulas propio (CT 395–398 y 400–405); véase Bickel, “D’un monde à l’autre”, 91–117.

rn n ḥ3.t.s
ẖ3.w-tp-Wsir-m(w)[t]?-smꜥr
n-ntt w(i) rḫ.kwi rn n ḥmꜥ.s
3ms-Ḥr-im.(y)-ꜥ-Rꜥ
n-ntt wi rḫ.kwi rn n sšn.t.s msn.t.s
(T)3.yt pw ḥnꜥ Mḥn.iwt
n-ntt w(i) rḫ.k(w)i rn n st3.t.s (qm3.t.s)
3s.t pw ḥnꜥ Nb.t-ḥw.t
n-ntt w(i) rḫ.kwi rn n ꜥḏ.i im.s
ḏbꜥ{.s}- pw (-wr-n-Wsir)
(B6Bo) *rḫ.n N rn n šꜥ.t.s [im].(t).s*
ḥsb.t- pw -n.t-Nb.t-ḥw.t
n-ntt w(i) rḫ(.kw)i [r]n n mḫsf.i im.s
sbq- pw -n-Šsm.w
n-ntt wi rḫ.kw(i) rn n mḏ3.t.i im.(t).s
ꜥn.t- pw -n.t-Wsir
n-ntt wi rḫ.kw(i) rn n šn.w.s
šn-4-(i)pw-[i]m(.y)w-ibṯ.t- pw -n.t-Sbk-ḥr-s3 g3b.t nmt.y
n-ntt wi rḫ.kw(i) rn n nwḥ.w.s
rwd.w- pw -n.w-Rꜥ-Tm
n-ntt wi rḫ.kwi rn n z pw h33 šzp[.f] rm.w [i]m.s
Gnm.y- pw -wdp.w-nṯr.w
(B1C) *ntt wi rḫ.kwi rn n z pn zfṯ.w im.f*
mds- pw -im.y-ꜥ-Šsm.w
n-ntt wi rḫ.kw(i) rn n z.t pss.t.f sw im.(s)
k(t)w.t- pw -n.t-ꜥ-šsm.w
n-ntt wi rḫ.kw(i) rn [n z] pw ps.y.f sw im.{s}<f>
ꜥḫ- pw -wr-mnḏ.y-ḥms.w-nṯr-nb-ḥ3.f
n-ntt w(i) rḫ.kwi rn n z pw w3ḥ.t.f ḥr.f
ḥtp- pw -ḥtp.(w).n-t3-ḥr.f-msḏr-sḏm-n-Ḥw.t-ḥr
n-ntt wi rḫ.kwi rn n bw gw3.t(w).s im m-ḫt ḥ3m.(w).s
wꜥr.t- pw -bi3.yt-ḥms.t.n-nṯr-nb-ḥr.s
n-ntt w(i) rḫ.kwi bw didi.t(w).s im m-ḫt ḥ3m
w3ḏ- pw -im.y-ꜥ-Wsir
r-ntt w(i) rḫ.kw(i) rn n ḏb3.w ḥr.w ḏns.w ẖr.w
p3ḏ.w-m3s.t-Wsir ḏbꜥ.w-ḥr.w-n.w-Gb
n-ntt wi rḫ.kw(i) rn n dp.t ḥ3m.t.s im.s
nšm.t- pw -sqd.t-ḫ.t-im.s-n{n}-b3.w-iwnw
n-ntt wi rḫ.kw(i) rn n ḥm.w
qꜥḥ-pw- pw -imit(w.y)-wꜥr.t-nšm.t
n-ntt wi rḫ.kw(i) rn n ḫt ṯ3.w.s
ḥnn- pw -n-B3b.y
n-ntt w(i) rḫ.kw(i) rn n wsr.w.s
sbq-Gb iwꜥ.wy-Šsm.w
n-ntt [w](i) rḫ.kw(i) rn n smꜥ.w.s

	ms[ḥ.t]y-pw-n.ty- pw -sqdd.t(y)-nšm.t-n-bꜣ.w-iwnw
	n-ntt w(i) rḫ.kwi rn n mḏꜣb.t.s
	mḏꜣb.t- pw pw -pnq.t-nty.w-sḥr.s-iwty.w
	n-ntt wi rḫ.kw(i) rn n sw.wt.s in.w.s šꜣ.w.s bḏꜣ.w.s
	šn-tꜣ-rdi.w-tꜣ
	n-ntt wi rḫ.kw(i) rn n ḥꜣ.tt.s
	sḏf-tmm-ḥꜣ-ḥꜣ.t-Wsir
	n-ntt wi rḫ.kw(i) rn n z pw hꜣꜣ r.s
	wr pw
	ink wr ḫꜥ.y.i m wr hꜣ.y.i r wiꜣ
	sṯt.i tꜣ r p.t mḥ.tt dmd.i im ḥ[n]ꜥ nṯr.w
13h–i	*iw t.i m sḫ.t ꜥꜣr.w (= iꜣr.w) msw.t.i m sḫ.t ꜣgb*
13j–14f	*n zwr.n.i n.ṯn wsš.t n wnm.n.i n.ṯn ḥs.w n šm.n.i n.ṯn m sḫdḫd.(w)*
	(B1Y y B1C) *ꜥnḫ.(w).i im m bty dšr.t [wnm].(w).i im bty zšp.t*
14g–h	*in [ꜣs.t] rdi n.i m.w in zkr iri ks ḥr-tp.i*
14i–15e	*rḫ.i ṯwrw.y*
	sḏ.i ngꜣ sḏf.i ṯn
	ink wḥꜥ ḏsf.ww (= sḏf.ww) pr.(w) im zꜣ.t.[f]
	snb.i [im].s m ḥr.t-kꜣ.w n.t nṯr.w pr.i r p.t mm nṯr.w
	ini.t.i wḥm.i mdw-nṯr.w
15f	*ḥkꜣ pw*
15g–16e	*rdi.n.ṯn n.i š nḫꜣ*
	nḥḥ.i ḫr nṯr nw.t.f wnm.[i] rm.w.f ḫnp.i bꜥḥ.f hꜣ.y.i ḥr wḏb.w.f
	sḫr.i ꜥꜣpp ḫꜣbs.i im
16f–l	*ḫꜣbs.n.i {w} (m Sbk) ḥr tp.wy.s*
	ḫꜣbs.n.i m nm.ty ḥr ib.s
	ḫꜣbs.n.i is m Nm.ty
	ḫꜣbs.n.i m wr

[A. Título]

(3a–b: B1C) Fórmula de la red y de la nasa a las que un hombre desciende.

[B. El difunto habla al barquero y a su grupo: diálogo]

(3c–4b) "¡Oh, *Ḥr.f-ḥꜣ.f* ("Su-rostro-está-detrás-de-él" = el barquero), pescador de los canales, intrépido, el hijo de La-que-perfora-la tierra (= la trampa)! ¡Oh, pescadores (¡Oh, hijos de vuestros padres, los que pescáis a los Inertes!)[128] que capturáis aves migratorias! ¡No me pesquéis con vuestras redes, con las que pescáis a los Inertes! ¡Atrapad mejor a las aves migratorias!"

[C. El difunto habla al barquero y a su grupo: informe]

(4c–13g) "Porque yo conozco vuestros nombres (= de la red): (B1C y B6Bo) es *inn.t*-la-red-de-los-dioses.

(B1C y B6Bo) Porque yo conozco el nombre de su (= de la red) grano *m(y)m(y)*: es Este-tirante-que-le-puso-la-Corona-Blanca-de-lapislázuli-en-la-cabeza.

[128] B6Bo y B1Y.

(B9C) (Porque yo conozco) el nombre de su campo: La-peluca-sobre-la-cabeza-de-Osiris-muerto(?)-(y)-ungido. Porque yo conozco el nombre de su lino: El cetro-*ꜣms*-de-Horus-que-(está)-en-la-mano-de-Ra. Porque yo conozco el nombre de la que lo torció y la que lo trenzó: son Tayt y Mehenet. Porque yo conozco el nombre de la que lo hiló y la que lo tejió: son Isis y Nephthys. Porque yo conozco el nombre de mi aguja (que está) en ella (= la red): es Pulgar-de-Osiris.
(B6Bo) Porque yo conozco el nombre de mi cuchillo que está en ella (= la red): es Machete-de-Nephthys.
(B9C) Porque yo conozco el nombre de mi pinza que está en ella (= la red): es La-pierna de Shesemu. Porque yo conozco el nombre de mi barra que está en ella (= la red): es Uña-de-Osiris. Porque yo conozco el nombre de sus (= la red) tejidos: es Estos-4-tejidos-que-(están)-en-la-trampa-de-resorte-de-Sobek-detrás-del-peinado-de-Nemty. Porque yo conozco el nombre de sus (= la red) cuerdas: es Tendones-de-Ra-Atum. Porque yo conozco el nombre del hombre que desciende a recoger los peces de ella (= la red): es Guenemy-copero[129]-de-los-dioses.
(B1C) Porque yo conozco el nombre de este hombre, el matarife que está con él (= Guenemy): es Cuchillo-que-(está)-en-la-mano de-Shesemu.
(B9C) Porque yo conozco el nombre de la mujer y la cosa donde él (= el pescado) es cocinado: es Caldero-de-la-mano-de-Shesemu. Porque yo conozco el nombre del hombre y la cosa donde donde él (= el pescado) es cocinado: es Brasero-de-Grande-de-pechos[130]-alrededor-del-cual-se-sientan-todos-los-dioses. Porque yo conozco el nombre de este hombre y de lo que él pone sobre él (= el brasero): es Ofrenda-gracias-a-la-cual-la-tierra-ha-sido-satisfecha-(y)-Oreja-de-Hathor que-escucha. Porque yo conozco el nombre del lugar donde ella (= la red) es enrollada una vez acabada la pesca: es Meseta-celeste-donde-se-sientan-todos-los-dioses. Porque yo conozco el lugar donde ella (= la red) es colocada tras la pesca: es Amuleto-*wꜣḏ.t*-que-está-en-la-mano-de-Osiris. Porque yo conozco el nombre de las boyas de arriba y las plomadas de abajo: Rótulas-de-Osiris (y) Dedos-superiores-de-Gueb. Porque yo conozco el nombre de la barca desde la cual ella (= la red) pesca: es Transbordador-con-el-que-se-transportaron-provisiones-para-los-*bꜣ*-de-Heliópolis. Porque yo conozco el nombre del remo de dirección: es Meandro-que-(está)-entre-la-meseta-(y)-el-transbordador. Porque yo conozco el nombre del mástil de la vela: es Falo-de-Babi[131]. Porque yo conozco el nombre de sus remos: Pierna-de-Gueb (y) Brazos-de-Shesemu. Porque yo conozco el nombre de sus pértigas: es Estas-dos-cocodrilos-hembra-que-hacen-navegar-el-transbordador-para-los-*bꜣ*-de-Heliópolis. Porque yo

[129] El término *wdp.w* es más amplio que "copero", pues también parece incluir funciones de "proveedor" y "cocinero", pero conservo la traducción convencional porque la raíz *dp* expresa "lamer", "degustar", "tocar con la punta (de la lengua)", de donde *w-dp.w* "el que prueba" o "el que da a probar". Sobre los *wdp.w*, véase Jean-Luc Simonet, "Le héraut et l'échanson", *CdE* 62 (1987): 53–89.
[130] Se refiere a Hapi, dios de la crecida del Nilo y de la abundancia que esta produce.
[131] Philippe Derchain, "Bébon, le dieu et les mythes", *RdE* 9 (1952): 23-47.

conozco el nombre de su achicador: a saber, es Achicador-que-achica-a-Los-que-(son)-(y)-que-excluye-a-Los-que-no-(son). Porque yo conozco el nombre de sus juncos, sus plantas *in*, sus plantas (de cordaje) (y) sus plantas *bḏ3*: Hierba-regalo-de-la-tierra. Porque yo conozco el nombre de su amarra de proa: Cuerda-que-cierra-alrededor-de-la-tumba-de-Osiris. Porque yo conozco el nombre de este hombre que desciende hasta ella (= la barca): es Grande (*wr*). Yo soy el Grande (*wr*). Es en cuanto el Grande (*wr*) como apareceré. En la barca solar es donde embarcaré. Si perforo la tierra hasta el cielo septentrional es sólo para poder reunirme allí con los dioses".

[D. El difunto habla al barquero y a su grupo: descripción]

(13h–i) "Mi pan está en el Campo de los juncos; mi cena está el Campo de la abundancia".

[C. El difunto habla al barquero y a su grupo: informe]

(13j–14f) "Yo no puedo beber orina por vosotros ni comer excrementos por vosotros ni caminar bocabajo por vosotros[132].

(B1Y y B1C) De farro rojo viviré allí; de farro blanco comeré allí".

[D. El difunto habla al barquero y a su grupo: descripción]

(14g–h) "Es Isis quien me dio agua; es Sokar quien se inclinó ante mí".

[C. El difunto habla al barquero y a su grupo: informe]

(14i–15e) "Yo conozco a El-del-sauce. ¡Pueda yo romper el nudo corredizo! ¡Pueda yo capturarte! Yo soy el pescador, el trampero, el que salió con cuidado. ¿Pueda yo estar a salvo de ella (= la red) en cuanto Ella-está-a-cargo-de-los-*k3* de los dioses! ¡Pueda yo subir al cielo entre los dioses! ¡Pueda yo traer y repetir las palabras de los dioses (= textos jeroglíficos)!"

[D. El difunto habla al barquero y a su grupo: descripción]

(15f) "Es Hekau".

[B. El difunto habla al barquero y a su grupo: diálogo]

(15g–16e) "Si me habéis dado el Canal desbordante, sólo es para que yo sea eterno (*nḥḥ*) donde el dios de sus (= del lago) aguas (*n.wt*), para que yo coma sus peces, para que yo me apropie de su abundancia (de peces y aves), para que baje a sus orillas, para derrotar a Apofis (y) para que yo me lance sobre ella (= la red *i3d.t*)".

[C. El difunto habla al barquero y a su grupo: informe]

(16f–l) "Es en cuanto Sobek como me he lanzado sobre sus (= de la red *i3d.t*) dos puntas. Es en cuanto Nemty como me he arrojado sobre su (= de la red *i3d.t*) mitad. Es, en verdad, en cuanto Nemty como he lanzado. Es en cuanto un Grande (*wr*) como me he lanzado".

El título parece indicar un paralelo entre el descenso del difunto en el oeste para emprender el viaje nocturno, con objeto de alcanzar el este junto con Ra, y el descenso del trampero al río, donde está la trampa, para capturar los peces. La relación se establece a través de la identificación difunto = pez (presa), que es justo lo que el difunto quiere evitar.

132 Véase CT 215, más arriba.

El difunto habla directamente al barquero y a su grupo de tramperos y pescadores. El barquero es llamado en esta ocasión *Ḥr.f-ḥꜣ.f* "Su-rostro-está-detrás-de-él", que se refiere al mismo barquero de las fórmulas CT 395–398, donde se le llama *Mꜣ-ḥꜣ.f* "El-que-mira-detrás-de-él"; de hecho en CT 474 (otra de las fórmulas para escapar de la red) también recibe este nombre.

En el primer parlamento a este grupo, el difunto demuestra su conocimiento de las partes de la red y de todos los instrumentos y personal relacionados. Con ello pretende garantizar su inmunidad. Al final de ese primer parlamento (CT VI 13 c–g), se identifica como el Grande (*wr*), que debe ser Osiris-Ra, pues se hace referencia explícita al viaje en barca hasta el cielo septentrional después de "perforar la tierra": la parte nocturna del circuito solar.

Inmediatamente (CT VI 13 g), comienza el segundo parlamento del difunto al mismo grupo mencionando que el objetivo de su viaje es el Campo de los juncos, sobre el que el difunto muestra el mismo conocimiento que demostró sobre la red. En este momento, se menciona el Canal desbordante[133], lo cual traslada de inmediato la acción al este, al momento crítico del final del tramo nocturno del circuito solar, justo antes de que el difunto proceda a su última andadura: el ascenso hasta el Campo de los juncos, el destino final del difunto tras el circuito solar, y que se encuentra fuera de este.

Se notará que el barquero y su grupo no establecen ningún diálogo con el difunto a pesar de que este los interpela directamente. En particular, aunque la sección B tiene forma de diálogo, el difunto no recibe respuesta.

CT 629
La legitimación por el conocimiento: una escala al cielo

Esta fórmula[134], relativamente larga (CT VI 248 a–250 v), sólo ha aparecido en un documento de Asiut (S10C), pero con dos testigos (S10C^{a} y S10C^{b}), ambos en la tapa de ese ataúd. En los documentos de Asiut abunda una disposición peculiar: en la tapa de los ataúdes se representan mapas estelares con los decanos[135], un tema que parece cuadrar bien con la fórmula que nos ocupa.

Ambos testigos llevan versiones casi iguales del texto, pero con variantes grafémicas notables. La razón de inscribir una fórmula más de una vez en un mismo documento no nos es bien conocida. S10C^{b} sólo introduce una variante

[133] Véase Gracia Zamacona, "*im.y-wr.t-(ꜥꜣ)-n-p.t* and *tꜣ-wr-(ꜥꜣ)-n-tꜣ*", n. 26 (con bibliografía anterior).

[134] Beate George, "Sargtextsprüche 912 und 629: zwei neue Stockholmer Varianten", *MB* 22 (1987): 3–19.

[135] Jochem Kahl, "Textkritische Bemerkungen zu den Diagonalsternuhren des Mittleren Reiches", *SAK* 20 (1993): 95–107; Edward J. Brovarski, *Naga ed-Dêr in the First Intermediate Period* (Boston: MFA, 2016), 315 (n. 453).

significativa: el título en CT VI 248 a; las otras tres variantes textuales (VI 248 h, k, l) son irrelevantes. Sí puede ser relevante que S10C^{b} es mucho más corto (acaba en CT VI 249 i); es decir que se trata, probablemente, de una edición “extractada” del texto. En este sentido, ambos testigos presentan correcciones (VI 248 g, 249 b), lo que indica que ha sido objeto de una edición detallada, o al menos de una relectura, en el momento de su escrituración, *en la parte de la fórmula que ambos testigos comparten* (hasta VI 249 i incluido). Aquí, seguiremos S10C^{a}.

Estructura comunicativa: A-B-C-D-EFx13-G-H.

	A	B	C	D	E	F	G	H
COMUNICACIÓN	0:3	1:3	1:2	1:2	2:1	1:2	2:1	0:3
MARCA	Ø	Ø	Ø	Ø	Ø	Ø	Ø	Ø
TIPO	Ti	I	Di	I	Di	Di	Di	Na
PERSONA	3ª	1ª	2ª	1ª	2ª	1ª (3ª)[136]	2ª	3ª
MODO	R	R	Ho	D	R	R	Ho	R
ÉNFASIS	No	No	No	Sí	No	Sí	No	No
IDENTIFICACIÓN	No	No	No	No	No	Sí	No	No
OBJETIVO	No	No	No	Sí	No	Sí	No	No

Tabla 17. Estructura comunicativa de CT 629.

248a	*ṯz mꜣq.t r p.t*
248b	*ỉw mꜣ.n.ỉ ỉrỉ.w.n ỉb.sn r.sn m ỉw nsrsr*
248c	*ỉw mꜣ.n.ỉ ḥr.ỉ*
248d–e	*ỉrỉ n.ỉ wꜣ.t.ỉ nfr.t r ḥꜣ.ty ỉpw n ỉq.wy nw(.y) mꜣmꜣ kꜣ bn*
248f	*ỉ.n.ỉ šzp.ỉ ḥꜣ.ty*
248g	*ỉrỉ.(w) n.ỉ ẖr.t.ỉ*
248h	*smꜣꜥ.(w) n.ỉ qꜣb.w ꜥnḏ.t*
248i	*dỉ.ỉ mꜣꜥ.t*
248j	*smꜣꜥ.ỉ ḫꜣ.y*
248k	*smꜣꜥ(.w) n.ỉ šmw r sḫ.ty ḥtp n.ty Wsỉr*
248l	*dỉdỉ t ỉm n nb.w m ḫꜣd.wt*
248m	*ỉr.y ẖr.t.ỉ*
248n	*šzp.ỉ ḥꜣ.ty.ỉ*
248o–p	*ỉr.y.ỉ ẖr.t wꜥ ỉm.sn smn.n.ỉ ỉr.yw.sn*
249a–b	*ṯwt tr m ỉ.ỉ(n) n.ỉ ỉn.w kꜣ ꜣgb*
249c	*ỉnk ptpt*
249d	*ỉ.n.{ỉ}<k> r.k ꜥꜣ r-ỉšs.t*
249e	*ỉ.n.ỉ r rdỉ.t ẖr.t wꜥ m sḫ.ty ḥtp n.ty Wsỉr*

[136] Esta nomenclatura indica que, en un contexto claro de 1ª persona, en ocasiones, la 3ª persona es explícita y la 1ª está implícita: por ejemplo, “Es Anubis (quien me acompaña)”.

249f *in m irf smꜣʿ.(y) n.k qꜣb.w ʿnḏ.t*
249g *smꜣʿ.k sṯꜣ.wt*
249h *smn.k wḥʿ.w tꜣ*
249i *iri.w n.k iz.wt nsw*
249j *wn n.k qrr.t r pr.t r ḏdw*
249k *i.r<w>i smꜣʿ.(y) n.i qꜣb.w ʿnḏ.t*
249l *mꜣʿ.(y) n.i sṯꜣ.wt*
249m *smn n.i wḥʿ.w tꜣ*
249n *iri.(y) n.i iz.wt nsw.w*
249o *in m irf i.iri ḥnʿ.k*
249p *in inpw nb z.t*
249q *in m irf rdi pr.k*
249r *in bz-wr*
249s *in m rf sṯꜣ ṯw*
249t *in kꜣ wr*
249u *pr.(w).k irf ḥr-išs.t*
249v *pr.(w).i ḥr Šw*
250a *ḥfd.y.i ḥr i.ꜣḫ.w*
250b *šꜣs.(w).k irf ṯn(w) zp.f*
250c *šꜣs.(w).i ḥr sḫm pw ʿꜣ*
250d *šꜣs.w ʿꜣ-ir.ww ḥr.f*
250e *in m rf sṯꜣ.f ṯw ḥr ity pw n.t(y) im*
250f *in ʿr.t ḥnʿ ʿʿb.t*
250g *išs.t pw irf iri.t(i).k n.i m iwʿ.w ir*
250h *iw smꜣʿ.n.i lk.wt.sn r k(w)t.t.i ir.t.n.k ḥnʿ.i*
250i *iw mḥ.n.i ḫfʿ.w.sn m ḫꜣ.w n.w wt.t*
250k–l *ʿq.(w).k irf ṯn pr.(w).k irf mi išs.t*
250m *ʿq.(w).i m wn*
250n *pr.(w).i m bik*
250o *ʿnḫ.(w).k irf m išs.t*
250p *ʿnḫ.(w).i m ḫsbḏ*
250q *ʿnḫ.(w).i m ḥrs.t*
250r *ḥbs.(w).k irf m išs.t*
250s *m sw.wt wr*
250t *my pr Šw nṯr pw mꜣʿ*
250u *iw rdi.w n.f mi-qd*
250v *smꜣʿ.(w) n.f qꜣb.w ʿnḏ.t m ḫr.t-nṯr*

[A. Título]
(248a: S10Cb) Anudar una escala hasta el cielo.
[B. El difunto habla en general]
(248b) He visto a aquellos contra quienes su corazón actuó en la Isla de la llama.
(248c) He visto mi rostro.

[C. El difunto habla al Toro que escapa]

(248d–e) "¡Hazme mi bello camino hasta los Dos campos de las dos nueces de palma, Toro que escapa!"

[D. El difunto explica al Toro que escapa]

(248f) "Si he venido, es para recibir los Dos campos, (248g) para que lo que es mío me sea hecho, (248h) para que los meandros de Andyet me sean alineados, (248i) para que yo dé maat, (248j) para que yo alinee la cuerda de dirección, (248k–l) para que la estación de la siembra me sea dirigida hasta los Dos campos de ofrendas de Osiris, el que pone el pan allí para los Señores de los moldes, (248m) para que lo que es mío sea hecho (248n) y para que yo reciba mis dos campos.

(248o–p) Sólo cuando haya establecido sus (= de los campos) guardianes, haré lo que es de cada uno de ellos (= los campos)".

[E. Los tramperos del Toro de la abundancia interrogan al difunto]

— (249a–b) ¿Quién eres tú, pues?—me han dicho ellos, los tramperos del Toro de la abundancia —.

[F. El difunto contesta a los tramperos del Toro de la abundancia]

— (249c) Yo soy el que pisotea.

[E. Los tramperos del Toro de la abundancia interrogan al difunto]

— (249d) ¿Por qué has venido aquí, entonces?

[F. El difunto contesta a los tramperos del Toro de la abundancia]

— (249e) Es para dar lo que es de cada uno de los Dos campos de ofrendas de Osiris para lo que he venido.

[E. Los tramperos del Toro de la abundancia interrogan al difunto]

— (249f) ¿Quién es, pues, el que te alineará los meandros de Andyet (249g) para que puedas alinear las sirgas, (249h) fijar los puntos de pesca de tierra (249i) y para que te sean hechos los bornes del rey (249j) que te abrirá la caverna para subir hasta Busiris?

[F. El difunto contesta a los tramperos del Toro de la abundancia]

— (249k) Aquel que ha partido es el que me alineará los meandros de Andyet, (249l) el que me alineará las sirgas, (249m) me fijará los puntos de pesca de tierra (249n) y me hará los bornes del rey.

[E. Los tramperos del Toro de la abundancia interrogan al difunto]

— (249o) Entonces, ¿quién ha actuado contigo?

[F. El difunto contesta a los tramperos del Toro de la abundancia]

— (249p) Es Anubis, el Señor de la necrópolis.

[E. Los tramperos del Toro de la abundancia interrogan al difunto]

— (249q) ¿Quién ha hecho, pues, que subas?

[F. El difunto contesta a los tramperos del Toro de la abundancia]

— (249r) Es el Gran-introductor.

[E. Los tramperos del Toro de la abundancia interrogan al difunto]

— (249s) ¿Quién te ha remolcado, entonces?

[F. El difunto contesta a los tramperos del Toro de la abundancia]

— (249t) Es el Gran Toro.

[E. Los tramperos del Toro de la abundancia interrogan al difunto]

— (249u) ¿Por dónde subirás, pues?

[F. El difunto contesta a los tramperos del Toro de la abundancia]
— (249v–250a) Es por Shu por donde subiré. Es por *i.3ẖ.w* por donde treparé.
[E. Los tramperos del Toro de la abundancia interrogan al difunto]
— (250b) Entonces, ¿por dónde pasarás en su momento?
[F. El difunto contesta a los tramperos del Toro de la abundancia]
— (250c–d) Es por esa gran calzada (?) por donde pasaré, por la que pasa el Grande-de-formas.
[E. Los tramperos del Toro de la abundancia interrogan al difunto]
— (250e) Entonces, ¿quién te remolcará hasta ese soberano que está allí?
[F. El difunto contesta a los tramperos del Toro de la abundancia]
— (250f) Son La-que-sube y La-que-está-peinada.
[E. Los tramperos del Toro de la abundancia interrogan al difunto]
— (250g) ¿Qué es, pues, lo que harás por mí, como recompensa, respecto (a esto)?
[F. El difunto contesta a los tramperos del Toro de la abundancia]
— (250h) He alineado su[137] Cucharón[138] respecto a mi caldero, el que tú has hecho conmigo. (250i) He llenado sus[139] puños con flores de la serpiente[140].
[E. Los tramperos del Toro de la abundancia interrogan al difunto]
— (250k–l) Entonces, ¿como qué entrarías aquí y saldrías?
[F. El difunto contesta a los tramperos del Toro de la abundancia]
— (250m) Como una liebre entraré. (250n) Como un halcón saldré.
[E. Los tramperos del Toro de la abundancia interrogan al difunto]
— (250o) ¿Y de qué vivirás?
[F. El difunto contesta a los tramperos del Toro de la abundancia]
— (250p) De lapislázuli viviré. (250q) De cornalina viviré.
[E. Los tramperos del Toro de la abundancia interrogan al difunto]
— (250r) ¿Con qué te vestirás?
[F. El difunto contesta a los tramperos del Toro de la abundancia]
— (250s) Con las trenzas del Grande (*wr*).
[G. Los tramperos del Toro de la abundancia hablan al difunto]
— (250t) ¡Ven! ¡Sube por Shu, dios auténtico!
[H. El oficiante habla en general]
(250u–v) Le ha sido dado todo y los meandros de Andyet han sido alineados para él en la necrópolis.

La acción se sitúa al oeste, una vez superado un lugar de transición, hostil al difunto y relacionado con el comienzo del circuito solar en su fase nocturna: la Isla de la llama[141], donde contempla un gran rostro, probablemente una imagen

[137] "De ellos": ¿error por "vuestro"?
[138] ¿O "achicador"?
[139] "De ellos": ¿error por "vuestro"?
[140] Quizás una diosa.
[141] O también, un lugar de contacto entre el difunto y los vivos (la capilla funeraria): ambas interpretaciones no tienen por qué ser excluyentes. Véase Hermann A. J. Kees, "Die

del propio sol nocturno (Ra-Osiris)[142]. Allí, el difunto se dirige al Toro que escapa (?)[143] para solicitarle acceso a los Dos campos de nueces de palma, probablemente en el cielo como nos indica el título. Aunque el término *kꜣ* "toro" se puede referir, simplemente, al jefe de un sitio concreto (en este caso Osiris, dueño del oeste) es más probable que aquí se trate de una alusión implícita al toro Apis, por su identificación con Osiris como señor del oeste (*ḫnt.y imn.tyw* "Primero de los occidentales")[144], dado que el texto alude luego a Osiris en tercera persona (CT VI 248 k).

De manera muy interesante, la sección D del texto, en la que el difunto explica sus intenciones al Toro que escapa, nos la presenta el propio difunto mediante un citativo ("me han dicho ellos, los tramperos del Toro de la abundancia") en CT VI 249 b, como si nos estuviera contando una escena en la que él es partícipe. El resultado es muy peculiar, resultando en que el difunto asume el punto de vista del narrador al tiempo que el de protagonista.

Sin embargo, los tramperos del Toro de la abundancia (de las ofrendas, fruto de la inundación) no le quieren dejar pasar tan fácilmente. Al ser la inundación un trasunto de Osiris, es probable que el Toro de la abundancia juegue un rol paralelo al Toro que escapa, como otro trasunto de Osiris. De esta manera, la yuxtaposición de los aspectos occidental (momificación) y oriental (ofrendas) presentan a un Osiris solarizado, que se ajusta perfectamente a la referencia concreta de iniciar el camino ascendente hacia el cielo indicada en el título. El rol de los tramperos de la inundación es, en efecto, dificultar el acceso del difunto a los ansiados Campos de las nueces de palma. Por ello, someten al difunto a un largo interrogatorio relativo a su identidad (el difunto responde que es "el

---

Feuerinsel in den Sargtexten und im Totenbuch", *ZÄS* 78 (1942): 41–53; Hartwig Altenmüller, "Messersee, gewundener Wasserlauf und Flammensee: Eine Untersuchung zur Gleichsetzung und Lesung der drei Bereiche", *ZÄS* 92 (1966): 86–95; Joris F. Borghouts, *The Magical Texts of Papyrus Leiden I 348*, OMRO 51 (Leiden: Brill, 1971), 104; Edmund Hermsen, "Die Bedeutung des Flammensees im Zweiwegebuch", en *Hermes Aegyptus: Egyptological Studies for B.H. Stricker*, ed. T. du Quesne, DE–SN 2 (Oxford: DE Publications, 1995), 73–86; Eltayeb S. Abbas, *The Lake of Knives and the Lake of Fire: Studies in the Topography of Passage in Ancient Egyptian Religious Literature*, BAR–IS 2144 (Oxford: Archaeopress, 2010); Regulski, *Repurposing Ritual*, 311.

[142] Véase los comentarios de Mykola Tarasenko, "Some Remarks to the Semantics of Image of Deity on the Coffin of Sepi III (Cairo CG 28083)", en *Eternal Sadness: Representations of Death in Visual Culture from Antiquity to the Present Time*, ed. L. Vives-Ferrándiz Sánchez, *Eilm* 10 (Madrid: Universidad Complutense, 2021), 229–39 sobre la viñeta en B1C (CT VI 386), así como las representaciones del gran rostro en la barca solar durante el viaje nocturno en el Libro de las puertas (Alexander Piankoff, *The Tomb of Ramesses VI* [Nueva York: Pantheon Books, 1954], lám. 56).

[143] La lectura no es clara: véase CT VI 248, notas 3 y 4.

[144] Eberhard Otto, *Beiträge zur Geschichte der Stierkulte in Ägypten*, UGAÄ 10 (Leipzig: Akademie, 1938), 27–33.

que pisotea" (*ptpt*), un término que alude a la victoria sobre los enemigos)[145], los motivos de su viaje y a los detalles del mismo. El difunto demuestra sus conocimientos y sale victorioso, como se indica al final (CT VI 250 u–v).

CT 1029

En la barca de Ra: un camino siguiendo al sol

La versión principal del texto (CT VII 252 a–257 c) es la de B3C y su grupo de testigos, aunque también se consideran otras versiones complementarias, en particular la de B1L y su grupo. La fórmula está en catorce testigos y las variantes son menores.

Se trata de la fórmula "inicial" del Libro de los Dos Caminos, que se extiende hasta la fórmula CT 1185, la última de las editadas por De Buck en sus siete volúmenes. Pero al menos otras dos fórmulas que él colocó en una posición anterior su edición pertenecen a ese libro (CT 513 y CT 577), así como quizás una tercera (CT 747).

Estructura comunicativa: A-B-C.

	A	B	C
COMUNICACIÓN	0:3	0:2	0:3
MARCA	Ø	Ø	Ru
TIPO	Na	Di	Co
PERSONA	3ª	2ª	3ª
MODO	R	Ho	R
ÉNFASIS	No	Sí	No
IDENTIFICACIÓN	No	Sí	No
OBJETIVO	No	Sí	No

Tabla 18. Estructura comunicativa de CT 1029.

252a–b	*ẖr sdꜣ [m] ꜣẖ.t ỉꜣb.tt n.t p.t ḥr ẖrw Nw.t ḏsr.s wꜣ.wt n Rꜥ tp-ꜥ.wy wr dbn.f*
253a–255c	*ṯz ṯw Rꜥ ṯz ṯw ỉr.k ỉm.y-kꜣr.f nsb.k ṯꜣ.w* (El resto inserta) *ꜥm.k mḥ.wt*
	ꜥm.k bqs.w bš.k hrw sn.k mꜣꜥ.t
	pẖr šms.w nꜥ wỉꜣ r nw.t
	nmnm wr.w ḥr ẖrw.k
	ỉp.k qs.w.k sꜣq.k ꜥ.wt.k dỉ.k ḥr.k r ỉmn.t nfr.t
255d–256a	*ỉw.y.k mꜣ.t(ỉ) rꜥ nb n ṯwt ỉs twt pw n nbw ẖr zmꜣ.w ỉṯnw.t*
256b	*p.t tꜣ ẖr.sn n.k ẖr sdꜣ n dbn.k mꜣ.t(ỉ) zp 2 rꜥ nb*
257a (B9C)	*ḥꜥ.(w) mꜣꜥ.t m-ẖsf.(w).k*
257b	*ḥꜥ.(w) ꜣẖ.t hny m nwḥ.k*
257c (B1L)	*r n sqdw.t m wỉꜣ ꜥꜣ n Rꜥ*

[145] *Wb* I, 563.

[A. El oficiante habla en general]

(252a–b) Ha caído el temblor en el horizonte oriental a causa del grito de Nut cuando despeja los caminos para Ra antes de que el Grande describa el ciclo.

[B. El oficiante habla a Ra]

(253a–255c) "¡Levántate, Ra! ¡Levántate ya, El-que-está-en-su-capilla, para que inspires el aire, que tragues la espina dorsal y escupas el día, y que respires Maat, de manera que circule el séquito, que navegue la barca solar (*wiꜣ*) hasta el cielo, que los Grandes (*wr*) se agiten a cause de tu voz, para que examines tus huesos y ensambles tus miembros, para que coloques[146] tu rostro en el Bello Occidente!

(255d–256a) Si vienes renovado cada día, es porque eres tú, en verdad, esta imagen de oro bajo las ramas del árbol (?) *iṯnw.t*[147].

(256b) El cielo y la tierra, ambos han caído para ti bajo el temblor, porque es renovado (bis) como describes el ciclo[148] cada día.

(257a: B9C) Es a tu encuentro cuando Maat se alegrará.

(257b) Es con el gozo estando en tu cuerda como el horizonte se alegrará".

[C. Colofón]

(257c: B1L) Fórmula de navegación en la gran barca (*wiꜣ*) de Ra.

La expresión inicial es típica para expresar un desarreglo en el cosmos; un ejemplo bien conocido es el inicio del llamado "Himno caníbal", del que hay varias versiones (fundamentalmente, PT 273–274 y CT 573). Se trata de una acción puntual y repentina que funciona como la señal de un cambio; en este caso, el comienzo del circuito solar desde un punto de vista osiriaco: la renovación solar, diaria, se relaciona directamente con la recomposición del cuerpo. En este sentido, es fundamental que el proceso sea diario, de ahí la repetición de la expresión *rꜥ nb* "cada día" en CT VII 255 d y 256 b, que hace que la forma verbal del verbo *ii / iw* "venir" que la acompaña en CT VII 255 d sea probablemente una forma imperfectiva enfática (*mrr.f*) que indica la repetición de una manera insistente[149]. Por la misma razón, se repite dos veces la expresión *mꜣw.ti* "renovado".

El texto describe en detalle el momento del parto del sol al este, por la mañana: el amanecer, rojo por la sangre de Nut. Nut, el cielo (una entidad femenina

---

[146] Para la expresión *rdi* + objeto + *r* + nombre "poner algo en el límite de algo" (por ejemplo, "aplicar un ungüento sobre la piel"), véase Gracia Zamacona, "Verbes sans limite", 303–26.

[147] Con variantes menores.

[148] B3L tiene "despuntar" (*wbn*) en vez de "describir un ciclo" (*dbn*).

[149] Aunque un prospectivo enfático también sería posible. Véase, en último término, Jean Winand, "Le verbe *iy/iw*: unité morphologique et sémantique", en *Proceedings of the Second International Conference on Egyptian Grammar (Crossroads II); Los Angeles, October 17-20, 1990*, ed. A. Loprieno, *LingAeg* 1 (Göttingen: Seminar für Ägyptologie und Koptologie, 1991), 357–87.

para los egipcios) se traga al sol al atardecer y lo pare al amanecer[150]. Entre el oeste y el este, durante la noche, el sol circula en barca (*msk.tt*) por un circuito interno (invisible para los humanos); entre el este y el oeste, durante el día, el sol circula en barca (*mꜥnḏ.t*) por un circuito externo (visible a los humanos), sobre la espalda (*psḏ*)[151]. La mención a "comer la médula" se debe referir a Nut de nuevo, lo que apuntaría a un viaje por la espalda de Nut que, aunque por dentro, sería visible. Este aspecto puede relacionarse con el ideograma de la palabra *imꜣḫ* (de etimología, *im.y-ꜣḫ* "el que está en el brillo"), que es un costal de animal cortado y emitiendo médula espinal () y puede aludir al estatuto del difunto "en transición" hacia su estado final de *ꜣḫ* durante su viaje en la barca solar.

En CT VII 253 c, B1L y su grupo de testigos insertan la variante "para que puedas tragar el aire del norte", muy ilustrativa sobre la concepción espacial del circuito solar que tenían los egipcios[152]. Se trata del viaje nocturno: del oeste al este *se va por el norte* porque es la parte más oscura del cielo en el hemisferio norte; del este al oeste, sin embargo, *se va por el sur* porque es la parte iluminada del cielo en el hemisferio norte. Esto es totalmente coherente con el movimiento aparente del sol y con las denominaciones de las estrellas en ambos ámbitos (norte y sur), como ha establecido Rolf Krauss[153]: las imperecederas (*i.ḫm.w-sk*) son las que nunca desaparecen del cielo nocturno porque están al norte de la eclíptica solar; y las incansables (*i.ḫm.w-wrḏ*) son las que desaparecen y reaparecen del cielo nocturno porque están al sur de la eclíptica solar.

CT 1072

Los caminos de Rosetau: el valor del conocimiento

Esta fórmula breve (CT VII 339 d–341 a) describe los caminos de Rosetau, expresando el valor del conocimiento para la supervivencia en el otro mundo. Aunque en los diez testigos que contienen esta fórmula en la edición de De Buck hay ligeras variantes, estas no afectan al sentido de manera importante, por lo que seguimos aquí la versión de B3C.

---

[150] Compárese el concepto de "sistema anatómico" como un circuito, aplicado al caso de *r-ib* estudiado por Jonny Russell, Mengmeng Sun, Wen Liang, Min He, Yan Schroën, Wenjun Zou, Tanja Pommerening y Mei Wang, "An Investigation of the Pharmacological Applications Used for the Ancient Egyptian Systemic Model '*rꜣ-ib*' Compared with Modern Traditional Chinese Medicine", *JEP* 265 (2021): 1–10.

[151] *psḏ* no sólo significa "espalda", sino también "iluminar (cenitalmente)" (como hace el sol cuando "está en la espalda" de Nut) y "nueve", es decir la "Enéada", porque Nut es también vista como la ciudad (*niw.t*) de todos los dioses (la Enéada).

[152] Gracia Zamacona, "*im.y-wr.t-(ꜥꜣ)-n-p.t* and *tꜣ-wr-(ꜥꜣ)-n-tꜣ*", 185–94.

[153] Rolf Krauss, *Astronomische Konzepte und Jenseitsvorstellungen in den Pyramidentexten*, ÄA 59 (Wiesbaden: Harrassowitz, 1997).

Estructura comunicativa: A-B.

	A	B
COMUNICACIÓN	0:3	0:3
MARCA	Ø	Ø
TIPO	Ti	De
PERSONA	3ª	3ª
MODO	R	R
ÉNFASIS	No	Sí
IDENTIFICACIÓN	No	No
OBJETIVO	No	No

Tabla 19. Estructura comunicativa de CT 1072.

339d *sḏ.t*
339e *r n wꜣ.wt n.(w)t r-stꜣ.w pn ḥr.(w)t mw ḥr.(w)t tꜣ*
339f–340b *ꞽw wꜣ.wt ꞽptw mꞽn m-stnm wꜥ.t nb.(t) ꞽm ẖsf.t(ꞽ) m snw.t.s m-stnm*
340c *ꞽn rḫ s(n) gmm wꜣ.wt.sn*
341a *ꞽw.sn qꜣ.(w) m ꞽnb.w n.w ds.w*

[A. Título]
(339d) Llama[154].
(339e) Fórmula de los caminos de Rosetau, acuáticos y terrestres.
[B. El oficiante habla en general]
(339f–340b) Estos caminos están en zig-zag, estando allí cada uno opuesto a su pareja en zig-zag.
(340c) Sólo quien los conoce encuentra sus caminos.
(341a) Son altos, con muros de sílex.

La fórmula proporciona conocimiento de la topografía de Rosetau, un lugar relacionado con la purificación y el reposo de Osiris[155]. El conocimiento de los detalles de los elementos del más allá que el difunto se va a encontrar es clave para su supervivencia. Puede tratarse de conocer sitios (como en este caso), entidades (por ejemplo, guardianes) u objetos (como en el caso de la barca del barquero)[156].

Dos notas deben resaltarse; una lógica, otra material. La primera tiene que ver con que no hay mención a dos caminos, a pesar del término Libro de los Dos

[154] Sólo B1C, B1L, B2L, B3L (lac.) y B2P.
[155] Véase un comentario reciente sobre CT 1072 en Wael Sherbiny, *Through Hermopolitan Lenses*, 302–13.
[156] Véase, por ejemplo, Jan Assmann, *Tod und Jenseits im Alten Ägypten* (München: Beck, 2001), 92–95.

Caminos acuñado en la literatura egiptológica[157]. La segunda es que los caminos tienen muros de sílex, ya vayan por agua o tierra. Esto parece indicar que el texto se refiere a elementos artificiales, construidos, más que a meras líneas de paso por tierra o agua. El término que se usa para "camino", casi exclusivamente, en los Textos de los Ataúdes es *wꜣ.t*, que es un término genérico para camino cuyo ideograma (𓈐) da la idea de línea de paso. El ideograma representa un camino flanqueado por árboles, siguiendo las leyes de la *aspectiva* egipcia, no de la perspectiva occidental[158]. Sin embargo, la referencia a los muros en esta fórmula podría indicar una estructura elevada por la que se puede caminar.

Encontramos un caso especialmente ilustrativo de un término distinto a *wꜣ.t* con el significado "camino" en CT IV 96 c–d, en relación con Rosetau también:

> *ỉ wn.w wꜣ.wt wpp.w mṯn.ww n bꜣ.w mnḫ.w <ỉ>m<.yw> pr Wsỉr*
> *wp.w ỉr.ṯn mṯn.ww n bꜣ.ỉ n ḏ.t.ỉ*
> ¡Oh, el que abre (*wn*) los caminos (*wꜣ.t*) y los que abren (*wpỉ*) las calzadas (*mṯn.w*) para los *bꜣ* excelentes que están en la casa de Osiris!
> ¡Abrid (*wpỉ*) ya los caminos (*mṯn.w*)[159] para mi *bꜣ*, el de mi propiedad funeraria!

Ahí se usa el término *mṯn.w*, que es una estructura elevada por la que se puede caminar (quizás, "calzada" o similar)[160]. En este pasaje, el uso del verbo *wn* con *wꜣ.t* es intencionado, porque el normal es *wpỉ*, y puede deberse a una cuestión de estilo.

CT 1185

Los caminos acuáticos de Rosetau: topografía y ofrendas

Esta breve fórmula (CT VII 521 b–f) aparece sólo en el fondo de tres documentos de Barsha (B1P, B5C y B1Be), pero presenta aspectos muy interesantes. Es la que De Buck colocó última en su edición. Está escrita en horizontal en todos los testigos, a causa del espacio con que cuenta en la disposición general del Libro de los Dos Caminos.

---

157 Sherbiny, *Through Hermopolitan Lenses*, 1–3.

158 Véase, en primer término, Emma Brunner-Traut, *Frühformen des Erkennens. Aspektive im Alten Ägypten* (Darmstadt: Wissenschaftliche Buchgesellschaft, 1996).

159 El resto de casos de *mṯn.w* "calzada" son: CT VI 376 c, VII 17 l y VII 161 p.

160 La palabra *mṯn.w* está formada del prefijo instrumental (*m*-), el verbo *ṯnỉ* "distinguirse, elevarse" y la terminación de masculino singular (*.w*). Compárese el copto ⲙⲟⲉⲓⲧ "calzada, camino" en Walter E. Crum, *A Coptic Dictionary Compiled with the Help of many Scholars* (Oxford: Clarendon, 1939), 188.

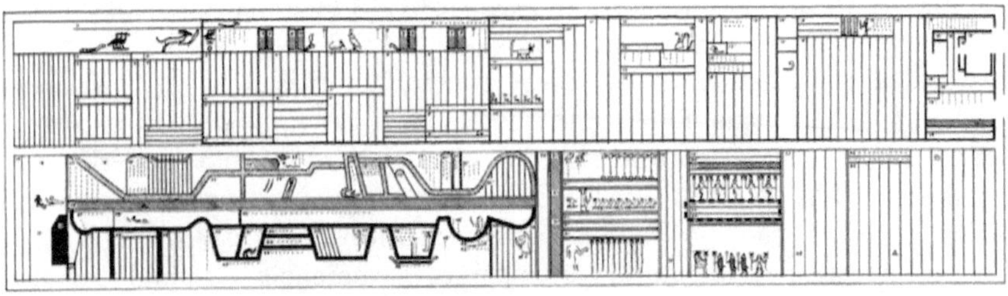

Fig. 5. Disposición de la fórmula CT 1185, marcada con un rectángulo negro discontinuo, en el fondo del ataúd B5C. Extraída de CT VII, plan 14. © University of Chicago.

Además de estar en horizontal, en B1P y B5C, la fórmula entera aparece en escritura retrógrada, algo que sólo es estructural en los lados de los pies y del frente. Esto podría deberse a que la dirección general de las ilustraciones en esos dos ataúdes procede de izquierda a derecha[161]. El colofón (CT VII 521 f) está rubricado en los tres documentos, algo frecuente en los paratextos (títulos y colofones) para marcar su función demarcativa respecto al texto principal, lo cual nos podría dar una idea de la función de esta fórmula en el Libro de los Dos Caminos.

Aquí sigo el texto de B1P. Estructura comunicativa: A-B-C.

	A	B	C
COMUNICACIÓN	0:3	1:3	0:3
MARCA	H / Re	H / Re	H / Re + Ru
TIPO	D	I	C
PERSONA	3ª	1ª	3ª
MODO	R	R	R
ÉNFASIS	No	Sí	No
IDENTIFICACIÓN	Sí	No	No
OBJETIVO	No	Sí	No

Tabla 20. Estructura comunicativa de CT 1185.

521b *N pn wnḫ iꜣ.t pr m wrr.t*
521c *i.n.i dr.i ih*
521d *[s]nḏm.i mr.t m Wsir*
521e *smn.i ḫ.[t] m ꜣbḏ.w*
521f *wꜣ.wt ḥr.(w)t m.w n.(w)t r-stꜣ.w*

---

[161] Sherbiny, *Through Hermopolitan Lenses,* 45. Para la retrogradación, véase Gracia Zamacona, "The Two Inner Directions", con bibliografía anterior.

[A. El oficiante habla en general]
(521b) Es este N quien ha engalanado el estandarte, quien ha salido con la Corona grande (*wrr.t*).
[B. El difunto habla en general]
(521c–e) Es para expulsar la pena y aliviar el sufrimiento de Osiris, para establecer las ofrendas en Abidos para lo que he venido.
[B. Colofón]
(521f) Los caminos acuáticos de Rosetau.

La relación de esta fórmula con la fórmula de ofrendas regia, de discutido significado[162], que típicamente implica a Osiris y Anubis, parece evidente en la referencia a las ofrendas a Osiris en Abidos. Por otro lado, la referencia final al camino acuático guarda relación con la tienda *ib.w*, donde Anubis realiza la purificación, y que se ha relacionado también con los abrigos de los pescadores junto al río[163], apuntaría también hacia la relación Osiris-Anubis.

En nuestro pasaje, parece que el difunto se presenta como el hijo que asiste (Horus al oeste, Anubis al este[164]) al propio dios Osiris. Es de notar que, en B5C, el nombre del difunto en CT VII 521 b está sustituido por la figura estante de un hombre: . Si el agente es, en verdad, el difunto identificado con el hijo oficiante, la última fórmula se puede interpretar como una descripción del final del trayecto nocturno resultante en la resurrección de Osiris por medio del circuito solar que se reitera con las ofrendas diarias en la tumba de Osiris, y santuario osiriaco prototípico, en Abidos[165].

Sin embargo, la referencia final a los caminos acuáticos, que están en Rosetau, apunta de nuevo a la necrópolis, en el oeste, y a la purificación[166]. Aunque esto podría ser problemático desde nuestra perspectiva geográfica, si consideramos la subestructura de la tumba como un espacio de paso para el difunto que,

---

[162] Detlef Franke, "The Middle Kingdom Offering Formulas: A Challenge", *JEA* 89 (2003): 39–57.
[163] Entre otros, Bernhard Grdseloff, *Das Ägyptische Reinigungszelt*, EtEg 1 (El Cairo: IFAO, 1941); Edward J. Brovarski, "The Doors of Heaven", *Orientalia* 46 (1977): 107–15; James K. Hoffmeier, "The Possible Origins of the Tent of Purification in the Egyptian Funerary Cult", *SAK* 9 (1981): 167–77; Sigrid M. van Roode, "Observations on the *ibw*-tent: Preliminary Results", *PalArch* (2003): 1–7; y, en particular, Parkinson, *The Tale of the Eloquent Peasant*, 137–38, 176–77, 209–10 y 264.
[164] Respectivamente, en las "fórmulas del Bello Occidente" (principalmente CT 30–37; también 340, 363, 366) y las "fórmulas para reunir a la familia" (CT 131–137 y 141–146). Para la posible conexión de Anubis con el este (a través de Nephthys y del cetro *ꜣms*), véase Gracia Zamacona, "Pero no la esposa", sobre CT 146.
[165] Zsuzsanna Végh, *"Feste der Ewigkeit": Untersuchungen zu den abydenischen Kulten während des Alten und Mittleren Reiches*, ORA 43 (Tubinga: Mohr Siebeck, 2021).
[166] Ver la discusión de un pasaje similar (CT VII 348 f–349 d) en Sherbiny, *Through Hermopolitan Lenses*, 324–27.

al mismo tiempo, reproduce el circuito solar completo, ambos horizontes (oeste y este) pueden estar contenidos en ella. Eso explicaría también que la tumba pueda llamarse, en ocasiones y de manera genérica, "horizonte"[167].

Por último, la expresión *pr m wrr.t* puede traducirse "quien ha salido con la corona grande" o "de la corona grande"; la preposición *m* es ambigua a este respecto[168]. Lo que sí parece claro es que se trata de la corona blanca. Curiosamente, en los Textos de los Ataúdes, Osiris aparece escrito con el ideograma de un rey con la corona blanca en dos ocasiones, en un contexto solar y oriental[169]:

CT I 254 b (B10Cc) CT V 267 e (B1Bo)

Fig. 6. Grafías de Osiris con la corona blanca en los Textos de los Ataúdes. © University of Chicago.

[167] William C. Hayes, "Career of the Great Steward Henenu under Nebhepetre Mentuhotpe", *JEA* 35 (1949): 48.

[168] Lesko, *The Ancient Egyptian Book*, 326.

[169] César Guerra Méndez y Carlos Gracia Zamacona, "Osiris as Written in the Pyramid Texts and the Coffin Texts", en *Variability in the Eearlier Egyptian Mortuary Texts*, HES 21, ed. C. Gracia Zamacona (Boston: Brill, 2024), 131–58. Nótese que la grafía nº 3 propuesta en ese artículo (p. 134-35) para el nombre de Osiris en dos casos solamente (CT I 58 b [B4C] y CT VII 201 k [pGardiner II]) es un error de lectura; tal grafía no existe.

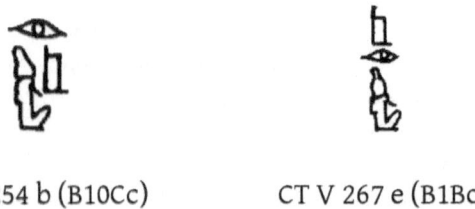

3
Textos

Después de leer algunas fórmulas de los Textos de los Ataúdes en el capítulo anterior, la sensación puede ser de confusión. ¿De qué hablan estos textos? ¿Qué sentido tienen, si es que tienen alguno? ¿Por qué forman parte del ajuar funerario? ¿Por qué se escriben dentro de los ataúdes? ¿Para qué sirven? ¿Por qué hablan de lo que hablan en el sitio donde aparecen? ¿A quién se dirigen, si es que se dirigen a alguien? Las respuestas, de manera explícita o no, suelen colocarse en dos esferas: la de la escatología (la vida tras la muerte) y la de la integración social de los difuntos y los vivos[1].

En este capítulo, intentaré mostrar la conexión entre elementos concretos de los textos, tales como elementos léxicos y gramaticales muy relevantes y temas muy frecuentes, para replantear la cuestión fundamental: para qué pudieron servir estos textos en la forma y situación en que aparecen. Para ello, haré referencia en particular a las fórmulas presentadas en el capítulo anterior.

Textos sacralizados

> *i͗w.(i͗) rḫ.kwi͗ sštꜣ n mdw-nṯr sšm.t ꜥ.w n.w ḥb.yt*
> *ḥkꜣ.(w) nb ꜥpr.(n).(i͗) sw nn swꜣ.t i͗m ḥr.i͗*
> Yo conozco el secreto de los jeroglíficos y la conducción de las ceremonias festivas.
> Cualquier magia, la he proporcionado, sin que nada se me pasara.
> Estela de Irtisen (Louvre C14, líneas 6–7)[2].

---

[1] Jan Assmann, *Tod und Jenseits*; John Baines, "Modelling Sources, Processes and Locations of Early Mortuary Texts", en *D'un monde à l'autre: Textes des Pyramides et Textes des Sarcophages*, ed. S. Bickel y B. Mathieu, BdE 139 (El Cairo: IFAO, 2004), 15–41; Nyord, "Taking Ancient Egyptian"; Nyord, "On Interpreting Ancient Egyptian".

[2] Bernard Mathieu, "Irtysen le technicien (stèle Louvre C 14)", en *Artists and Colour in Ancient Egypt: Proceedings of the Colloquium Held in Montepulciano, August 22nd-24th, 2008*, ed. V. Angenot y F. Tiradritti, SPE 1 (Montepulciano: Missione Archeologica Italiana a Luxor,

Los textos sacralizados (aquellos vinculados a la esfera divina de alguna manera)[3] causan efectos, de tal manera que el productor de esos textos puede proporcionar (*ꜥpr*) todo tipo de *ḥkꜣ.w* ("magia"), es decir aquello que suple la "carencia", el "vacío" o la "gana" (*kꜣ*)[4]. Se notará que el verbo *ꜥpr* ("proporcionar, proveer de, equipar con") es el mismo que se usa en los Textos de los Ataúdes para indicar que el difunto triunfante dispone de *ḥkꜣ.w*:

CT V 315 d. *i.n N tn ꜣḫ.ti m ḥkꜣ.w.s ꜥpr.ti m ḥkꜣ.w.s*
Es "espiritualizada" (*ꜣḫ.ti*) con su magia, provista de su magia como esta N ha venido.

En concreto, es el "vientre", el "interior del cuerpo" (*ẖ.t*) del difunto lo que está lleno de *ḥkꜣ*[5], que, por tanto, es algo que se ingiere[6]. Se notará que el gran proveedor, de agua y de comida, es Hapi (la inundación del Nilo), originalmente *ḥꜥpr* "el que produce el aprovisionamiento"[7]. Sólo el *ꜣḫ* provisto (*ꜣḫ ꜥpr.w*) tiene posibilidad de ser recibido (y, por tanto, sobrevivir) en el más allá:

CT III 4 d. *i.w m ḥtp ꜣḫ ꜥpr.(w)*
¡Bienvenido, *ꜣḫ* equipado!

La razón de los textos sacralizados, en este caso de los mortuorios, es esa: proporcionar un elemento consolidante que suple una carencia. Es *ḥkꜣ* el elemento que consolida al difunto tras la muerte biológica en su interior (porque se ingiere), lo mismo que el embalsamamiento lo hace en su exterior. Parece que *ḥkꜣ* es un elemento tonificador: quita el hambre y la sed (la necesidad interior), razón por la cual las ofrendas se dedican siempre al *kꜣ* del difunto. De manera similar, el embalsamamiento es un elemento tonificador, ya que da una forma

2016), 10–18; Winfried Barta *Das Selbstzeugnis eines altägyptischen Künstlers (Stele Louvre C 14)*, MÄS 22 (Berlín: Hessling, 1970), 86–91.

[3] Pascal Vernus, "'Littérature', 'littéraire' et supports d'écriture: contribution à une théorie de la littérature dans l'Égypte pharaonique", *EDAL* 2 (2010–2011): 23 (con bibliografía precedente); en primer término, véase Pascal Vernus, "Support d'écriture et fonction sacralisante dans l'Égypte pharaonique", en *Le texte et son inscription*, ed. R. Laufer (París: CNRS, 1989), 23–34. Véase también Gracia Zamacona, "Divine Words in the Ancient Egyptian Coffin Texts", 119–40. Lo que nosotros llamamos signos jeroglíficos, para los antiguos egipcios eran manifestaciones de Ra (*bꜣ.w Rꜥ*; *Wb* I 414), cuyo técnico era el dios Thot (David Klotz, "Thoth as Textual Critic: The Interrupting Baboons at Esna Temple", *ENiM* 7 [2014]: 33–60).

[4] Considerando que el término *ḥkꜣ.w* está formado con el prefijo *ḥ-* sobre la raíz *kꜣ*.

[5] CT I 90–91 b, *passim*.

[6] CT VII 238 e.

[7] Causativo (*ḥ-*) de *ꜥpr*; véase, *Wb* III, 42; Gracia Zamacona, "Variability".

apropiada al difunto, previniendo la descomposición física, la desaparición de la forma del difunto[8].

A causa de que es algo que se ingiere, sería lógico pensar que *ḥkꜣ* está en relación estrecha con el ritual de apertura de la boca de la momia[9] y que este puede guardar alguna relación con determinadas fórmulas de los textos mortuorios, próximas temáticamente, a lo que parece aludir el pasaje siguiente:

CT III 296 m. *ink ꜣḫ r wḏꜣ.(w) ḥkꜣ.w ꜥpr sw m ḫr.t-ib.f*
Yo soy un *ꜣḫ* de boca indemne de la magia que la (= la boca) provee de su (= de *ḥkꜣ.w*) voluntad.

De esta manera, un ritual (oral), un texto (escrito) y un material (la sustancia *ḥkꜣ.w* o portadora de *ḥkꜣ.w*) quedan vinculados por una misma función: conseguir el triunfo del difunto en el más allá[10]. Así se explicita en el texto que sigue:

CT II 89 c. *ḥkꜣ.w.i m sꜣḫ.w.i*
Mi magia está en mis fórmulas *sꜣḫ* (= fórmulas de "transfiguración").

El siguiente pasaje de los Textos de los Ataúdes (CT IV 57 i–58 f) acumula los elementos que el difunto debe reunir para conseguir triunfar sobre la segunda muerte (superar el circuito solar y convertirse en un *ꜣḫ*)[11]. Se trata de una de las descripciones más sintéticas del objetivo buscado por el difunto. El pasaje pone en relación este equipamiento con el hecho de estar acostado (en el ataúd), ser visto (¿quizás a través de los ojos pintados en la esquina norte del frente del ataúd?) y resultar rejuvenecido.

CT IV 57 i–j. *iw bꜣ.i ḥnꜥ.i n(n) wꜣi.(w).f r.i*
CT IV 58 a–b. *ḥkꜣ.w.(i) m ẖ.t.i n ꜥwꜣ.t(w).f*
CT IV 58 c. *ꜣḫ.w.i n.i ḫpr.w.i n.i*

[8] Véase, por ejemplo, John Taylor, *Death and the Afterlife in Ancient Egypt* (Londres: British Museum, 2001), cap. 2; John Taylor, *Egyptian Mummies* (Londres: British Museum, 2010).
[9] Eberhard Otto, *Das ägyptische Mundöffnungsritual I-II*, ÄA 3 (Wiesbaden: Harrassowitz, 1960).
[10] El poder de la magia no es, por supuesto, exclusivo del mundo mortuorio; véanse los trabajos fundamentales de Serge Sauneron, "Le monde du magicien égyptien", en *Le monde du sorcier*, ed. D. Bernot, A.-M. Esnoul, P. Garelli, Y. Hervouet, M. Leibovici, J.-P. Roux, S. Sauneron y J. Yoyotte (París: Du Seuil, 1966), 27–66; y de Robert K. Ritner, *The Mechanics of Ancient Egyptian Magical Practice*, SAOC 54 (Chicago: The Oriental Institute of the University of Chicago, 1997).
[11] La expresión más frecuente en los Textos de los Ataúdes es *tm m(w)t.(w) m wḥm.(w)* "No morir de nuevo": CT II 48 d, *passim*. Véase Antonio Loprieno, "Drei Leben nach dem Tod: Wieviele Seelen hatten die alten Ägypter?", en *Grab und Totenkult im Alten Ägypten*, ed. H. Guksch, E. Hofmann y M. Bommas (Múnich: Beck, 2003), 200–27.

CT IV 58 d–e. *r wnm.(w).i i.š.wt.i ḥnꜤ kꜣ.i im.y tꜣ.i* [*pn*]
CT IV 58 f. *sḏr.(w).i mꜣ.kwi rnp.kwi*
Mi *bꜣ* (está) conmigo: no se alejará de mí;
mi *ḥkꜣ.w* (está) en mi vientre: no es robado;
mis *ꜣḫ* me (pertenecen) (y) mis transformaciones (*ḫpr.w*) me (pertenecen),
siempre que yo coma mis ofrendas en compañía de mi *kꜣ*, que está en esta mi tierra
(y) que yo esté acostado, siendo visto (y) rejuvenecido[12].

En este pasaje, los elementos materiales (estar acostado, las ofrendas) actúan claramente en el mismo plano de acción que los que nos pueden parecer como no materiales (*bꜣ*, *ḥkꜣ.w*, los *ꜣḫ* y las transformaciones) para conseguir el triunfo del difunto. En ese mismo plano de acción tenemos que considerar los textos, lo que nos llevará a comentar su materialidad en el capítulo siguiente: su relación con el soporte, formato, edición y escrituración.

Pero CT IV 57 i–58 f nos da también un detalle de importancia capital para entender los Textos de los Ataúdes y, probablemente, los textos mortuorios en general: la localización de la "tierra del difunto" (*tꜣ.i* "mi tierra") en el más acá (*pn*). Sin duda, con esa expresión, se refiere a la necrópolis, pues el *kꜣ* está allí. Pero el demostrativo *pn* hace referencia a algo más importante: a la esfera de los vivos. Se trata del más acá, por oposición al más allá, que se marcará con el demostrativo *pf* cuando el hablante no se encuentre en él. Esta dicotomía entre el más acá y el más allá, que se marca con la oposición *pn/pf* en los Textos de los Ataúdes[13], es una de las constantes de este corpus mortuorio y un asunto clave para el difunto porque se ve como una ruptura del espacio habitable por el difunto, que intenta mantener su control en ambas partes.

El objetivo de mantener el control tras la muerte, de triunfar sobre ella, se manifiesta de varias maneras y se produce a través de distintos mecanismos que comentaré a continuación, pero que tienen en común la doble perspectiva del más allá y el más acá. Esta doble perspectiva es especialmente notoria en una idea que subyace a todos los mecanismos de control que el difunto implementará. Me refiero a *la legitimación del difunto* en el más allá, que se refleja en la legitimación en el más acá de estos miembros de la clase dominante que construyeron sus tumbas e inscribieron sus textos en la época específica en que los Textos de los Ataúdes alcanzan su expansión y pleno desarrollo.

En lo que sigue, utilizaré las lecturas del capítulo 2 como elementos de guía para hacer visibles los mecanismos de que se vale el difunto para conseguir el control y triunfar sobre la muerte: el control de los espacios, de la familia, de la integridad individual, del orden natural y social, de la supervivencia y del poder.

[12] Gracia Zamacona, "The Semantics of the Verb *sḏr*", 52.
[13] Pascal Vernus, "La structure ternaire du système de déictiques dans les Textes des Sarcophages", *SEAP* 7 (1990): 27–45. Para los Textos de las Pirámides, véase Maxim Kupreyev, *Deixis in Egyptian: The Close, the Distant and the Known*, HES 18 (Leiden: Brill, 2022).

De esta manera, con una lectura lejana, perdemos detalle en el análisis de los textos concretos, pero ganamos información sobre posibles patrones generales que permean este corpus de textos.

Los espacios

En los Textos de los Ataúdes, una de las funciones fundamentales que el difunto necesita recuperar es el movimiento[14]. Esto es bastante evidente en sí mismo, ya que el movimiento es una capacidad íntimamente ligada a la animación[15], un rasgo distintivo de la misma, como el comer o el beber (véase la sección El orden, más abajo). En el ámbito de la cultura egipcia, en concreto en la grafémica, la capacidad de movimiento parece ser también un rasgo que distingue lo humano (más movimiento) de lo divino (menos)[16].

Esta asociación entre el movimiento y la animación se explicita en los textos mortuorios ya desde los Textos de las Pirámides, vinculando movimiento y vida:

> *Pyr* 833 a (PT 450). *hꜣ N pw šm.n.k ꜥnḫ.k n šm.n.k ỉs m(w)t.k*
> ¡Oh, este osiris N! Para vivir has partido; no para morir has partido.

Un análisis de imperfectivo (no subjuntivo) de *ꜥnḫ.k* y *m(w)t.k* es posible y quizás mejor ("¡Oh, este osiris N! Es viviendo como has partido. No es muriendo como has partido"), porque en los Textos de los Ataúdes, encontramos la misma expresión, pero los verbos están en estativo:

> CT I 187 e. *šm.n.k ꜥnḫ.t(ỉ) n šm.n.k ỉs m(w)t.(tỉ)*
> Es estando vivo como has partido. No es estando muerto como has partido.

En esta expresión, la forma *šm.n.k* es una *sḏm.n.f* enfática, porque lo importante es la circunstancia u objetivo de la partida: que se haga en vida, no en muerte.

De manera específica, el dominio del movimiento propio por parte del difunto implica el tránsito por unos espacios cuya topografía se nos escapa. La topografía del más allá ha sido caballo de batalla de la egiptología desde sus inicios prácticamente, con resultados siempre provisionales[17]; en particular, la

---

[14] Existen unos doscientos verbos de movimiento con más de cinco mil atestaciones en los Textos de los Ataúdes. Véase Gracia Zamacona, *Les verbes de mouvement dans les Textes des Sarcophages*.

[15] David R. Dowty, "Thematic Proto-roles and Argument Selection", *Language* 67 (1991): 572 y 574.

[16] Gracia Zamacona, "Modulating semograms".

[17] Entre otros, Shack-Schackenburg, *Das Buch von den zwei Wegen*; Christian Jacq, *Le voyage dans l'autre monde selon l'Egypte ancienne* (Mónaco: du Rocher, 1986); Christian Jacq, *Lexique*

topografía del más allá se ha estudiado en el, así llamado, Libro de los dos caminos (y en sus sucesores, los denominados "Libros del más allá")[18]. Estos espacios deben poder ser transitados por el difunto para que este pueda proceder en su camino hacia el Campo de los juncos. De ello se desprende que el difunto debe controlar el acceso, tránsito y abandono de esos espacios, algo que se hace fundamentalmente por medio de la argucia: ya sea eludiendo a los enemigos que dominan esos espacios (las fórmulas *ḫpr*, véase la sección EL INDIVIDUO más abajo) o demostrando su conocimiento (las fórmulas del barquero, los dedos, etc., véase la sección LA SUPERVIVENCIA más abajo).

Parece que todos los espacios tienen en común que son de tránsito, no de estancia; salvo uno: el Campo de los juncos, destino final del difunto[19], probablemente situado fuera del circuito solar (véase la sección EL INDIVIDUO más abajo).

Son de destacar, por su abundancia, determinados tipos de lugares: tribunales, puertas, caminos y lagos o corrientes de agua, sobre todo. Pero también hay llamas y lagos de fuego; ciudades e islas.

Dos lugares parecen tener una localización estable: la Isla de la llama (*iw nsrsr*), al oeste[20]; y el Canal desbordante (*mr nḫꜣ*), al este (o conectando este y oeste)[21]. Ambos parecen ser los puntos de acceso al y salida del trayecto nocturno del circuito solar y representan, con esos accidentes físicos, dos puntos o momentos del itinerario del difunto de máximo peligro.

Probablemente, el principal problema de comprensión de la topografía del más allá es la capacidad egipcia para representarla en el más acá: es decir, en la tumba. Esto significa que la visión puramente geográfica (oeste-necrópolis, este-resurrección o ascensión hacia el cielo) se puede situar en la propia tumba, resultando en una visión confusa para la lógica del intérprete actual, para quien el más allá y el más acá son espacios diferentes. Por ejemplo, uno de los

des verbes de mouvement dans les Textes des Pyramides et les Textes des Sarcophages (París: Institut Ramsès, 1993); Christian Jacq, *Recherches sur les paradis de l'autre monde d'après les Textes des Pyramides et les Textes des Sarcophages* (Velaux: Institut Ramsès, 1993); Hermsen, *Die zwei Wege*; Backes, *Das altägyptische "Zweiwegebuch"*; Abbas, *The Lake of Knives and the Lake of Fire*; Sherbiny, *Through Hermopolitan Lenses*.

[18] Erik Hornung, *Altägyptische Jenseitsbücher: Ein einführender Überblick* (Darmstadt: Primus, 1997).

[19] Raymond Weill, *Le champ des roseaux et le champ des offrandes dans la religion funéraire et la religion générale* (Paris: Geuthner, 1936); Harold M. Hays, "Transformation of Context: the Field of Rushes in Old and Middle Kingdom Mortuary Literature", en *D'un monde à l'autre: Textes des Pyramides et Textes des Sarcophages*, ed. S. Bickel y B. Mathieu, BdE 139 (El Cairo: IFAO, 2004), 175–200.

[20] Kees, "Die Feuerinsel".

[21] Hermann Junker, *Die Onurislegende*, KAWW 59 (Viena: Alfred Hölder, 1947), 78–79; Krauss, *Astronomische Konzepte*, 14–66.

topónimos a los que se refieren los textos y que se suele situar en el más allá (*r-sṯꜣ.w*)[22], puede referirse también a una parte de la tumba: la entrada al corredor de la tumba, al que los textos se refieren como *sṯꜣ-nṯr*[23].

Para más detalles sobre el control de los espacios, véase las fórmulas CT 1029 y 1072, pero también CT 1 y CT 1185, en el capítulo 2 (Lecturas).

LA FAMILIA

Un tema que ejemplifica la tensión entre el más allá y el más acá es el de la relación del difunto con la familia. El problema esencial que se plantea aquí es doble: por un lado, ¿cómo puede el difunto adquirir una vida plena *post mortem* si no tiene la capacidad de disponer de una familia en el más allá?; por otro lado, ¿cómo puede el hijo acceder a la tumba familiar si está ocupada por el padre difunto? Quizás este tema es aquel en que se manifiesta de una manera más evidente para el intérprete moderno la lógica aplastante, la visión práctica de los antiguos egipcios.

Aquí comentaré estos dos problemas desde una perspectiva general; para los detalles remito al lector a lo dicho sobre las fórmulas CT 38 y 146 en el capítulo 2.

Empezaré por el segundo. La conexión hijo (primogénito)-padre es clave en la sociedad egipcia del más acá: desde la sucesión al trono a la sucesión de la casa (como concepto socioeconómico)[24]. Cuando la muerte (típicamente la del padre) rompe esa relación, se produce un desequilibrio que, desde el punto de vista del hijo, significa que este pasa a desempeñar el rol del padre (y su propio hijo el rol de primogénito). Este cambio de papeles sucede de forma natural en el más acá, pero genera un conflicto en la zona limítrofe entre el más acá y el más allá: ¿cómo se disponen los roles del padre (ya difunto) y del hijo cuando este fallece? El nuevo difunto (hijo) debe asumir el rol del difunto antiguo (padre), por lo que este debe "promocionarse" de alguna manera y dejar hueco al nuevo difunto en la tumba. Esta promoción, su procedimiento y destino, no se menciona en la fórmula CT 38, pero el traspaso de poderes es claro: los *ꜣḫ.w* del difunto deben pasar al nuevo difunto (CT I 161 c–162 c) y el *bꜣ* del nuevo difunto se hace con el espacio tumbal (CT I 162 d–f).

[22] Véase las fórmulas CT 1072 y 1185 en el capítulo 2 (Lecturas). Véase Ciampini, "I percorsi misteriosi di Rosetau (*šmt štꜣt nt rꜣ-sṯꜣw / wꜣwt štꜣt rꜣ-sṯꜣw*)", *VO* 11 (1998–1999): 67–102.

[23] Jaroslav Černý, *The Valley of the Kings: Fragments d'un manuscrit inachévé*, BdE 61 (El Cairo: IFAO, 1973), 27.

[24] Véase, en último término, Juan Carlos Moreno García, "Households", en *UCLA Encyclopedia of Egyptology*, ed. E. Frood y W. Wendrich (Los Angeles, 2012).

Como siempre, en el más acá, al igual que en el más allá, el problema se dirime en un tribunal que, al tratarse de un asunto entre difuntos, será un tribunal de dioses; es decir, un tribunal del más allá. Este texto (y el planteamiento que subyace) debe ponerse en relación con las llamadas "Cartas a los muertos"[25], donde las cuestiones entre vivos o entre vivos y muertos se tratan por escrito, mediante solicitudes, advertencias y amenazas en textos que, de alguna manera, intentan sustituir los veredictos de los tribunales humanos del más acá (entre vivos y sobre asuntos de vivos) y los tribunales divinos del más allá (entre muertos y sobre asuntos de muertos).

En cuanto al primer problema, el difunto, de nuevo por un acto legal, va a reunir a los suyos, a los que se refiere el texto con el nombre colectivo *ꜣb.t*, tal como refiere la fórmula CT 146[26]. Este término incluye a los familiares, socios y subordinados, incluyendo a una concubina o más, pero excluyendo a la esposa. Esta vez, la acción sucede en el más allá, desde el punto de vista del difunto (padre) que necesita de su familia ¿o de una familia nueva? La mención a la concubina y la exclusión de la esposa parece apuntar en este sentido, así como la concesión de un documento legal sobre la concesión de esa familia. Ese documento, literalmente una orden (*wḏ*), le es solicitado al difunto por su hermana (¿quizás Nephthys?)[27] para poder acceder al Gran campo (*sḫ.t ꜥꜣ.t*). ¿Es este el destino final del difunto (el Campo de los juncos, el Campo de las ofrendas)?

Por lo demás, el contenido del texto es muy detallado en cuanto a los componentes del grupo "familiar" que se demandan para el difunto: es el oficiante quien habla y lo hace de una manera general, sin interlocutor, como en un texto legal general (una ley) y con un tono amenazante, por lo que podemos deducir que se refiere a los dioses y entidades similares que habitan el más allá.

El individuo

Como individuo, el difunto adopta tres cambios fundamentales. Dos de ellos aparecen explícitos en los textos. Uno lo realiza el difunto por sí mismo, ya sea o no agente verdadero—es decir, controle o no la acción del cambio (*ḫpr*)[28]. En el otro proceso de cambio, por el contrario, el difunto es el paciente de la acción; es

---

[25] Véase ahora Angela McDonald, "Putting Intentions in Their Place: Materialising Meaning through Spatial Dynamics in Appeals to the Dead", en *Variability in the Earlier Egyptian Mortuary Texts*, ed. C. Gracia Zamacona, HES 21 (Boston: Brill, 2024), 81–116.

[26] Gracia Zamacona, "Pero no la esposa".

[27] Si el difunto se identifica con Ra-Osiris en su viaje nocturno e Isis está asociada al oeste y Nephthys al este, parece que el destino final del difunto osiriaco estaría en la zona de control de Nephthys. Para la relación Osiris-Nephthys (y Anubis), véase Mark Smith, "Osiris and the Deceased", en *UCLA Encyclopedia of Egyptology*, ed. J. Dieleman y W. Wendrich (Los Angeles, 2008), 2.

[28] Landborg, *Manifestations of the Dead.*

decir, la acción (*s3ḫ*) la realiza un oficiante que convierte al difunto en un ente *3ḫ* por medio de unas liturgias[29]. En cuanto al tercer cambio, el implícito, se colige del tratamiento del difunto como *wsir N pn* "Este osiris N", que puede ser más una fórmula de trato "social" que un cambio ontológico[30], de ahí que utilice la minúscula y no la mayúscula para el término "osiris" en este contexto.

Los dos cambios explícitos (*ḫpr* y *s3ḫ*) parecen ser independientes. El cambio *s3ḫ* no implica cambio de identidad, sino de estatus: el *3ḫ*. El *3ḫ* es el difunto con un estatus diferente que le permite habitar en un mundo aparte del de los vivos y los muertos, cerca de los dioses. Además, un *3ḫ* es capaz de interactuar con los vivos, con los suyos principalmente, como si fuera casi una divinidad, intercediendo ante los dioses en el más allá a favor de los suyos en el más acá. El estatus de *3ḫ* es un punto terminal, un objetivo para el difunto, lo mismo que su llegada al espacio de destino final: el Campo de los juncos.

Por su lado, el cambio *ḫpr* implica un cambio de apariencia en contextos muy específicos y diferentes unos de otros. Estos cambios están vinculados a espacios muy precisos en los que el difunto necesita pasar desapercibido, para lo cual adopta una apariencia (*ḫpr*) concreta, familiar y útil en ese contexto dado, de manera que los enemigos que allí habitan no puedan reconocerlo como intruso y destruirlo.

A pesar de que determinadas fórmulas se pueden identificar formal y temáticamente como *s3ḫ*[31], y lo mismo puede decirse de las fórmulas *ḫpr*, al menos temáticamente[32], ambos procesos están conectados de alguna manera, para confusión del lector moderno.

En primer lugar, los términos pueden aparecer en plural y juntos, como pertenecientes al difunto, como ya vimos al principio de este capítulo, en el pasaje CT IV 57 i–58 f:

CT IV 57 i–j. *iw b3.i ḥnʿ.i n(n) w3i.(w).f r.i*
CT IV 58 a–b. *ḥk3.w.(i) m ẖ.t.i n ʿw3.t(w).f*
CT IV 58 c. *3ḫ.w.i n.i ḫpr.w.i n.i*
CT IV 58 d–e. *r wnm.(w).i i.š.wt.i ḥnʿ k3.i im.y t3.i [pn]*
CT IV 58 f. *sḏr.(w).i m3.kwi rnp.kwi*
Mi *b3* (está) conmigo: no se alejará de mí;

[29] Assmann, *Altägyptische Totenliturgien* 1.
[30] Mark Smith, "Osiris NN or Osiris of NN?", en *Totenbuch-Forschungen: gesammelte Beiträge des 2. Internationalen Totenbuch-Symposiums, Bonn, 25. bis 29. September 2005*, ed. Burkhard Backes, Irmtraut Munro y Simone Stöhr (Wiesbaden: Harrassowitz, 2006), 325–37.
[31] Un grupo de 57 fórmulas, en tres liturgias: *ḫbs-t3* (CT 1–24, 62, 557, 829); *ii-thb-wr* (CT 63–74); y *ḫnm.w* (CT 44–61). Véase Assmann, "Egyptian mortuary liturgies"; Assmann, *Altägyptische Totenliturgien* 1.
[32] Un grupo de 85 fórmulas; véase la fórmula CT 75 en el capítulo 2 (Lecturas) para los detalles.

mi *ḥkꜣ.w* (está) en mi vientre: no es robado;
mis *ꜣḫ* me (pertenecen) (y) mis transformaciones (*ḫpr.w*) me (pertenecen), siempre que yo coma mis ofrendas en compañía de mi *kꜣ*, que está en esta tierra mía (y) que yo esté acostado, siendo visto (y) rejuvenecido.

¿Qué significa el plural de estos términos? Parece que, con frecuencia, el plural *ꜣḫ.w* se refiere a una fuerza similar a las fuerzas *bꜣ.w* y *ḥkꜣ.w*, todas ellas de un tipo que nosotros llamaríamos "mágico"[33], conceptos abstractos que, como es habitual en egipcio medio, se pueden construir como masculinos plurales[34]. Es decir, unas fuerzas superiores a las humanas, e incomprensibles, que causan miedo y destrucción. Por su lado, el plural *ḫpr.w* parece indicar un auténtico plural; es decir, las apariencias que puede adoptar el difunto, y que son variopintas: dioses y los *bꜣ* de dioses (CT 75), entes híbridos (CT 149), humanos (CT 105), animales (CT 271), plantas (CT 269) y otros elementos de la naturaleza (CT 284). En CT 335 (una fórmula *sꜣḫ*), los *ḫpr.w* aparecen listados en un documento (CT IV 310 a)[35].

En segundo lugar, algunas fórmulas que tienen un título explícito *ḫpr* hacen referencia al proceso *sꜣḫ*. Es el caso de la fórmula CT 75, que ya vimos en el capítulo 2, pero no es el único. Lo encontramos también en la fórmula CT 269, que incluyo aquí por tener la ventaja de ser breve (CT IV 6 b–7 l [T1L]):

CT IV 6 b. *ḏd-mdw ḫpr.w m mḥ.(ty)*
CT IV 6 c–e. *N pn bꜣ.t tw n.t ꜥnḫ pr.t m Wsir rd.t ḥr spr.w n.w Wsir*
CT IV 6 f–h. *sꜥnḫ.(t) rḫy.t snṯr.t nṯr.w sꜣḫ.t ꜣḫ.w*
CT IV 7 a–d. *sḏfꜣ.t nb.w kꜣ.w nb.w ḫr.(w)t irr.t pꜣq.w n ꜣḫ.w srwḏ.t ꜥnḫ.w smn.t ḥꜥ.w ꜥnḫ.w*
CT IV 7 e–g. *ꜥnḫ N pn m npr ḥt.y N pn pw npr ḥt.y ꜥnḫ.w ꜥnḫ ḏdꜣ N pn ḥr spr.w gb*
CT IV 7 h–i. *iw mr.wt N pn m p.t m tꜣ m [mw] m [sḫ.wt] ꜣḫ.n ꜣs.t n ḥr nṯr.s*
CT IV 7 j–k. *n ḫnms.s im.f n ḥr nṯr.s N pn ꜥnḫ m wsir*
CT IV 7 l (Sq6C). *ḫpr.w m mḥ.(ty)*

Recitación. Transformación en farro del Delta. Este N es el haz de vida que brotó de Osiris y crece de las costillas de Osiris, que alimenta a la gente, diviniza a los dioses, hace que los *ꜣḫ* sean *ꜣḫ*, abastece a los dueños de los *kꜣ* (y) a los dueños de los bienes, hace pasteles para los *ꜣḫ*, fortalece a los vivos y hace que duren los miembros de los vivos. ¡Pueda vivir este N del grano tostado!—Este N es el grano tostado de los vivos—. ¡Pueda este N vivir y engordar sobre las costillas de Gueb! El deseo de este N está en el cielo, en la tierra, en las aguas y en los

---

[33] Joris F. Borghouts, "*ꜣḫ.w* and *ḥkꜣ.w*: Two Basic Notions of Ancient Egyptian Magic and the Concept of the Divine Creative Word", en *La magia in Egitto ai tempi dei faraoni*, ed. A. Roccati y A. Siliotti (Verona: Rassegna Internazionale di Cinematografia Archeologica, 1987), 29–46.

[34] Carlos Gracia Zamacona, *Manual de egipcio medio* (Oxford: Archaeopress, 2017), 30.

[35] Véase los detalles en el capítulo 2.

campos, e Isis se ha vuelto útil (*ꜣḫ*) a causa de Horus, su dios, porque ella está contenta con él (= Osiris) a causa de Horus, su dios. Es este N quien vive en cuanto Osiris. (Sq6C: Transformación en farro del Delta).

Para más detalles sobre los dos procesos (*sꜣḫ* y *ḫpr*), véase las fórmulas CT 75 y 335 en el capítulo 2.

El orden

El mantenimiento del orden es una de las principales preocupaciones del difunto. Tras la disrupción que representa la muerte, el restablecimiento del orden se convierte en una prioridad en todos los niveles: desde el corporal (con la momificación y la recuperación de las funciones básicas) al cósmico, pasando por el social. En general, la pérdida de orden se percibe como una inversión del orden.

Un buen ejemplo de ello en el nivel cósmico lo encontramos en CT 343, donde el trayecto del circuito solar peligra por posibles "inversiones" o vueltas de campana (*pnꜥ.w*). Esta inversión posicional es otra preocupación explícita también en el ámbito corporal. En el título de la fórmula CT 90, leemos:

CT II 60 a (B2Bo). *tm šm.(w) sḫd.w pr.t m hrw*
No partir cabeza abajo. Salir al día.

La inversión es uno de los grandes temores del difunto, que parte al inframundo sin saber qué se va a encontrar. Al comenzar su trayecto *post mortem* con un descenso por el oeste, el difunto teme sufrir una inversión de su postura normal.

En el ámbito corporal, el difunto está preocupado por tener acceso al movimiento[36] y a la comida a la que está acostumbrado. El acceso a una comida apropiada se expresa ampliamente en una serie de fórmulas, en las que se pone como ejemplo de lo que no se debe comer y beber, respectivamente, los excrementos (*ḥs*) y la orina (*wzš.t*). En ocasiones, la prohibición o la repugnancia causada por la posibilidad de tener que comer excrementos llega hasta el punto de que se alude al excremento mediante un tipo radical de eufemismo: por antonimia. De esta manera, se refiere uno al excremento como *ḥtp-kꜣ* "aquello que satisface el *kꜣ*", es decir, "lo que quita el hambre"[37]. Este tipo de eufemismo[38] puede producir

[36] Como vimos en la sección Los Espacios, más arriba.
[37] CT III 47 g, *passim*.
[38] Sobre estos eufemismos, véase en último término Pascal Vernus, "Sur l'euphémisme en général et sur l'euphémisme par antiphrase (a contrario) en particulier", en *Ein Kundiger, der in die Gottesworte eingedrungen ist: Festschrift für den Ägyptologen Karl Jansen-Winkeln zum*

desconcierto en el lector moderno, pero no es raro. Se usa también al referirse al mundo de los muertos como *tꜣ* (*pn n*) *ꜥnḫ.w* "(esta) tierra de los vivos"[39]. Parece ser un mecanismo de magia simpática para combatir las posibles inversiones en el más allá: una inversión (de términos) elimina otra inversión (de realidades).

Otra función corporal que el difunto necesita asegurarse es la reproductiva. En la fórmula CT 94, esta capacidad del difunto en el más allá se hace en paralelo en el más acá con la figura del hijo que es el *bꜣ* (la manifestación) del difunto. La reproducción actúa aquí como una función que conecta los dos mundos (el más allá y el más acá) de dos maneras: diacrónicamente (el hijo puede reproducirse después de que su padre lo hiciera) y analógicamente (el padre puede seguir reproduciéndose *post mortem* lo mismo que su hijo lo hace en vida). De esta manera, la función reproductiva conecta el ámbito corporal con el social.

En otras dos fórmulas (CT 210 y 472), se expresa la preocupación por mantener el orden social. En concreto, tratándose de información procedente de las tumbas de la clase dominante, la exención respecto al trabajo parece un punto clave que el difunto pretende conservar. La fórmula CT 210, una fórmula difícil de entender, pero bastante frecuente, parece referirse a alguna tarea en la necrópolis; es decir en la zona de contacto entre el más acá y el más allá. Y se trata más de la colaboración de un misterioso personaje divino (*ꞽIq.w*) que de la exención de un servicio. Sin embargo, la fórmula CT 472 se refiere a un servicio a parte completa: por medio de la activación mágica de los shabtis, estas figurillas acudirán en lugar del difunto a cumplir las tareas que el rey tenga a bien encargarle en el más allá.

Para los detalles sobre el mantenimiento del orden *post mortem*, véanse las fórmulas CT 94, 210, 215, 343 y 472 en el capítulo 2.

La supervivencia

En su periplo subterráneo, el difunto debe enfrentarse a peligros que amenazan su supervivencia *post mortem*. Dos puntos de particular riesgo son la entrada y salida del circuito solar, al oeste y al este respectivamente. Ambos suceden en ámbito fluvial y se caracterizan por la presencia de unos tramperos que intentan capturar al difunto como si de un pez o un ave se tratara. Estas fórmulas están relacionadas con la preocupación de conseguir una comida apropiada, pero ahora se trata específicamente de no convertirse en la comida de otros. Esta relación se hace explícita en la fórmula CT 473, una de las conocidas como Fórmulas para escapar de la red, en donde leemos (CT VI 13 h–14 g [B9C]):

65. *Geburtstag*, ed. S.-W. Hsu, V. P.-M. Laisney y J. Moje, ÄAT 99 (Münster: Zaphon, 2020), 283–316.

[39] CT I 137 b, *passim*.

CT VI 13 h–i. *iw t.i m sẖ.t ꜥꜣr.w* (= *iꜣr.w*) *msw.t.i m sẖ.t ꜣgb*
CT VI 13j–14c. *n zwr.n.i n.ṯn wsš.t n wnm.n.i n.ṯn ḥs.w n šm.n.i n.ṯn m sẖdẖd.*(*w*)
CT VI 14d–14f. (B1Y y B1C) *ꜥnḫ.*(*w*)*.i im m bty dšr.t* [*wnm*].(*w*)*.i im bty zšp.t*
CT VI 14g. *in* [*ꜣs.t*] *rdi n.i m.w*
Mi pan está en el Campo de los juncos; mi cena está el Campo de la abundancia. Yo no puedo beber orina por vosotros ni comer excrementos por vosotros ni caminar bocabajo por vosotros. (B1Y y B1C: De farro rojo viviré allí; de farro blanco comeré allí.) Es Isis quien me dio agua.

De manera similar, las fórmulas que se ocupan de la supervivencia del difunto deben de guardar relación estrecha con las fórmulas para tener poder sobre los enemigos, que veremos en la sección siguiente.

Aunque ya he comentado brevemente la fórmula CT 343 en relación al mantenimiento del orden a nivel cósmico (sección anterior), la principal preocupación del difunto es no ser atrapado en una red gigantesca, que llega desde el cielo a la tierra[40] (de ahí su dimensión cósmica), en el oeste, en la zona limítrofe con el valle. Esta red, que pertenece a Jenty-imentiu ("El primero de los occidentales", una forma de Osiris)[41] está destinada a capturar *ꜣḫ*. El difunto evitará la red por medio de la huida: cogiéndose al rabo de un toro de cuernos largos, amigo de Anubis, y que atraviesa el oeste (probablemente el toro Apis). La huida se completa, en la otra mitad del trayecto nocturno, con el difunto convocando a *Mꜣ-ḥꜣ.f*, el barquero que le llevará hasta el este.

La fórmula CT 473 es más explícita por lo que se refiere al temor de convertirse en alimento de otros. Se notará que, en este caso, la red no está destinada a capturar a los *ꜣḫ*, sino a los "inertes" (*nn.w*): es decir, los muertos que yacen en lo más profundo del inframundo. En esta ocasión, para superar la red y los peligros que comporta, el difunto se sirve de su conocimiento, que afecta a dos esferas.

En primer lugar, el difunto demuestra conocer los nombres verdaderos de todo lo relacionado con la red: la propia red, su campo, el lino con que está fabricada, sus tejedoras, sus partes (aguja, pinza, barra, cuerdas); el "equipo de cocina" (el "copero" que captura las presas, el matarife, la cocinera, hasta el pescado cocinado y el brasero en que se cocina); además, el difunto conoce el nombre del lugar donde se guarda la red después de usada, así como de sus boyas y plomadas; por último, también sabe el nombre de la barca en la que se pesca, y de sus partes.

---

[40] El tema aparece en algunos textos de amuletos: véase Yvan Koenig, "Le papyrus de Moutemheb", *BIFAO* 104 (2004): 292 y 294; Yvan Koenig, "Histoires sans paroles (P.Deir al-Medîna 45, 46, 47)", *BIFAO* 111 (2011): 244.

[41] Véase ahora Jean-Pierre Pätznick, en *Variability in the Earlier Egyptian Mortuary Texts*, ed. C. Gracia Zamacona, HES 21 (Boston: Brill, 2024), 117–30.

En segundo lugar, y en adición a lo anterior, el difunto posee el conocimiento de los textos sagrados, que son *ḥkꜣ*:

CT VI 15 e. *ini.t.i wḥm.i mdw-nṯr.w*
CT VI 15 f. *ḥkꜣ pw*
¡Pueda yo llevar y repetir las palabras divinas (= jeroglíficos)! Son *ḥkꜣ*.

En esta fórmula, el difunto se identifica con la deidad solar (CT VI 13 c–e), lo que lo lleva hacia el este al final de la fórmula, donde supera la red, accede al Canal desbordante y a la pesca que hay en él (CT VI 15 g–16e), pasando así del temor a ser comido a disponer de comida:

CT VI 15 g–h. *rdi.n.ṯn n.i š nḫꜣ nḥḥ.i ḫr nṯr nw.t.f*
CT VI 16 a–b. *wnm.[i] rm.w.f ḫnp.i bꜥḥ.f hꜣ.y.i ḥr wḏb.w.f*
CT VI 16 c–e. *hꜣ.y.i ḥr wḏb.w.f sḫr.i ꜥꜣpp ḫꜣbs.i im*
Si me habéis dado el Canal desbordante, es para que yo sea eterno donde el dios de sus (= del lago) aguas, para que yo coma sus peces, para que yo me apropie de su abundancia (de peces y aves), para que baje a sus orillas, para derrotar a Apofis y para que yo me lance sobre ella (= la red *iꜣd.t*).

Para los detalles sobre la supervivencia, véanse las fórmulas CT 343 y 473 en el capítulo 2.

El poder

El disponer de comida está directamente relacionado al poder en el antiguo Egipto. La expresión *sḫm m* significa ambas cosas, dependiendo de la naturaleza del término introducido por la preposición *m*. Ese poder puede referirse a disponer de un miembro del cuerpo para garantizar la movilidad:

CT I 68 a. *sḫm.k m rd.wy.k r tr nb mrr.k pr.t im m wn.t nb.t*
¡Puedas tú disponer de tus pies en cualquier estación (del año) en que desees salir, a cualquier hora!

También puede referirse a disponer de un alimento o de agua para garantizar la supervivencia:
CT VII 98 s. *sḫm m m.w m ḫr.t-nṯr*
Disponer de agua en la necrópolis.

O puede hacer referencia a tener poder sobre una entidad animada, es decir un enemigo:

CT VI 270 w. *sḫm.i m ḫf.tyw.i im.yw iw nsrsr*

Yo tengo poder sobre mis enemigos en la Isla de la llama.

La hostilidad que implica la expresión "tener poder sobre el enemigo" puede aparecer de manera explícita mediante la coocurrencia con un verbo de rechazo:

CT I 178 q. *wsỉr N tn sẖm.ṯ dr.ṯ ẖf.tyw.ṯ*
¡La osiris N! ¡Puedas tú ser poderosa y rechazar a tus enemigos!

Este doble uso de *sẖm* debe venir de su significado básico: tratándose del causativo del verbo *ẖmi* "consumirse, deshacerse, desmoronarse"[42], el verbo *sẖm* adquiere el significado transitivo: "consumir (algo)". Tener poder sobre algo es tener el poder de consumirlo, como si fuera un alimento. Ese es el poder máximo: la aniquilación definitiva del otro. No es de extrañar, por tanto, que la manifestación aniquiladora de la divinidad solar (Ra) adopte la forma de Sejmet (*sẖm.t* "La poderosa"), que es la encargada de aniquilar a la humanidad[43]. También parece natural que Sejmet porte *uraeus* (es la única divinidad que lo hace), porque el uraeus la presenta como una suerte de equivalente en el más allá de Horus, encarnado en el monarca en el más acá. El *uraeus* es un elemento clave, junto a la primogenitura, en el acceso al poder de Horus, tal como se expresa en contexto mortuorio (el difunto está identificado con Horus):

CT VI 312 a. *ỉwꜥ.n N p.t m ỉ.ꜥr.t.f m msw.t.f tp.t*
CT VI 312 b. *r st.(t) n.f tꜣ pḥ n.f ꜣẖ.t*
Es para sembrar la tierra y alcanzar el horizonte para sí para lo que N (= Horus) ha heredado el cielo gracias a su *uraeus* y a su primogenitura.

La fórmula CT 225 ofrece una lista completa de los elementos (inanimados) sobre los que el difunto desea tener poder a la par que los pone en paralelo con su deseo de tener poder sobre los enemigos (animados), constituyendo un ejemplo excelente de la ecuación entre los elementos de sacrificio (comida, bebida) y los enemigos, y añadiendo un tercer elemento de control (las partes del cuerpo), que el difunto necesita para asegurar la movilidad y la legitimación, garantizándose así la consecución de provisiones y la superación de sus enemigos:

CT III 220b–221c. *hꜣ N sẖm.k m ỉb<.k>*
CT III 222a–223a. *sẖm.k m ḥꜣt(y).k*

---

[42] *Wb* III 281; compárese *ẖm.w* "polvo" (*Wb* III 277).
[43] Véase, entre otros: Sigrid-Eike Hoenes, *Untersuchungen zu Wesen und Kult der Göttin Sachmet* (Bonn: Habelt, 1978); Philippe Germond, *Sekhmet et la protection du monde*, AegHel 9 (Ginebra: Belles-Lettres, 1981); Frédérique Von Känel, *Les prêtres-ouâb de Sekhmet et les conjurateurs de Serket*, BEHE 87 (París: PUF, 1984).

CT III 222c–223c. *sḫm.k m ꜥ(.wy).k*
CT III 222d–223d. *sḫm.k m rd.wy.k*
CT III 224–225c. *sḫm.k m pr.t-ḫrw.k n.k-ỉm.yt*
CT III 226–227a. *sḫm.k m m.w*
CT III 226–227b. *sḫm<.k m> ṯꜣw.w*
CT III 226–227d. *[sḫ]m[.k] m n.wt*
CT III 228–229a. *sḫm.k m wḏb.wy*
CT III 230–231c. *sḫm.k m ỉrr.w [r].k m ẖr.t-nṯr*
CT III 232–233a. *sḫm.k m wḏ<.w> ỉrỉ.t r.k m ẖr.t-nṯr*
¡Oh, N! Ojalá puedas tener poder sobre tu corazón (*ib*). Ojalá puedas tener poder sobre tu corazón (*ḥꜣ.ty*). Ojalá puedas tener poder sobre tus brazos. Ojalá puedas tener poder sobre tus piernas. Ojalá puedas disponer de tu ofrenda, que te pertenece. Ojalá puedas disponer de agua (*m.w*). Ojalá puedas disponer de aire. Ojalá puedas disponer de las olas (*n.wt*). Ojalá puedas disponer de las dos orillas. Ojalá puedas tener poder sobre los que actúen contra ti en la necrópolis. Ojalá puedas tener poder sobre los que ordenen actuar contra ti en la necrópolis.

Por su parte, en la fórmula CT 629, el difunto consigue disponer de una escala al cielo por medio de su conocimiento: a través de un diálogo con los dioses, el difunto demuestra conocer todas las particularidades relacionadas con la escala y la ascensión, de manera similar a lo que vimos en la fórmula CT 473 relativa a la supervivencia del difunto. Con una diferencia: mientras que allí el difunto nunca recibió respuestas de las entidades hostiles, ahora establece un diálogo con ellas en el que el difunto responde puntualmente a sus preguntas, accediendo así al instrumento que le permite ascender al cielo.

Para más detalles sobre la consecución de poder por parte del difunto, véanse las fórmulas CT 225 y 629 en el capítulo 2.

Todos estos mecanismos de control (espacios, familia, individuo, orden, supervivencia y poder) se pueden ver como implementaciones específicas de un proceso general subyacente que permea todo el corpus de los Textos de los Ataúdes: la legitimación del difunto.

Legitimación en el más allá

La legitimación del difunto en el más allá es un mecanismo fundamental para que consiga superar la segunda muerte y los textos se hacen eco de ello frecuentemente y de muchas maneras. Un ejemplo sumamente explícito está en la primera columna del exterior del frente del ataúd S17C (ataúd externo de *Nḫt*), donde se lee *rdỉ.t sꜣḫ ḥnꜥ mꜣꜥ-ḫrw* "Dar transfiguración y legitimación"[44]. Ambos conceptos van de la mano. Es esta una asociación que parece otorgar a la

[44] Émile Chassinat y Charles Palanque, *Une campagne de fouilles dans la nécropole d'Assiout*, MIFAO 24 (El Cairo: IFAO, 1911), 137 (côté 4).

legitimación un papel clave en la consecución de la "transfiguración" (*s3ḫ*); es decir, la conversión del difunto en un *3ḫ*.

En el contexto de una sociedad legalista como la del Egipto antiguo, construida alrededor de un patrón cósmico (*m3ʿ.t*)[45], que incluye el comportamiento humano, no es de extrañar que la legitimación de los actos humanos se manifieste de diversas maneras, con el prototipo más evidente de las autobiografías evenemenciales[46], en las que se presentan los logros del difunto en vida, en el más acá.

En los Textos de los Ataúdes, la legitimación se puede explicitar en el título de una fórmula. CT 618 ofrece un caso curioso. La fórmula se conserva en dos testigos (B3Bo y B4Bo), pero el título sólo aparece en el lado de la espalda del ataúd B3Bo:

> CT VI 230 a. *r n m3ʿ-ḫrw*
> Fórmula de legitimación.

B4Bo, que omite el título, tiene CT 618 en el frente del ataúd. Ambos ataúdes son de la misma propietaria (*Ḏḥw.ty-nḫt.*(*w*)): B3Bo el externo; B4Bo el interno. Una primera cuestión es por qué se copió el texto dos veces para la misma difunta. A falta de estudios sistemáticos, esta es una pregunta a la que aún no podemos responder[47]. Pero, además, tampoco sabemos por qué se copió en la espalda del externo y en el frente del interno. Por último, ignoramos por qué sólo el testigo del ataúd externo lleva el título de la fórmula. Podemos conjeturar que hay una relación entre el lado de la espalda, orientado al oeste, y el más allá, y que por eso se copió el título: para asegurar una legitimación en el más allá. Pero podría ser, simplemente, que el ataúd externo dispone de más espacio de escrituración porque es más grande que el interior y, además, el lado de la espalda también dispone de más espacio comparado con el del frente, que contiene la falsa puerta, los ojos y la lista de ofrendas.

Igualmente, encontramos la legitimación explícita del sucesor por antonomasia en la cultura egipcia, Horus, identificado con el difunto en la fórmula CT 682, sólo conservada en B1Bo. De esta manera, por una suerte de analogía o de identificación, el difunto se legitima en el más allá:

---

[45] Jan Assmann, *Ma'at: Gerechtigkeit und Unsterblichkeit im alten Ägypten* (Múnich: Beck, 1990).

[46] Janet E. Richards, "Kingship and Legitimation", en *Egyptian Archaeology*, ed. W. Wendrich (Chichester: Wiley-Blackwell, 2010), 65–71 (principalmente); Julie Stauder-Porchet, *Les autobiographies de l'ancien empire égyptien*, OLA 25 (Lovaina: Peeters, 2017), cap. 5 y 7.

[47] Iker Barriales Valbuena, Carlos Gracia Zamacona, César Guerra Méndez y Anne Landborg, *Variability of Middle Kingdom Mortuary Texts: Three Case Studies*, e.pr.

CT VI 312 a. *iwꜥ.n N p.t m i.ꜥr.t.f m msw.t.f tp.t*
CT VI 312 b. *r st.(t) n.f tꜣ pḥ n.f ꜣḫ.t*
Si este N ha heredado el cielo gracias a su uraeus, gracias a su primogenitura, es para sembrar la tierra y alcanzar el horizonte.

Por lo demás, el ámbito legal está presente al principio de esa fórmula, cuando el oficiante se dirige a una divinidad (probablemente Hapi) para que busque en un registro donde debe de estar el nombre, supuestamente, del heredero:

CT VI 308 p–q. *gm.k N pn ꜥꜣ r-ḥꜣ.t ꜥ mm nw.w rn.w.sn*
¡Puedas tú encontrar a este N aquí, al frente del registro entre aquellos que buscan sus nombres!

Volvemos a encontrar expresiones del ámbito legal en la fórmula CT 383. En el título de la fórmula (rubricado en G1T y T3L) se alude a la legitimación del difunto y al contexto en que se produce:

CT V 45 a–b (B1Bo). *tm rdi.(w) ḥms ib n z m ẖr.t-nṯr*
CT V 45 a–b (G1T y T3L). *tm rdi.(w) wrḏ ib m ẖr.t-nṯr*
CT V 45 a–b (B4C). *ꜥnḫ m imn.t*
(B1Bo) No permitir que el corazón de un hombre se siente en la necrópolis. (G1T y T3L) No permitir que el corazón de un hombre se agote en la necrópolis. (B4C) Vivir en el Occidente.

"Sentarse (contra alguien)" es un término jurídico técnico que significa "llevar a juicio a alguien", "acusar"[48]. Se trata, por tanto, de evitar que el corazón del difunto acuse a este durante el juicio ante el tribunal de Osiris, el momento clave de la legitimación *post mortem*. De esta manera, el difunto podrá vivir en el Occidente, como se explicita en B4C.

Pero la manifestación determinante del mecanismo de legitimación en los Textos de los Ataúdes es una estructura lingüística que podemos llamar de *finalidad problemática*, siguiendo un estudio de Sandra A. Thompson[49], y que se caracteriza por usar un tiempo segundo (*sḏm.n.f* enfática) del verbo *ii* "venir" seguido de una elemento de finalidad (normalmente un subjuntivo o una estructura *r* + infinitivo)[50].

Es de destacar también que la estructura comunicativa predominante de la legitimación es la dialógica. Así, en la fórmula que acabo de mencionar (CT 383), el difunto habla con el portero de la mansión de Ruty. Se notará que las

[48] Van der Molen, *A Hieroglyphic Dictionary*, 334.
[49] Sandra A. Thompson, "Grammar and Written Discourse: Initial vs. Final Purpose Clauses in English", *TIJSD* 5 (1985): 55–84.
[50] Véanse los detalles en Gracia Zamacona, "¿Qué Quería?".

preguntas del portero están rubricadas en B1Bo, no sólo para marcar la estructura del diálogo sino, sobre todo, las interrogaciones remáticas: es decir, los puntos sobre los que se requiere información nueva[51]. Esos son los elementos clave ante los que el difunto debe responder, respecto a los cuales debe legitimarse. Esta marca material (la rúbrica) de los objetivos de la legitimación es preciosa para identificar y delimitar el mecanismo de legitimación, tanto o más que la forma lingüística.

Volviendo a esta, el marco de análisis lingüístico nos lo ofrece Sandra A. Thompson, que distingue, en inglés, entre las proposiciones de finalidad iniciales como "problemas" (no-neutrales) y las no-iniciales como neutrales. Este fenómeno puede describirse como un caso de iconismo: el lenguaje imita la realidad, en este caso, por medio de la metáfora espacial según la cual "delante" es "antes"[52]. Según esto, el orden normal en la realidad (causa + acción principal + propósito) sería una construcción no-marcada y, por tanto, neutral enunciativamente[53]. Por el contrario, un orden "irregular" (no-icónico), daría lugar a una construcción marcada, esto es, no-neutral (enfática) enunciativamente:

NO INICIALES	**INICIALES**
Place the loaf on a wire rack to cool	*To cool, place the loaf on a wire rack*
Colocar el pan sobre una rejilla para que se enfríe.	Para que se enfríe, colocar el pan sobre una rejilla
orden real (causa + acción + propósito) = enunciado neutral	orden irregular (propósito + causa + acción) = enunciado no-neutral (enfático)

Tabla 21. Proposiciones de finalidad neutrales y no-neutrales en inglés

La conclusión principal de Thompson es que las proposiciones de finalidad iniciales son distintas a las no iniciales: expresan problema en vez de finalidad y poseen una función comunicativa de las que las segundas carecen[54]. Thompson resalta la necesidad de estudiar este fenómeno en lenguas distintas al inglés[55], de manera que aquí el egipcio acude en ayuda de la lingüística, lo mismo que esta nos esclarece sobre la función del mecanismo de legitimación en nuestra comprensión de los Textos de los Ataúdes.

Analicemos el fenómeno en egipcio comparando una estructura de tiempos segundos (no-neutrales respecto a la finalidad) con otra de tiempos primeros

---

[51] Hans J. Polotsky, "Egyptian Tenses", *IASHP* 2 (1965): 1–25.

[52] Thompson, "Grammar and Written Discourse", 79–80; John Haiman, "Economic and Iconic Motivation", *Language* 59 (1983): 781–819; Haiman, ed., *Iconicity in Syntax*, TSL 6 (Amsterdam: Benjamins, 1985).

[53] Thompson, "Grammar and Written Discourse", 57 y 59.

[54] Thompson, "Grammar and Written Discourse", 69–70.

[55] Thompson, "Grammar and Written Discourse", 81.

(neutrales respecto a la finalidad) en los Textos de los Ataúdes. En el siguiente ejemplo (CT I 56 c–58 a (B1P)), marco en negrita el tiempo segundo (*rdi.n.i*) y las expresiones de finalidad *enfatizada* que lo siguen:

CT I 56 c. ***rdi.n.i*** *n.k ib.k n mw.t.k ḥ3.ty.k n d̠.t.k*
CT I 56 d. *b3.k ḥr.(y) t3 ẖ3.t.k ḥr.t z3t̠w*
CT I 56 e. *t n ẖ.t.k m.w n ḫḫ.k*
CT I 56 d–57 a. *t̠3.w nd̠m n šr.t.k h3 wsir N pn*
CT I 57 b. ***ḥtp*** *n.k im.yw iz.w.sn*
CT I 57 c. ***wn*** *n.k nb.w qrs.wt.sn*
CT I 57 d–58 a. ***in.t.sn*** *n.k ʿ.wt.k w3.wt r.k smn.<t>(i) ḥr itt.k*
Si te he dado tu corazón (*ib*) de tu madre y tu corazón (*ḥ3.ty*) de tu cuerpo, tu *b3* que está en el mundo y tu cadáver que está en el suelo, el pan de tu vientre y el agua de tu garganta, el dulce aire de tu nariz, ¡oh osiris N!, **es para que** aquellos que están en su tumbas **estén** contentos contigo, para que los señores te **abran** sus ataúdes y te traigan tus miembros, que estaban lejos de ti, colocados con tu forma.

Podemos comparar el pasaje anterior con una estructura típica de tiempos primeros en CT V 47 b–e (G1T), donde he marcado los evidenciales (*iw*) en negrita, que indican que el enunciado es neutral (sin énfasis):

CT V 47 b. ***iw*** *ḥw.t n.t rw.ty ḥr mḥ.t pr dw3.t r*[56] *pr dwn-ʿn.wy*
CT V 47 c. *wn.i im*
CT V 47 d. ***iw*** *m3.n.i*
CT V 47 e. ***iw****.i rḫ.kwi rn n ḫpr.w*
La morada de Ruty (está) al norte de la Casa de la Mañana, junto a la casa de *dwn-ʿn.wy*. Estuve allí. (La) he visto. Conozco el nombre de las transformaciones.

Al comparar estos dos pasajes, podemos comprobar que los tiempos segundos del egipcio muestran los rasgos que Thompson define para las proposiciones de finalidad iniciales (enfáticas) en inglés:

- Primero, la inicialidad[57]. El tiempo segundo aparece en posición inicial y sin auxiliar de enunciación alguno (típicamente *iw*), al contrario que los tiempos primeros.
- Segundo, el mayor alcance. El tiempo segundo está relacionado comunicativamente con una mayor cantidad de texto que le sigue (normalmente otras proposiciones)[58], en comparación con los tiempos primeros.

[56] *r-gs* (B1Bo) / *r* (G1T, A1C y T3L).
[57] Thompson, "Grammar and Written Discourse", 70–75.
[58] Thompson, "Grammar and Written Discourse", 75–78.

- Tercero, su mayor presencia en textos no narrativos[59]. También es el caso de los Textos de los Ataúdes, que son diálogos preferentemente.
- Cuarto, la no-literalidad[60]. El tiempo segundo es semánticamente irrelevante para la finalidad que se expresa después de él, que es lo relevante comunicativamente. Esto es, precisamente, lo que permite su uso más amplio comunicativo de los tiempos segundos respecto a los primeros.

En el contexto comunicativo de la legitimación del difunto, la estructura más frecuente es, como dije, el verbo "venir" (*ii*) en la forma *sḏm.n.f* seguida de una proposición de finalidad. La estrategia comunicativa es, claramente, la de atenuar el efecto de la llegada a un entorno *a priori* hostil para el difunto y de explicar, cuanto antes, la razón de su presencia; es decir, legitimarse: literalmente, "Si he venido, es para...", o traducido más libremente "Sólo venía para...". CT I 102 a–106 c (B1P) es un claro ejemplo de la centralidad del mecanismo de la legitimación y los recursos lingüísticos empleados (el verbo *ii* "venir" en el tiempo segundo perfectivo conocido como *sḏm.n.f* enfática) en los Textos de los Ataúdes:

> CT I 102 a–103 a. *i wsir m ḏdw m sʿḥ.f n kꜣ imn.t* ***i.n*** *N pn r bw ḫr(.y) ḥm.k im*
> CT I 104 a–105 b. *dr.f ih.k snwr.f ḫf.tyw.k*
> CT I 104 c–105 c. *sʿr.f ḫkr.w.k n sʿḥ šmw*
> CT I 104 d–106 a. *di.k rḫ imn.t nfr.t* ***zꜣ.k is pw ms.n mꜣʿ.t***
> CT I 106 b–106 c. *ḫnm.s sw mr.s sw* ***zꜣ.k is sḏ.t(y).k is n im.k iri.n.k ḏs.k***
> ¡Oh, Osiris en Busiris, con tus galas de Toro del Oeste! **Si ha venido** este N hasta el sitio en que Tu Majestad se encuentra, es para acabar con tu pena, para vapulear a tus enemigos, de manera que le hagas saber a la Diosa del Bello Occidente **(que) es en verdad tu hijo el que Maat ha parido** para que ella lo abrace y lo ame **en tanto que hijo tuyo, el retoño de tus entrañas que tú mismo engendraste**.

En este pasaje, el difunto (N), identificado con Horus (hijo de Osiris) se presenta ante Osiris (y le ofrece alivio acabando con sus enemigos) para que este lo legitime ante la diosa del Bello Occidente y que esta lo acoja, de manera que así el difunto acceda a la eternidad, en un claro argumento *do ut des*. Es esencial resaltar que se hace mención explícita a Maat como elemento de control de la legitimación: la propia diosa Maat ("Orden") pare al hijo de Osiris (el difunto).

Esta preferencia por el verbo *ii* "venir" no es exclusiva de los Textos de los Ataúdes, sino que se desprende de la función legitimadora de los textos, todos ellos textos no-narrativos, como resaltaba Thompson para el inglés. En efecto,

[59] Thompson, "Grammar and Written Discourse", 78–79.
[60] Thompson, "Grammar and Written Discourse", 73–75.

lo que se expone en estos textos es, por un lado, la llegada (*ii*) del legitimado potencial (el difunto) ante el poder legitimador (normalmente un ente divino) y, por otro, el objetivo de la visita, que es lo que se enfatiza.

Llegados a este punto, interesa presentar un caso de otro corpus mortuorio, el Libro de los Muertos, porque muestra dos recursos para reforzar la estructura comunicativa de legitimación. En efecto, hay casos en que una (o una serie de) *sḏm.n.f* enfática(s) de *ii* "venir" se puede reforzar de dos maneras: expresando con *sḏm.n.f* predicativas acciones previamente realizadas (causalidad o condición previa cumplida: "si he venido es habiendo hecho..."); y por medio de identificaciones del difunto (argumento de autoridad: "si he venido es porque soy"). Es el caso de la fórmula BD 146[61], donde el difunto, que se identifica con el todopoderoso Horus, habla a los guardianes hostiles de las puertas secretas de la casa de Osiris en el Campo de los juncos:

wsir N ḏd.f
ink *wnḫ.w iꜣ.t.f pri.w m wrr.t*
i.n.i *smn.n.i ḫ.t m ꜣbḏ.w*
wp.n.i wꜣ.t m Rꜣ-sṯꜣ.w
snḏm.n.i mn.t n.t wsir
El osiris N, él dice:
Soy yo uno con el estandarte engalanado, un que ha salido con la gran corona.
Si he venido, es habiendo establecido las ofrendas en Abidos,
habiendo abierto el camino en Rosetau
y habiendo aliviado la enfermedad de Osiris.

El pasaje continúa con otras 23 *sḏm.n.f* enfáticas de *ii* "venir", convenientemente legitimadas por los medios citados, lo que le permite al difunto tener acceso a las puertas mencionadas.

En definitiva, un enfoque funcionalista de los tiempos segundos como este permite comprender determinados textos en el contexto determinado en el que ocurren: la estrategia comunicativa de legitimación en un corpus muy preciso (los Textos de los Ataúdes), cuyo contexto básico es el del difunto intentando justificar su presencia en un mundo que le es hostil, por medio del énfasis de la finalidad de su visita. Gracias a este análisis, hemos podido entender que la estructura usada para expresar una "finalidad problemática" es enfática, ya sea por inversión del orden natural, en inglés, o por el uso de una forma verbal específica (tiempos segundos), en egipcio; mientras que la estructura usada para expresar una "finalidad no-problemática" es neutral (no-enfática), siguiendo el

---

[61] Thomas G. Allen, *The Egyptian Book of the Dead: Documents in the Oriental Institute Museum at the University of Chicago* (Chicago: University of Chicago Press, 1960), 136; Ursula Verhoeven, "Textgeschichtliche Beobachtungen am Schlußtext von Totenbuchspruch 146", *RdE* 43 (1992): 169–94.

orden lógico, en inglés, o usando tiempos predicativos (tiempos primeros), en egipcio.

Dada la frecuencia de la estructura comunicativa de legitimación en los Textos de los Ataúdes y otros similares, podemos considerar que la legitimación es el mecanismo clave para que el difunto triunfe sobre la segunda muerte, que es el objetivo de estos textos.

4
Medios

Siguiendo con una línea de visión general (una "lectura lejana") del corpus completo de los Textos de los Ataúdes, en este capítulo presentaré algunos posibles patrones de la relación entre los textos y sus medios.

Empleo el término *medios* en un sentido amplio. De manera intuitiva, considero medios los soportes, en su mayoría ataúdes; pero también incluyo, de manera muy notable por sus consecuencias para el enfoque de este estudio, un pequeño número de rollos de papiro. Igualmente, considero medios los códigos y técnicas de escritura empleados: jeroglíficos lineares y hierático en su mayoría, que, en ocasiones, se pueden combinar en un mismo texto con criterios que aún desconocemos[1]. Todos estos elementos materiales, que tienen un efecto directo en los criterios de edición del texto, los agruparé en una sección de este capítulo para presentar las complejísimas relaciones entre los siguientes elementos: el *documento* (el objeto que sirve de soporte a lo escrito); el *testigo* (el caso concreto de escrituración de un texto); y el *texto* (la unidad de comunicación lingüística ideal identificable)[2].

---

[1] Sobre ambos códigos, el proyecto más importante en la actualidad (desde 2015) es Altägyptische Kursivschriften. Digitale Paläographie und systematische Analyse des Hieratischen und der Kursivhieroglyphen (AKU), dirigido por Ursula Verhoeven en la Universidad de Maguncia (https://aku.uni-mainz.de/). Para introducciones recientes, véase Lucía Díaz-Iglesias Llanos, "Linear Hieroglyphs", en *UCLA Encyclopedia of Egyptology*, ed. A. Stauder y W. Wendrich (Los Angeles: UCLA, 2023); Stéphane Polis, "Hieratic Palaeography: Tools, Methods and Perspectives", en *The Oxford Handbook of Egyptian Epigraphy and Palaeography*, ed. V. Davies y D. Laboury (Oxford: Oxford University Press, 2020), 550–65.

[2] Stéphane Polis y Baudoin Stasse, "Pour une nouvelle philologie numérique: réflexions sur la relation texte(s)-document(s)", *MISH* 2 (2009): 153–77.

Además, también incluiré como medio al escriba, aunque pueda parecer contraintuitivo. Sin embargo, determinados fenómenos materiales de la escrituración de los textos apuntan a la agencia del escriba.

Finalmente, consideraré medios las esferas de lo oral y lo escrito, y la posible relación entre ambas, una discusión que ha recibido creciente atención recientemente, aunque el interés por ella venga de antiguo.

Empezaré por esto último.

Lo "oral" y lo escrito

El medio oral y el escrito son radicalmente diferentes; y esto es cierto desde dos perspectivas diferentes.

Por un lado, las culturas no escritas son orales. Este ámbito es el único oral en sentido estricto. En este sentido es en el que Marcel Jousse y Walter Ong utilizan el término, y es la esfera en la que realizaron sus estudios[3].

Por otro lado, las culturas escritas mantienen una esfera de comunicación oral, influida de manera fundamental por la esfera escrita y, por tanto, distinta de lo oral en sentido estricto. En el caso del egipcio antiguo, al tratarse de una cultura escrita, utilizamos el término oral en este segundo sentido, amplio, del término. Además, al tratarse de una lengua antigua, es obvio que sólo tenemos acceso al registro escrito. Es importante recordar esta puntualización cuando se trata de estudiar cuestiones de materia sonora relevantes para la lengua, tales como la fonología y la fonética, así como otras relacionadas como la dialectología, de las cuales sólo disponemos de información escrita[4].

La influencia que lo escrito tiene sobre lo oral, en el segundo sentido, es variada y profunda, pero lo que interesa destacar aquí es la posibilidad de que lo oral influya en lo escrito a su vez y cómo lo hace. Dejando aparte la grafémica, que es probablemente lo primero que viene a la mente y sobre lo que se lleva estudiando desde el inicio de la egiptología, dada la complejidad y variedad del sistema de escritura egipcio, nos interesa especialmente si lo oral queda reflejado *per se* en lo escrito: es decir, si el modo de lo oral puede aparecer en lo escrito y con qué datos podemos contar para detectarlo. En una lengua antigua es sumamente difícil encontrar criterios fiables. En una lengua moderna, tenemos acceso a lo oral y a lo escrito y podemos distinguir sus modos de manera objetiva: por ejemplo, una conversación en una cafetería nos da el modo oral (y como estudiosos, la podemos grabar); mientras que una novela, un tratado científico, un artículo de prensa, etc. nos dan el modo escrito (y como estudiosos, tenemos los textos). Pero, ¿cómo podemos distinguir lo oral en lo escrito? Los estudios

---

[3] Marcel Jousse, *Le style oral-rythmique et mnémotechnique chez les verbo-moteurs* (París: Beauchesne, 1925); Walter Ong, *Orality and Literacy* (Londres: Methuen, 1982).

[4] Gracia Zamacona, "Algunas reflexiones sobre cómo estudiar una lengua antigua".

pioneros de Milman Parry abrieron la posibilidad a esta línea de estudios, usando un método comparativo que permitiera determinar elementos del modo oral presentes en el modo escrito[5]. Sin embargo, el alcance de los mismos y la variedad es discutible. Primero, la presencia de lo oral en lo escrito puede depender de la cultura que estudiemos porque los roles que juegan lo oral y lo escrito no tienen por qué ser iguales en todas las culturas. Por ejemplo, lo escrito en la cultura egipcia tiene un componente sacralizado que puede estar perfectamente ausente de la cultura griega, y posiblemente lo está. Segundo, lo oral puede aparecer en lo escrito, por así decir, volcado de manera sistemática. Es decir, se puede pasar, al menos teóricamente, una pieza oral a una escrita de manera completa, si bien podemos prever encontrar cambios de forma diversos por acomodación entre los dos modos. Eso sí, este concepto de *pieza* (oral) será radicalmente distinto del de pieza u obra escrita. Por otro lado, lo oral también puede aparecer en lo escrito de manera fragmentaria, por medio de elementos incrustados—o fosilizados si se adopta una mirada más histórica—en el cuerpo escrito en sentido estricto. En suma, es factible detectar elementos característicos de lo oral en lo escrito.

Las posibles formas distintas que pueden adoptar estos procesos se han denominado de diversas maneras (textualización, entextualización) y su estudio ha llegado a la egiptología de la mano de Harold Hays, en tiempos recientes, fundamentalmente con su estudio de las formas textuales de los Textos de las Pirámides[6]. La idea general es que determinados textos rituales, presumible mente liturgias funerarias que se recitaban durante el enterramiento, o en la época previa o posterior al mismo, acabaron escribiéndose en los documentos mortuorios: ataúdes, sarcófagos, muros de la cámara sepulcral, etc. Esta hipótesis, por muy verosímil que sea, (eternización del mensaje, representaciones de los sacerdotes *ẖr.y-ḥb* recitando las liturgias), no parece responder a la cuestión primera que nos plantean estos escritos: ¿por qué en un momento dado de la historia egipcia[7] se comienzan a escribir textos mortuorios *en el interior* de las tumbas? A priori, difícilmente podemos pensar en un sitio más inadecuado para

[5] Sus trabajos, de los años veinte del siglo XX, están recopilados en Milman Parry, *The Making of Homeric Verse: The Collected Papers of Milman Parry* (Oxford: Oxford University Press, 1971).

[6] Hays, *The Organization of the Pyramid Texts*. Véase también Antonio J. Morales, "Text-building and Transmission of Pyramid Texts in the Third Millennium BCE: Iteration, Objectification, and Change", *JANER* 15 (2015): 169–201.

[7] Ya sea finales de la dinastía V (si consideramos que el fenómeno arranca con los Textos de las Pirámides) o de la anterior (si tenemos en cuenta el material existente ya en las mastabas: las listas de ofrendas y textos asociados); véase también Antonio J. Morales, "Iteration, Innovation und Dekorum in Opferlisten des Alten Reichs: Zur Vorgeschichte der Pyramidentexte", *ZÄS* 142 (2015): 55–69.

leer (o archivar) un texto[8], pero también es cierto que las normas de los vivos no tienen por qué aplicarse en el mundo de los muertos. Es decir, los textos mortuorios podrían haberse escrito para ser leídos, aunque fuera por otros medios[9].

Sin embargo, la idea de que es la mera presencia de estos textos lo que importa puede parecer más verosímil, por lo siguiente: la escritura que se emplea tiene cierto grado de figuratividad (jeroglíficos lineares en su mayoría), lo que apunta a un modo sacralizado de escritura; y el soporte duro en que aparece mayormente (piedra y madera) apunta en la misma dirección[10]. La relevancia de este polo figuratividad-sacralidad se manifiesta a través de varios fenómenos no muy bien conocidos todavía. Un buen ejemplo de la importancia de la presencialidad de la escritura en contexto mortuorio lo constituyen los textos de las juntas de los ataúdes, que posiblemente nunca fueron pensados para ser leídos una vez escritos, y que debían de proteger al difunto de eventuales ataques desde el exterior a través de los puntos débiles de la estructura del ataúd[11]. Otro ejemplo claro de este mismo hecho es que determinados signos se mutilan (aparecen cortados) o asesinan (aparecen con cuchillos clavados)[12]. Además, los signos aparecen orientados en determinada dirección, fuera y dentro de los ataúdes, lo que, en ocasiones, causa una interferencia entre la linearidad del mensaje lingüístico y la linearidad del texto escrito que se conoce como escritura retrógrada. Por último, el uso de materiales escritos no mortuorios o incluso en blanco en ámbito mortuorio refuerza la idea de que es el texto escrito en sí mismo lo que cuenta, no el contenido[13]. Al menos, no hasta cierto punto o en según qué condiciones. Por ejemplo, la falta de acceso a los textos no sería óbice para incluir los materiales escritos que fuera, por el valor intrínseco que poseen,

---

[8] Jan Assmann, *Stein und Zeit* (Múnich: Fink, 1991), cap. 7; Josep Cervelló Autuori, *Escrituras, lenguas y cultura en el antiguo Egipto* (Bellaterra: UAB, 2015), 411.

[9] Entre las reflexiones recientes sobre los textos mortuorios, véase Joana Popielska-Grzybowska, "Religious Texts as a Source of a Contemporary Study of Antiquity: Linguistic interpretations of the Pyramid Texts and the Coffin Texts", *RA* 1 (2019): 214–29; Nyord, "On Interpreting Ancient Egyptian Funerary Texts".

[10] Pascal Vernus, "Support d'écriture et fonction sacralisante"; Pascal Vernus, "'Littérature', 'littéraire' et supports d'écriture".

[11] Silke Grallert, "Die Fugeninschriften auf Särgen des Mittleren Reiches", *SAK* 23 (1996): 147–65; Silke Grallert, "The Mitre Inscriptions on Coffins of the Middle Kingdom: A New Set of Texts for Rectangular Coffins?", en *Life and Afterlife in Ancient Egypt during the Middle Kingdom and the Second Intermediate Period*, ed. S. Grallert y W. Grajetzki, GHPE 7 (Londres: Golden House, 2007), 70–73.

[12] Lacau, "Suppressions et modifications"; Miniaci, "The Incomplete Hieroglyphs"; Patricia Rigault-Déon, *Masques de momies du Moyen Empire égyptien: Les découvertes de Mirgissa* (París: Musée du Louvre, 2012), 25 (n. 45).

[13] Yvan Koenig, *Le papyrus Boulaq 6: Transcription, traduction et commentaire*, BdE 87 (El Cairo: IFAO, 1981), 1.

incluso aunque sea un soporte en blanco, porque tanto lo escrito como su soporte están sacralizados.

El documento, el testigo y el texto

Las tumbas, ataúdes y rollos de papiro mortuorios eran objetos muy costosos y sofisticados. Llevaba mucho tiempo producirlos y se necesitaban trabajadores especializados. Esto no sólo significa riqueza, sino también un sistema de producción complejo, que incluye la manufactura de los materiales, la escrituración de los textos y quizás también, de manera más o menos menos aparente, la producción oral; es decir, un proceso de entextualización (usando el término en el sentido más amplio)[14].

En el ataúd de *Wẖ-šms* (M1War) procedente de Meir y datado en el Reino Medio[15], leemos:

Fig. 7. Transcripción de la fórmula de ofrenda real en el interior del lado frontal del ataúd de *Wẖ-šms* (M1War), según Dąbrowska-Smektała (1979, p. 131). Museo Nacional de Varsovia (nº inv. 139937). Meir, Reino Medio. © El autor.

1. *di nsw ḥtp Ḏḥ.wty itr.t*
2. *šmꜥ.t mḥ.t psḏ.t ꜥꜣ.t im.t Ꜣwn.w*
3. *wꜥb n.k iri n.k ẖ.t ẖft zš*
4. *pn rdi.(w).n ḏḥ.wty rdi.f m mḏꜣ.t-nṯr*
5. *imꜣẖ.y wẖ-šms*

¡Pueda el rey conceder una ofrenda del Thot de las Dos Capillas de la Gran Enéada que está en Heliópolis para que se te purifique (y) se te haga el ritual

[14] Para más precisiones, véase Antonio J. Morales, "Text-Building and Transmission".
[15] Museo Nacional, Varsovia (nº inv. 139937). Elżbieta Dąbrowska-Smektała, "*ḥtp di n<y> swt* Formula, New Variant from Meir", en *Acts of the First International Congress of Egyptology, Cairo, October 2-10 1976*, ed. W.F. Reineke (Berlín: Akademia, 1979), 131–32.

acorde a este escrito que Thot otorgó (y) que puso en el libro divino del difunto *Wḫ-šms*!

En esta fórmula de ofrenda real[16], se expresa la existencia de un ritual funerario (*iri ḫ.t*: manual y, probablemente, oral), procedente de una fuente escrita sagrada (*zš pn rdi.(w).n Ḏḥ.wty*: texto genérico) y escriturado luego en un texto específico para el difunto (*mḏꜣ.t-nṯr imꜣḫ.y Wḫ-šms*: texto actualizado). Esta última expresión (*mḏꜣ.t-nṯr* "libro (lit. volumen, rollo) divino") no deja de recordar un pasaje de los Textos de los Ataúdes que comenté en el capítulo 2 (ver la fórmula CT 1) como posible metatexto genérico de ese corpus:

CT I 1 (Y1C). *ḥꜣ.t-ꜥ m mḏꜣ.t n.t smꜣꜥ ḫrw z m ẖr.t-nṯr*
Comienzo del manuscrito para justificar a un hombre en la necrópolis.

Se notará que las referencias al escrito genérico sagrado y al texto específico actualizado en el ataúd de *Wḫ-šms* corresponden, respectivamente, a las categorías de documentos resultado de una *edición de almacenamiento* o resultado de una *edición de actualización ad hoc*, propuestas por Pascal Vernus[17], y que responden a las dos funciones básicas de lo escrito según Jan Assmann: almacenamiento y comunicación[18].

Se observará también que el azar ha deparado que se conserven tres documentos que ilustran los dos tipos (almacenamiento y actualización) y que tienen finalidad mortuoria. Proceden de Asiut y han sido recientemente publicados por Ilona Regulski[19]: los papiros Berlín 10480 + 10481e[20] parecen constituir un repositorio de fórmulas mortuorias de los Textos de los Ataúdes (almacenamiento), mientras que el papiro Berlín 10482 parece ser un documento actualizado para un tal *Sdḫ*, difunto[21]. Los papiros Berlín 10480 + 10481e están compuestos de numerosos fragmentos[22], mientras que el papiro Berlín 10482 es una hoja intacta, rectangular y grande, que contiene en su anverso lo que parece un documento ritual, compuesto para un difunto concreto (*Sdḫ*). Este documento lleva como título *r n*

---

[16] El sentido y traducción de este tipo de fórmula es muy discutido; véase, en último término, Franke, "The Middle Kingdom Offering Formulas", 39–57.
[17] Vernus "'Littérature', 'littéraire' et supports d'écriture", 61–68.
[18] Jan Assmann, "Cultural and Literary Texts", en *Definitely Egyptian Literature*, ed. Gerald Moers, LingAeg–SM 2 (Gotinga: Seminar für Ägyptologie und Koptologie, 1999), 6.
[19] Regulski, *Repurposing Ritual.*
[20] Regulski, *Repurposing Ritual*, 23–122.
[21] Regulski, *Repurposing Ritual*, 123–296. Adriaan de Buck utilizó parte de este documento para su edición de los Textos de los Ataúdes, identificándolo con la sigla P.Berl.
[22] Se notará que los fragmentos del papiro Berlín 10481 a–b forman parte de una de las conocidas como "Cartas a los muertos". Sobre la inexactitud de este término y la complejidad de la relación entre este tipo de textos y los "textos mortuorios", véase Angela McDonald, "Putting Intentions in Their Place".

sm3ʿ-ḫrw z r ḫft.y.f m ẖr.t-nṯr "Fórmula para legitimar a un hombre sobre su enemigo en la necrópolis" (CT III 212–213 a; CT 225), que da la función básica de *todo* el documento: nótese que este encabezamiento está escrito en negro, no en rojo como los títulos de las fórmulas[23].

La pregunta evidente que plantean estos datos es simple: ¿por qué un texto aparece de una determinada manera y no de otra? El proceso subyacente a la producción de estos textos ha sido denominado con el término *entextualización*, que Harold Hays introdujo en egiptología procedente de los estudios de crítica literaria de Richard Bauman y Charles Briggs[24]. *Entextualizar* puede referirse a cómo se adapta un texto de lo oral (o de otro escrito) a un espacio determinado (y en particular a un soporte: un rollo, una tablilla, una hoja de papel, etc.); y a cómo un texto se adapta a un documento determinado (recortándolo, expandiéndolo, modificando su contenido de diversas maneras, citándolo, resumiéndolo, etc.)[25].

Con objeto de inscribir un ataúd se empezaba por acudir al material de archivo: un papiro o papiros en donde se recogen textos susceptibles de ser utilizados para inscribir en el ataúd. Tales papiros, como el papiro Gardiner III[26], no estaban personalizados. Tres rasgos, importantes para la entextualización, me interesa resaltar de este tipo de documentos.

---

[23] Regulski, *Repurposing Ritual*, 123.

[24] Bauman y Briggs, "Poetics and Performance".

[25] Compárese la visión integral del proceso como "monumentalización" (*monumentalizing*) que propone para los Textos de las Pirámides Christelle Alvarez, "Monumentalizing Ritual Texts in Ancient Egyptian Pyramids", *MTC* 1 (2022): 112–42.

[26] Oriental Institute Museum, University of Chicago (reg. nº E14062). Véase Kathryn E. Bandy, "Hieratic Text: Papyrus Gardiner III", en *Visible Language: Inventions of Writing in the Ancient Middle East and Beyond*, ed. Ch. Woods, E. Teeter y G. Emberling, OIMP 32 (Chicago: Oriental Institute of the University of Chicago, 2010), 161–2; Nika V. Lavrentieva, "Редкие списки религиозных текстов на папирусах: форма хранения или способ трансформации?", *AegRoss* 4 (2016): 203–4; Ilona Regulski, "Writing Habits as Identity Marker: On Sign Formation in Papyrus Gardiner II", en *Ägyptologische „Binsen"-Weisheiten III. Formen und Funktionen von Zeichenliste und Paläographie. Akten der internationalen und interdisziplinären Tagung in der Akademie der Wissenschaften und der Literatur; Mainz im April 2016*, ed. S. Gülden, K. van der Moezel y U. Verhoeven Wiesbaden: Steiner, 2018), 237.

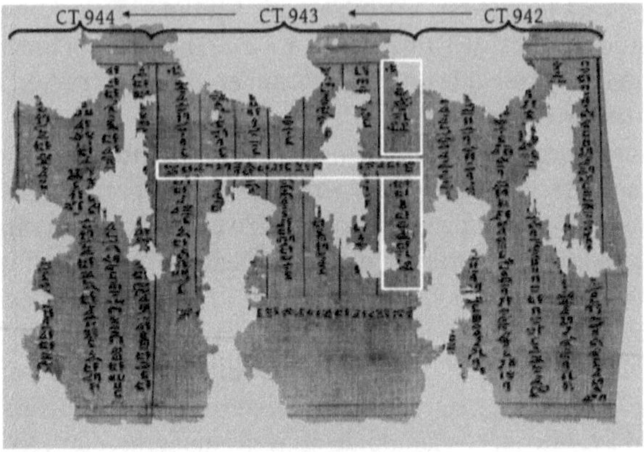

Fig. 8. Papiro Gardiner III. Museum of the Institute for the Study of Ancient Cultures, University of Chicago (reg. nº E14062). ¿Asiut, Primer Periodo Intermedio? Courtesy of the Institute for the Study of Ancient Cultures of the University of Chicago (CC-BY-NC-ND).

El primero salta a la vista (fig. 8): el *formato* del papiro está muy cuidado; su estructura general es tan clara que se entiende a primera vista. El texto está orientado de manera estándar, de derecha a izquierda, escrito en hierático, y se dispone en columnas. A veces, las columnas van culminadas por líneas horizontales con encabezamientos y subencabezamientos. Las fórmulas CT 942, 943 y 944 se suceden de derecha a izquierda, separadas por líneas verticales. Las columnas carecen de interlineado vertical, excepto en la fórmula del centro (CT 943), probablemente debido a que su formato es más complejo que el de las otras dos. En CT 943, hay también una línea horizontal en medio del texto, que sólo es un subencabezamiento en cierto sentido, ya que se trata de un estribillo. Este verso debe leerse tras la primera columna de la derecha y antes de su continuación debajo de la línea. Por lo tanto, tenemos que leer la parte superior de la columna, luego la línea horizontal (en negrita en la tabla que sigue) y por último la parte inferior de la columna:

CT	TRANSLITERACIÓN	TRADUCCIÓN
VII 157 a	[*wnm*].*t mdw nbi.t bn.t*(*y*)	¡La que come palabras y funde a los dos babuinos!
VII 157 b-c	***ḫ*ꜥ.*n.i m ir.t ḥ*[*r*]** **[*ḫ*ꜥ.*n*] *ir.t ḥr im.i*** ***ink pw.s stt pw.i ṯz-pẖr***	**¡Como el Ojo de Horus he aparecido!** **¡Como yo ha aparecido el Ojo de Horus!** **Yo soy él: él es yo — y viceversa.**
VII 157 d	*wnm.i mdw.i nbi.i bn.t*(*y*)	¡Pueda yo comer mi palabra y fundir a los dos babuinos!

Tabla 22. CT 943 en el papiro Gardiner III: formato y lectura

El segundo rasgo importante de este papiro es que el *nombre* del propietario (el difunto) no está. Dependiendo de la fórmula, la persona verbal puede ser la primera (como si hablara el difunto)[27], que es el caso de la fórmula CT 943 que acabamos de ver; la segunda persona (como si alguien hablara al difunto); o la tercera persona (como si alguien hablara sobre el difunto). En los ataúdes, esta estructura de pronombres se mantiene en ocasiones, pero con mucha frecuencia el nombre del difunto sustituye a los pronombres correspondientes.

Fig. 9. El nombre del difunto en el interior de la tapa del ataúd de *H̱.ty*. Metropolitan Museum of Art (nº 32.1.133a–k). Lisht, segunda mitad de la dinastía XII. CC 0.

La expresión del nombre implica la personalización del documento (ataúd) y, automáticamente, su identificación por parte de los vivos y de las entidades del más allá o en conexión con el más acá, como es el *bꜣ* del difunto[28]. Se notará que el nombre del difunto va seguido del demostrativo actualizador *pn* / *tn* “este / esta”, que es el índice extremo de actualización[29]: “este que está aquí, del que se trata en todos los textos de este ataúd”. Estos tres elementos

[27] Un asunto muy discutido en egiptología, ya desde Sethe, “Die Totenliteratur der alten Ägypter”. Ver recientemente Joachim F. Quack, “Wenn die Götter zuhören: Zur Rolle der Rezitationssprüche im Tempelritual”, en *Wenn Götter und Propheten reden: Erzählen für die Ewigkeit*, ed. A. el Hawary, NA 3 (Berlín: EB, 2012), 134–35; Quack, “Conceptions of Purity in Egyptian Religion”, en *Purity and the Forming of Religious Traditions in the Ancient Mediterranean World and Ancient Judaism*, ed. Chr. Frevel y Chr. Nihan, DHR 3 (Leiden: Brill, 2013), 145–46; Harco Willems, “Who Am I? An Emic Approach to the So-called ‘Personal Texts’ in Egyptian ‘Funerary Literature’”, en *Concepts in Middle Kingdom Funerary Culture: Proceedings of the Lady Wallis Budge Anniversary Symposium Held at Christ’s College, Cambridge, 22 January 2016*, ed. R. Nyord, CHANE 102 (Leiden: Brill, 2019), 204–48.
[28] Véase el capítulo 2 (CT 38 y 94) y el capítulo 3 (La familia).
[29] Vernus, “La structure ternaire”.

(personalización, identificación y actualización) van íntimamente unidos en el ataúd: se trata del documento actualizado ad hoc.

Se trata de un proceso importante de edición que proporciona mucha información: por un lado, fue la causa de errores por parte de los escribas; por otro, en ocasiones, este proceso de edición dio pie a mecanismos poderosos y creativos para proteger al difunto, como "juegos de palabras" (a falta de un término más apropiado) entre el nombre del difunto y determinadas acciones o situaciones del texto[30].

Por último, el tercer rasgo importante en el papiro Gardiner III es que no tiene "*marca de verificación*" en la parte superior de las columnas, la cual predomina en los ataúdes y sarcófagos del Reino Medio:

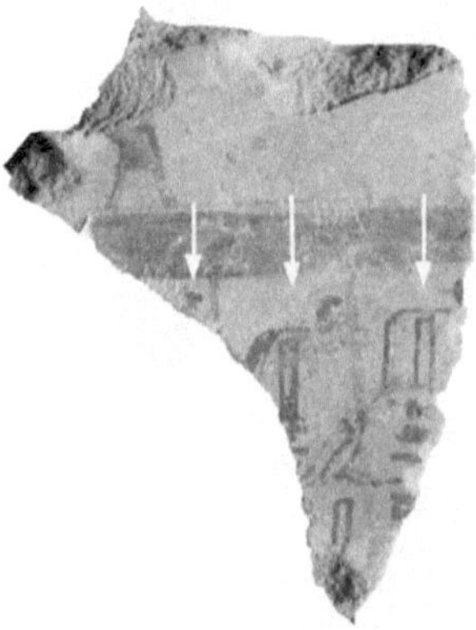

Fig. 10. Fragmento del sarcófago de *Ḥnn.w* (TT 313). Deir el-Bahari (Luxor occidental), dinastía XI. © Middle Kingdom Theban Project.

La marca *mdw-ḏd.w* "palabras dichas" está ausente en el papiro Gardiner III porque, podemos hipotetizar, *las palabras aún no han sido dichas*. Este papiro es un documento con un repositorio de textos: está sin actualizar ni personalizar. Se trata de un texto sagrado, de almacenamiento; es decir, está sin activar. Por el contrario, en los ataúdes, aparece una marca de verificación en la parte superior de las columnas de texto para indicar que las palabras que se decían durante una o unas ceremonias (relacionadas o no con los funerales) y que luego se inscribían en el interior del ataúd se habían pronunciado: que el ritual se había llevado a cabo. Pero esta visión quizás sea demasiado simple.

La marca también puede aparecer en el cuerpo del texto. En este caso, pertenece al texto y se suele leer *ḏd-mdw.(w)*, literalmente "Decir las palabras";

[30] Harco Willems, "A Fragment of an Early Book of Two Ways on the Coffin of Ankh from Dayr al-Barshā (B4B)", *JEA* 104 (2018): 1–12.

libremente, "Recitación"[31]. Parece que sean iguales y, por tanto, que se debieran leer igual. Sin embargo, esto es problemático. Por un lado, las marcas al comienzo de la columna no se han tenido en cuenta en los estudios sobre estos textos y se suelen obviar en la traducción y comentarios. Por otro lado, si observamos con atención estas marcas al principio de las columnas y las comparamos con las que aparecen en el interior del texto, veremos que se diferencian en la posición y manera en que están realizadas:

Fig. 11. La expresión [jeroglífico] en el interior de la tapa del ataúd de *Ḥ.ty*. Metropolitan Museum of Art (nº 32.1.133a–k). Lisht, segunda mitad de la dinastía XII. CC 0.

Las marcas que están al principio de cada columna (enmarcadas en la imagen con un rectángulo blanco continuo) no pertenecen al texto, mientras que las que están en el cuerpo del texto (enmarcadas en la imagen con rectángulos blanco individuales cada una) pertenecen al texto, y aparecen en el sitio que les corresponde según el texto en cuestión, independientemente del formato. Pero, además, se percibe una diferencia también en cómo estas expresiones están escritas. Las que he llamado "marcas de verificación" están escritas como *emblemas*, con una cobra con el rabo largo y adornado, en estructura compacta con la vara, para formar un cuadrado gráfico sólido. Sin embargo, en el interior del texto, los mismos dos signos están escritos de otra manera: la cobra está trazada de manera más rápida y el espacio gráfico no es compacto ya que otros signos pueden colarse entre la cobra y la vara. Ello significa que no se trata de un emblema en esta ocasión: es escritura estándar. Por lo demás, en este caso, el grupo

[31] La expresión y su lectura se han discutido desde antiguo: véase Kurt Sethe, *Dramatische Texte zu altaegyptischen Mysterienspielen*, UGAÄ 10 (Leipzig: Hinrichs, 1928), 116–19, 191 y 201); recientemente, véase Gracia Zamacona, "Divine Words in the Ancient Egyptian Coffin Texts".

sigue una línea horizontal roja que marca el final de la fórmula precedente, de manera que el grupo está al principio de una nueva fórmula, por lo que tiene más sentido leerlo *ḏd-mdw* y entender "Recitación". Por el contrario, el grupo repetido al principio de cada columna se lee mejor como *mdw-ḏd.w* "palabras dichas", indicando quizás que el ritual ha sido realizado o que el texto se ha escriturado correctamente.

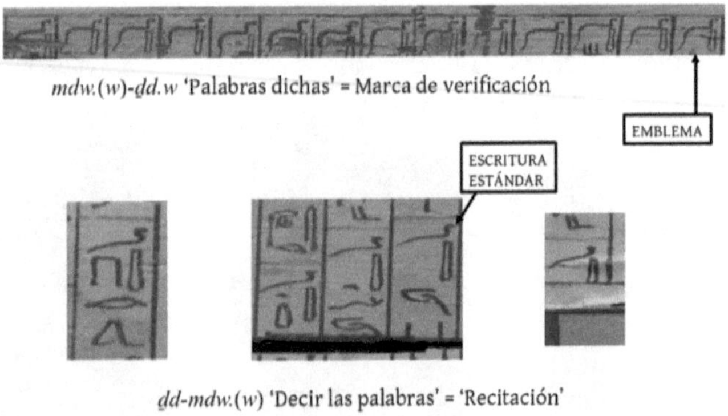

Fig. 12. Diferencia en la escrituración de la expresión en el interior de la tapa del ataúd de *Ḫ.ty*. Metropolitan Museum of Art (n.º 32.1.133a–k). Lisht, segunda mitad de la dinastía XII. CC 0.

Se acepte o no la grafía como emblema de las marcas de verificación (un asunto que necesita de un estudio sistemático), está claro que esas marcas no funcionan al mismo nivel que el término *ḏd-mdw* "Recitación" dentro del texto. Las marcas de columna son marcas de entextualización. En concreto, y volvemos al marco inicial de la entextualización, podrían indicar la verificación de que un proceso oral se ha realizado o de que se ha inscrito en el soporte adecuado o de manera adecuada. O ambas cosas: verificación oral y escrita. Gracias a la comparación con el papiro, podemos pensar que lo segundo también es cierto: que el cambio de soporte (del papiro al ataúd) hacía necesaria una marca de escrituración explícita para asegurarse de que no se perdía información o protección esencial para el difunto al transportar el texto de un soporte a otro.

La comparación con el papiro deja claro también que este proceso está estrechamente ligado a la mención del nombre del difunto: se trata de unas palabras precisas dichas para un difunto en concreto, para protegerlo. Parece, por tanto, que el papiro es un documento de referencia, sin actualizar (de almacenamiento) y que el ataúd es el documento actualizado (de comunicación).

Sin embargo, la situación se complica si tenemos en cuenta otros papiros con Textos de los Ataúdes. Al reunir la información sobre los elementos de actualización que hemos comentado (marca , persona, nombre y formato) en los papiros que conocemos, resulta la siguiente tabla:

DOCUMENTO		PERSONA	NOMBRE	FORMATO	RÚBRICA
PAPIRO GARDINER II	**No**	1ª	**No**	**Sí**	Sí
PAPIRO GARDINER III	**No**	1ª	**No**	**Sí**	Sí
PAPIRO GOLENISCHEFF	**No**	1ª	**No?**	**Sí**	Sí
PAPIRO BERLÍN 10480 + 10481 E	No	1ª	No	Sí[32]	Sí
PAPIRO GARDINER IV	**Sí**	1ª	No	**No**	?
PAPIRO WEILL	**Sí**	¿1ª?	**Sí**	**No**	¿No?
PAPIRO BERLÍN 10482	No	1ª/3ª	**Sí**	Sí	Sí
ATAÚD TÍPICO	**Sí**	1ª/3ª	**Sí**	**Sí**	Sí

Tabla 23. Elementos de actualización de documentos con Textos de los Ataúdes.

Parece que los papiros Gardiner II (pGardII) y III (pGardIII) y Golenischeff son *documentos de almacenamiento* en sentido estricto: carecen de marca y de nombre del difunto, pero tienen un formato claro de estructura, en el que destacan las líneas separando las diferentes columnas y secciones del texto.

Por el contrario, los papiros Gardiner IV (pGardIV) y Weill son *documentos actualizados*: tienen la marca y, en el caso del papiro Weill, el nombre del difunto, pero carecen de un formato claro de estructura. Al no ser el documento final, el formato definitivo dependerá del ataúd en que se escriban los textos.

Sin embargo, los papiros de Berlín muestran que debemos ser cautelosos.

Por un lado, la relación persona / nombre no es sistemática. Tanto en el recto (Textos de los Ataúdes) como en el verso (lista de ofrendas y dedicación a *Sdḫ*) del papiro Berlín 10482 aparece el nombre del difunto, aunque en el recto predomina la 1ª persona[33]. Es de notar que, en ambos casos, se usa el determinativo 𓀜 (A24) en vez de 𓀢 (A30) que esperaríamos para el nombre *Sdḫ*[34]. Este uso de A24 debe de responder a la secuencia de Textos de los Ataúdes copiados en este documento, que tratan del triunfo del difunto sobre los enemigos en el más allá[35].

Por otro lado, el formato cuidado puede no restringirse a la separación por líneas y la presencia de formato no implica conservación automáticamente. En efecto, ambos documentos de Berlín tienen un formato cuidado, pero carecen de líneas, algo que esperaríamos de un documento de almacenamiento, a la manera de los papiros Gardiner II y III, como podría ser el papiro Berlín 10480 + 10481 e.

Por último, la necesidad de hacer estudios pormenorizados sobre estos procesos editoriales en los *documentos actualizados finales* (ataúdes, sarcófagos, etc.) es

[32] Sin líneas.
[33] Regulski, *Repurposing Ritual*, 132–71.
[34] Regulski, *Repurposing Ritual*, 135 (n. p).
[35] Véase el capítulo 2 (CT 225) y capítulo 3 (El poder).

palmaria. En este tipo de documentos, lo frecuente es encontrar los textos editados con un formato final y con la marca rſ, pero no es así, por ejemplo, en el ataúd interior de *Iqr* (G1T), donde el texto aparece sin formato y sin marcas rſ:

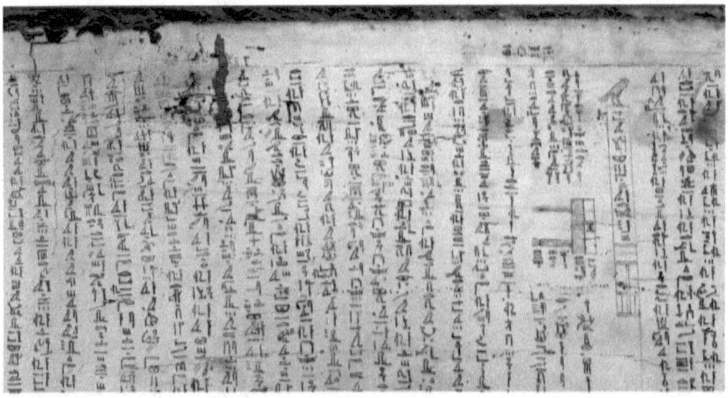

Fig. 13. Ataúd de *Iqr*. Museo Egizio (C00671). Gebelein, dinastía XI. Destruido. © Museo Egizio, Turín.

Un estudio sistemático de la marca rſ en los documentos actualizados finales del Reino Medio está aún por hacer, pero se notarán las dos observaciones siguientes, a título totalmente provisional.

En bastantes casos, la marca rſ no ocurre en los textos del Libro de los dos caminos, típicamente colocados en el interior del fondo de los ataúdes de Barsha. Al parecer, la presencia de las viñetas que acompañan ese "libro" no es (muy) compatible con la marca rſ. Esto podría ser otro indicador de que la marca está fuertemente vinculada a lo oral, ya sea en sentido estricto o amplio.

En ocasiones, la marca rſ puede aparecer "desorientada" respecto a la orientación del cuerpo del texto. Parece que esto ocurre cuando el texto es retrógrado; por ejemplo, en el interior del lado frontal del ataúd B12C. Esto puede deberse a que la marca se escrituraba aparte del resto del texto, quizás por otro escriba, lo cual podía llevar a incoherencias editoriales como esta.

Esto nos lleva a tratar un punto clave relativo a la escrituración de los documentos actualizados finales, de una complejidad extrema en dos sentidos.

En primer lugar, los Textos de los Ataúdes están escritos generalmente en jeroglíficos lineares: unos signos "de soporte blando" (no epigráfico), cercanos al hierático, muy distintos de los jeroglíficos planos, sin detalles interiores, típicos de "soporte duro" (epigráfico) que se utilizaron para los Textos de las Pirámides en los muros tumbales de los reyes de finales del Reino Antiguo. Estos jeroglíficos lineares proceden de los documentos en papiro que hemos visto[36] y se trasladan después a los ataúdes de madera. Aquí hay dos cuestiones: primero, la dificultad técnica y el coste prohibitivo de esculpir tal cantidad de texto en la madera de estos ataúdes; segundo, conservar los jeroglíficos por tratarse de textos sacralizados[37]. Esto hace que se opte por jeroglíficos, aunque no se puedan tallar. Este punto es crucial, porque la inserción de los signos en el soporte forma parte de su poder sacral, eterno, como eterna es la piedra (soporte prototípico de los jeroglíficos). Este razonamiento debe estar también presente en un fenómeno peculiar de los ataúdes de Barsha, la necrópolis de Hermópolis: sus Textos de los Ataúdes están escritos en hierático, con tinta negra sobre la madera y, en ocasiones, incisos después usando un cuchillo o algo similar encima de la tinta, como para hundirlos en el soporte. En este caso, la razón de usar el hierático pudo haber sido no contar con escribas capaces de escribir en jeroglífico: la mayoría de los escribas de la época sólo escribían hierático[38].

En segundo lugar, la disposición en columnas de los Textos de los Ataúdes en signos poco figurativos (jeroglífico linear o hierático) planteaba un grave problema de formato para ajustarse a los textos horizontales en jeroglífico muy figurativo (signos grandes, pintados en colores y con detalles internos) con la nomenclatura del difunto y las fórmulas de ofrenda mortuoria y a los frisos de objetos. En el exterior, esta línea horizontal corría de derecha a izquierda desde la esquina nordeste del lado frontal del ataúd siguiendo por el lado de los pies, con los signos en sentido canónico (mirando hacia la derecha), y de izquierda a derecha por el lado de la cabeza siguiendo por el de la espalda, con los signos en sentido contrario (mirando hacia la izquierda). Esto implicaba que, en el interior, los signos de la

---

[36] Peter Jürgens, "Textkritische und überlieferungsgeschichtliche Untersuchungen zu den Sargtexten", *GM* 105 (1988): 27–39; Jürgens, *Grundlinien einer Überlieferungsgeschichte der altägyptischen Sargtexte: Stemmata und Archetypen der Spruchgruppen 30–32 + 33–37, 75(–83), 162 + 164, 225 + 226 und 343 + 345*, GOF IV.31 (Wiesbaden: Harrassowitz, 1995); Günther Lapp, "Die Papyrusvorlagen der Sargtexte", *SAK* 16 (1989): 171–202; Louise Gestermann, "Neues zu Pap. Gardiner II (BM EA 10676)", en *Egyptology at the Dawn of the Twenty-First Century: Proceedings of the Eighth International Congress of Egyptologists, Cairo, 2000*, ed. Z. Hawass y L. Pinch Brock (El Cairo: American University in Cairo Press, 2003), 1:202–8; Bandy, "Hieratic Text: Papyrus Gardiner III"; Lavrentieva, Редкие списки религиозных текстов; Ilona Regulski, "Papyrus Fragments from Asyut: A Paleographic Comparison", en *Ägyptologische „Binsen"-Weisheiten I–II: Neue Forschungen und Methoden der Hieratistik; Akten zweier Tagungen in Mainz im April 2011 und im März 2013*, ed. U. Verhoeven, AAWL 14 (Wiesbaden: Steiner, 2015), 301–35; Regulski, *Repurposing Ritual*.

[37] Vernus, "Support d'écriture"; Vernus, "Modelling the Relationship between Reproduction and Production of 'Sacralized' Texts in Pharaonic Egypt", en *(Re)productive Traditions in Ancient Egypt*, ed. T. Gillen, AegLeod 10 (Lieja: Université de Liège, 2017), 475–509.

[38] Ogden Goelet, "Observations on Copying and the Hieroglyphic Tradition in the Production of the Book of the Dead", en *Offerings to the Discerning Eye: An Egyptological Medley in Honor of Jack A. Josephson*, ed. S. D'Auria, CHANE 38 (Boston: Brill, 2010), 122–24.

inscripción horizontal debían disponerse en sentido contrario a los del exterior para coincidir con ellos, como si el soporte se considerara transparente[39]. En realidad, se trata de una consecuencia lógica de la corporeidad de los jeroglíficos: son los *bꜣ* de Ra (*bꜣ.w Rꜥ*)[40]; es decir, sus manifestaciones en el mundo de los humanos. Así, se concibe que los signos estén *en* el soporte, constituidos por él, y se manifiesten en las dos caras del mismo.

Sin embargo, los textos en columnas estaban escritos en jeroglífico cursivo o hierático, por lo que en los lados de los pies y del frente, en el interior del ataúd, donde los signos de la línea horizontal miran hacia la izquierda, los signos de las columnas miran hacia la derecha, pero las columnas deben ser leídas de izquierda a derecha, el orden contrario al normal de lectura, que es de derecha a izquierda cuando los signos miran hacia la derecha. Podemos apreciar esta disposición en la figura siguiente, donde la flecha negra indica el sentido de los signos y la flecha gris el sentido de lectura:

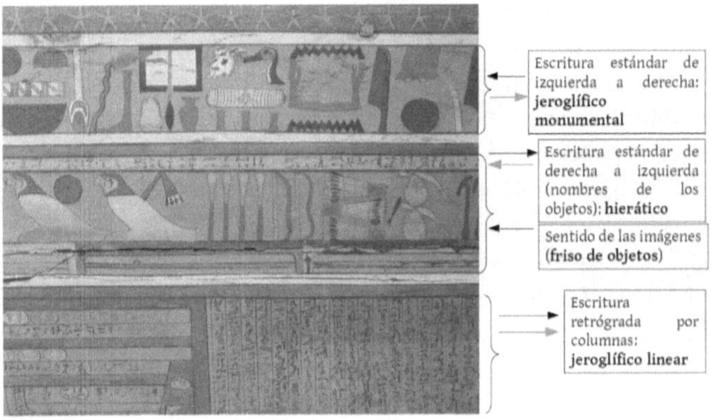

Fig. 14. Detalle de escritura retrógrada de las columnas de Textos de los Ataúdes del lado frontal del ataúd exterior de *Sn* (B4L) British Museum (n.º EA30842). Barsha, dinastía XII. © The Trustees of the British Museum.

Esta disposición del texto, llamada retrógrada (columnar en este caso) es de una gran complejidad, dependiendo del tipo soporte y de su función[41].

---

[39] Esta concepción no es exclusivamente egipcia; véase Ann Steiner, *Reading Greek Vases* (Cambridge: Cambridge University Press, 2007), 1–4, para los vasos griegos.

[40] *Wb* I 414.

[41] Henry G. Fischer, "L'orientation des textes", en *Textes et langages de l'Égypte pharaonique: cent cinquante années de recherches 1822-1972; hommage à Jean-François Champollion* I–II, ed. S. Sauneron, BdE 64 (El Cairo: IFAO, 1972), 1:21–23; Mikhail Chegodaev, "Some Remarks Regarding the So-called "Retrograde" Direction of Writing in the Ancient Egyptian Book of the Dead", *DE* 35 (1996): 19–24; Goelet, "Observations on Copying", 128–30; Gracia

Se notará, no obstante, que este uso de la escritura retrógrada en el interior de los lados de los pies y del frente de los ataúdes es muy frecuente, pero en ocasiones no ocurre[42]. Por otro lado, el uso de la escritura retrógrada no está restringido a este tipo de documentos, ni siquiera a documentos sacralizados[43], lo cual pone en evidencia la necesidad de gran cantidad de estudios individualizados sobre este fenómeno.

La actualización de los textos implicaba igualmente decisiones editoriales que afectaban a los textos directamente. Los *textos* (las unidades textuales ideales: CT 1, 2, etc.) se ajustaban a las necesidades de los *documentos* concretos (ataúdes, etc.) adoptando formas específicas (*testigos*) por medio de diversos mecanismos que constituían su entextualización y que englobaré aquí con el concepto genérico, operativo y totalmente preliminar de *sampleo*[44]. El concepto pretende responder de una manera más ajustada a la dinámica de producción de estos documentos que la visión jerarquizada original-copias en que se basa la crítica textual occidental.

Explicaré lo que entiendo por *sampleo* más abajo, pero los dos ejemplos que siguen permitirán tener una visión más clara de cuál es la envergadura del problema de la *variabilidad textual* en este corpus y similares, y de cómo se podría enfocar. También veremos que este enfoque afecta a la visión del rol del copista en estos procesos editoriales.

La fórmula para reconstituir a Horus: caso 1 de *sampleo*

Este primer ejemplo[45] plantea el problema de la relación entre los distintos testigos de un texto crucial sobre el nacimiento de Horus y su reconstitución como

---

Zamacona, "The Two Inner Directions", 10–11; Robert S. Simpson, "Retrograde Writing in Ancient Egyptian Inscriptions", en *Illuminating Osiris: Egyptological Studies in Honor of Mark Smith*, ed. R. Jasnow y G. Widmer (Atlanta: Lockwood, 2017), 337–45; Pascal Vernus, "Form, Layout, and Specific Potentialities of the Ancient Egyptian Hieroglyphic Script", en *The Oxford Handbook of Egyptian Epigraphy and Palaeography*, ed. V. Davies y D. Laboury (Oxford: Oxford University Press, 2020), 22–23.

42 Fatah y Bickel, "Trois cercueils de Sedment", n. 13.

43 Por ejemplo, en las cartas de Heqanajte; véase James P.Allen, *The Heqanakht Papyri*, PMMA-EE 27 (Nueva York: The Metropolitan Museum of Art, 2002), 6, 8, 76.

44 Usé este término por primera vez en Gracia Zamacona, "Some Remarks on a Multidimensional Approach", 186, 201–3.

45 Véase una breve exposición del problema en Gracia Zamacona, "Some Remarks on a Multidimensional Approach", 200–204. Añado ahora la información relevante de Christelle Alvarez, "An Epigraphical Journey in the Pyramid of Ibi: between Textual Transmission and Mistakes", en *Current Research in Egyptology 2015: Proceedings of the Sixteenth Annual Symposium; University of Oxford, United Kingdom 15–18 April 2015*, ed. Chr. Alvarez, A. Belekdanian, A.-K. Gill y S. Klein (Oxford: Oxbow Books, 2016), 20–33, que no conocía entonces. Véase también; Alvarez, "The Variability of Ritual Texts: Knowledge

dios equipado, con el que se identifica al difunto, en CT 682, una fórmula única (es decir que sólo existe hasta la fecha en un documento actualizado final, B1Bo)[46]; en PT 669 y PT 627B, dos fórmulas comunes (es decir de las que tenemos más de un testigo en documentos actualizados finales, Pepi I y Pepi II); y en CT 990, una fórmula que existe en dos documentos de almacenamiento (papiros Gardiner II y III).

De manera reveladora, en la pirámide de Ibi (Saqqara, dinastía VIII), encontramos la fórmula PT 627B junto a otro texto "no numerado" (Ibi, columnas 18–25) muy similar a ella, a CT 682 y CT 990, en lo que Christelle Alvarez, la editora de esa pirámide, considera "different versions of a ritual utterance with essentially the same content"[47]. Desde este punto de vista, en Ibi encontramos los distintos testigos de un texto colocados en el mismo documento, al contrario que en los casos anteriores, donde los encontramos en distintos documentos. Se notará que la fecha intermedia de Ibi no implica de manera alguna una "transmisión" dentro del esquema general admitido de que los Textos de las Pirámides son más antiguos que los Textos de los Ataúdes. Más bien parece contradecirla y apuntar a la existencia de unos textos diversos, quizás de origen oral como apunta Alvarez, que están disponibles en múltiples versiones y que, en ocasiones, como es el caso de Ibi, se pueden yuxtaponer para coadyuvar al triunfo del difunto, adaptándose al espacio disponible en el documento y a sus necesidades editoriales, y dependiendo del acceso a los documentos de almacenamiento que tuviera el difunto en cuestión.

Es la escrituración de esas variantes lo que pueda dar idea de determinados procesos editoriales que no proceden de una tradición textual, sino de otros procesos de variación. Estos procedimientos editoriales pueden resultar de la *colaboración* entre distintas unidades textuales que coexisten en diferentes espacios (orales u escritos). Típicamente, y de más fácil verificación, tal espacio de colaboración es un documento determinado en el que coexisten varias unidades textuales (fórmulas), procedan o no de una composición temática oral (que no textual) que puede presentar variantes orales (que no textuales), como puede ser un ritual.

El marco de *sampleo* (por utilizar el término operativo genérico aquí propuesto) de esta composición temática implica determinar las partes de CT 682 (B1Bo) único testigo en un documento actualizado final de que disponemos para

Transfer at the Interface of Oral and Written Forms", en *Variability in the Earlier Egyptian Mortuary Texts*, ed. C. Gracia Zamacona, HES 21 (Boston: Brill, 2024), 219–49.

[46] El término "fórmula única" (*unique spell*) es de Björn Billson. Véase Björn Billson, *Two Aspects of Middle Kingdom Funerary Culture from two Different Middle Egyptian Nomes* (Tesina de máster: University of Birmingham, 2010).

[47] Alvarez, "An Epigraphical Journey" 23 y fig. 2.1. Véase también Christelle Alvarez "The Variability of Ritual Texts".

el Reino Medio, según los diferentes tipos de paralelos con los otros testigos de las fórmulas PT 669 y PT 627B y CT 990. Una vez hecho esto, podemos buscar algún patrón o patrones de colaboración en los paralelos encontrados.

La hipótesis básica es que el proceso de *sampleo* tiene poco que ver con la oralidad de la composición temática en un primer momento y que se debe a la interpretación colaborativa vertical durante el proceso de escrituración: es decir, cómo se adapta el texto de un documento de almacenamiento a un documento actualizado y al documento actualizado final. Se notará, y esto es crucial, que no tenemos los documentos concretos de una cadena específica de transmisión. En el caso que nos ocupa, tenemos elementos que ejemplifican los tres eslabones de la cadena, pero de los que no tenemos pruebas que constituyan una cadena real. Un caso distinto, pero comparable, es el de los documentos actualizados finales A1C, T3C y G1T, cuya profusión de errores idénticos pone en evidencia su vinculación con un documento actualizado, que no tenemos, y que era común a ellos tres[48].

A juzgar por los paralelos de que disponemos[49], CT 682 (B1Bo) tiene dos partes claramente diferenciadas: una parte inicial (CT VI 308 k–310 j) en la que CT 682 (B1Bo) presenta paralelos solamente con PT 669 (Pepi I y Pepi II)[50]; y una segunda parte (CT VI 310 k–312 q) en la que CT 682 (B1Bo) presenta paralelos, principalmente con PT 627B (Teti, Pepi I y Pepi II) y, en parte, con CT 990 (en pGardII y pGardIII)[51] y el texto no numerado de Ibi. La tabla que sigue recoge un diagrama que muestra el *patrón textual* que subyace a la estructura de la fórmula CT 682. Según ese patrón textual, determinados pasajes de CT 682 (B1Bo) coinciden (total o parcialmente) con los *textos colaboradores*. Tales coincidencias (los "paralelos") muestran distintos *tipos de colaboración* entre los textos implicados, reflejados en la tabla siguiendo esta clave:

Nuevo = sin paralelo: el pasaje sólo ocurre en CT 682 (B1Bo)
PT = paralelo en PT 669 o PT 627B sólo o Ibi
Pap. = paralelo en pGardII o pGardIII o Ibi
Ibi = paralelo en Ibi sólo
Total = paralelo en un PT (al menos), en pGardII o pGardIII y en Ibi
(PT) = ausente en CT 682, pero presente en un documento PT
(Pap.) = ausente en CT 682, pero presente en pGardII o pGardIII
(Pap. y PT) = ausente en CT 682 y presente en un documento PT y en pGardII o pGardIII, o Ibi.

[48] Philippe Derchain "The Egyptian Coffin Texts, IV", *CdE* 54 (1952): 361; Willems, *Chests of Life*, 110; Willems, *The Coffin of Heqata*.
[49] Véase en detalle el Anexo I.
[50] Siguiendo sobre todo el texto en Pepi II; Pepi I está muy dañado.
[51] Para los paralelos, véase CT VII 199, n. 3.

Partes	Extensión (Nº de parágrafos)	CT 682 (B1Bo)	PT 669 (Pepi I y II) y 627B (Teti, Pepi I y II)[52]	CT 990 (pGardII y pGardIII)	Ibi (18–25)
A	9	**VI 308 k–309 c**	**1961 a–1962 b**		
	2		1963 a–b		
	9	**VI 309 d–309 k**	**1964 a–1965 a**		
	2		1965 b–c		
	1	*VI 309 l*			
	1	**VI 309 m**	**1966 a**		
	2		1966 b–1969 c		
	2	*VI 309 n–o*			
	2	**VI 309 p–q**	**1970 a–b**		
	3	*VI 310 a–c*			
	1		1970 c		
	2	**VI 310 e–f**	**1970 d**		
	2	*VI 310 g–h*			
	1	**VI 310 i**	**1971**		
	1	*VI 310 j*			
B	4	VI 310 k–n	1778 a–1779 b	VII 199 e–h	18–20
	1	**VI 310 o**	**1779 b**		**20–21**
	1	*VI 311 a*			
	1	**VI 311 b**	**1779 c 1**		
	1	VI 311 c	1779 c 2	VII 199 i	20–21
	1			*VII 199 j*	
	1	*VI 311 d*			
	1	**VI 311 e**	**1780 b**		
	1		1783 b		
	1		*1783 c*	*VII 200 a*	
	1			*VII 200 b*	

[52] *Pyr* 1961 a–1971 y *Pyr* 1778 a–1785 c.

1	**VI 311 f**	**1781 b**		
1	***VI 311 g***		***VII 200 l***	
2	*VI 311 h–i*			
1	**VI 311 j**	**1780 c**		
1	*VI 311 k–l*			
1	VI 311 m	1781 c	VII 200 k	
1		1781 d		
2	***VI 311 n–o***		***VII 200 i–j***	
6	VI 312 a–f			18
1		1784 a		
3	VI 312 g–i	1784 c	VII 200 c–d	23
3	***VI 312 j–l***		***VII 200 e***	***21***
1			*VII 200 f*	
2		1782 b–c		
1		*1782 d*	*VII 200 g*	*22*
1			*VII 200 h*	
1	*VI 312 m*			
1		*1785 a*	*VII 200 m*	
2	***VI 312 n–o***		***VII 201 a & d***	
2	VI 312 p–q	1785 b–c	VII 201 b–c	24

Tabla 24. Estructura textual colaborativa: PT 669, PT 627B, CT 990 y CT 682 e Ibi

Estos datos necesitan de un análisis más avanzado que no puedo proseguir aquí, pero que afectan a la relación entre los tipos de colaboración, la extensión de los fragmentos (indicada en la segunda columna de la tabla) y los posibles patrones de combinación entre los diferentes tipos de colaboración.

Independientemente de adónde conduzca ese análisis concreto, su aplicabilidad es obvia en el corpus de los textos mortuorios egipcios, con gran cantidad de testigos, numerosísimas variantes y procesos de edición complejísimos y muy refinados. Lo que sí parece desprenderse de manera evidente del ejemplo propuesto es que la composición textual que resulta en una unidad textual escriturada en un documento actualizado final (en este caso CT 682 en B1Bo) es un proceso de colaboración, diacrónico o sincrónico, en el que las *piezas modulares* (es decir, los pasajes textuales) se combinan a partir de diferentes *textos colaboradores* (por medio de los paralelos) hasta que la unidad textual resultante toma una forma definitiva adecuada al documento en que se escribe. A este proceso de composición es al que llamo *sampleo.*

La idea de que la colaboración es central a este proceso de composición y transmisión textuales la tomo de la obra de David Byrne, *How Music Works.* Byrne usa el término *colaboración* para describir una manera de hacer y escribir música que podría resultar de interés para describir alguna manera en la que los Textos de los Ataúdes pudieron haber sido compuestos y transmitidos. Byrne describe, en primer lugar, cómo su grupo, Talking Heads, solía componer sus canciones:

> The aim of our improvising, probably inspired by our R&B heroes, was for each person to find a part, a riff, or even just a freaky honking accent, and then stick with it, *repeating* it over and over. So by improvisation I don't mean long meandering guitar solos. Quite the opposite. Ours were more about hunting and pecking with the aim of "finding" short, sonic, *modular pieces.* These pieces were intended to interlock with whatever was already there, so the period of actual improvisation would be short. It would end as soon as a satisfactory segment was found. Then we would shape those accumulated results into something resembling a *song structure.*
>
> In this system, one person's response to another's contribution could shift the whole piece in a radically different direction—harmonically, texturally, or rhythmically.... For us, this method resulted in music in which the authorship was to some extent shared among a whole group of people, though I still usually wrote the vocal melody and eventually the words. The musical bed was, in these instances, very much *collaborative.*[53]

En el texto citado, he resaltado en cursiva los conceptos que considero clave para formular el siguiente enunciado: algo con *estructura de canción* se construye a partir de *piezas modulares* que se crean *en colaboración*, que son aceptadas por el grupo y *repetidas.* De manera similar, la estructura de una fórmula como CT 682 parece haber sido construida con fragmentos de texto (*piezas modulares*) y cuya estructura se crea junto con o a partir de *textos colaborativos*, lo cual se hace visible gracias a los paralelos textuales, que se aceptan y repiten (en una misma unidad textual o en varias, creando posibles trayectorias de "transmisión", o "tradiciones textuales").

La transmisión textual es, de hecho, un tipo de colaboración: una colaboración diacrónica. Podemos compararla a la visión que propone Byrne de la interpretación musical:

---

[53] Byrne, *How Music Works*, 192–93.

> Interpreting a written score, reading music notation, is itself a form of collaboration. The performer is remaking and in some ways rewriting the piece every time he plays it. The vagueness and ambiguities of notation allow for this, and it's not an entirely bad thing. A lot of music stays relevant thanks to the opportunities for liberal interpretation by new artists.
>
> To encourage this kind of collaboration, to make the interpretative aspect more overt, some composers have written their pieces as *graphic scores*. This is a way of granting a generous degree of freedom in the interpretation of their work, while simultaneously suggesting and delimiting the organization, shape, and texture of their pieces across time. Below is one example, a graphic score by the composer Iannis Xenakis.

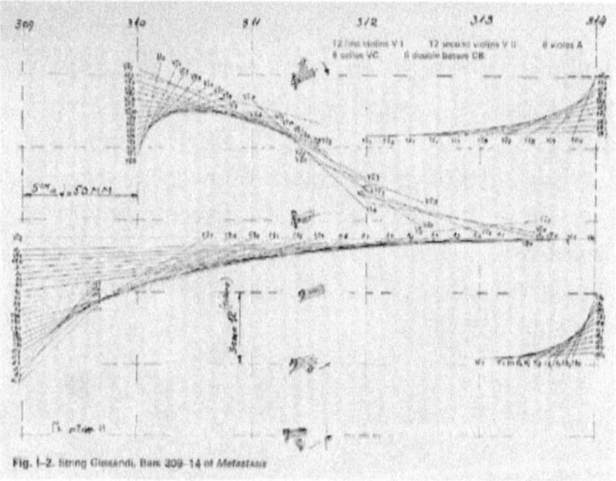

Fig. 15. Iannis Xenakis, *Metastasis* (1954). Angeldo, CC BY-SA 4.0 (https://creativecommons.org/licenses/by-sa/4.0), en Wikimedia Commons.

> This approach isn't as crazy as it might seem. While these scores don't specify which notes to play, they do suggest higher or lower pitches as the lines wander up and down, and they *visually express* how the players are to relate to one another. This type of score views music as a *set of organizing principles rather than a strict hierarchy*—the latter viewpoint usually ends up with a melody at the top of the pile. It's an alternative to the privileged position melody is usually given—it's about texture, patterns, and interrelationships[54].

Siguiendo un razonamiento similar, CT 682 podría verse como una interpretación, junto con las fórmulas (¿más antiguas?) PT 669, PT 627B y el texto no numerado de Ibi, de CT 990 (una fórmula en dos documentos de almacenamiento, los papiros Gardiner II y III); o todas ellas textos colaborativos de una

[54] Byrne, *How Music Works*, 194–95.

pieza oral "original" o distintas versiones orales de un tema transmitido oralmente (un ritual, por ejemplo).

Byrne llega a la conclusión de que este tipo de colaboración, tanto en la composición (sincrónicamente) como en la transmisión (diacrónicamente), privilegia, contrariamente a lo que ocurre en la cultura occidental, la identidad de la obra por encima de la identidad del creador, de manera que la obra es tanto la interpretación como lo interpretado:

> Robert Farris Thompson, a professor of art at Yale, pointed out that once you let yourself see things this way, lots of things become "musical scores"—although they might never have been intended to be played. He argued that in a lot of African weaving, one can sense a rhythm. The repetition in these fabrics doesn't consist of a simple looping of mirror images and patterns; rather, *modular parts* recombine, shift position, and interact over and over with one another, aligning in different ways over time, recombinant. They are scores for a funky minimalist symphony. This musical metaphor implies a kind of collaboration as well. While each color module in a quilt or textile is essential, no one part defines the whole the way we might define many Western compositions by their dominant melody. Western compositions can often be picked out—the melodies, at least—with one finger on a piano. How would one pick out the "score" below in that way?

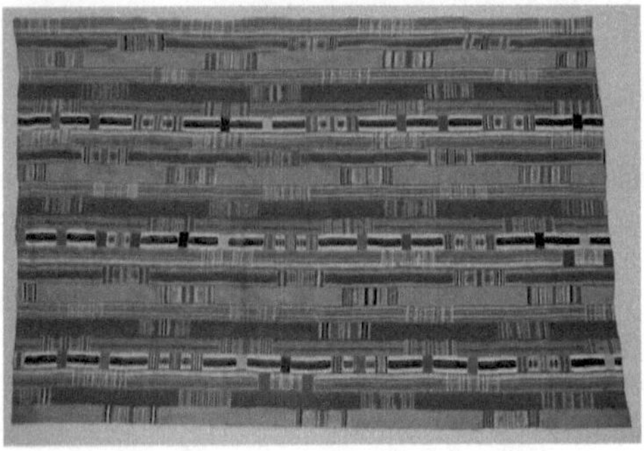

Fig. 16. Tela ewe o asante. British Museum (nº Af1934,0307.165, AN501677001). Ghana. © Trustees of the British Museum.

> There's no dominant motif or top line, though that doesn't stop it from having a distinct identity. It's a neuronal network, a personality, a city, the Internet[55].

En este caso, el patrón distintivo de la tela se realiza (o "interpreta") por medio de repeticiones y variaciones, pero es también la realización

[55] Byrne, *How Music Works*, 195.

("interpretación") de las piezas modulares que lo componen. Así podría haber ocurrido con la composición de los Textos de los Ataúdes.

La tablilla de escriba en B1C: caso 2 de *sampleo*

Este segundo ejemplo muestra una forma, más sencilla que la del caso anterior, que puede adoptar el *sampleo*. Este caso es interesante porque muestra un procedimiento de *sampleo* que combina las propiedades materiales del documento con la coherencia del texto en un testigo adecuado para ambas.

Se trata de una copia de las fórmulas PT 213–214 en el ataúd de *Zpi* (Cairo 28083 = B1C). La peculiar entextualización de este testigo, en el friso de objetos del interior del lado de la espalda de este ataúd, en vez de en el espacio habitual para el texto en columnas bajo el friso, es seguramente la causa de que este texto no esté recogido en CT VIII 46–75, que muestra otros 33 testigos de ese texto. El testigo está escrito en un dibujo de una tablilla de escriba de fondo blanco y escrito con tinta negra en columnas separadas por líneas verticales. La tablilla de escriba aparece sobre una mesa baja. Sobre la tablilla, leemos su etiqueta en hierático: 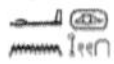 *ʿn 1.210* "1.210 tablillas de escriba"[56]. Por lo demás, este caso no es único: CT 389, una fórmula publicada por De Buck, también está escrita en el friso de objetos de B3L, aunque en una hoja de papiro esta vez[57], mientras que en los otros documentos se encuentra en la zona de texto columnar habitual, bajo el friso. La entextualización de CT 389 en B3L es particular, ya que el texto aparece en escritura retrógrada y solamente las tres últimas columnas (231–233) presentan la marca , lo que nos da una idea de la complejidad del asunto y de la absoluta necesidad de estudios específicos.

Volviendo a la tablilla de escriba en B1C, la inscripción tiene un claro carácter sumarial, especialmente en su segunda parte (PT 214), lo que parece apuntar a que la presencia del objeto inscrito es más importante que el texto en sí y, en concreto, que el concepto de unidad textual (fórmula). El texto debe estar ahí, y

[56] El significado de la raíz *ʿn* implica las ideas de blanco, fino, brillante, duro y revestido, ya que la encontramos en palabras como "caliza blanca (de revestimiento arquitectónico)" (James R. Harris *Lexicographical Studies in Ancient Egyptian Minerals*, DAWIO 54 [Berlín: Akademie, 1961], 69–71), "tablilla (estucada) de escriba" (Gustave Jéquier, *Les frises d'objets des sarcophages du Moyen Empire*, MIFAO 47 [El Cairo: IFAO, 1921], 266) y "ojo" (¿por las características de la esclerótica?; *Wb* I, 189). Este último sentido lo encontramos en el término semítico *ʿayin* "ojo" (Gesenius, *Hebraïsches und Aramäisches Handwörterbuch über das alte Testament* [Berlín: Springer, 1962], 622). Para las tablillas de escribas, véase Jean L. De Cenival, "Les tablettes à écrire dans l'Égypte pharaonique", *Bibliologia* 12 (1992): 35–40; Pascal Vernus, "Schreibtafel", en *Lexikon der Ägyptologie*, ed. W. Helck y E. Otto (Wiesbaden: Harrassowitz, 1975–1989), 5:703–9.

[57] CT V 54, n. 2.

un texto sacralizado, pues el documento también lo es[58], pero no es necesario que esté completo. Lo que es más, el límite espacial que proporciona el soporte (dibujado en este caso), aunque importante, no es el único criterio para el carácter sumarial del texto. Este último se lleva a cabo mediante un proceso más complejo que incluye coherencia textual y adecuación física al soporte. Esta combinación de criterios determina cómo se produce el testigo.

En efecto, el testigo contiene la fórmula PT 213 entera, pero sólo la primera parte de PT 214, las dos fórmulas iniciales del llamado (por los egiptólogos) "ritual de resurrección", ya presentes en la pirámide de Unis[59]. En la última columna, el escriba ha manipulado el texto para rematarlo rápidamente. El texto procede de derecha a izquierda a lo largo de diez columnas, en escritura no-retrógrada, hierática / jeroglífica linear. Cada columna aparece coronada por la marca 𓉐:

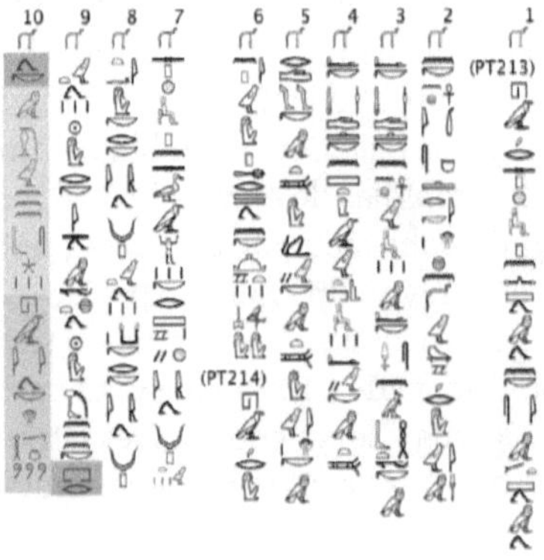

Fig. 17. Transcripción jeroglífica de la tablilla de escriba en el friso de objetos del interior del lado de la espalda del ataúd B1C. Museo del Cairo (CGC 28083). Barsha, dinastía XII. © El autor.

[58] Sobre el particular estatus de las tablillas de escribas, véase los comentarios de Pascal Vernus, "Modelling the relationship", n. 27.

[59] James P. Allen, *The Ancient Egyptian Pyramid Texts* (Atlanta: Society of Biblical Literature, 2015), 31. Estas fórmulas están situadas en el lado sur de la cámara sepulcral y el pasaje de la pirámide de Unis. Para estas fórmulas de los Textos de las Pirámides, véase, entre otros, Hartwig Altenmüller, *Die Texte zum Begräbnisritual in den Pyramiden des Alten Reiches*, ÄA 24 (Wiesbaden: Harrassowitz, 1972), 46–47; Élise Bène y Nadine Guilhou, "Le "Grand Départ" et la "Suite A" dans les Textes des Sarcophages", en *D'un monde à l'autre: Textes des Pyramides et Textes des Sarcophages*, ed. S. Bickel y B. Mathieu, BdE 139 (El Cairo: IFAO, 2004), 57–83; Harold M. Hays, "Old Kingdom Sacerdotal Texts", *JEOL* 41 (2009): 54–56 y fig. B (p. 79); Hays, *The Organization of the Pyramid Texts*, 92–99, 349, *passim*.

En la figura, he subrayado los tres fragmentos que el escriba extrajo de PT 214 para cerrar su testigo y darle sentido al final de su texto: primero, subrayado con una línea, el principio de *Pyr* 138 a; luego, subrayado con dos líneas, el final de *Pyr* 138 b; y, por último, subrayado con línea discontinua, el principio de *Pyr* 138 c. En la siguiente transliteración y traducción, podemos apreciar en detalle el mecanismo utilizado para conjuntar el criterio de espacio disponible con el de sentido del texto en el testigo de B1C (en negrita), comparándolo con la versión media de los testigos del Reino Antiguo (Unis, Teti, Pepi I, Merenra, Pepi II, Neit, Iput y Wedyebteni), que aparece sin negrita:

PT 213	*Pyr*
hꜣ N n šm.n.k ꞽs m(w)t.tꞽ šm.n.k ꜥnḫ.tꞽ	134a
[1] ***hꜣ wsꞽr Zpꞽ pn n šm.n.k ꞽs m(w)t.(tꞽ) šm.*[2]*n.k ꜥnḫ.tꞽ*** ¡Oh, el osiris[60] Zepi! No es muerto como te has ido, sino vivo.	
ḥms ḥr ḫnd wsꞽr ꜥbꜣ.k m ꜥ.k wḏ.k mdw n ꜥnḫ.w	134b
ḥms ꞽr.k ḥr ḫnḏ.w Wsꞽr ꞽw ꜥbꜣ m [3] ***ꜥ.k wḏ mdw.k n ꜥnḫ.w***	
¡Siéntate en la silla de Osiris! El cetro está en tu mano. ¡Dicta tu palabra a los vivos!	
mks nḥb.t.k m ꜥ.k wḏ(/.k) mdw n štꜣ.w ꞽ.s.wt	134c
mks nḥb.t.k m [4] ***ꜥ.k wḏ mdw.k n štꜣ.w-s.wt***	
Tu cetro *mks* y tu cetro *nḥb.t* están en tu mano. ¡Dicta tu palabra a Los de sedes ocultas!	
ꜥ.wy.k m Tm rmn.wy.k m Tm ẖ.t.k m Tm sꜣ.k m Tm	135a
ꜥ.wy.k m Tm	
Tus manos son como (las de) Atum;	
pḥ.k m Tm rd.wy.k m Tm ḥr.k m ꞽnp.w	135b
[5] ***rd.wy.k m Tm pḥ.wy.k m Tm ꞽw ḥr.k m*** [6] ***ꞽnp.w***	
tus pies son como (los de) Atum; tus nalgas son como (las de) Atum; tu rostro es como (el de) Anubis.	
pšr n.k ꞽꜣ.wt ḥr.(w) pšr n.k ꞽꜣ.wt stš	135c
pẖr n.k ꞽꜣ.wt ḥr.(w) wḏꜥ.(w)	
¡Puedan servirte los montículos de Horus (y los del) proscrito (= Seth)!	
PT 214	***Pyr***
hꜣ N zꜣ kw š ḏd-md.w zp 4	136a
hꜣ wsꞽr [7] ***Zp pn zꜣ.w.k r š zp 2***	
¡Oh, el osiris Zepi! ¡Evitarás[61] el lago!—bis.	
ꞽ wp.wt kꜣ.k ꞽr.k ꞽ wp.wt ꞽt.k ꞽr.k ꞽ wp.wt Rꜥ ꞽr.k	136b
ꞽꞽ wp.wt [8] ***ꞽt.k r.k ꞽꞽ wp.wt kꜣ.k r.k ꞽꞽ wp.***[9]***wt Rꜥ r.k***	

[60] Lo considero una forma de tratamiento del difunto, de ahí la minúscula; sin entrar en la discusión de si la expresión alude a una identificación del difunto con el dios Osiris (véase específicamente Smith, "Osiris NN or Osiris of NN?")

[61] Para *zꜣw*, véase Gracia Zamacona, "Verbes sans limite", § 2.2.

Llegaron mensajes de tu padre respecto a ti. Llegaron mensajes de tu *ka* respecto a ti. Llegaron mensajes de Ra respecto a ti:	
ỉ.z(b)ỉ m-ḫt Rꜥ.k wꜥb.k ỉr.k	137a
ỉ.z(b) m-ḫt Rꜥ wꜥb.k	
"¡Ve detrás de Ra para que puedas limpiarte,	
qsw.k bỉk.wt nṯr.wt ỉm.t p.t wn.k ỉr gs nṯr ỉ.fḫ.k pr.k n zꜣ.k n ṯṯ.k *mdw.t(y).f(y) nb m rn n N ḏw* ***pr.k***	137b– 138a
pr.[10]k	
para que puedas subir	
wḏ.n sw gbb m twꜣ m nw.t ỉr.t ḥm.f nn.f *wꜥb.k ỉr.k* ***m qbḥ.w sbꜣ.w***	138a–b
m qbḥ.w sbꜣ.w	
a las frescas aguas de las estrellas	
hꜣ.k hr nwh.w *bỉꜣ ḥr rmn.wy ḥr.w m rn.f ỉm.y ḥn.w* *kỉw n.k ḥnmm.t wṯz.n kw j.ḫm.w-sk* *ỉꜣq ỉr.k ỉr bw ẖr ỉt.k ỉr bw ẖr gbb* *ḏỉ.f n.k mỉ.t ḥꜣ.t ḥr.w bꜣ.k ỉm.s sḫm.k ỉm.s* *wn.k ỉm.s ḫnt.(y)-ỉmn.tyw*	138c– 139d
hꜣ.y.k ḥr nwḥ.w (?)	
y para que puedas bajar por las cuerdas!"	

Tabla 25. PT 213–214 en B1C (friso de objetos, interior de la espalda): formato y lectura.

Se notará que el texto procede muy similar en las primeras ocho columnas, pero al final de la columna 9, B1C se aparta radicalmente de los testigos del Reino Antiguo: desde *Pyr* 137a salta hasta el final de *Pyr* 138a (***pr.k***) y, de nuevo, hasta el final de *Pyr* 138 b (***m qbḥ.w sbꜣ.w***), construyendo una oración nueva, correcta gramaticalmente, pero que desestima el sentido original y proporciona uno nuevo, aunque parecido al original. A continuación, B1C retoma inmediatamente el texto original (*Pyr* 139a), pero sólo su comienzo (***hꜣ.y.k hr nwh.w***), para desestimar el resto de PT 214 por falta de espacio y, probablemente también, de propósito.

Este proceso constituye otro ejemplo de *sampleo* que muestra cómo los textos son tratados como algo matérico que necesita ajustarse tanto al formato como al programa de contenido de un documento dado. El sampleo parece implementarse porque el documento (típicamente un ataúd) tiene precedencia sobre los textos que se usan en él. Dicho de otra manera, el conjunto tiene preferencia sobre las unidades desde el punto de vista editorial. Por esta razón, el *sampleo* se refiere a los diferentes procedimientos técnicos que resultan esenciales para entextualizar los textos almacenados (en repositorios) en documentos concretos actualizados.

El caso de estudio de la tablilla de escriba en B1C no carece de importancia porque prueba tres fenómenos sobre la materialidad textual de este corpus.

Primero, aunque los documentos tengan un área específica atribuida no tienen por qué aparecer siempre en ella. Incluso en su área habitual, los textos pueden disponerse de maneras muy complejas que necesitan de estudios pormenorizados[62].

Segundo, a juzgar específicamente por este caso, los textos, independientemente del origen que les supongamos según su contenido o forma interna, pertenecen al ámbito mortuorio al igual que el resto del ajuar mortuorio y pueden tratarse como si fueran cualquier otro objeto del ajuar funerario; por tanto, pueden representarse.

Tercero, los textos pueden desempeñar funciones diversas, sobre las que sólo podemos hipotetizar, porque estos textos no se explican a sí mismos. Por ejemplo, pueden transmitir un mensaje en un principio interpretado oralmente, probablemente de manera mediata, con anterioridad y que se supone podría ser leído o escuchado por el difunto[63]. Pero estos textos también podrían desempeñar otras funciones, de manera primaria o secundaria, relacionadas con su naturaleza de portadores de información. Al menos, parece que los propios textos pueden ser el mensaje en sí mismos y que sólo necesitan estar presentes porque son objetos pertenecientes al ajuar mortuorio, ya sea real o idealmente. Ese parece ser el caso de la tablilla de escriba en B1C. Esto no implica de manera alguna que el contenido sea irrelevante. Bien al contrario: el comienzo del viaje solar nocturno ("de resurrección") empieza al oeste, que es el punto cardinal hacia el que se orienta el lado de la espalda de los ataúdes; y PT 213–214, que comienzan el grupo de fórmulas del "ritual de resurrección", se han colocado precisamente en el lado de la espalda de B1C. Esto sugiere que la presencia y la secuencia de los textos es lo esencial en este caso, de esa manera y en esa disposición específicas, y no la integridad de la(s) fórmula(s).

El escriba

Los factores que pudieron influir en los mecanismos de *sampleo* deben de ser múltiples. Sin duda alguna, la importancia "previa" de una fórmula (o varias), su *prestigio*, tuvo que jugar un papel fundamental a la hora de ser seleccionada para inscribirse, lo cual explica que determinadas fórmulas sean muy comunes[64]. Pero también parece clave la *coexistencia* de las fórmulas en un espacio

---

[62] Sika Pedersen prepara su tesis sobre la disposición de las fórmulas de los Textos de los Ataúdes y de las Pirámides en los grupos de ataúdes (interno-externo) y cámara sepulcral, en la Universidad de Alcalá: Gracia Zamacona (véase https://www.mortexvar.com/).

[63] Véanse las diferentes posiciones y comentarios de Sethe, "Die Totenliteratur der alten Ägypter"; Quack, "Wenn die Götter zuhören", 134–5; Quack, "Conceptions of Purity", 145–46; Willems, "Who Am I?"

[64] Como CT 75 y CT 335; véase el capítulo 2.

común (documento), como vimos en el caso 1 de sampleo. Por último, la *adaptación* de una fórmula (o varias) al espacio físico proporcionado por un soporte determinado fue también determinante, como vimos en el caso 2 de sampleo.

La variabilidad de estos textos se ha estudiado desde la perspectiva de las unidades textuales (fórmulas) mediante intentos de reconstrucción de las versiones originales de fórmulas individuales y secuencias con el método estemático[65] y mediante intentos de identificar grupos (conjuntos vagos) y series (secuencias fijas) recurrentes de fórmulas por medio del análisis de su estructura performativa o de su conexión temática (intertextualidad)[66]. Todos estos enfoques, controvertidos y dispares, tienen algo en común: la ausencia del factor escriba.

En los últimos años, algunos estudios[67], como el de Jean Servajean sobre el Libro de los Muertos[68], han empezado a tener en cuenta ese factor, incorporando el punto de vista de la agencia de los escribas; es decir, de su capacidad para reinterpretar los textos de diferentes maneras. Las modalidades de reinterpretación podían ser muy diferentes, yendo del polo más creativo (la búsqueda de un nuevo sentido a un pasaje que ya no resultaba comprensible) hasta el más pasivo (la copia completa de pasajes incomprensibles): es decir, desde un rol de (co)autor hasta un rol de copista.

Más recientemente y de manera más específica, Chloé Ragazzoli ha puesto de manifiesto el activo rol de los escribas en la producción y reproducción de las misceláneas del Reino Nuevo[69]. La autora describe unos patrones de composición y transmisión similares en muchos puntos, y desde luego en el *modus operandi* general, a los descritos en este capítulo para los Textos de los Ataúdes, con lo que debemos matizar la afirmación de Ragazzoli de que las misceláneas son *un cas limite* ("un caso límite"); al menos en un sentido absoluto. De hecho, se notará que la autora refiere la excepcionalidad de las misceláneas a que no

---

[65] Entre otros, Wolfgang Schenkel, "Zur Redaktions- und Überlieferungsgeschichte des Spruchs 335 A der Sargtexte", en *Göttinger Totenbuchstudien. Beiträge zum 17. Kapitel*, ed. W. Westendorf, GOF 4.3 (Wiesbaden: Harrassowitz, 1975), 37–79; Jürgens, *Grundlinien einer Überlieferungsgeschichte.*

[66] Entre otros, Hays, *The organization of the Pyramid Texts.*

[67] Ver, más recientemente, S. Gerhards y T. Konrad, eds., *Book of Abstracts: Ägyptologische "Binsen"-Weisheiten IV. Hieratisch des Neuen Reiches: Akteure, Formen und Funktionen* (https://zenodo.org/record/3676389#.Yw8_lWzMKV4), del *proyecto AKU* de la Universidad de Maguncia; el proyecto *Crossing Boundaries* de las Universidades de Lieja, Basilea y el Museo Egipcio de Turín; y el proyecto de Lucía Díaz-Iglesias Llanos, "Proyecto de documentación y conservación de tres cámaras funerarias en Luxor (Egipto): fundamentos de la investigación e informe preliminar de la primera y segunda campañas de trabajo (2019–2020)", *AuOr* 40 (2022), 235–64.

[68] Servajean, *Les formules de transformations du Livre des morts*, 24–25.

[69] Chloé Ragazzoli, *Scribes: Les artisans du texte de l'Égypte ancienne (1550-1000)* (París: Les Belles Lettres, 2019), 77–84.

cumplen las "conditions habituelles de la transmission littéraire"[70]. Pero, ¿cuáles son estas? ¿Y cuáles son los textos literarios que se transmiten de manera habitual?

El método de Ragazzoli es sumamente relevante para el enfoque que he propuesto aquí (*sampleo*): hacer una lista de todos los pasajes que aparecen en distintos repositorios de misceláneas. En algunos casos, los pasajes aparecen tal cual (son *textes fermés* "textos cerrados"); pero en otros, más frecuentes, "ce sont des unités textuelles plus petites ; elles circulent à l'intérieur même des textes du recueil" (son *textes ouverts* "textos abiertos")[71]. Estos últimos son muy similares a las *piezas modulares* de que hemos hablado y que parecen constituir un elemento clave de los procesos de *sampleo*. Por ello, no resulta evidente que las misceláneas constituyan un corpus tan excepcional.

Ragazzoli propone pasar del paradigma del error al de la variante, es decir del método de la estemática a uno que adscriba las variantes a un rango más amplio de posibilidades que el mero error o la copia perfecta, lo que da cabida a la agencia del escriba entre otros factores, en línea con las investigaciones de psicología de la escritura relacionadas con la copia[72]. Según esta aproximación, Ragazzoli sostiene que cuanto más creativo es el proceso de reproducción del texto por parte del escriba, menos mecánico es, menor es el número de errores (en sentido estricto: pérdidas de sentido en el texto) y, de manera sumamente interesante, mayor número de recargas sintácticas hay en el entintado del texto: es decir, las recargas de tinta tienden a coincidir con las estructuras lingüísticas del texto, lo que indica un pensamiento creador por parte del escriba:

ESCRIBA	PROCESO MECÁNICO	RECARGAS SINTÁCTICAS	ERRORES
+ copista	+	-	+
+ autor	-	+	-

Tabla 26. Aspectos de la reproducción textual escrita según Ragazzoli, *Scribes: Les artisans du texte*, 2019, 78–81.

De manera notable, en los textos que Ragazzoli llama "cerrados" los errores son mucho más altos (un 30% del total de las variantes) que en la media de las misceláneas en su conjunto; mientras que en los textos "abiertos", las variantes creativas presentan un porcentaje altísimo (80%)[73]. Esto es claramente

[70] Ragazzoli, *Scribes: Les artisans du texte*, 77.
[71] Ragazzoli, *Scribes: Les artisans du texte*, 77.
[72] Murray McGillivray, *Memorization in the Transmission of the Middle English Romances* (Londres: Routledge, 1990); Paul Delnero, "Memorization and the Transmission of Sumerian Literary Compositions", *JNES* 71 (2012): 189–208.
[73] Ragazzoli, *Scribes: Les artisans du texte*, 80.

significativo, y proporciona un enfoque que puede servir de parangón para futuros estudios de detalle en los Textos de los Ataúdes, con objeto de refinar y especificar los procesos de *sampleo*. Por supuesto, la interferencia entre ambos tipos de errores es algo que deberá tenerse en cuenta: me refiero a las reinterpretaciones basadas en errores. En realidad, se trata de un tipo particular de variante creativa. En una reciente reseña del trabajo de Andreas Pries sobre las Vigilias nocturnas (*Stundenwachen*), David Klotz apreciaba precisamente que el autor valorara estas variantes en sí mismas, como relecturas del texto a lo largo de los siglos, más que como elementos mecánicos utilizados para la reconstrucción hipotética de un texto original[74].

Estos breves comentarios sobre la agencia de los escribas en la (re)producción de los textos ponen de manifiesto que los escribas no sólo eran medios de los textos tan determinantes como eran los soportes, sino que también constituyen uno de los contextos más inmediatos de los textos, y de los más influyentes. En el capítulo que sigue veremos contextos más amplios; o, simplemente, contextos más típicos.

---

[74] David Klotz, review of *Die Stundenwachen im Osiriskult. Eine Studie zur Tradition und späten Rezeption von Ritualen im Alten Ägypten* I–II, A. Pries, *WdO* 52 (2022): 320–40.

5
Contextos

ỉm.y-r ỉsq.tt ỉnp.w
wꜣḥ.(w)-ḥr-tꜣ mr.y-nỉw.t.f t(w)t ḥz.y
n spꜣ.(t).f mỉ-qd.s ḥꜣ.ty-ꜥ ꜥnw
ꜥrq.n.ỉ grt ỉz pn rdỉ.n.ỉ zš.t.f ḏs.ỉ

El intendente del ganado estabulado de Anubis,
el yacente, el amado por su ciudad, el perfecto, el favorito
de todo su nomo, el "nomarca" Anu (dice):
"Así pues, he completado esta tumba y he puesto su escritura yo mismo".
Tumba de Anu, Asiut[1].

En el marco de la conceptualización de la historia egipcia por medio de periodos plenos ("reinos") e intermedios, los Textos de los Ataúdes se han interpretado, básicamente, de dos maneras: como un fenómeno de ajuste entre el Reino Antiguo y el Medio, es decir del Primer Periodo Intermedio; o como un fenómeno representativo de la formación y cohesión del Reino Medio a través de la consolidación de una clase poderosa relacionada con la corte, con diferentes niveles y formas de relación entre la corte real (Tebas–Menfis-*Ỉṯi-tꜣ.wy*) y los poderes locales representados, sobre todo, por los habitualmente llamados "nomarcas" (local y plural), en lo que parece una especie de juego de palabras antitético, más o menos consciente, con "monarca" (central y singular)[2].

[1] Jochem Kahl, *Ancient Asyut: The First Synthesis after Three Hundred Years of Research*, APS 1 (Wiesbaden: Harrassowitz, 2012), 84 y fig. 66.
[2] *Nomarca* es un neologismo egiptológico a partir del término griego *nomos*, usado para referirse a la circunscripción geopolítica egipcia *sp(ꜣ).t* "provincia" o "región" (*Wb* IV 97–99) íntimamente relacionada con una *n(ỉ)w.t* ("ciudad", "centro urbano") (*Wb* II 210–12), que toma un papel socioeconómico preponderante en el Reino Medio. Sobre esto último, véase Juan Carlos Moreno García, "Households".

Este cuadro general debe ser considerado con extremo cuidado. En particular, la mayor de las precauciones debe tomarse respecto a lo siguiente: el uso del contexto histórico para interpretar un corpus de la complejidad de los Textos de los Ataúdes implica que ese contexto debe conocerse mejor que el objeto de estudio; sin embargo, ese no es el caso. Las dimensiones del "nomarcado", sus funciones y poder, relaciones mutuas y con la corte, participación en los procesos políticos y culturales, su organización familiar, su articulación en o con la administración, su rol económico no nos son conocidos en gran medida[3]. La primera causa de ello es, por supuesto, al azar de la documentación, pero no lo es menos la visión más o menos implícita del observador actual de que el Reino Medio es un periodo de estabilidad respecto a un Primer Periodo Intermedio en el que el estado centralizado del Reino Antiguo dejó paso a una situación de poder multifocal. Sin embargo, el arranque del Reino Medio no parece apuntar en ese sentido, y la situación puede necesitar de una valoración más matizada[4], a lo que pueden contribuir los análisis de redes que se están implementando para el Reino Antiguo, Reino Medio y la época grecorromana[5].

Más específicamente, el hecho de que determinadas familias locales (nomarcado) accedieran a un poder similar al de los cortesanos (o lo fueran) les podía garantizar acceso a los textos mortuorios, pero ello no tiene por qué implicar

---

[3] Para juzgar la complejidad del asunto y diferentes posiciones, véase, recientemente y entre otros muchos, Nathalie Favry, *Le nomarque sous Sésotris I*, IEA 1 (París: Presses de l'Université Paris-Sorbonne, 2004); Juan Carlos Moreno García, "Élites provinciales, transformations sociales et idéologie à la fin de l'Ancien Empire et à la Première Période Intermédiaire", en Des *Néferkarê aux Montouhotep: Travaux archéologiques en cours sur la fin de la VIe dynastie et la Première Période Intermédiaire; Actes du colloque CNRS-Université Lumière Lyon 2, tenu le 5-7 juillet 2001*, ed. L. Pantalacci y C. Berger-El Naggar, TMOM 40 (Lyon: Maison de l'Orient et de la Méditerranée Jean Pouilloux, 2005), 215–28; Louise Gestermann, "Die Datierung der Nomarchen von Hermopolis aus dem frühen Mittleren Reicheine Phantomdebatte?", *ZÄS* 135 (2008): 1–15; Edward Brovarski, "A Phantom Debate?", en *From Illahun to Djeme: Papers Presented in Honour of Ulrich Luft*, ed. E. Bechtold, A. Gulyás y A. Hasznos, BARIS 2311 (Oxford: Archaeopress, 2011), 25–30; Brovarski, "Overseers of Upper Egypt in the Old to Middle Kingdoms: Part 1", *ZÄS* 140 (2013): 91–111 y lám. XV–XVI; Brovarski, "Overseers of Upper Egypt in the Old to Middle Kingdoms: Part 2, dossiers", *ZÄS* 141 (2014): 22–33; Harco Willems, *Dayr al-Barsha* I, cap. 7; Willems, "Nomarchs and Local Potentates: The Provincial Administration in the Middle Kingdom", en *Ancient Egyptian Administration*, ed. J.C. Moreno García, HdO I.104 (Leiden: Brill, 2013), 341–92; Willems, *Historical and Archaeological Aspects*, 4–58.

[4] Alejandro Jiménez-Serrano y Antonio J. Morales, eds., *Middle Kingdom Palace Culture and Its Echoes in the Provinces*, HES 12 (Boston: Brill, 2021).

[5] Respectivamente, Dulíková y Bárta, *Addressing the Dynamics*; Danijela Stefanović, "The Social Network(s) of the Middle Kingdom and Second Intermediate Period Treasurers: Rehuerdjersen, Siese, Ikhernefret and Senebsumai", *JEH* 12 (2019): 259–87; Yanne Broux, "Graeco-Egyptian Naming Practices: A Network Perspective", *GRBS* 55 (2015): 706–20; Broux, *TM Networks* (www.trismegistos.org/network/index.php).

automáticamente que los produjeran. Por otro lado, determinados textos pueden ayudar a dilucidar algunos puntos del contexto social y cultural[6]. Por ejemplo, las fórmulas únicas de los Textos de los Ataúdes[7] podrían resultar de una nueva fuerza creativa originada o identificada con el poder nomarcal. Pero parece plausible que estas fórmulas resultaran de la capacidad creativa de los grupos más intelectuales (sacerdotes), relacionados con el nomarcado o no, mientras que los nomarcas se garantizaban las fórmulas comunes para sus ataúdes.

La presencia de Textos de los Ataúdes en tumbas del Reino Medio en el Delta, en Kom el-Hisn y Mendes, con composiciones complejas como el Libro de los dos caminos en el caso de Kom el-Hisn[8], así como la presencia de Textos de los Ataúdes en la tumba de Medunefer en Balat, en el oasis de Dajla, que data de la dinastía VI, son muy difíciles de explicar en el cuadro general geo-histórico que se acepta en general para el nomarcado.

En particular, respecto al Libro de los dos caminos, lo anterior lo podría desvincular de Barsha como centro intelectual[9]. A ello se añade la posibilidad de que ese libro datase de antes del Reino Medio[10], lo cual lo alejaría del nomarcado también cronológicamente.

Por último, la diversa suerte, tanto arqueológica como egiptológica, que han corrido las distintas necrópolis dificulta la apreciación general de la situación histórica. A causa de ello, algunas necrópolis (como Dendera o Naga ed-

[6] Silvie Donnat y Antonio Moreno García, "Intégration du mort dans la vie sociale égyptienne à la fin du IIIe millénaire av. J.-C"., en *Life, Death, and Coming of Age in Antiquity: Individual Rites of Passage in the Ancient Near East and Adjacent Regions*, ed. A. Mouton y J. Patrier, PIHANS 124 (Leiden: Nederlands instituut voor het nabije oosten, 2014), 179–210.

[7] Gracia Zamacona, "Some Remarks on a Multidimensional Approach".

[8] De discutida atribución: véase David P. Silverman, *The Tomb Chamber of Ḫsw*; Silverman, "A Spell from an Abbreviated Version of the Book of Two Ways in a Tomb of the Western Delta", en *Studies in Egyptology Presented to Miriam Lichtheim* I–II, ed. S. Groll (Jerusalén: Magnes Press, 1990), 2:853–76; Silverman, "Coffin Texts from Bersheh, Kom el Hisn and Mendes", en *The world of the Coffin Texts*, ed. H. Willems, EgUit 9 (Leiden: Nederlands Instituut voor het Nabije Oosten, 1996), 129–41; Rößler-Köhler, "Religion und Macht: Das altägyptische 'Zweiwegebuch'; Zum Schiksal eines Vorläufers des königlichen Amduat während der 12. Dynastie", en *Liebe, Macht und Religion. Interdisziplinäre Studien zu Grunddimensionen menschlicher Existenz: GS Helmut Merklein*, ed. M. Gielen y J. Kügler (Stuttgart: Katholisches Bibelwerk, 2003), 113, n. 1; Sherbiny, *Through Hermopolitan Lenses*, 6; Sherbiny, "Echoes of a Lost Legacy: The Recent Research on the so-called Book of Two Ways in Ancient Egypt", *Shodoznavstvo* 81 (2018): 45.

[9] Sherbiny, "Echoes of a Lost Legacy", 45.

[10] Isabelle Pierre-Croisiau, "Nouvelles identifications de Textes des Sarcophages parmi les 'nouveaux' Textes des Pyramides de Pépy Ier et de Mérenrê", en *D'un monde à l'autre: Textes des Pyramides et Textes des Sarcophages*, ed. S. Bickel y B. Mathieu, BdE 139 (El Cairo: IFAO, 2004), 268, 278 y fig. 17 (sobre determinados textos de la pirámide de Merenra); Sherbiny, "Echoes of a Lost Legacy" (sobre el rollo de cuero del Cairo).

Deir) han quedado excluidas, de momento, de los estudios sobre los Textos de los Ataúdes, mientras que otras están a la espera de ser publicadas, como es el caso de Heracleópolis, Sedment y Asuán.

Sin embargo, dos contextos se pueden delimitar con mayor precisión para los Textos de los Ataúdes: las relaciones con otros textos mortuorios; y las relaciones entre los participantes de la comunicación.

La tradición textual: intertextualidad

La producción de textos en el interior de las tumbas es uno de los rasgos más distintivos de la cultura egipcia[11]. Si bien en la parte accesible de la tumba hay textos que se dirigen a los vivos, en la parte inaccesible también hay textos que, probablemente, nunca fueron pensados para ser leídos. La cuestión obvia es cuál era su propósito.

En su mayor parte, estos textos no son narrativos, sino que tienen una naturaleza dialógica[12]. Todo diálogo necesita de un emisor y un receptor para que la comunicación ocurra, e implica la pronunciación de un mensaje[13]: algo dicho además de escrito, ya sea de forma real o imaginaria. Y eso es lo que son los textos mortuorios del Egipto antiguo: mensajes pronunciados[14]. Según su receptor, estos enunciados pueden dirigirse a los vivos o a los muertos y, por ese hecho, se diferencian de manera importante.

---

[11] Hornung, *Altägyptische Jenseitsbücher*. Compárese, sorprendentemente, la práctica similar en el Sudán de época cristiana (siglo XII) en Włodzimierz Godlewski, Robert Mahler y Barbara Czaja-Szewczak, "Crypts 1 and 2 in the Northwest Annex of the Monastery on Kom H in Dongola: report on the exploration in 2009", *PAM* 21 (2012): 338–60, de más que probable conexión con la cultura egipcia faraónica por los milenarios contactos culturales entre ambas zonas.

[12] John Berger está totalmente en lo cierto al interpretar la relación tú-yo de los retratos del Fayum, de época romana, pero en el mismo ámbito mortuorio que los textos tratados aquí; véase su estudio fundamental: John Berger, *The Shape of a Pocket* (Nueva York: Pantheon, 2001), cap. 6.

[13] Véase, en primer lugar, Jakobson, "Linguistics and Poetics", en *Style in Language*, ed. T. Sebeok (Cambridge, MA: Massachusetts Institute of Technology Press, 1960), 350–77.

[14] Piénsese en la expresión (*m*) *pr.t-ḫrw* de la extensión de la fórmula de ofrenda real que se suele traducir por "(mediante / a manera de) invocación", pero que literalmente significa "(mediante / a manera de) emisión de voz". Para la expresión, véase Jacques Jean Clère, "Le fonctionnement grammatical de l'expression *pri-ḫrw* en ancien égyptien", en *Mélanges Maspero I: Orient ancien* 2, ed. Anónimo (El Cairo: IFAO, 1935–1938), 753–97; Clère, "Un nouvel example de l'expression *pri-ḫrw* à la forme *sḏm.ty.fy*", *JEA* 25 (1939): 216; Clère, "Nouvelles observations sur l'expression *pri-ḫrw*", *RdE* 2 (1957): 158–59; Silvio Curto, "L'espressione *prj-ḫrw* nell'Antico Regno", *MDAIK* 16 (1958): 47–72.

Únicamente con propósito operativo[15], y utilizando alguna de la terminología y marco conceptual propuestos por John Austin en su fundamental *How to Do Things with Words* (1960), llamaré textos (originalmente, enunciados) *persuasivos* al primer tipo de textos (dirigidos a los vivos o a los muertos como si estuvieran vivos) en los que el acto locutivo (lo que se dice) puede ser igual o diferente al acto ilocutivo (lo que se implica), pero que es siempre diferente del acto perlocutivo (lo que se produce). Estos textos pertenecen a la esfera de la ley o la ética, y en el contexto mortuorio del Egipto antiguo, aparecen típicamente en las zonas de la tumba accesibles a los vivos, tales como patios, capillas y antecámaras. Los ejemplos de este tipo pueden resultar más o menos claros debido a la distinción entre forma y contenido que aplicamos desde el punto de vista occidental; dos elementos que eran indisociables a ojos de los egipcios. Así, una estela autobiográfica con una llamada a los vivos[16] es un ejemplo bastante claro de texto persuasivo. En el otro extremo, las conocidas como "cartas a los muertos"[17] son textos persuasivos por lo que respecta a su contenido, pero cuando están escritas en recipientes cerámicos, considerando la posibilidad de que se pusiera agua en ellos para que se "impregnara" de los signos escritos en ellos y, quizás, se bebiera por parte de los vivos y en nombre de los muertos, las clasificaríamos más bien de textos performativos atendiendo a su forma. Resulta obvio que la dicotomía contenido-forma es más una preocupación nuestra que de los antiguos egipcios y, por tanto, de alcance restringido a la hora de analizar sus textos.

A pesar de ello, llamaré textos (originalmente, enunciados) *performativos*[18] al segundo tipo de textos en los que el acto locutivo (lo que se dice) siempre es igual al acto ilocutivo (lo que se implica) y al acto perlocutivo (lo que se produce): la acción que describe el enunciado se produce por la pronunciación del propio enunciado. Estos textos pertenecen a la esfera de la magia y, en el contexto mortuorio del Egipto antiguo, aparecen típicamente en las zonas de la tumba inaccesibles a los vivos, tales como la substructura (en egipcio *štꜣ*, "lo

[15] Véase el capítulo 2, sobre una propuesta de análisis de la estructura comunicativa de las fórmulas de los Textos de los Ataúdes.

[16] Véase, recientemente, Chistopher J. Eyre, "The Material Authority of Written Texts in Pharaonic Egypt", en *The Materiality of Texts from Ancient Egypt*, ed. F. A. J. Hoogendijk y S. M. T. van Gompel, PLB 35 (Leiden: Brill, 2018), 1–11.

[17] Acercando así la función comunicativa de las llamadas a los vivos y las *llamadas a los muertos*, el término propuesto por Angela McDonald en lugar del usual "cartas a los muertos", que es parece demasiado restringido restrictivo: véase, en último lugar, McDonald, "Putting Intentions in their Place", en *Variability in the Earlier Egyptian Mortuary Texts*, ed. C. Gracia Zamacona, HES 21 (Boston: Brill, 2024), 81–116.

[18] Battiscombe Gunn, "A Special Use of the *sḏm.f* and *sḏm.n.f* Forms", *JEA* 32 (1946): 21–24; Pascal Vernus, "Ritual *sḏm.n.f* and Some Values of the 'accompli' in the Bible and the Koran", en *Pharaonic Egypt: The Bible and Christianity*, ed. Sarah Israelit-Groll (Jerusalén: Magnes Press, 1985), 307–16; Servajean, *Les formules de transformations.*

cubierto, lo ocultado, lo inaccesible")[19]. Para nosotros, algunos ejemplos de estos textos son muy claros, y los llamamos textos funerarios o mortuorios. Se trata, en su mayor parte, de textos escritos en el interior de pirámides, ataúdes y rollos de papiro que se depositan cerca de la momia, razón por la cual se les conoce en egiptología, respectivamente, como Textos de las Pirámides, Textos de los Ataúdes y Libro de los Muertos. Los términos revelan también un prejuicio occidental evidente: mientras a los dos primeros los llamamos "textos", al último lo llamamos "libro", porque nosotros adscribimos un rollo de papiro a esa categoría, pero no el muro de una tumba o el panel de un ataúd. Tal prejuicio proviene de la división del conocimiento en disciplinas, consustancial al pensamiento occidental y desarrollado en particular desde finales del siglo XVIII, de manera que los textos inscritos sobre soportes duros son inscripciones que estudia la epigrafía, mientras que los textos escritos con tinta sobre un soporte blando son documentos que estudia la paleografía. De nuevo, he aquí otros conceptos (epigrafía, paleografía, inscripción, documento) que se resienten al describir la realidad de los materiales escritos del Egipto antiguo. Sin perder de vista en ningún momento dichas precauciones, veamos rápidamente la *tradición larga*[20] de textos mortuorios en el Egipto antiguo, que permaneció activa durante cinco mil años, un caso único en la historia de la humanidad.

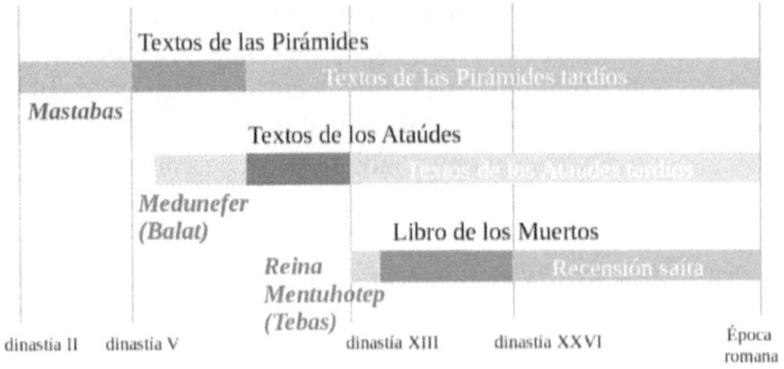

Fig. 18. La *tradición larga* de textos mortuorios del Egipto antiguo. © El autor.

[19] *Wb* IV, 551. Compárese otro uso de la misma raíz en Pascal Vernus, "Le mot *št3w*, 'branchages, bosquets, bois", *RdE* 29 (1977): 180–93 (principalmente la página 188).

[20] Los términos "tradición larga" y "tradición corta" utilizados aquí no tienen relación con los términos antropológicos "great tradition" y "little tradition" ni su aplicación en egiptología. Para estos últimos, véase Richard Bussmann, "Great and Little Traditions in Egyptology", en *10. Ägyptologische Tempeltagung: ägyptische Tempel zwischen Normierung und Individualität*, ed. M. Ullmann (Wiesbaden: Harrassowitz, 2016), 37–48.

Si bien de manera esquemática, los textos mortuorios aparecen ya en las mastabas de la dinastía II, antes, por lo tanto, de la construcción de las pirámides[21]. Se trata de listas de bienes, principalmente comida y bebida, que se ofrecían al difunto, presumiblemente durante rituales funerarios o, de manera más general, mortuorios. Estos rituales debían de contener un componente lingüístico que se realizaba oralmente. Posiblemente debido a razones de extensión y estructura, estas realizaciones orales pasaron a lo escrito, quizás primero en papiros[22] a manera de recordatorios para los oficiantes (sacerdotes) y después como inscripciones monumentales para el difunto; pero, ¿con qué objeto?

Los soportes de estas inscripciones están claramente pensados para durar eternamente: primero incisos en piedra y pintados (los Textos de las Pirámides[23]); después escritos con tinta sobre madera (y en este caso a veces también incisos) o piedra (los Textos de los Ataúdes[24]); por último, escritos en tinta sobre papiro (el Libro de los Muertos[25]).

Se admite comúnmente que estos tres corpus conforman una corriente de creencias y textos, que estuvo sometida a cambios dentro de su propia continuidad, y que constituye lo que he denominado aquí *tradición larga*. Como en cualquier otra disciplina histórica, y en particular cuando se trata del estudio de culturas antiguas, no existe acuerdo entre los especialistas y los puntos de vista cambian de manera importante a lo largo del tiempo. Así, la manera predominante desde el siglo XIX de considerar diferentes corpus (de ahí sus diferentes nombres) tiende a verse sustituida, desde principios del siglo XXI, por la interpretación de esos corpus como cristalizaciones de una larga tradición textual que se va modulando a lo largo del tiempo[26].

---

[21] Véase, por ejemplo, Isabella Leonardi, "De la vogue de *sḫt-ḥtp* à l'Ancien Empire: Recherche de probables prototypes de la vignette CT V, 353–CT V, 363 § 466 parmi les mastabas de cette période", *BSEG* 13 (1989): 103–106; Morales, "Iteration, Innovation und Dekorum".

[22] Véase, recientemente, Foy D. Scalf, "From the Beginning to the End: How to Generate and Transmit Funerary Texts in Ancient Egypt", *JANER* 15 (2015): 202–23; Lavrentieva, "Редкие списки религиозных текстов".

[23] Para un primer acercamiento a este corpus, véase Allen, *The Ancient Egyptian Pyramid Texts*.

[24] Véase la bibliografía esencial (capítulo 11), al final del libro.

[25] Véase Thomas George Allen, *The Book of the Dead*; Jean-Louis de Cenival, *Le livre pour sortir le jour* (París: Musée d'Aquitaine et Réunion des Musées Nationaux, 1992); Stephen Quirke, *Going Out in Daylight: prt m hrw: The Ancient Egyptian Book of the Dead*, GHPE 20 (Londres: Golden House, 2013); para una introducción reciente, véase Lucía Díaz-Iglesias, "Libro de la Salida al Día", en *EDMA* (ed. Jónatan Ortiz-García, 2021).

[26] Con posiciones matizadas, por supuesto, según enfaticen la continuidad sobre la discontinuidad (Mathieu, "La distinction entre Textes des Pyramides") o lo contrario (Willems, *Historical and Archaeological Aspects*).

A juzgar por los materiales disponibles, parece que asistimos a un fenómeno de encadenamiento entre corpus. Con frecuencia, encontramos Textos de las Pirámides en ataúdes del Reino Medio, especialmente en las áreas de corte real (Menfis, Lisht y Tebas). Encontramos Textos de los Ataúdes en una mastaba de la dinastía VI, en Balat (oasis de Dajla), en el desierto occidental. También tenemos fórmulas del Libro de los Muertos en un ataúd de una reina de la dinastía XIII en Tebas. Y a pesar de ello, hay cambios conceptuales importantes: de la ascensión estelar del difunto en los Textos de las Pirámides, a la expansión de su osirización y el topografiado y demonización del más allá.

Además, parece que la cantidad de fórmulas y la de copias son inversamente proporcionales. En comparación con los textos del Reino Antiguo (Textos de las Pirámides) y sus predecesores (Textos de las Mastabas), hay una mayor cantidad de unidades textuales mortuorias (fórmulas) en el Reino Medio (Textos de los Ataúdes) junto con un importante aumento de los documentos. Más tarde, asistimos a un aumento enorme de los documentos (el Libro de los Muertos), con una reducción espectacular de las fórmulas (una caída del 90%). Este proceso va en paralelo con el crecimiento progresivo de las representaciones en dos dimensiones (o ilustraciones), de cero en los Textos de las Pirámides a unas pocas, mayormente topográficas, en los Textos de los Ataúdes, para llegar finalmente a la ilustración de cada fórmula del Libro de los Muertos. Esta evolución también está presente en la *tradición corta*, de la que trataremos a continuación. Otro tanto ocurre, *grosso modo*, con los paratextos (títulos y colofones), que van aumentando a lo largo del tiempo.

Por último, y en paralelo con estos cambios, encontramos una aproximación continua de los textos a la momia: de los muros tumbales con Textos de las Pirámides al interior de los ataúdes con, típicamente, Textos de los Ataúdes, pero también con Textos de las Pirámides y Libro de los Muertos, hasta el contacto directo con la momia con el Libro de los Muertos. Que la proximidad del texto al cuerpo es en sí misma relevante desde el punto de vista mágico se colige de la introducción de la fórmula BD 166 suplementaria, donde leemos que la fórmula fue hallada nada menos que en la momia de Ramsés II. Este hecho dotaba a la fórmula de una fuerza extraordinaria gracias a la mediación de Ramsés II, como un *3ḫ* excepcional para el difunto en el tribunal de Osiris, con el que BD 166 está relacionada[27].

En cuanto a la *tradición corta* que acabo de mencionar, se trata de un desarrollo posterior a partir del Reino Nuevo. Es una producción teológica especializada que, en principio, se usó en las tumbas reales del Reino Nuevo, consistente en una expansión temática del tema del circuito solar. Este tema es fundamental

[27] Para el raro caso contrario, véase Jan-Michael Dahms, Martin Pehal y Harco Willems, "Ramses II Helps the Dead: An Interpretation of Book of the Dead Supplementary Chapter 166", *JEA* 100 (2014): 395–420.

para el renacimiento (o, mejor, el viaje) *post mortem* del difunto, que puede resumirse así: el difunto se identifica o acompaña a Ra (el sol) de manera que puede viajar noche y día, respectivamente bajo la tierra y sobre el cielo, del oeste al este cada noche y del este al oeste cada día. Este esquema general se desarrolla en dos subesquemas: el más conspicuo, el del inframundo (el mundo nocturno bajo tierra)[28]; el otro, menor, en el cielo, durante el día. Estos textos forman dos grupos temáticos claros: los libros del inframundo y los libros del cielo, como se muestra en la tabla siguiente.

GRUPOS	COMPOSICIONES	HITOS CREATIVOS	PREDECESORES
LIBROS DEL INFRAMUNDO	Amduat[29]	Tutmosis III	BD 144–147
	Letanía de Ra[30]	Tutmosis III	BD 15
	Libro de las Doce Cavernas[31]	Amenhotep II	
	Libro de la Unidad Ra-Osiris[32]	Tutankamon	
	Libro de las Puertas[33]	Horemheb	BD 144–147
	Libro de las Cavernas[34]	Seti I (Osireion)	BD 144–147

[28] Véase Erik Hornung, *Ägyptische Unterweltsbücher* (Artemis: Zúrich, 1972); recientemente, John Coleman Darnell y Colleen Manassa Darnell, *The Ancient Egyptian Netherworld Books*, WAW 39 (Atlanta: SBL Press, 2018).

[29] Erik Hornung, *Texte zum Amduat; Teil 1: Kurzfassung und Langfassung, 1. bis 3. Stunde*, AegHel 13 (Ginebra: Éditions de Belles-Lettres, 1987); Hornung, *Texte zum Amduat; Teil 2: Langfassung, 4. bis 8. Stunde*, AegHel 14 (Ginebra: Éditions Médecine et Hygiène, 1992); Hornung, *Texte zum Amduat; Teil 3: Langfassung, 9. bis 12. Stunde*, AegHel 15 (Ginebra: Éditions de Belles Lettres, 1994); Andreas Schweizer, *Seelenführer durch den verborgenen Raum: das ägyptische Unterweltsbuch Amduat* (Múnich: Kösel, 1994); Mariano Bonanno, *La Duat como espacio de una dialéctica de la regeneración: in-habitación y resignificación del espacio funerario en los Textos del Amduat*, BAR–IS 2738 (Oxford: Archaeopress, 2015).

[30] Alexandre Piankoff, *The Litany of Re*, AERR 4 (Nueva York: Bollingen Foundation, 1964); Erik Hornung, *Das Buch der Anbetung des Re im Westen (Sonnenlitanei): nach den Versionen des Neuen Reiches; Teil 1: Text*, AegHel 2 (Ginebra: Éditions de Belles Lettres, 1975); Hornung, *Das Buch der Anbetung des Re im Westen (Sonnenlitanei): nach den Versionen des Neuen Reiches; Teil 2: Übersetzung und Kommentar*, AegHel 3 (Ginebra: Éditions de Belles-Lettres, 1976).

[31] Para una introducción reciente, véase Daniel Méndez-Rodríguez, "Libro de las Doce Cavernas", en *EDMA*, ed. Jónatan Ortiz-García (2021).

[32] John Coleman Darnell, *The Enigmatic Netherworld Books of the Solar-Osirian Unity*, OBO 198 (Friburgo: Academic Press; Gotinga: Vandenhoeck & Ruprecht, 2004).

[33] Erik Hornung, *Das Buch von den Pforten des Jenseits: nach den Versionen des Neuen Reiches; Teil 1: Text*, AegHel 7 (Ginebra: Éditions de Belles-Lettres, 1979); Hornung, *Das Buch von den Pforten des Jenseits: nach den Versionen des Neuen Reiches; Teil 2: Übersetzung und Kommentar*, AegHel 8 (Ginebra: Éditions de Belles-Lettres, 1984); Jürgen Zeidler, *Pfortenbuchstudien: Teil 1: Textkritik und Textgeschichte des Pfortenbuches. Teil 2: Kritische Edition des Pfortenbuches nach den Versionen des Neuen Reiches*, GÖF 4.36 (Wiesbaden: Harrassowitz, 1999).

[34] Alexandre Piankoff, "Le Livre des quererts. 1er tableau", *BIFAO* 41 (1942): 1–11 y lám. 1–9; Piankoff, "Le Livre des quererts, seconde division, troisième division, quatrième division, cinquième division", *BIFAO* 42 (1944): 1–62 y lám. 10–79; Piankoff, "Le Livre des

	Libro de la Tierra[35]	Merenptah	
	Libro de las Respiraciones[36]	Ptolemaico[37]	
	Libro de Atravesar la Eternidad[38]		
LIBROS DEL CIELO	Libro de la Vaca Celeste[39]	Tutankamon	
	Libro del Día[40]	Ramsés VI	
	Libro de la Noche[41]	Seti I (Osireion)	
	Libro de Nut[42]	Seti I (Osireion)	Fórmulas a Nut de los Textos de las Pirámides[43] y listas de decanos en las tapas de los ataúdes[44]

Tabla 27. Textos mortuorios de la tradición corta: grupos temáticos.

Las tradiciones larga y corta no están aisladas una de otra. En efecto, los Libros del cielo encuentran sus precedentes en las fórmulas de Nut de los Textos de las Pirámides y en las listas de decanos de las tapas de los ataúdes del Reino Medio, de manera tabular esta vez. Los Libros del Inframundo están

---

quererts, sixième division", *BIFAO* 43 (1945): 1–50 y lám. 80–151; Piankoff, "Le livre des Quererts (fin)", *BIFAO* 45 (1947): 1–42; Daniel Werning, *Das Höhlenbuch im Grab des Petamenophis (TT33): Szenen, Texte, Wandtafeln*, BSAW 66 (Berlín: Edition Topoi, 2019).

[35] Joshua Aaron Roberson, *The Ancient Egyptian Books of the Earth*, WSEAWA 1 (Atlanta: Lockwood, 2012).

[36] François-René Herbin, *Books of Breathing and Related Texts*, CBD 4 (Londres: British Museum Press, 2008).

[37] Véase una introducción reciente en Christina Riggs, "Funerary Rituals (Ptolemaic and Roman Periods)", en *UCLA Encyclopedia of Egyptology*, ed. Jacco Dieleman y Willeke Wendrich (Los Angeles: UCLA, 2010), http://digital2.library.ucla.edu/viewItem.do?ark=21198/zz001nf66d.

[38] François René Herbin, *Le livre de parcourir l'éternité* (OLA 58; Lovaina: Peeters, 1994).

[39] Erik Hornung, *Der ägyptische Mythos von der Himmelskuh: eine Ätiologie des Unvollkommenen*, OBO 46 (Friburgo: Freiburg Universitätsverlag, 1982); Benoît Lurson, *Le livre de la vache du ciel* (París: Geuthner, 2004).

[40] Alexandre Piankoff, *Le Livre du jour et de la nuit*, BdE 13 (Cairo: IFAO, 1942).

[41] Gilles Roulin, *Le Livre de la Nuit: une composition égyptienne de l'au-delà* I-II, OBO 147 (Friburgo: Freiburg Universitätsverlag, 1996).

[42] Alexandra von Lieven, *The Carlsberg Papyri 8: Grundriss des Laufes der Sterne. Das sogenannte Nutbuch* I-II, CNIP 31 (Copenhagen: Museum Tusculanums, 2007).

[43] Morales, *The Transmission of the Pyramid Texts of Nut.*

[44] Entre otros, Otto Neugebauer y Richard A. Parker, *Egyptian Astronomical Texts, I: The Early Decans* (Providence: Brown University Press, 1960); Kahl, "Textkritische Bemerkungen"; Christian Leitz, *Altägyptische Sternuhren*, OLA 62 (Lovaina: Peeters, 1995).

íntimamente ligados al Libro de los dos caminos (CT 513, 577, ¿747? y 1029–1185)[45], en los Textos de los Ataúdes, y más específicamente a las fórmulas BD 144–147 del Libro de los Muertos[46]. La Letanía de Ra está conectada con BD 15[47]. Es su especialización y reestructuración para su uso en las tumbas reales lo que hace de estos nuevos textos una nueva tradición, o más bien una subtradición dentro de la tradición principal de los textos mortuorios, de menor extensión que esta.

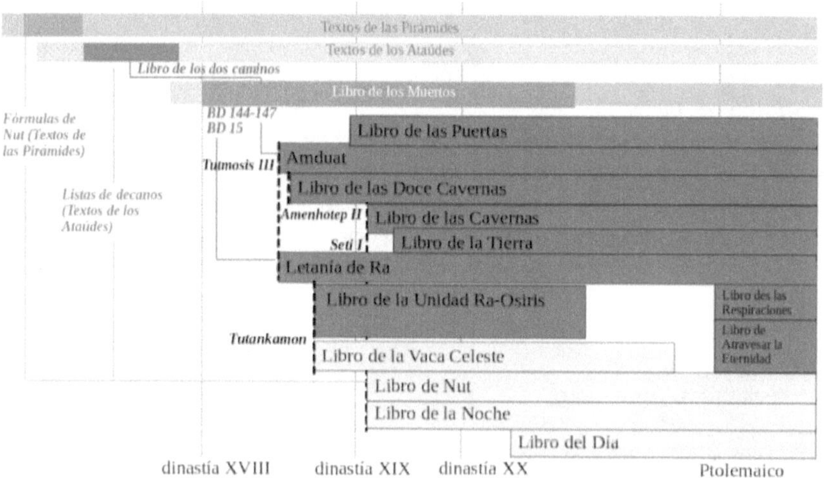

Fig. 19. La *tradición corta* de textos mortuorios del Egipto antiguo. © El autor.

En la figura se aprecia la existencia de hitos creativos en esta tradición corta. Empieza Tutmosis III introduciendo el Libro del Amduat y la Letanía de Ra en su tumba y sigue Amenhotep II con la primera versión conocida (en papiro) del Libro de las Doce Cavernas. El breve reinado de Tutankamon muestra un momento teológico muy creativo, con la aparición de dos nuevos textos: el Libro de la Unidad Ra-Osiris y el Libro de la Vaca Celeste. Esto quizás no sea accidental y pueda interpretarse como una reacción del clero amoniano tras la disrupción amarniana. Que esta tradición resulta de un pensamiento teológico

[45] Un conjunto de textos muy estudiado; véase fundamentalmente, Schack-Schackenburg, *Das Buch von den zwei Wegen*; Lesko, *The Ancient Egyptian Book of Two Ways*; Hermsen, *Die zwei Wege des Jenseits*; Backes, *Das altägyptische "Zweiwegebuch"*; Sherbiny, *Through Hermopolitan Lenses*.
[46] Irmtraut Munro, *Untersuchungen zu den Totenbuch-Papyri der 18. Dynastie* (Londres: Kegan Paul, 1988), 172–5.
[47] Jan Assmann, *Liturgische Lieder an den Sonnengott*, MÄS 19 (Hessling: Berlín, 1969).

sofisticado y profundo por parte del clero tebano de Amón lo prueba el hecho de que su tercer gran hito creativo lo constituye la aparición de tres nuevas composiciones (el Libro de las Cavernas, el Libro de la Noche y el Libro de Nut) en los muros del templo (Osireion) construido por Seti I en Abidos, centro cultual de Osiris, para reforzar el culto tebano oficial basado en la identidad de Ra(-Amón) y Osiris, fundamental para que el sol (y el rey difunto con él) pueda renacer cada día[48]. A este respecto, es relevante destacar que el Osireion es un templo, no una tumba, pero que Abidos albergaba la tumba de Osiris, en realidad la tumba del rey Dyer de la dinastía I. La identificación de esta tumba con la de Osiris se produjo durante la dinastía XI, también de origen tebano, en un periodo durante el cual la unificación y el poder sobre el país estaban en juego pues habían sido recién establecidos[49].

En conclusión, la tradición corta está estrechamente unida a la esfera real y, por ello, a las circunstancias políticas y teológicas relacionadas con el control del poder tras periodos de pérdida del mismo por parte de la corte o grupos de poder relacionados como son el Segundo Periodo Intermedio y el periodo amarniano.

La comunicación: cortesía y descortesía

Politeness is often fear[50]

Una forma de acceder al contexto social que rodea la producción de los textos, en este caso los mortuorios, es estudiar las estrategias comunicativas que aparecen en ellos; lo que, en lingüística, se conoce como *pragmática* o *enunciación*.

Los estudios lingüísticos sobre lenguas antiguas se encuentran con la dificultad añadida de la falta de información contrastable sobre el contexto original en el que se emitió el mensaje y sobre sus contextos de reutilización[51]. Esto afecta de manera particular a los estudios de pragmática, y en concreto sobre la

[48] Sobre este aspecto preciso, la importancia del Osireion en la creación de estos textos, su plasticidad y su contacto con la tradición larga (en particular PT 670), véase ahora la edición de las escenas del Despertar de Osiris y el Cambio de barcas solares realizada por David Klotz, "Osiris and the Solar Barks: New Readings of two Enigmatic Compositions", *ENiM* 16 (2023): 153–204.

[49] Végh, *Feste der Ewigkeit*, 2021, cap. 3.

[50] Matt Haig, *The Humans* (Edimburgo: Cannongate, 2018), 275.

[51] Véase, por ejemplo, Gracia Zamacona, "Algunas reflexiones sobre cómo estudiar".

cortesía (*politeness*)[52], como Kim Ridealgh ha señalado[53], pero no se limita a ellos. En el caso de las lenguas antiguas, el acceso a la información sufre de otra restricción mayor: la falta de informantes directos. Los textos son los únicos informantes, que son indirectos, pues responden a otro contexto: el escrito. Además de ello, en el caso de los textos mortuorios, debemos considerar la pérdida de otro contexto adicional: la reutilización de los textos, ya que el uso primario de esos textos pudo haber sido otro, lo que implica un nuevo contexto desconocido y un proceso de recontextualización, normalmente llamado entextualización. Este refinado proceso fue sistemáticamente implementado por los editores originales, como discutimos en el capítulo anterior.

En esta sección, examinaré determinados rasgos morfosintácticos y grafémicos empleados en los Textos de los Ataúdes que permiten acotar dos elementos que anclan a los participantes del proceso comunicativo en situaciones específicas en las que se ven envueltos participantes de estatus desigual, lo que hace que se implementen mecanismos de imagen (*facework*).

El primero de esos dos elementos es la *distinción ontológica de los participantes*. Veremos cómo esta distinción permea estos textos analizando un mecanismo morfosintáctico (las diferentes preposiciones usadas tras verbos de dicción) y otro grafémico (el juego sutil de determinativos humanos/divinoide/divino empleados para el difunto y los otros participantes).

El segundo elemento es la *distinción jerárquica entre los participantes*. Trataré el asunto presentando casos de igualación de desiguales por medio de morfemas tales como la adposición *is* y la conjunción *mi*, que igualan, respectivamente, entidades y acciones. También interpretaré la estrategia de legitimación tiempo segundo + subjunctivo, que vimos en el capítulo 3, como un mecanismo macrosintáctico de igualación. Por último, mostraré que la estructura llamada de comparación (cualidad + $A_{persona}$ + r + $B_{persona}$) puede considerarse como un recurso para desigualar iguales, y que está relacionada con otra estructura de desigualación: *rdi* + persona + *r* + cargo "promocionar a alguien a un cargo (superior)".

Pero antes de estudiar esos dos elementos, se impone un comentario preliminar sobre el término *ʿḥʿ-ḥmsi*, que, con el significado "comportarse apropiadamente" es el más cercano al concepto de "cortesía"[54]. Si bien sólo han sido localizados hasta la fecha unos pocos casos en textos didácticos[55], en la tabla que sigue muestro un caso posible en CT I 330 a–333 b:

---

[52] Penelope Brown y Stephen C. Levinson, *Politeness: Some Universals in Language Usage* (Cambridge: Cambridge University Press, 1987); Elena Stephan, Nira Liberman y Yaacov Trope, "Politeness and Psychological Distance: a Construal Level Perspective", *JPSP* 98.2 (2010): 268–80.

[53] Ridealgh, "Polite like an Egyptian?", 245–46.

[54] Ridealgh, "Polite like an Egyptian?", 250.

[55] Ridealgh, "Polite like an Egyptian?", 250 *apud* TLA.

CT	TESTIGOS	TEXTO
I 330 a–331 a	G1T, A1C & B3C[56]	***ꜥḥꜥ.n.i ḥms.n.i*** *mm.sn* Si me he levantado y sentado entre ellos (= los dioses),
	S14C, T3C, B1Bo[57], B1C, B2L, B1P, M4C, M3C, M20C & M5C[58]	***ḥms.n.i ꜥḥꜥ.n.i*** *mm.sn* Si me he sentado y levantado entre ellos (= los dioses),
	S1C, S2C	*ꜥḥꜥ.n.i mm.sn* Si me he levantado entre ellos (= los dioses),
	B6C	*ḥms.*<*n.i*> Si me he sentado,
I 330 b–333 b	Versión común[59]	*di.i f3.w.i*[60] *ḫft ḫpr.w.i* (*iw.i*) *ḏd.i gr psḏ.t* *id.y nṯr.w* *ḏd.i n.ṯn ḫpr.w.i m irw.i ḏs.i* es para poder causar un esplendor acorde a mi apariencia (= ¿conducta?), mientras hablo y la Enéada permanece callada, los dioses callados, y os digo (cuál es) mi apariencia en mi propia forma (= auténtica).

Tabla 28. El término *ꜥḥꜥ-ḥmsi* en los Textos de los Ataúdes.

Aunque el texto no resulta definitivo a causa de las diferentes variantes, parece referirse a la capacidad del difunto para dirigirse a los dioses adoptando su propia apariencia, y esto se pone en relación inmediata con su "levantarse y sentarse" entre ellos. Da la sensación de que estamos muy cerca aquí de la extensión semántica "comportarse apropiadamente"[61], que da derecho al difunto a hablar a los dioses, y con su propia apariencia. De manera interesante, B1C determina *ḥmsi* en CT I 330 a con el signo de "abstracto" (el rollo de papiro Y2 𓏛); pero esto tampoco parece definitivo, porque ese testigo (como también B10C, B17C, B2L y B1Be) usan ese determinativo en otros casos de *ḥmsi* en los que el verbo tiene el sentido estricto "sentarse". Por lo demás, los dos verbos ocurren juntos con su sentido primario "levantarse y sentarse" para expresar un cambio de posición[62]. En cualquier caso, el vínculo semántico entre ambos

[56] B3C está en 3ª persona femenino singular (nominal).
[57] B1Bo está en 3ª persona masculino singular (nominal).
[58] M3C, M20C y M5C parecen compartir el error *ꜥ*<*ḥ*>*ꜥ.n.i*.
[59] Con cambios de persona (1ª / 3ª) que no afectan al argumento.
[60] En algunos testigos, se lee *nf3.w* en vez de *f3.w*, lo cual no es relevante para este estudio.
[61] Véase también CT II 58 c–d.
[62] Por ejemplo, CT I 186 h, II 33 g, II 94 e, 297 g, II 99 a, II 104 a, II 108 c.

sentidos parece residir en la idea "levantarse y sentarse en su justo momento", esto es, seguir el protocolo, que es quizás la mejor traducción, en abstracto, para la expresión *ꜥḥꜥ-ḥmsi* en este sentido.

1. *La distinción ontológica de los participantes*

En los Textos de los Ataúdes, hallamos las distinciones ontológicas que operaban en la cultura del Egipto antiguo y que constituyen el marco en el que debemos entender las expresiones de cortesía y descortesía[63]. Tales distinciones no son fáciles de detectar, de manera que centraré este estudio en dos procesos: el uso de determinadas preposiciones tras los verbos de dicción y las variaciones en el uso de determinativos en la escala de divinidad. Veremos que el segundo fenómeno es mucho más sensible que el primero al contexto inmediato de los textos mortuorios.

La estructura verbo de dicción + preposición + receptor muestra diferentes variantes de "cómo hablar a alguien (= el receptor)". Las preposiciones muestran una distribución peculiar según la ontología del receptor. Esta situación contrasta con las expresiones de espacio, en las que las preposiciones que introducen el alativo (destino exterior), por ejemplo, "ir hasta la casa", responden a un esquema estable: el alativo divino se marca con la preposición *ḫr*; el humano con *n*; el inanimado con *r*[64].

Si repasamos rápidamente los patrones valenciales (verbo + preposición + complemento) de los principales verbos de dicción en los dos primeros volúmenes de los Textos de los Ataúdes[65], podemos hacernos una idea general que recojo en la tabla 29. La tabla incluye los siguientes datos sobre:

- los verbos de dicción *i* "dicho (por)", *ḏd* "decir", *mdw* "hablar" y *ḫrw* "así dice/dirá";
- la naturaleza de los participantes ($p_{1\text{-}3}$): animado divino (D), animado no divino (A) e inanimado (I);
- los marcadores: *in* "por parte de", *r* "para", *n* "para", *ḫft* "en frente de", *ḥr-tp-n* "en frente de" o Ø (ausencia de marca); y
- la cantidad: predominio (>); caso único (1).

[63] Ridealgh, "Polite Like an Egyptian?", 245.
[64] Carlos Gracia Zamacona, "The Spatial Adjunct in Middle Egyptian".
[65] Extractado de Gracia Zamacona, "Divine Words in the Ancient Egyptian Coffin Texts", 126–27.

VERBO DE DICCIÓN	EMISOR (P_1)	TEMA (P_2)	RECEPTOR (P_3)
i	*in* (D>1I) > 1Ø (A)	-	*r* (A) > 1n (D)
ḫrw	Ø (D)	1Ø (I)	1*r* (A)
ḏd	Ø (D>A>I(pasiva))	Ø (I)	*r* (A) = *n* (D>A) > *ḫft* (D)
mdw	Ø (A)	Ø (I)	*n* (A) = *ḥr-tp-n* (D)

Tabla 29. Verbos de dicción: estructuras valenciales (CT I–II)

De esta tabla se desprende que el verbo *i* tiene normalmente un emisor divino marcado con *in*, un receptor animado marcado con *r* y ausencia de tema (aquello de lo que se habla). El verbo *ḫrw* sólo presenta emisor divino sin marca, tema raramente y receptor animado marcado con *r*. El verbo *ḏd* aparece normalmente con un emisor divino sin marca, tema muy frecuentemente y tantos receptores animados marcados con *r* como receptores divinos marcados con *n* (que también puede marcar animados no divinos) o con *ḫft* raramente. Por último, el verbo *mdw* tiene emisor animado sin marca, tema y receptor animado marcado con *n* o divino marcado con *ḥr-tp-n*.

De esta muestra parcial, y por lo que respecta al estatuto ontológico de los participantes, podemos proponer que:

- Los verbos *i* y *ḫrw* sólo presentan emisores divinos[66]; el receptor es, casi exclusivamente, un animado marcado con *r*.
- Más importante, parece que el receptor se marca con *n* si se encuentra en el mismo nivel de animación—y jerarquía, presumiblemente—o con *r* (típicamente un animado) si se encuentra en un nivel *inferior* al del emisor (típicamente un dios). En la muestra, no hay emisor animado que se dirija a un receptor divino, que se marcaría, hipotéticamente, con *ḫr*.

Puede sorprender que los inanimados pueden hablar en los Textos de los Ataúdes y, por lo tanto, presentarse a sí mismos. Sin embargo, no están "animados" o "divinizados", como se podría pensar: se presentan a sí mismos como inanimados. Por ejemplo, en CT I 182 h, la tumba se dirige al difunto y se presenta a sí misma como inanimado:

CT I 182 h. *imi zb.*(*w*) *ṯw* ***r.i***
¡Llégate (lit. "¡Haz el pasar!) hasta mí!

La preposición empleada en este caso es *r*, típica del alativo inanimado, y no *n* (para animados) ni *ḫr* (para divinos).

[66] El emisor inanimado con este verbo en CT II 175 e es el Ojo de Horus, un divinoide.

En cuanto a las variaciones de los determinativos, de manera general encontramos tres marcas ontológicas para las entidades masculinas humanas o asimilables en los Textos de los Ataúdes: (A1) para los animados (incluido el difunto en algunos testigos); (A50) para el difunto que supera la segunda muerte (el juicio de Osiris), por oposición al muerto (*m*(*w*)*t*, sin determinativo), que no la supera; y (A40) para las divinidades. Estas marcas son bastante consistentes, pero varían en ocasiones dependiendo de los diferentes contextos y de acuerdo con un sutil juego ontológico entre lo humano, lo divinoide y lo divino. Así, y varían dependiendo del testigo en un mismo texto; incluso puede usarse para el difunto, como podemos ver en este ejemplo:

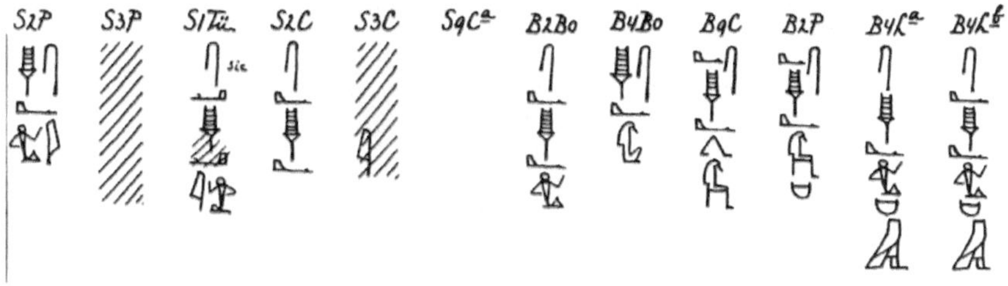

Fig. 20. Juego ontológico de determinativos en CT II 288 e. © University of Chicago.

Casos como este los podemos interpretar como huellas en el registro escrito de un proceso conceptual que considera al difunto como divinoide, es decir un estatuto entre lo animado ("humano") y lo divino.

En ocasiones, la expresión la lingüística puede apuntar en la misma dirección que la grafémica, como en este caso:

CT III 174 l. *ḏr-ntt wi i.ḫpr.k*(*w*)*i m nṯr*
Porque me he transformado en (o "he adoptado la apariencia de") un dios.

O en este otro:

CT VII 27 r. *iw.i m nṯr*
Soy un dios (lit. "Soy en cuanto un dios").

La "divinización" grafémica no es exclusiva de los animados. Los inanimados también pueden ser afectados por ella. Piénsese en Hathor, por ejemplo, que es un edificio: literalmente, "Mansión de Horus". Pero hay casos mucho más específicos como el de CT I 12 a, en el que *rd-wr* "la gran escalinata" está determinado con .

Más sutiles todavía son determinadas variaciones grafémicas que reflejan cambios ontológicos. Un caso es el nombre del dios Osiris en el interior del frente del ataúd de *Wḫ-ḥtp* (M1NY = MMA 12.182.132), probablemente procedente de Meir, en el que el signo del sitial (𓊨 Q1) es sustituido por una escalinata (◺ O40A) que, sin embargo, guarda similitud con el sitial.

Fig. 21. Detalle del interior del frente del ataúd de *Wḫ-ḥtp* (M1NY). Metropolitan Museum of Art (nº 12.182.132). ¿Meir?, dinastía XII. CC 0.

Esto puede entenderse como una expresión grafémica sintética del circuito solar, que incluye la noche (Osiris) y el día (Ra), situada en el panel frontal, que está orientado hacia el este, y en la parte interior del ataúd: es decir, las zonas del ataúd que interesan al renacimiento solar del difunto, identificado con Osiris[67]. En otras palabras, es la disposición en el ataúd el contexto que afecta a la grafía elegida. Se notará que la grafía normal de Osiris, con el sitial, aparece en el resto de las atestaciones del nombre del dios en este ataúd: en el exterior del mismo y en el lado interior de la cabeza, como se ve en las figuras 23 y 24.

[67] Véase Guerra Méndez y Gracia Zamacona, "Osiris as Written", en *Variability in the Earlier Egyptian Mortuary Texts*, ed. C. Gracia Zamacona, HES 21 (Boston: Brill, 2024), 131–58.

Fig. 22. Detalle del exterior del frente del ataúd de *Wḫ-ḥtp* (M1NY). Metropolitan Museum of Art (nº 12.182.132). ¿Meir?, dinastía XII. CC 0.

Fig. 23. Detalle del interior de la cabeza del ataúd de *Wḫ-ḥtp* (M1NY). Metropolitan Museum of Art (nº 12.182.132). ¿Meir?, dinastía XII. CC 0.

2. La distinción jerárquica entre los participantes

Al igual que hemos visto con las distinciones ontológicas de los participantes de la comunicación, hay estructuras jerárquicas que aparecen en determinadas expresiones lingüísticas de los Textos de los Ataúdes, ya sea de manera directa o por medio de modificaciones ocurridas cuando se comparan dos entidades de alguna manera, lo que puede arrojar luz sobre el concepto de *imagen* (*facework*). Con este objeto, analizaré las siguientes estructuras de igualación y desigualación:

IGUALACIÓN DE DESIGUALES	DESIGUALACIÓN DE IGUALES
Modelo (entidades iguales) adposición *is*	"Comparación" cualidad + A (persona) + *r* + B (persona)
Igualdad (acciones iguales) conjunción *mi*	"Promoción" *rdi* + persona + *r* + posición
Legitimación tiempo segundo + subjunctivo	

Tabla 30. Estructuras de igualación y desigualación en los Textos de los Ataúdes.

Comenzando con las *expresiones de igualación*, en la estructura de *modelo*, se iguala una entidad (A) a otra superior (B) adponiendo *is* a la última, es decir: A B *is*[68]. Por ejemplo,

> CT V 385 m–o. *i.n.i im.ṯn tꜣḥ.i š.w wsir* **is** *nb ḥwꜣꜣ.t ꜥnḏ.ty* **is** *kꜣ ꜣz.w*
> Es para inundar los lagos a la manera de Osiris, Señor de la Putrefacción, y a la manera de Andyty, Campeón de Buitres, para lo que he venido a vosotros.

Esta estructura puede parecer similar a la de identidad (A *m* B), pero en esta las entidades pueden encontrarse en el mismo nivel jerárquico. Esto debe responder al significado básico de la preposición *m*, "(estar) dentro de", que puede apreciarse también en la estructura *rdi* + persona + *m/r* + cargo: "nombrar a alguien para un cargo" *dentro* del mismo nivel (con *m*) o en un nivel superior (con *r*)[69].

---

[68] Vernus, "La position linguistique des Textes des Sarcophages", 173–77 (especialmente la página 176).

[69] Pascal Vernus, *Les parties du discours en moyen égyptien: Autopsie d'une théorie*, CSE 5 (Ginebra: Société d'Égyptologie, 1997), 73 (n. 205); Vernus, "Une formulation de l'autobiographie et les expressions avec *wn* et *mꜣꜥ*", *GM* 170 (1999): 104; Carlos Gracia Zamacona, "Space, Time and Abstract Relations", 20; Marcella Trapani, *La dévolution des fonctions en Égypte pharaonique: étude critique de la documentation disponible*, GHPE 22 (Londres: Golden House, 2015), 243–47.

En la estructura de *igualdad*, las entidades pueden se igualadas de manera secundaria igualando sus acciones con la preposición/conjunción *mi* introduciendo la acción de la segunda entidad[70], que suele ser superior a la primera, por ejemplo:

CT VII 83 j. *ꜥnḫ.(w).i ꜥnḫ.t* ***mi*** *ꜥnḫ rꜥ hrw nb*
Viviré de verdad como vive Ra diariamente.

El ideograma de esta preposición/conjunción, (W19), es un recipiente cerámico suspendido con cuerdas. Este ideograma es parte de una acción que consiste en llevar dos recipientes de esa manera, suspendidos de una vara apoyada horizontalmente sobre los hombros de una persona, con objeto de transportar agua cuidadosamente para que no se derrame.

Fig. 24. Fragmento de caliza con escena ribereña. Brooklyn Museum (nº 65.16). Heracleópolis o Amarna, dinastía XVIII. Creative Commons-BY (Photo: Brooklyn Museum, 65.16_SL1.jpg).

La representación nos da la extensión semántica clave, que es "estar al mismo nivel que, estar equilibrado". Este sentido básico aparece en palabras como *mi.tt* "copia" y *smi* "informar", que es, literalmente, hacer que el

[70] Normalmente, se omite la expresión de la acción tras *mi* porque ya aparece con la primera entidad.

conocimiento del receptor sobre un asunto sea *igual* al del emisor. De este último término, procede el copto (S) ⲥⲙⲙⲉ (B) ⲥⲉⲙⲓ "dar parte, acusar"[71].

En lugar de usar la conjunción/preposición *mi*, la expresión de igualdad puede tomar la forma de un nombre. La fórmula CT 38 trata de la llegada del hijo de Osiris, identificado con el difunto, para reemplazarlo en el oeste. A tal objeto, el difunto (= hijo de Osiris) necesita conseguir el rango de su padre, lo cual consigue mediante el permiso verbal del padre:

CT	TESTIGOS	TEXTO
I 160 g	B12C^{b}, B16C, B13C^{b} y B20C[72]	***ỉn*** *ḏd.k ỉnỉ.tw.ỉ r tꜣ pw ḏsr ntk <ỉm.f>* ¿Acaso has dicho que yo fuera traído a la tierra sagrada en la que estás,
I 160 h–j	B16C, B13C^{b} y B20C	*r s.t.k ỉm ẖr.t-nṯr <ỉ>wꜥ.ỉ* ***n.ỉ*** *sꜥḥ.k* *r pẖr* ***rf n.ỉ*** *ꜣẖ.w.k* a tu sede en la necrópolis para que yo herede tu rango **para mí**, para que tus *ꜣẖ* **me** sirvan **de verdad**,
I 161 a–b	B12C^{b}, B16C, B13C^{b} y B20C	*r nḥm.ỉ* ***n.ỉ*** *ỉꜣw.t.k* *r ḏd* ***rf*** *ꜣẖ.w.{k}<ỉ>* ***<u>mỉt.w.k</u> r.k*** para que yo tome tu cargo **para mí**, para decir **en verdad**: "Mi poder **<u>es igual</u> en verdad** al tuyo"?

Tabla 31. Expresión de igualdad en forma nominal (CT I 160 g–161 b).

En este pasaje, tres son los mecanismos activados para que el difunto obtenga la igualdad (subrayada en el texto) por parte del padre: un enunciado interrogativo; la presencia de breves elementos fáticos que involucran al emisor y al receptor, respectivamente, el "dativo ético" (*n.ỉ* "para mí") y el implicativo (*r.k* lit. "en cuanto a ti"), así como la partícula de refuerzo general (*rf* "en verdad, ciertamente"), que deriva del implicativo[73]; y una cita, al final, expresando el objetivo, la igualdad de poder, que es pronunciada explícitamente por el padre: *ꜣẖ.w.{k}<ỉ> mỉt.w.k r.k*, literalmente "Mi poder (*ꜣẖ.w*) es tu igual en verdad".

En la estructura de *legitimación*, donde un tiempo segundo de un verbo de espacio va seguido de un subjuntivo, el difunto pretende acceder al mundo superior de los dioses intentando apartar la atención de los dioses sobre el hecho

[71] Crum, *A Coptic Dictionary*, 336.

[72] Siguiendo B12C^{b}, con variantes menores en los otros testigos.

[73] Ariel Shisha-Halevy, "(*ỉ*)*rf* in the Coffin Texts: A functional Tableau", *JAOS* 106 (1986): 641–58.

de que él se encuentra en un lugar prohibido, el mundo de los dioses, y acentuar, por el contrario, la razón de su visita inopinada[74]. Por ejemplo:

> CT II 158 c–d. *ḥms.n.ỉ mꜣꜥ-ḫrw.ỉ ꜥḥꜥ.n.ỉ mꜣꜥ-ḫrw.ỉ*
> Es para legitimarme para lo que me he sentado. Es para legitimarme para lo que me he levantado.

En cuanto a las *expresiones de desigualación*, me refiero a aquellas en las que dos entidades iguales pueden desigualarse de dos maneras distintas: la estructura de "comparación" y la estructura de promoción.

La estructura de *"comparación"* presenta a una de dos entidades iguales en un nivel superior a la otra respecto a una cualidad determinada. La entidad que se presenta en un nivel inferior va introducida por la preposición *r*: cualidad + A (persona) + *r* + B (persona). De hecho, más que como una estructura de comparación, se puede interpretar como una estructura de "des-comparación"[75], a causa del significado básico de la preposición *r*, que es "(estar) en el límite"[76]. En este caso, el límite es el umbral de una escala de cualidad: A tiene una cualidad por encima de un cierto nivel (= el límite) bajo el cual se encuentra B. Por ejemplo:

> CT IV 357 a–c. *sḥḏ.kꜣ.k r.k* ***r*** *sḥḏ.w ꜣḫ.t m sḥḏ pw wꜥ ỉm.y-wr.t n p.t tꜣ-wr n tꜣ*
> Y tú (N = Ra) brillarás **más que** las estrellas del horizonte, en cuanto estrella única del oeste y del este de la tierra.

La estructura de *"promoción"* (*rdi* + persona + *r* + posición) presenta una entidad que es promocionada a un cargo de nivel superior en la jerarquía, de manera que se la desiguala de sus iguales. Por ejemplo:

> CT VI 310 e–f. *rdi.n N pn rs.w* ***r*** *ꜣtw.t.f ỉw mḥ.yt* ***r*** *mnꜥ.t.f*
> Es cuando el viento del norte **sea** su nodriza *mnꜥ.t* cuando este N habrá promocionado al viento del sur **a** nodriza *ꜣtw.t* suya.

En conclusión, en este capítulo hemos visto que determinados patrones grafémicos, morfosintácticos y de estructura textual de los Textos de los Ataúdes proporcionan información relevante sobre dos contextos fundamentales en su producción: la situación intertextual y la situación comunicativa.

Estos dos casos no constituyen más que una pequeña muestra del enorme potencial que ofrecen los Textos de los Ataúdes, y el resto de textos mortuorios, para avanzar en nuestro conocimiento de la sociedad que los produjo.

---

[74] Véase el capítulo 3.
[75] Gracia Zamacona, "Space, time and abstract relations", 22.
[76] Pascal Vernus, "Études de philologie et de linguistique (VI)", *RdE* 38 (1987): 173.

Por otro lado, estos dos casos nos muestran también la necesidad de insertar los estudios sobre los textos mortuorios en general, como los de cualesquiera otros textos, en sus contextos de producción y utilización, con objeto de afinar nuestra compresión de los mismos.

6
Respecto a un método

Este breve capítulo es una primera propuesta sobre cuestiones de método relativas al objeto de estudio de este libro y responde a la sugerencia de uno de los revisores anónimos. En su opinión, este capítulo beneficiaría tanto al libro como al lector: al primero, dándole solidez; al segundo, una mayor comprensión de los temas tratados. Por respeto al tiempo y cuidado invertidos por el revisor o revisora, escribo las siguientes líneas, aunque con no pocas reticencias respecto a la consecución de los beneficios mencionados. El lector juzgará.

Mis reflexiones son preliminares en todo punto y, en gran parte, circunstanciales respecto a los objetivos de este estudio. A decir verdad, no creo que pueda un día proponer algo en ese sentido (como un "método de aplicación")[1], porque coincido con Franco Moretti en que el método es lo que hacemos con el material. Ahora bien, lo que hacemos depende del material con el que trabajamos y el material sobre el que trata este libro es sumamente particular, y nunca ha sido tratado de esta manera hasta donde yo sé. El enfoque propuesto aquí intenta comprender la relación entre la *variabilidad* formal y temática de los elementos en los documentos relevantes (la mayoría ataúdes del Reino Medio con textos mortuorios), su uso (*legitimación del difunto*) y el contexto comunicativo (*diálogo*) del corpus. Dicho rápido: el texto es un elemento más del documento, que es el producto final editado.

Mis comentarios metodológicos a este respecto se centrarán, brevemente, en tres líneas de investigación determinadas que he juzgado de utilidad en diferentes momentos de este estudio: la literatura lejana (*letteratura da lontano*,

[1] Una propuesta muy reciente en esa línea opuesta de pensamiento es Nikolaus Dietrich, Ludger Lieb y Nele Schneidereit, eds., *Theorie und Systematik materialer Textkulturen*, MT 46.1 (Berlín: De Gruyter, 2023).

distant reading) de Franco Moretti[2]; mi propuesta de utilizar, para describir determinados procesos editoriales del corpus estudiado, el término englobador "sampleo", inspirado en la idea de "colaboración horizontal" de David Byrne[3]; y mi propuesta de utilizar una cadena de mayúsculas para reflejar la estructura comunicativa de las unidades textuales ("fórmulas") del corpus, inspirada por los trabajos fundamentales sobre análisis textual de Mikhail Bakhtin[4] y, en egiptología, de Jan Assmann[5].

El método es lo que hacemos

Para Franco Moretti, el método es lo que hacemos[6]. Reflexionando sobre la aplicación de técnicas cuantitativas a la hermenéutica literaria, Moretti pone de relieve hasta qué punto la enorme cantidad de decisiones tácticas que tomamos al investigar constituye lo que llamamos método y cómo esas decisiones pueden incluso contradecir la teoría que subyace a todo estudio. A pesar de que es esa visión (la teoría) la que lleva a adoptar medidas determinadas de orden práctico en cada paso de la investigación, son las medidas que tomamos (el método) las que determinan una posible nueva visión. Así, es la interacción entre el material de estudio y la visión inicial del investigador lo que constituye el método. En palabras de Moretti y Oleg Sobchuk, "practices—what we learn to do by doing, by professional habit, without being fully aware of what we are doing—often have larger theoretical implications than theoretical statements themselves"[7].

Esta consideración del método no es nueva y podemos retrotraerla, al menos, hasta 1975, de la mano de Paul Feyerabend y su crítica del método científico único[8], pero lo novedoso aquí es que Moretti aporta esta visión aplicada a las humanidades, de manera sistemática. De hecho, el alcance de esta constatación sobre la práctica va mucho más allá de un campo de estudio concreto. Por ejemplo, un caso reciente en psicología experimental, muestra cómo la oposición cuantivo-cualitativo se puede ver como algo más tendencial que ontológico. Se trata del trabajo de Jeffrey Rouder y Julia Haaf[9] sobre las tareas Stroop, que

---

[2] En particular, Franco Moretti, *La letteratura vista da lontano* (Turin: Einaudi, 2005); Moretti, *Distant Reading*; Moretti, *Falso movimento: la svolta quantitativa nello studio della letteratura* (Milan: Nottetempo, 2022).

[3] David Byrne, *How Music Works*, cap. 6.

[4] En particular, Bakhtin, "The Problem of Speech Genres".

[5] Assmann, "Egyptian Mortuary Liturgies"; Assmann, *Altägyptische Totenliturgien 1*.

[6] Moretti, *Falso movimento*, en especial las páginas 17–18 y 30–37.

[7] Franco Moretti y Oleg Sobchuk, "Hidden in Plain Sight: Data Visualization in the Humanities", *NLR* 118 (2019): 86.

[8] Paul Feyerabend, *Against Method* (London: Verso, 1978).

[9] Jeffrey Rouder y Julia M. Haaf, "Are There Reliable Qualitative Individual Difference in Cognition?", *JC* 4 (2021): 1–16.

miden el tiempo de reacción de un sujeto según la (in)congruencia de dos estímulos (por ejemplo, cuesta más leer la palabra "azul" si está escrita en una tinta de color distinto al azul). En ese trabajo, los autores demuestran que la diferencia entre lo cuantitativo y lo cualitativo, desde el punto de vista de la variabilidad de las reacciones de los individuos, es una diferencia de frecuencia, siendo lo cualitativo lo menos frecuente:

> If all individuals truly have effects in the same direction that implicate a common theory, we term the differences among them as *quantitative individual differences*. Conversely, if all individuals truly have effects in different directions that implicate different theories, we term the differences among them as *qualitative individual differences*[10].

De manera similar, los análisis cuantitativos que aplica Moretti al estudio de la literatura anglosajona de los siglos XIX y XX mediante su "lectura lejana" (*distant reading*) responden a este interés por comprender mejor la variabilidad en ese gradiente entre lo cuantitativo y lo cualitativo, superando el ámbito de estudio del canon literario de esa época en el que se centra la "lectura cercana" (*close reading*). El enfoque de Moretti es sumamente inspirador para un estudio sobre los textos mortuorios del Reino Medio, ya que, en ellos no parece existir canon, si no es de manera tendencial; más bien parece que estemos tratando con un repositorio de textos que se actualiza en documentos concretos[11].

En esta línea de investigación se incluyen igualmente las técnicas de análisis lingüístico de corpus que se llevan aplicando desde los años sesenta del siglo XX, expandiéndose con el uso de los ordenadores en los años ochenta, y con el precedente pluricentenario de las concordancias de los textos religiosos[12]. Como en los dos ejemplos anteriores, la aplicación de un nuevo enfoque práctico, ha llevado al replanteamiento de los principios teóricos, y la lingüística empírica ha influido sin duda notablemente en las aproximaciones teóricas al lenguaje, en todos sus campos principales (morfosintaxis y lexicología, semántica y pragmática)[13], replanteando incluso conceptos considerados clave[14].

---

[10] Jeffrey y Haaf, "Are There Reliable?", 1. Las cursivas son mías.

[11] Para otro caso de inspiración del enfoque de Moretti, véase Claire Clivaz e Isabelle Marthot-Santaniello, *Perceptions of Writing in Papyri: Crossing Close and Distant Readings* (Online Conference, 7–8/12/2023, Basel University; https://d-scribes.philhist.unibas.ch/en/events-1/papyri-conference/).

[12] John Sinclair, *Corpus, Concordance, Collocation* (Oxford: Oxford University Press, 1991).

[13] Por ejemplo, Dylan Glynn y Kerstin Fischer, eds., *Quantitative Methods in Cognitive Semantics: Corpus-driven Approaches*, CLR 46 (Berlín: De Gruyter, 2010).

[14] Por ejemplo, Thomas Herbst, "Chosing *Sandy Beaches*–Collocations, Probabemes and the Idiom Principle", en *The Phraseological View of Language: a Tribute to John Sinclair*, ed. Thomas Herbst, Susen Faulhaber y Peter Uhriget (Berlín: De Gruyter, 2011), 27–57.

Desde este punto de vista, el presente libro es simplemente una llamada de atención hacia determinados fenómenos que necesitan de explicación y que no han sido suficientemente apreciados porque, simplemente, no se visibilizan con los métodos aplicados normalmente en crítica textual. En colaboración con Iker Barriales Valbuena (analista computacional, especialista en entorno R), César Guerra Méndez (egiptólogo y desarrollador de bases de datos) y Anne Landborg (egiptóloga), estamos trabajando en tres casos de estudio en los textos mortuorios del Reino Medio por medio de análisis cuantitativos, con objeto de comprobar su aplicabilidad a ese corpus específico[15].

Sampleo

> It's an example,
> just a little sample[16]

Como expliqué en el capítulo 4, un elemento central en este estudio de los Textos de los Ataúdes son los documentos. Estos son sumamente peculiares, pues se trata en su mayor parte de ataúdes. A ellos hay que añadir objetos similares (como cajas de shabtis o máscaras); es decir, objetos donde el texto se dispone en un espacio de escritura tridimensional, no bidimensional. A diferencia de los libros (sean códices o volúmenes), un ataúd, como documento tridimensional, ofrece posibilidades editoriales muy distintas a la secuencialidad que privilegian los libros (documentos bidimensionales). Estas posibilidades editoriales están por estudiar de manera sistemática[17].

En este sentido, el concepto englobador de *sampleo* puede resultar útil, aunque sea de manera totalmente provisional. Se trata de un concepto operativo que permite considerar la actividad editorial original de estos documentos y textos en su conjunto como un proceso en el que diversas partes entran en contacto y colaboran en la constitución de un producto editorial final: la publicación.

La idea de sampleo va más allá de la de repositorio (algo reconstruido, inerte, los así llamados "Textos de los Ataúdes") y apunta al estudio de los ataúdes como documentos, pero no solo individualmente (como artefactos u objetos "arqueológicos"), sino como casos de estudio de la actividad editorial de los antiguos egipcios.

---

[15] Iker Barriales Valbuena, Carlos Gracia Zamacona, César Guerra Méndez y Anne Landborg, *Variability of Middle Kingdom Mortuary Texts: Three Case Studies* (título provisional).

[16] Cypress Hill, "How I Could just Kill a Man", en *The 420 Remixes* (Gütersloh: Columbia Records, 2022).

[17] Compárese, sobre los frisos de objetos, los comentarios de Willems sobre su disposición en espejo (*mirroring*) en algunos ataúdes: Willems, *Chests of Life*, 182, 189, 210 y 220.

El concepto de sampleo puede aplicarse a los textos (*sampleo textual*), como en los casos que mostré en el capítulo 4, pero también puede aplicarse a los documentos (*sampleo documental*): en los primeros, la resultante es un texto formado por partes de textos diversos; en los segundos, el documento resultante (publicado) contiene una serie de textos (y elementos no textuales) cuya interacción produce la función deseada del documento publicado. Para el sampleo textual, remito al lector al capítulo 4. En cuanto al sampleo documental, lo explicaré brevemente con dos ejemplos.

En 2021, publiqué un estudio sobre las fórmulas de los Textos de los Ataúdes que solo tenemos atestiguadas en un documento (*fórmulas únicas*), y que constituyen un 30 % de ese corpus textual[18]. A pesar de que este estudio se resiente de su excesiva dependencia de la escasa evidencia de que disponemos, es capaz de mostrar la potencialidad de este enfoque, el sampleo documental, en el que las fórmulas únicas parecen jugar un papel auxiliar respecto a las fórmulas "comunes" (a falta de un término mejor), las cuales aparecen en más de un testigo. Pondré un ejemplo que muestra el valor del enfoque en este caso. La definición de algunos "libros" de los Textos de los Ataúdes, es decir, aquellas unidades supratextuales que han propuesto algunos egiptólogos por su unidad temática y formal (como el Libro de los dos caminos, por ejemplo), puede reposar en la aproximación temática de fórmulas únicas a otras comunes, en ocasiones muy frecuentes. Es el caso del Libro de la red[19], en el que tres fórmulas comunes (CT 473, 476 y 480), de frecuencia distinta, aparecen completadas o expandidas temáticamente por varias fórmulas únicas (CT 474, 475, 477–479 y 481). Si bien la unidad temática parece apuntar claramente a la existencia de ese "libro", la interpretación de la unicidad de esas fórmulas es mucho más compleja y necesita de un análisis de los documentos específicos en que esas fórmulas aparecen.

En la publicación en preparación mencionada más arriba[20], estudiaremos el caso de sampleo documental de otras fórmulas, que hemos llamado *fórmulas multiocurrentes*, y que se agrupan en dos grandes tipos: aquellas que se seccionan en partes y se distribuyen por el ataúd, en uno o más de sus lados[21]; y aquellas que se repiten en un mismo ataúd, ya sea en uno o más de sus lados, ya sea con la misma versión textual o no[22]. El análisis pormenarizado de las fórmulas

[18] Gracia Zamacona, "Unique Spells".

[19] Bidoli, *Die Sprüche der Fangnetze*. Actualmente, Yannick Wiechmann realiza su tesis doctoral en la Universidad de Heidelberg sobre la transmisión textual de estas fórmulas en la tradición posterior a los Textos de los Ataúdes.

[20] Barriales Valbuena, Gracia Zamacona, Guerra Méndez y Landborg, *Variability of Middle Kingdom Mortuary Texts*.

[21] En Lesko, *Index*, se distinguen con números entre paréntesis: por ejemplo, para CT 398, encontramos las referencias 398 (1), 398 (2) y 398 (3) en A1C (Lesko, *Index*, 13).

[22] En Lesko, *Index*, se distinguen con letras: por ejemplo, para CT 1086, encontramos las referencias 1086 a y 1086 b en B1Be (Lesko, *Index*, 13).

multiocurrentes muestra que el proceso editorial de los documentos es de una complejidad extrema. En el estado actual de nuestra investigación, la hipótesis más plausible es que los factores temáticos (el contenido de las fórmulas) interaccionan con factores documentales como el espacio disponible.

Sin duda alguna, una de las consecuencias más importantes del concepto de sampleo, tanto textual como documental, es que obliga a revisar la dicotomía original-copia[23], a la par que implica una revisión de los conceptos de autor (capítulo 4 de nuevo), obra y canon. Como ya expliqué en el capítulo 4, el concepto de sampleo se basa en la idea de *colaboración* que David Byrne[24] aplica a la composición-ejecución musical, en una visión "horizontal" opuesta a la visión "vertical" tradicional que lleva de la partitura (≈ texto) del compositor (≈ autor) a la ejecución (≈ documento publicado) del intérprete (≈ copista). Así que no insistiré más en el alcance de este enfoque aquí: me remito a lo dicho en ese capítulo.

Estructura comunicativa; y un guante al futuro

Con objeto de poner en relieve el enfoque de conjunto, inspirado por la "literatura desde lejos" de Moretti, coloqué las lecturas de fórmulas de los Textos de los Ataúdes en el capítulo 2, justo después del capítulo historiográfico, que de manera habitual es el primero en los libros de nuestra disciplina. Esta decisión no es un capricho. Los textos originales (las "fuentes") se suelen relegar a crestomatías o anexos, al final del libro. En este libro, los textos van en cabeza con dos fines: ponerlos todos juntos para que el lector se haga una idea del material; y mostrar las posibilidades de un análisis formal del concepto clave, en nuestra visión occidental, de "género".

Obviamente, ese capítulo no podía recoger las 1.185 unidades textuales que conocemos de este corpus, por lo que tuve que seleccionar unas pocas, combinando criterios no sólo de frecuencia, sino de particularidad y relevancia, que son mucho más subjetivos. A pesar de ello, pensé que era útil ofrecer al lector una versión de los textos originales antes de leer los capítulos 3–5, más interpretativos, con objeto de mostrar también cómo se construye el conocimiento a partir de lo que llamamos "fuentes".

Por otro lado, mostrar el material de esta manera, me permitía introducir otro método de análisis, esta vez con objeto de definir patrones en la estructura comunicativa de las fórmulas para determinar "géneros". En este sentido, me baso en los trabajos citados más arriba de Mikhail Bakhtin para definir los géneros a través de la estructura comunicativa de los textos y en trabajos de Jan Assmann

---

[23] Una excelente introducción al problema es Darren Hudson Hick y Reinold Schmücker, eds., *The Aesthetics and Ethics of Copying* (London: Bloomsbury, 2016).

[24] Byrne, *How Music Works*, cap. 6.

por lo que respecta a la egiptología. El lector encontrará una explicación detallada del método en el capítulo 2, de manera que no es necesario repetirlo aquí.

En el libro de próxima publicación que estamos preparando[25], buscamos la manera de implementar este análisis en un estudio comparativo entre las llamadas fórmulas de transformación (*ḫpr*) y las fórmulas de transfiguración (*s3ḫ*). A día de hoy, nos parece evidente que la notación de la estructura comunicativa por medio de cadena de consonantes puede no ser operativa, y que debe ser sustituida por una simple línea de los valores determinados para los atributos considerados.

Esta cuestión, como tantas otras que han ido surgiendo en este libro, sigue estando abierta y se determinará únicamente con estudios específicos sobre problemas concretos. En efecto, sólo a través de los estudios empíricos sobre grandes cantidades de materiales seremos capaces de mejorar nuestra comprensión de estos textos y de la cultura que los creó. Para ello necesitamos urgentemente colaborar en la creación de corpus textuales, accesibles en abierto y explotables digitalmente, que sean estudiados por equipos interdisciplinares.

---

[25] Barriales Valbuena, Gracia Zamacona, Guerra Méndez y Landborg, *Variability of Middle Kingdom Mortuary Texts.*

Anexo I
CT 682 y sus paralelos

A continuación, presento los datos en que se sustenta mi análisis del caso de sampleo 1 en el capítulo 4. Dada su extensión, me ha parecido más cómodo para el lector colocarlos aquí porque incluirlos en el capítulo 4 habría dificultado la lectura del mismo. Por la misma razón, sólo incluyo la transliteración, que permite valorar los paralelos propuestos. A pesar de su volumen, la publicación de los datos es absolutamente necesaria para que el lector pueda juzgar de manera cabal sobre el enfoque propuesto en este libro.

Sección A

CT 682 (B1Bo)	**PT 669 (Pepi II)**
VI 308 k–l *pr sr.w n.w qrr ꜥꜣ m-ẖn.w ꜣḫ.t ẖn.wt n.t p.t*	1961 a *pr sr.w qr ꜥꜣ m ꜣḫ.t ẖn.wtt*
VI 308 m–n *sr.sn ḥb.(y)t ꜥḫi.wt tp ms.wt nṯr tp-ꜥ(.wy).k*	1961 b–c *mꜣ.n.f sipp*[1] *ḥb.t ỉr.t ꜥḫ.wt m ms.wt nṯr.w m ḥr.w-rnp.t 5 ḥr-ꜥ.wy.k*
VI 308 o *wr-mnḏ.t.f ỉm.y-ḥꜣ.t-iꜥb.wt.f*	1961 d *wr-mnḏ.f ỉm.y-ḥꜣ.t-bz.tww*
VI 308 p–q *gm.k N pn ꜥꜣ r-ḥꜣ.t ꜥ mm nw.w rn.w.sn*	[...]
VI 309 a *n-ntt N ỉs nṯr pw wpp sn.nwy pšn dmḏ.wy*	? [...]
VI 309 b–c *ms.n sw mw.t.f nw.t m sḫ.t ỉzr ẖnm.t(w) nṯr r.s m zš ḏḥwty*	1962 a–b *[ms] N ỉn mw.t.f ṯw.t m ms.wt wḥm.t m šš [n] ḏḥwty m-ẖnw sḫ.t ỉzr m-ẖnm.t nṯr.w*

[1] Siguiendo la lectura de James P. Allen, *A New Concordance of the Pyramid Texts* I–VI (Providence: Brown University, 2013), 1:245.

	1963 a–b *n-ntt N ỉs pw sn pr.(w) m sbq wp(ỉ.w) sn.wy pšn.(w) ꜥḥꜣ.wy pšn.(w) tp.w.ṯn nṯr.w*
VI 309 d–e *šꜥ.(w) m.w ỉm.yw nw.w ḥr ḫrw sbḥ.[n] mw.t.f nw.t*	1964 a [...]
VI 309 f–h *ms.s sw sšr.s sw m nwr pw ꜥꜣ pr(ỉ.w) m nṯr.w*	1964 b–c [...] *sšd.s N* [...] *m nwr.w pw wr ỉm.y.ṯn nṯr.w ꜣw<r> {ṯ}.w.ṯn n.f nṯr.w*
VI 309 i *m ỉw.t rf mw.t n.t N pn (ꜣ)s.t sn.t{f}<s> nb.t-ḥw.t ḏd.s*	1964 d *m ḏd s.t ỉr nw.w*
VI 309 j–k *m tr ms.n.ṯ ỉꜣr pn m nwr.w wr pr m nṯr.w*	1965 a *ms.n.ṯ sw dn.n.ṯ sw nẖ.n.ṯ sw nẖ.wt*
	1965 b–c *n rd.wy.f n ꜥ.wy.f ṯz.(w).f ỉr.f m-ỉšs.t*
VI 309 l *ỉnỉ.kꜣ.t(w) swḥ.t ḫr.t ṯz m-ẖn.w ꜥ.w(y).s*	
VI 309 m *ỉnỉ.kꜣ.t(w) bỉꜣ pw ỉm.y-ḥꜣ.t ḥn.w*	1966 a *ỉnỉ.kꜣ.t(w) bỉꜣ pw r.f mỉ-y ḥꜣ.t ḥn.w*
	1966 b–c *ṯz.f ỉm.f ḫpr.f ỉm.f snẖ.w ỉm.f m-ẖn.w ꜥ.wy.ṯn ỉn sn nṯr.w*
	1966 d *mk r.k sw ms.y mk sw ṯz.(w) mk sw ḫpr.(w)*
	1967 *sḏ.n ỉr swḥ.t.f m-ỉšs.t ỉn.sn nṯr.w*
	1968 a *ỉw.kꜣ r.f zkr n.(y) pḏ.w*
	1968 b–c *nb.n.f ḳs.w.f nḏr.n.f bn.wy.f* [...]
	1968 d *swt sḏ.f s[wḥ.t wḥ]ꜥ.f bỉꜣ*
	1969 a *sḏꜣ nṯr r r-ꜥ.wy.f spd ỉbḥ.(w) ꜣw ꜥn.wt sšm.w nṯr.w*
	1969 b–c *mk N ḫpr.(w) mk N ṯz.(w) mk N sḏ.n.f swḥ.t*
VI 309 n *swt ṯz.(w).f ṯz m-ẖn.w ꜥ(.wy).f*	
VI 309 o [*r*] *m tr r(w)d ꜥ(.wy) rd.wy N pn*	
VI 309 p *pꜣ.(w).f ỉrf m-ỉšs.t*	1970 a *spꜣ.w r.f N m-ỉšs.t*

VI 309 q (= 310 d) *iw zḫz n.f šw.ty m ḥn.w* *iw qd m mr.w.sn(y) m tp.y ḥn.(w)*	1970 b *ini.kꜣ.t(w) n.k ḥn.w qdm.w ḥn*
VI 310 a *m tr iri n.f*	
VI 310 b–c *iri n.(f) mḥꜥ.y.i wr im.y nṯr.w nꜣš spd.w* *ꜣw ḥms.(w) m-ḫnt itr.t wr.t*	
	1970 c *spꜣ.(w).k im spꜣ.(w).k im*
VI 310 e *rdi.n N p(n) rs.w r ꜣṯw.t.f*	1970 d *[n-ntt rs].w ir ꜣṯ.wt.k*
VI 310 f *iw mḥ.yt r mnꜥ.t.f*	*mḥ.t r mnꜥ.t.k*
VI 310 g *šm.n.f m-ḫn.w bꜣ.f*	
VI 310 h *in ꜣḫ.f iṯi sw inn sw*	
VI 310 i *ir wrḏ.f didi.f sḫn ḥr šw.ty gb*	1971 *i.pꜣ N ḫn.y N ḥr š(w).ty it.[f gb]*
VI 310 j *mw.t.f ꜥ.w(y).s r.f wr.t sꜣ.t tḫtḫ.t mnḏ.wy*	

Sección B

CT 682 (B1Bo)	**PT 627B (Teti, Pepi I y Pepi II)**	**CT 990**	**Ibi 18–25**[2]
VI 310 k *pꜣ.n.f itt.n.f m bik pw ꜥꜣ ḥr.(y) znb.w ḥw.t imn rn.f*	1 = 1778 a[3] *N pw bik ꜥꜣ ḥr znb.w ḥw.t imn-rn*	VII 199 e (pGardII) *ink bik pw ꜥꜣ ḥr znb.(w)[t] ḥw.t [imn rn.f]* (pGardIII) (...)	18–19 *pḥ.n N ꜣḫ.t iri.(w) n.f ḫꜣ.t iṯṯ.f m bik nṯr ḥr znb.w imn rn*
VI 310 l *iti ḫr.t n.t(y)w im n ḏsr p.t r tꜣ nw.w*	2 = 1778 b *iṯt ḫr.t tm n ḏsr p.t ir tꜣ nnw*	VII 199 f (pGardII) *[iṯi ḫr.t tm] n ḏ[s]r [p.t] r tꜣ nw.w* (pGardIII) (...)	19–20 *iṯt-ḫr.t-ḫrp-n-Tm*
VI 310 m *iw ir.ty N pn m kꜣ ꜥšm.w*	3 *iw ir.ty N m nb.wy i.ꜣḫ.w*	VII 199 g (pGardII) *iw ir.ty.i m kꜣ i.ꜣḫ.w* (pGardIII) (...)	19 *iw N ir.y m zbb-ḫn-mꜣꜥ.ty.f*

[2] Alvarez, "An Epigraphical Journey", 23 y fig. 2.1; Alvarez, "Variability and Orality".
[3] Numeración en Allen, *A New Concordance* = *Pyr* (Numeración de la edición de Kurt Sethe).

VI 310 n *ỉw sp.ty.f m kꜣ psḏ.ty*	4 = 1779 a *ỉw sp.ty.f m kꜣ ꜥšm.w*	VII 199 h (pGardII) [*ỉw sp.ty.ỉ m kꜣ psḏ.ty*]? (pGardIII) (...)	20 *ỉw sp.ty N m ḫnt.(y)-ms.wt.f*
VI 310 o *ỉw ḥnw.t.f m nb.t nbỉ mḥ.tt kꜣr.f*	5 = 1779 b *ỉw bꜥn.t.f m nb.t-nb.y*		20–21 *ỉw dmꜣ.t* (...) *N m nb.t nbỉ ḥḏ.t*
VI 311 a *tw.t.f m kꜣ ỉ.ꜣẖ.w*			
VI 311 b *ỉꜣf.wt.f m nb mšr.w*	6 = 1779 c *ỉw ỉꜣf.wt.f m kꜣ mšr.w*		
VI 311 c *šw.t.f m ḫnt.(t)-nḫb.wt.f*	7 *ỉw dmꜣ.t.f m ḫnt.(y)-mn.wt.f ḥr-ỉb kꜣr.f*	VII 199 i (pGardII) *ỉw dmꜣ.t.ỉ m ḫnt.*[*y*] ? (...) (pGardIII) [*ỉw dm*]*ꜣ.t.ỉ m ḫnt*[*.y*] ? (...)	20–21 *ỉw dmꜣ.t* (...) *N m nb.t nbỉ ḥḏ.t*
		VII 199 j (pGardII) *ỉ*[*w*] (...) (pGardIII) (...)	
VI 311 d *pr.n.f m ḫtḫt r ḏr.w n.tyw-r-gs ỉm.yw nw.w*			
VI 311 e *rdỉ.n.f ḥw m zn.w ḥr.f wr r-gs wr.w nb.w p.t*	8 = 1780 b *rdỉ.(w) ḥw n N m z(w)nw-ḥr.f-wr ỉr-gs ỉm.y nw.w*		
	17 = 1783 c *ỉr rn n N m bỉk nṯr nr zn.f ḥr.f ỉm.f*	VII 200 a (pGardII) *ỉrỉ.n.sn rn.ỉ m bỉk nṯr* (pGardIII) *ỉr.n.sn rn.ỉ* [*m*] *b*[*ỉ*]*k nṯr*	
		VII 200 b (pGardII) *ṯ*[*n.sn wỉ r rꜥ-tm ỉt.ỉ ms wỉ*] (pGardIII) *ṯn.sn wỉ r rꜥ-tm ỉt.ỉ ms wỉ*	
VI 311 f *ỉn nw rdỉ n.f ḥr ḥr sḫ.t ỉ.ꜣẖ.w*	10 = 1781 b *ỉn wnwn ḏỉ.n.f ḥr n N ỉr sḫ.t ỉ.ꜣẖ.w*		
VI 311 g *ḫnn.f ỉṯ m wsr.(w) r r(m)n.w.sn*		VII 200 l (pGardII) *ḫn.y.ỉ ḥr ỉṯ* [*m wsr.(w) r r(m)n.w*] (pGardIII) (...)	

VI 311 h–i *ỉn ḏsr.w wt.y-sms.w nỉs rf r r(m)n.w n.w ỉm.yw dšr.t*			
VI 311 j *ỉw sms.y.f r ꜥ n nḥḥ m-ḫnt.(y) ỉwn nw.w*	9 = 1780 c *ỉw sms.n N r ꜥ n nḥḥ m-ḫnt* (...)		
VI 311 k–l *qꜣ.n N pn ꜣḫ.n.f r qꜣ r kꜣr.f ḥr(.y) m zšn.w nḥz.w*			
VI 311 m *wp.n N pn ꜥ.wy.f ḥr dbn ḥr.t mḥ.t hꜣb.w*	11 = 1781 c *ḫr.n ꜥ.wy.f ḥr dbn-wp.wt mḥ.t ỉw ꜣbw*	VII 200 k (pGardII) [*dbn*].(*w*).*ỉ ḥr mdb*[*.wt*] *mḥ.*(*w*)*t ỉw hꜣb.w* (pGardIII) (...)	
VI 311 n *šw.n.f r p.t m šw*		VII 200 i (pGardII) *šw.y.n.ỉ r p.t m šw* (pGardIII) (...)	
VI 311 o *wr mt(ỉ.w) s(y) n.f wr*		VII 200 j (pGardII) *wr* [*mt*(*ỉ.w*) *s*(*y*) *n.f wr*] ? (pGardIII) (...)	
VI 312 a–b *ỉwꜥ.n N p.t m ỉ.ꜥr.t.f m msw.t.f tp.t r st.(t) n.f tꜣ pḥ n.f ꜣḫ.t*			Cf. 18 *pḥ.n N ꜣḫ.t*
VI 312 c–d *ỉṯṯ.wt.f m bỉk nṯr ỉrỉ.n.sn rn n N pn m bỉk nṯr*			Cf. 18–19
VI 312 e–f *sk.sn rḫ.y ntt wꜥ ỉm pw sms.w r nhz.w m pḫr ḥw.t*			
VI 312 g *ỉw s.t n.t N ỉm.t šzm.t (m) mḥ.tt wp.t*	19 = 1784 c *ỉw N ỉr ỉs.t.f n.t šzm.t*	VII 200 c (pGardII) *ỉ.n.ỉ r s.t.ỉ ỉm.t šzm.t mḥ.tt ḥkn*(...) (pGardIII) *ỉ.n.ỉ r s.t.ỉ ỉm.t šzm.t mḥ.tt* (...)	

VI 312 h–i *ỉw wnm.wt sḫ.ty ḥtp.w m ỉ.š.wt mfkꜣ.t*	20 = 1784 d–e *ỉw wnm.t.f m sḫ.wt ḥtp m š.w fkꜣ.tyw*	VII 200 d (pGardII) [*ỉw wnm.wt*].*ỉ m sḫ.*[*w*]*t* [*ḥtp*] *m š.w mfkꜣ.t* (pGardIII) *ỉw wnm.wt.ỉ m sḫ.wt ḥtp m š.w mfkꜣ.t*	23 *m sḫ.ty ḥtp*
VI 312 j–l *ỉn sḏ.wtt snḏm.*(*w*) *wnm N m sbš.w ỉm.yw dšr.t*		VII 200 e (pGardII) *ỉn ḏsi.tt snm.w.s*[*n wỉ*] (pGardIII) *ỉn ḏsi.tt snm.w.sn wỉ*	21 *ỉn ds.wt dšr.t snm.wt sw m mn.ww ỉm.yw* (...)
		VII 200 f (...)	
	15 = 1782 d *ꜣḫ.n N m bꜣ.f n tp.y q*[*r*]*w*(...)	VII 200 g (pGardII) *ꜣḫ n.ỉ bꜣ n.ỉ m kꜣ* [*qrr.t.f ḥr dp.t*] (pGardIII) *ꜣḫ n.ỉ bꜣ n.ỉ m kꜣ qrr.t.f ḥr dp*[*.t*]	22 *m kꜣ qrr.t.f*
		VII 200 h (...)	
	12 = 1781 d *st.n.f tꜣ m ꜥšm.f tp.y ỉr gs* [...]*ꜣ.f*		
	13 = 1782 b *pḥ.n.f ꜣḫ.t m sšm.t m ms.wt.f tp.t*		
	14 = 1782 c (P) *rw.n.f ḥr mspr nhd.w* / (N) *rw.n.f ḥr spd.w nwꜣ.t*		
	16 = 1783 b [...]*ws ỉr rmnw.t nfr.s*		
	18 = 1784 a *n-ntt NN ỉs wt sms.w ỉr nhd.w m pšr ḥw.ty*		
VI 312 m *N pn ptr pr m ḥtp.wt bꜣbi pr m ꜥḥ*			
	21 = 1785 a *kr.w n.f ḥḥ m-ẖn.w ḥfnn sk N mn m p.t n nḥḥ*	VII 200 m (pGardII) *qry.w ḥḥ m-ẖn.w ḥfnn.w* (pGardIII) (...)	

VI 312 n–o 1 *N pn mn m p.t smn m p.t m zbb wr*		VII 201 a (pGardII) *sk w*[*i mn.k*(*w*)*i*] (pGardIII) [*sk*] *wi mn.*[*k*(*w*)]*i*	
VI 312 o 2 *m sꜥꜥ rꜥ n mꜣꜥ.ty.f*		VII 201 d (pGardII) (*m*) *sšm.w* [*rꜥ n*] *mꜣꜥ.t* (pGardIII) *m sšm.w* [*rꜥ n mꜣ*]*ꜥ.t*	
VI 312 p–q *m zbb nḥḥ hrw pw n ḥts rnp.t*	22=1785b–c *sšm N pn rꜥ m mꜣꜥ.ty.f*	VII 201 b–c (pGardII) (...)*i*(...) [*hrw*] *ḥts rnp.t* (pGardIII) (...)*i*(...) [*hr*]*w* [*ḥts rnp*].*t*	24 *hrw* [*pw n ḥ*]*ts rnp.t*

Anexo II
Glosario

A continuación, incluyo una lista de conceptos y términos que el lector puede encontrar de utilidad como complemento a la lectura de este libro. Algunas de las entradas que siguen aparecen explícitamente mencionadas en el libro; otras están implícitas en los asuntos aquí tratados.

Activación. Los textos egipcios están formados por entes (que nosotros llamamos "signos") que necesitan "activarse" para surtir efecto. Esos entes (los signos jeroglíficos) son los *b3* de Ra. Como entes que son, se "extraen" del texto. El verbo que traducimos por "extraer" es , que se lee *šdi*. El último signo es el determinativo: un hombre con un palo en la mano, indicando que el verbo expresa fuerza: "arrancar, extraer". Si encontramos el mismo verbo con el determinativo del hombre con la mano en la boca (), el mismo verbo está siendo usado como una acción que se hace con la boca: "extraer con la voz", es decir "leer". Pero, además, estos entes que son los signos jeroglíficos se pueden "beber" echando agua sobre una estatua salutífera inscrita por ejemplo, para recibir su poder[1]. Solemos considerar "mágica" esta activación y solemos traducir por "magia" el término egipcio *ḥk3*; pero *ḥk3* es algo que se puede ingerir y morfológicamente se puede entender como un antiguo causativo *ḥ-k3* "lo que quita la gana". Por último, los signos jeroglíficos se pueden "desactivar" mutilándolos o acuchillándolos[2].

[1] Henry G. Fischer, *L'écriture et l'art de l'Egypte ancienne* (París: PUF, 1986); Yvan Koenig, *Magie et magiciens dans l'Égypte Ancienne* (París: Pigmalion, 1994).

[2] Lacau, "Suppressions et modifications"; Miniaci, "The Incomplete Hieroglyphs System"; Rigault-Déon, *Masques de momies*, 25, n. 45 (con bibliografía anterior y una excepción a esta norma).

3ḫ Entidad *post mortem* del individuo. El cambio ontológico se llama *s3ḫ* = causativo (*s*-) de *3ḫ* "hacer a alguien *3ḫ*" (véase "transfiguración"). Aunque se ha discutido[3], *3ḫ* significa "ser brillante". El sentido "eficaz" es secundario: un *3ḫ* es eficaz porque actúa en favor de los vivos ante los dioses u otras entidades. En copto ⲓϩ traduce el griego δαίμων y el árabe جن (*yinn*), con las reinterpretaciones cristiana y musulmana correspondientes. El *3ḫ* se vincula al mundo de los dioses, pero no tiene el mismo estatus que estos.

b3 [4] Entidad *post mortem* del individuo que se vincula al mundo de los vivos y a la expresión *pr.t m hrw* ("Salir al / durante el día"). El significado de base es difícil de establecer por lo polisémico de la raíz, pero parece ser "algo redondo tanto protuberante como hueco", y tiene la extensión semántica de "aparición" o "manifestación" en ámbito religioso.

Canon. El canon implica algo cerrado y obligatorio[5]. El análisis que se desprende es el de la crítica textual (estemática), que privilegia un texto original perfecto detectable a través de las desviaciones que sufre con el paso del tiempo. Las nociones de autor y copia son esenciales aquí y la idea de base es una de las características que definen la cultura occidental: el principio del tercero excluido ($A \vee \neg A$ "A o no A"). Véase *Sampleo* como posible alternativa de análisis.

Cognitivismo (enfoque). Enfoque universalista, de origen psicológico (teoría de la Gestalt, fenomenología de Husserl), que da preeminencia a la perspectiva del observador. Desde los años ochenta del siglo XX ha entrado con fuerza en los estudios lingüísticos[6] y compite con el generativismo, entre otras corrientes teóricas (funcionalismo, tipologismo, lingüística histórica). En las últimas décadas, la influencia se nota también en egiptología, con diversa suerte. Se suele plantear, de manera apresurada, como alternativa a la rigidez del estructuralismo. Tal imagen es, sin embargo, ilusoria, como ya criticara Jacques Derrida de la fenomenología[7].

---

[3] Karl Jansen-Winkeln, "Zur Bedeutung von *jm3ḫ*", *BSEG* 20 (1996): 29–36; Jansen-Winkeln, "'Horizont' und 'Verklärtheit': zur Bedeutung der Wurzel *3ḫ*", *SAK* 23 (1996): 201–15.

[4] Landborg, *Manifestations of the Dead*; Jirí Janák, "Ba", en *UCLA Encyclopedia of Egyptology*, ed. J. Dieleman y W. Wendrich (Los Angeles: UCLA, 2016).

[5] Jan Assmann, *Cultural Memory and Early Civilization: Writing, Remembrance and Political Imagination* (Cambridge: Cambridge University Press), 78–106 y 154–74.

[6] Véase por ejemplo, Ronald W. Langacker, *Foundations of Cognitive Grammar* I–II (Stanford: Stanford University Press, 1987 y 1991).

[7] Jacques Derrida, *De la grammatologie* (París: Les Éditions de Minuit, 1967); Derrida, *La voix et le phénomène* (París: Presses Universitaires de France, 1967); Derrida, *L'Écriture et la différence* (París: Seuil, 1967).

Conectividad social (*soziale Konnektivität*). Red social entre vivos, difuntos y dioses, con los segundos personificando la intersección entre los primeros y los últimos; término de Jan Assmann[8].

"Constelaciones" (*Konstellationen*). Actualizaciones de lo anterior: por ejemplo, el padre (Osiris) y el hijo (Horus) en la esfera mortuoria; término de Jan Assmann[9].

Corporeidad (*embodiment*). Proceso de conceptualización del cuerpo, central a la actividad metafórica, que permite crear esquemas mentales a partir de la imagen corpórea y usarlos en otras esferas conceptuales, partiendo de la base de que el proceso de corporeidad es central en la actividad metafórica[10].

Democratización del más allá. La idea de "democratización del más allá", difundida principalmente por Alexandre Moret en 1922, sostiene que determinados privilegios mortuorios del rey se habrían ido extendiendo al resto de la población de manera progresiva a partir de finales del Reino Antiguo y durante el Primer Periodo Intermedio. La idea ha sido criticada recientemente por Harco Willems: el material arqueológico al que van asociados los Textos de los Ataúdes (rico ajuar específicamente funerario, en particular ataúdes inscritos, momificación, orientación del cadáver), por un lado, representa una pequeña parte de los propios enterramientos de la clase pudiente y una cantidad ínfima en comparación con el número total de enterramientos; por otro lado, ese material refleja una actividad teológica importante en la época de expansión de los Textos de los Ataúdes (la primera mitad del Reino Medio) que está totalmente ausente en el ámbito funerario de la gente común. Ambos hechos (cuantitativo el uno y cualitativo el otro) apuntan a que los Textos de los Ataúdes son un producto de la clase pudiente egipcia y de un grupo muy selecto de ella, los nomarcas, cuya época de poder coincide con la del florecimiento de los Textos de los Ataúdes[11].

---

[8] Assmann, *Tod und Jenseits.*

[9] Assmann, *Tod und Jenseits.*

[10] Georges Lakoff y Mark Johnson, *Metaphors We Live By* (Chicago: Chicago University Press, 1980); Nyord, *Breathing Flesh.*

[11] Alexandre Moret, "L'accession de la plèbe égyptienne aux droits religieux et politiques sous le Moyen Empire", en *Recueil d'études égyptologiques dédiées à la mémoire de Jean-François Champollion*, BEHE 234 (París: Champion, 1922), 331–60; Harco Willems, *Les Textes des Sarcophages et la démocratie: Éléments d'une histoire culturelle du Moyen Empire égyptien; Quatre conférences présentées à l'EPHE, Section des Sciences Religieuses. Mai 2006* (Paris: Cybèle, 2007), 131–224; Willems, *Historical and Archaeological*, 124–229. Véase también Smith, "Democratization of the Afterlife" y Harold M. Hays, "The Death of Democratisation of the Afterlife", en Old *Kingdom, New Perspectives*, ed. N. Strudwick y H. Strudwick (Oxford:

Discurso / Relato. Los Textos de los Ataúdes son "textos orales" tanto externamente (parece que, para al menos algunos de ellos, la primera función era su recitación), como internamente, predominando claramente el discurso (yo-tú) sobre el relato (tercera persona)[12]. Por supuesto, "textos orales" es una manera de hablar, de ahí las comillas: todos los textos son escritos; lo oral y lo escrito son esferas de comunicación radicalmente distintas y, por así decir, intraducibles[13]. Ver *Textos orales*.

***Distant Reading*.** Ver *Literatura desde lejos*.

Ecología de la religión (enfoque). Enfoque etnológico del fenómeno religioso que busca sus raíces en el entorno vital en sentido amplio[14].

Edición. Cualquier acción que afecta a un texto de cara a su presentación y que depende de múltiples factores, entre ellos: origen, contenido, soporte y público.

Émico / ético. Dos conceptos epistemológicos creados por Kenneth Pike en 1954: "The etic viewpoint studies behavior as from outside of a particular system, and as an essential initial approach to an alien system. The emic viewpoint results from studying behavior as from inside the system. (I coined the words etic and emic from the words phonetic and phonemic, following the conventional linguistic usage of these latter terms)"[15].

Ensamblaje (*emboîtement*). Con este término, Bernard Arquier se refiere al recurso editorial por el cual una fórmula que se fragmenta en dos partes, una al principio y otra al final de un lado del ataúd, englobando otras fórmulas, como si se tratara de dos paréntesis imaginarios. Para Arquier, la función de este fenómeno es proteger las fórmulas englobadas[16].

Oxbow, 2011), 115–30. Para un resumen reciente, véase Rune Nyord, "Introduction: Egyptian and Egyptological Concepts", en *Concepts in Middle Kingdom Funerary Culture: Proceedings of the Lady Wallis Budge Anniversary Symposium Held at Christ's College, Cambridge, 22 January 2016*, ed. R. Nyord, CHANE 102 (Leiden: Brill, 2019), 14–18.

[12] Benveniste, "Les relations de temps". Compárese con el carácter dialógico de los retratos mortuorios de El Fayum (Berger, *The Shape of a Pocket*, cap. 6).

[13] Ong, *Orality and Literacy*, continuando los trabajos de Milman Parry, *The Making of Homeric Verse* y Marcel Jousse, *Le style oral-rythmique*.

[14] Hultkranz, "An Ecological Approach to Religion".

[15] Kenneth Pike, *Language in Relation to a Unified Theory of the Structure of Human Behavior* (La Haya: De Gruyter, 1967), 37. En egiptología, véase Nyord, *Concepts in Middle Kingdom*.

[16] Sobre los ataúdes de *Mzḥ.ty* (S1C y S2C), veáse Arquier, *Le double sarcophage de Mésehti* y Arquier, "La mise en exergue du nom du défunt".

Estemática. Parte de la crítica textual clásica que se ocupa de la genealogía de los manuscritos de una obra determinada basándose en el estudio comparativo de las desviaciones (errores, por lo general) respecto a un original ideal, que en ellos ocurren[17].

Fórmula (unidad textual). El término admite implícitamente la naturaleza "mágica" de estos textos. Entiendo ampliamente "texto mágico" como aquel del que se espera que ejerza un impacto directo y comprobable sobre la realidad. Esto incluye, de manera significativa, los textos que llamamos "médicos". Henry Fischer hace notar que la retrogradación de la escritura (inversión de la dirección de los signos respecto a la dirección de la lectura-escritura) es frecuente en los textos mortuorios y médicos, por su carácter esotérico[18]. Sin embargo, otros documentos, exotéricos, también la presentan; por ejemplo, algunas cartas[19]. La escritura retrógrada necesita aún de un estudio completo. En los Textos de los Ataúdes, la escritura retrógrada es habitual en el interior de los lados de los pies y el frente, con los textos menos figurativos (típicamente, los hieráticos).

Fórmulas para escapar de la red. Grupo de fórmulas, cuatro comunes (CT 343, 473, 476 y 481), algunas repetidas en algún documento, y seis únicas (CT 474–475 y 477–480). La idea de "libro" no parece describir bien esta situación (téngase en cuenta para los "libros" que se mencionan después)[20].

Fórmulas de repulsión. Una larga serie temática de fórmulas sobre el tabú alimentario (heces y orina) *postmortem*. El tema está relacionado con las ofrendas alimentarias funerarias (en un contexto amplio) y con el movimiento normal (no cabeza abajo) del difunto en el más allá (en el contexto más estricto)[21].

Friso de objetos. Representación de una serie de objetos relacionados con el culto funerario/mortuorio, a veces acompañados de sus nombres; incluyen ofrendas alimentarias, armas, ropa, sandalias, ungüentos y demás ajuar funerario[22].

---

[17] Trovato, *Everything You Always Wanted.*
[18] Fischer, "L'orientation des textes"; Gracia Zamacona, "The Two Inner Directions".
[19] Heqanakhte I, por ejemplo: véase James, *The Hekanakhte Papers*, 12–13.
[20] Bidoli, *Die Sprüche der Fangnetze.*
[21] Topmann, *Die "Abscheu"-Sprüche der altägyptischen.*
[22] Jéquier, *Les frises d'objets*; Elisabeth Kruck, "Occurrence of Grave Goods and Their Representations on Coffins: A Concept of Substitution?", en *Variability in the Earlier Egyptian Mortuary Texts*, ed. C. Gracia Zamacona, HES 21 (Boston: Brill, 2024), 444–79; Seria

Guía (*sšm.w*). Término egipcio para un tipo de texto (guías del más allá) como el Libro del campo de las ofrendas, el Libro de las palabras divinas y el Libro de los dos caminos (o alguna de sus partes). En este tipo de texto aparecen las primeras "viñetas" topográficas (*sšm* significa también "dibujar"). El verbo *sšm* "guiar" es el causativo de *šm* "irse, marchar" (cf. el posible anticausativo *šms* "seguir")[23], de donde derivan los sentidos "gobernar" y "dibujar". Estos usos se marcan con diferentes semagramas: ideograma 𓌯 (a veces también con el determinativo 𓀁) para "guiar"; determinativo 𓏛 para "gobernar" y "dibujar (un mapa)".

Inscripciones de las juntas (*mitre inscriptions, Fugeninschriften*). Recientemente se ha estudiado, dentro de los Textos de los Ataúdes, un *subcorpus* de inscripciones que aparecen en las juntas de contacto entre lados de los ataúdes. Estas inscripciones nunca se escribieron para ser leídas una vez escritas, aunque quizás se leyeran en el momento de escribirse. Su función era proteger el ataúd y la momia de todo enemigo exterior sellando las juntas mágicamente[24].

k3 𓂓[25] Entidad *post-mortem* del individuo que se vincula a las ofrendas (y a la tumba, por tanto). La raíz indica "otredad" (cf. *k.y* "otro"), de donde la traducción "doble". Pero también implica la idea de vacío entre dos partes (cf. el causativo *sk3* "arar", que es hacer un surco entre dos partes de tierra, literalmente "desdoblar") y de ahí quizás la de "gana", "apetito", que conecta morfológicamente con "magia" (*ḥk3* < *ḥ+k3* "lo que quita la gana") y funcionalmente, porque *ḥk3* es algo que se ingiere (CT I 118 a, *passim*).

Legitimación. Elemento textual clave en los Textos de los Ataúdes[26]. Véase *Tiempos segundos*.

Yamazaki, "Repeating the Ritual Underground: Performance of the Royal Object Ritual in the Middle Kingdom", en *Variability in the Earlier Egyptian Mortuary Texts*, 161–89.

[23] Véase Harry S. Smith, "The Treatment of Roots in Lexicography of Ancient Egyptian", en *L'Égyptologie en 1979* I–II, ed. J. Leclant (París: CNRS, 1982), 1:71–73 (por lo demás, un tema de estudio prácticamente ausente en egiptología: véase Sami Uljas, "Iconicity and Semantic-structural Mapping in Earlier Egyptian Complementation", *LingAeg* 29 [2021]: 215–38). En general, véase las observaciones de Martin Haspelmath, "Frequency vs. Iconicity in Explaining Grammatical Asymmetries", *CL* 19 (2008): 3, sobre la iconicidad de secuencia (*iconicity of sequence*).

[24] Grallert, "Die Fugeninschriften"; Grallert, "The Mmitre Inscriptions".

[25] Véase Nyord, "The Cconcept of *ka*", 150–203, con bibliografía anterior.

[26] Gracia Zamacona, "¿Qué quería?"

Libro de los Muertos. Conjunto de textos mortuorios que aparecen principalmente en rollos de papiro desde el Segundo Periodo Intermedio y a lo largo de toda la historia egipcia desde entonces. Contienen menos de 200 fórmulas que suelen estar escritas en jeroglíficos lineales, muy frecuentemente retrógrados. También se diferencian de los Textos de los Ataúdes en que las fórmulas, de manera sistemática, tienen ilustraciones, llamadas "viñetas"[27].

Libro de las cámaras de Thot. Grupo de fórmulas que describen un espacio sagrado, quizás un templo real o ficticio, dedicado a Thot (CT 649–651)[28].

Libro de las palabras divinas. Guía al más allá (CT 464–468) que cuenta con un estudio fundamental de Dietrich Mueller[29]: si hubiera que leer sólo un análisis de contenidos "religiosos" de los Textos de los Ataúdes, sería este (como caso de *close reading*).

Libro de llevar Maat a Ra. A partir de la publicación de una nueva fórmula de Naga ed-Deir (en el ataúd N 4003) a cargo de Ramadan Hussein[30], claramente relacionada con otras ya publicadas por De Buck (CT 488–500 y quizás CT 150), propongo este nuevo "libro" con el título *ini.t m3ꜥ.t n rꜥ* "Llevar *m3ꜥ.t* a Ra", un ritual (*ḥb.t*) de tipo *s3ḫ.w* ("glorificación"). El texto en N 4003 podría datar de la época de la unificación tebana (Mentuhotep II) por la referencia a una Mut de Tebas (o "del Poder"; la lectura no es clara).

Libro de los dos caminos. El "libro" más extenso y conocido de los Textos de los Ataúdes (CT 1029–1185)[31]. Una guía a la topografía del más allá, probablemente referida al inframundo, en la que aparecen temas que se desarrollarán en libros mortuorios posteriores, como el tema de las puertas y sus guardianes (Libro de las Puertas, Libros de las Cavernas). Típicamente, aparece en el fondo de algunos ataúdes de Barsha en forma de plano topográfico en el que se aprecian dos líneas anchas de compleja estructura (una en color negro, la otra en azul), que se interpretan como caminos. Curiosamente, en el texto la expresión "dos caminos" nunca aparece; ese nombre se lo dio su primer editor moderno, Hans Schack-Schackenburg.

Libro de la Salida al Día. Véase *Libro de los Muertos*.

---

[27] Quirke, *Going Out in Daylight*.
[28] Erik Hornung, "Die 'Kammern' des Thot-Heiligtumes", *ZÄS* 100 (1973): 33–35.
[29] Mueller, "An Early Egyptian Guide".
[30] Hussein, "A New Coffin Text".
[31] Schack-Schackenburg, *Das Buch von den zwei Wegen*; Hermsen, *Die zwei Wege;* Backes, *Das altägyptische "Zweiwegebuch"*; Sherbiny, *Through Hermopolitan Lenses.*

Libro de Shu. Posible libro compuesto por las fórmulas CT 75–83, 333 y 554[32].

Libro del campo de las ofrendas. Otra guía de otra zona del más allá (CT 464–468)[33].

Literatura desde lejos (*Distant reading, Letteratura da lontano*). Enfoque de crítica literaria creado por Franco Moretti con objeto de capturar patrones significativos para mejorar el conocimiento de conceptos literarios como género o figura estilística, superando las restricciones previas del estudio basado en un corpus pequeño considerado canónico (*close reading*)[34].

Liturgia. Fue aislada como forma literaria por Jan Assmann (véase *Transfiguración*). El hallazgo hizo avanzar la visión egiptológica general sobre los textos mortuorios. La estructura textual definida por Assmann se caracteriza por la interacción (0:2) de un hablante inespecífico (típicamente el oficiante) (0) con una audiencia (2) y una coda en la que *ego* (típicamente el difunto) (1) interactúa con una audiencia (1:2). El fondo conceptual es el de las investigaciones pioneras de Mikhail Bakhtin en los años cincuenta del siglo XX[35].

Magia. Véase *Activación*, *Fórmula* y *k3*.

***Ontological turn*.** Enfoque epistemológico que revisa la idea de "concepto" bajo el prisma de idea de "ser" o "entidad" en el ámbito del estudio de otras culturas, sobre todo en antropología y arqueología[36]. En egiptología, se ha aplicado en enfoques orientados a los propios mecanismos de la cultura egipcia en relación a lo mortuorio[37].

Repertorio. Véase *Sampleo*.

---

[32] Jürgens, "Textkritische und überlieferungsgeschichtliche"; Harco Willems, "The Shu-sSpells in Pratice", en *The World of the Coffin Texts*, ed. H. Willems, EgUit 9 (Leiden: Nederlands Instituut voor het Nabije Oosten, 1996), 197–209.

[33] Lesko, "The Field of Hetep".

[34] Moretti, *Distant Reading*.

[35] Bakhtin, "The Problem of Speech Genres".

[36] Benjamin Alberti y Yvonne Marshall, "Animating Archaeology: Local Theories and conceptually Open-Ended Methodologies", *CAL* 19 (2009): 344–56; Amiria Henare, Martin Holbraad y Sari Wastell, "Introduction: Thinking through Things", en *Thinking through Things: Theorising Artefacts Ethnographically*, ed. A. Henare, M. Holbraad y S. Wastell (Londres, 2007), 1–31; Martin Holbraad, *Truth in Motion: The Recursive Anthropology of Cuban Divination* (Chicago: The University of Chicago Press, 2012).

[37] Nyord, *Concepts in Middle Kingdom*.

Retrógrada (escritura). Véase *Fórmula.*

Sampleo (como técnica de edición). Utilizo el término en el ámbito de la edición de textos del Egipto antiguo en comparación con su sentido en música electrónica: el uso, en una obra musical, de fragmentos de otras obras (el repertorio), más o menos reconocibles, pero sin mención expresa de la procedencia y sin observancia de la forma o límites de la obra fuente; y que además se caracteriza por la multiplicidad de usos (fondo, ritmo, orquestación, segunda voz, coros, estribillos, entre otros posibles) y por la diversidad funcional respecto al uso en fuente. Todo ello conlleva una distanciación respecto al concepto de autoría que justifica este modelo teórico en vez del de la crítica textual clásica, basada en dos ideas: autor y obra original. Me inspiro en la idea de colaboración musical propuesta por David Byrne, si bien él no utiliza el término *sampling* (sampleo)[38].

Sincronía / Diacronía. La clásica distinción del análisis estructuralista de Ferdinand de Saussure debe ser considerada con mucho cuidado cuando se trata de una lengua antigua y de textos sometidos a complejos procesos de edición y publicación cuyos fines y medios desconocemos en gran parte[39]. Por ejemplo, un texto nuevo puede aparecer en un ataúd antiguo, y lo contrario también es posible, debido a los procesos de producción y reproducción[40].

Temas (de fórmulas). Aunque se trata de un enfoque muy frecuentado a la hora de estudiar los Textos de los Ataúdes, la adscripción de temas a fórmulas corre siempre el riesgo de sesgo si no se sustenta en datos concretos como un paratexto o una representación. Lo que para nosotros es un tema (por ejemplo, el asco o el amor) puede no serlo en otra cultura, o serlo de manera muy diferente (estar relacionado con otros temas de manera distinta). Al fin y al cabo, un tema es algo que se conceptualiza para poder tratarlo después de varias formas (oralmente, por escrito, en pintura). Esta observación es una de las razones más importantes a favor del enfoque de Franco Moretti (véase *Literatura desde lejos*).

Testigo (*témoin*). Stéphane Polis y Baudouin Stasse lo usan como intermedio entre el texto y el documento: el testigo es el caso concreto de un texto

---

[38] Byrne, *How Music Works*, cap. 6.
[39] Pascal Vernus, "Diachronie et synchronie dans la langue égyptienne", en *L'Égyptologie en 1979* I–II, ed. J. Leclant (París: CNRS, 1982), 1:18.
[40] Wolfgang Schenkel, "Repères chronologiques de l'histoire rédactionelle des Coffin Texts", en *Actes du XXIXe Congrès des Orientalistes: Égyptologie* I–II, ed. G. Posener (París: L'Asiathèque, 1975), 2:98–103; Vernus, "La position linguistique", 1996.

determinado en un documento; es decir, la implementación (*instantiation*) del texto[41]. El término es útil para poder explicar los fenómenos de "repetición" (con la misma o distinta versión) de fórmulas en un documento (ataúd) determinado.

Textos de las Pirámides. Corpus mortuorio que aparece tallado en los muros interiores de las pirámides de finales del Reino Antiguo en jeroglíficos monumentales incisos con el interior pintado en color azul verdoso. Inician una tradición de textos mortuorios que se transmite durante toda la historia del Egipto antiguo a través de complejos procesos de producción y reproducción.

Textos de los Ataúdes. Corpus mortuorio que aparece cincelado y/o pintado en ataúdes de madera y pintado en sarcófagos de piedra, mayormente en su interior, además de en otros soportes (muros tumbales, cajas de vasos canópicos, máscaras, etc.), desde finales del Reino Antiguo y luego durante toda la historia egipcia. Predomina en la primera mitad del Reino Medio y se caracteriza por la producción de una gran cantidad de textos, dispersión geográfica y diversificación de las tipologías y contenidos.

Textos funerarios. En sentido estricto, se refiere a aquellos textos relacionados con el ritual del enterramiento. También se usa como sinónimo del término siguiente[42].

Textos mortuorios. Aquellos textos relacionados con el difunto[43]. Con este término, se suele hacer referencia específica a los textos del ajuar funerario (es decir, hallados en la tumba) y, más específicamente, a aquellos que aparecen menos vinculados a los objetos y/o representaciones.

Textos orales. Una contradicción en sí misma (véase *Discurso / relato*), por "textos orales" me refiero a aquellos formados a través de un largo proceso que comienza en el ámbito oral y acaba en el escrito[44]. En egiptología, el proceso

---

[41] Polis y Stasse, "Pour une nouvelle philology".
[42] Susanne Bickel, "Everybody's Afterlife? 'Pharaonisation' in the Pyramid Texts", en *Studies in Ancient Egyptian Funerary Literature*, ed. S. Bickel y L. Díaz-Iglesias, OLA 257 (Lovaina: Peeters, 2017), 119 (nota 4).
[43] Assmann, "Egyptian Mortuary Liturgies".
[44] Véanse los trabajos fundamentales de Marcel Jousse, Milman Parry y Walter Ong.

de escriturización de los textos ha sido utilizado recientemente por Harold Hays, que usa el término *entextualización*[45].

Textos performativos. Textos con los que se hace algo, no que hablan sobre algo[46]. Por ejemplo, "Este es el cuerpo de Cristo", dicho por el sacerdote que transforma, en ese momento, la oblea en el cuerpo de Cristo ("transubstanciación", en la teología cristiana). En egipcio, se ha detectado el uso de la *sḏm.n.f* predicativa (no-nominal, no-enfática), en particular con determinados verbos (realizaciones) con esta función[47].

Textos religiosos. Término vago, poco operativo (pero empleado) referido a textos ideológicos que tratan sobre lo sobrenatural, lo sagrado o lo divino. El problema es el término "religión", que es una categoría del pensamiento occidental que la opone, culturalmente, a "ciencia" o a "literatura"[48].

Tiempos segundos. Formas verbales particulares de la lengua egipcia, cuyo uso para enfatizar el rema de un enunciado, normalmente una circunstancia de una proposición, fue detectado por Hans Jakob Polotsky en las traducciones coptas de los evangelios gracias al contraste con el original griego[49]. En realidad, se trata de formas nominales personales del verbo: "El hecho de que haces algo" por oposición a la predicativa "Haces algo". Por ejemplo, "Es bueno que él esté en casa" (*nfr wnn.f m pr*) (literalmente, "Es bueno el hecho de que él está en casa"). Su uso enfático es una especialización que surge en aquellos predicados adverbiales por defecto, típicamente los espaciales, por ejemplo: "Es en casa donde está él" (*wnn.f m pr*), frente a "Él está en casa" (*ỉw.f m pr*). En función enfática, los tiempos segundos son fundamentales en los Textos de los Ataúdes porque se emplean para justificar la presencia del difunto en lugares a los que no pertenece; la estructura empleada típicamente es *ỉ.n.ỉ* + subjuntivo "Si he venido, *es para...*", con lo que se enfatiza la finalidad, que es lo que justifica la presencia. Se puede interpretar como fórmula de cortesía ("Sólo venía para")[50].

---

[45] Hays, *The Organization*; Harold M. Hays, "Entextualization of Pyramid Texts", en *Towards a New History for the Old Kingdom*, ed. P. der Manuelian y Th. Schneider, HES 1 (Leiden: Brill, 2015), cap. 5. Hays toma el término de Bauman y Briggs, "Poetics and Performance", 73–75. Ver también Morales, "Text-Building".
[46] Austin, *How to Do*.
[47] Gunn, "A Special Use"; Vernus, "Ritual *sḏm.n.f*".
[48] Jean Loïc Le Quellec, "'La religion' et 'le fait religieux': deux notions obsolètes", en *L'Anthropologie pour tous*, ed. J. L. Le Quellec (Saint-Benoist-sur-Mer: Traces, 2015), 19–32.
[49] Hans Jakob Polotsky, *Études de syntaxe copte* (El Cairo: IFAO, 1944).
[50] Gracia Zamacona, "¿Qué quería?"

Tradición larga. Con este término, me refiero al cuerpo central de textos mortuorios egipcios que se concibieron originalmente en egiptología como tres corpus distintos (los Textos de las Pirámides, los Textos de los Ataúdes y el Libro de los Muertos), pero que presentan una continuidad clara en cuanto a temas, formas y contextos (material y cultural).

Tradición corta. Con este término, me refiero a aquellos textos mortuorios que son más breves y especializados, material y culturalmente, que los de la tradición larga; es decir, el Libro del Amduat, el Libro de las Puertas y similares.

Transfiguración (*s3ḫ*). Cambio ontológico específico del difunto en *3ḫ*, en cuanto paciente; es decir, el difunto es afectado por una acción (*s3ḫ*) que un agente (normalmente el oficiante) realiza sobre él. Se trata de un grupo importante de fórmulas específicas, consideradas liturgias[51]. Jan Assmann individualizó varias liturgias (*ḫbs-t3*, *i-thb-wr*, *ẖnm.w*, mencionadas en CT I 268 f–j) de tipo *s3ḫ* (transfiguración). Véase *Liturgia.*

Transformación (*ḫpr.w*). Cambio en diversos entes, sea ontológico o de apariencia, que realiza o le ocurre al difunto[52].

Transmisión textual. Proceso que combina la unidad de fondo temático-funcional de los textos mortuorios y la variedad específica de uso a lo largo del tiempo[53].

---

[51] Assmann, "Egyptian Mortuary Liturgies"; Assmann, *Altägyptische Totenliturgien* 1.
[52] Federn, "The 'Transformations'"; Buchberger, *Transformation und Transformat*; Servajean, *Les formules*; Landborg, *Manifestations of the Dead.*
[53] Mathieu, "La distinction"; Antonio J. Morales, *The Transmission of the Pyramid Texts into the Middle Kingdom* (Tesis doctoral defendida en la University of Pennsylvania, Philadelphia, 2013); Morales, *The Transmission;* Morales, "Unraveling the Thread".

Anexo III
Fuentes incluidas en la edición de Adriaan de Buck

Lo que sigue es una lista de los documentos (ataúdes y otras fuentes similares) usados por Adriaan de Buck para su edición de los Textos de los Ataúdes, junto con información actualizada sobre su identificación y datos básicos[1]. Los documentos están ordenados por necrópolis y alfabéticamente por sus siglas, salvo en el caso de los juegos de ataúdes y demás material de un propietario (difunto), en que los documentos aparecen agrupados, independientemente de su sigla.

Para cada documento, se recogen los datos siguientes:

- *Sigla.* Identificador convencional del documento. Por ejemplo, B1C significa ataúd nº 1 procedente de Barsha (B) y conservado en El Cairo (C).
- *Número de inventario (Nº).* Identificador del documento en la institución que lo alberga.
- *Procedencia.* Necrópolis de origen.
- *Datación.* Intervalo cronológico aproximado de producción. Los intervalos cronológicos son los siguientes:
    1. Fin del Reino Antiguo
    2. Primer Periodo Intermedio
    3. Fin del Primer Periodo Intermedio
    4. Mentuhotep I
    5. Mentuhotep II
    6. Mentuhotep III
    7. Fin de la dinastía XI
    8. Fin de la dinastía XI / Amenemhat I
    9. Fin de la dinastía XI / Amenemhat I o fin de Amenemhat I

[1] Fundamentalmente, Leonard H. Lesko, *Index of the Spells*; Willems, *Chests of Life*; Willems, *Historical and Archaeological Aspects*. En las notas siguientes, sólo se indicará puntualmente alguna bibliografía específica.

10. Fin de la dinastía XI / Principios de la dinastía XII
11. ¿Fin de la dinastía XI?
12. Mentuhotep III / Amenemhat I
13. Principios de Amenemhat I
14. Amenemhat I
15. Fin de Amenemhat I
16. ¿Amenemhat I?
17. Principios de Sesostris I
18. Sesostris I
19. Sesostris I / Amenemhat II
20. Sesostris I / Fin de Amenemhat II
21. Sesostris I o más tarde
22. Principios de Amenemhat II
23. Amenemhat II
24. Fin de Amenemhat II
25. Fin de Amenemhat II / Principios de Sesostris III
26. Amenemhat II o más tarde
27. Principios de Sesostris II
28. Sesostris II
29. Fin de Sesostris II
30. ¿Sesostris II?
31. Sesostris II / Sesostris III
32. Principios de Sesostris III
33. Sesostris III
34. Fin de Sesostris III
35. Segunda mitad de la dinastía XII
36. Principios de Amenemhat III
37. Amenemhat III
38. Fin de Amenemhat III
39. Amenemhat III o más tarde
40. Principios de Amenemhat IV
41. Amenemhat IV
42. Fin de Amenemhat IV
43. Dinastía XI / Dinastía XII
44. Dinastía XIII
45. Sewahenre (Dinastía XIII)
46. Desconocido

- *Propietario*. El/la difunto/a.
- *Sexo*. Hombre (H) / Mujer (M).
- *Objeto*. Ataúd, sarcófago, muro tumbal, caja de vasos canópicos, etc.
- *Tipo de ataúd*. Interno (I), medio (M), externo (E), único (U).

- *Decoración exterior (DE).* Tipos I–XV, con subdivisones (a–b y sus combinaciones)[2].
- *Decoración interior (DI).* Tipos 1–3, con subdivisones (a–b)[3].
- *Otra decoración (OD).* Cortesana (C), aberrante (A), de Asiut (As)[4].

---

[2] Siguiendo a Willems, *Chests of Life.*
[3] Siguiendo a Willems, *Chests of Life.*
[4] Siguiendo a Willems, *Chests of Life.*

Sigla	Nº	Procedencia	Datación	Propietario	Sexo	Objeto	Tipo	DE	DI	OD
A1C[1]	Cairo J 36418	Asuán	3	*Ḥq3-t3*	H	Ataúd		I	2	
Aby1Ph[2]	Philadelphia nº E12505A-G	Abidos	?	?	?	Ataúd[3]			2	
B10C	Cairo 28092	Barsha	23	*Ἰmn-m-ḥ3.t*	H	Ataúd	E	IIIaa	2	
B11C	Cairo nº ?	Barsha	23	*Ἰmn-m-ḥ3.t*	H	Vaso canópico				
B12C	Cairo 28089	Barsha	28	*Ἰḥ3*	H	Ataúd	I	I	1	
B13C	Cairo 28090	Barsha	28	*Ἰḥ3*	H	Ataúd	E	Vab	2	
B15C[4]	Cairo 28123	Barsha	23	*Ḏḥwty-nḫt*	H	Ataúd	M	IIIaa	2	
B16C	Cairo 28088	Barsha	33	*Nfri*	H	Ataúd	E	IVbb	2	
B17C	Cairo 28087	Barsha	33	*Nfri*	H	Ataúd	I	Vab	2	
B1Be	Berlin 14385	Barsha	?	*Sn*	H	Ataúd[5]				
B1Bo[6]	Boston 20.1822–27	Barsha	9	*Ḏḥwty-nḫt*	H	Ataúd	E	I	1a	

[1] Willems, *The Coffin of Heqata*.
[2] John Garstang, *El Arabah: A Cemetery of the Middle Kingdom; Survey of the Old Kingdom Temenos; Graffiti from the Temple of Sety*, ERA 1900 (Londres: EEF, 1901).
[3] Fragmentos.
[4] Asociado a B2B (capilla) y B3B (cámara sepulcral).
[5] Fondo.
[6] Peter Lacovara, “Tomb of Djehuty-nakht: Masks”, en *Mummies and Magic: The Funerary Arts of Ancient Egypt*, ed. S. D’Auria, P. Lacovara y C. Roehrig (Boston: Museum of Fine Arts Boston, 1988), 112; Edward J. Brovarski, “Mummy Mask”, en *Mummies and Magic*, 119–20; Brovarski, “Tomb of Djehuty-nakht: Jewelry”, en *Mummies and Magic*, 112; Sue H. D’Auria, “Tomb of Djehuty-nakht: Canopic Equipment”, en *Mummies and Magic*, 111; D’Auria y Myron Marx, “Tomb of Djehuty-nakht: Mummies”, en *Mummies and Magic*, 111–12; Lacovara, “Tomb of Djehuty-nakht: Sticks and Staves”, en *Mummies and Magic*, 116–17; Lacovara, “Model Coffin and Shawabti”, en *Mummies and Magic*, 126; Catharine H. Roehrig, “Tomb of Djehuty-nakht: Model”, en *Mummies and Magic*, 113; Roehrig, “Tomb of Djehuty-nakht: Model Scenes”, en *Mummies and Magic*, 113–14; Roehrig, “Tomb of Djehuty-nakht: Model Boats”, en *Mummies and Magic*, 114–15; Roehrig, “Tomb of Djehuty-nakht: Offering Bearers”, en

Sigla	Nº	Procedencia	Datación	Propietario	Sexo	Objeto	Tipo	DE	DI	OD
B1C	Cairo 28083	Barsha	28	*Zpi*	H	Ataúd	E	IIIba	2	
B1L	BM 38040	Barsha	33	*Gwꜣ*	H	Ataúd	I	IVab	2	
B1P	Louvre E10779A	Barsha	33	*Zpi*	H	Ataúd	E	IIIba	2	
B1Y	Yale 1950.645	Barsha	19	*Ḏḥwty-nḫt*	H	Ataúd		IIIaa	1b	
B20C	Cairo 28 / 4 / 28 / 1	Barsha	33	?		Ataúd		IVab	2	
B2Be	Berlin 20360	Barsha	30	*t-ʿnḫ*[7]	H	Ataúd				
B2Bo[8]	Boston 21.962-63	Barsha	9	*Ḏḥwty-nḫt*	H	Ataúd	I	I	1a	
B2C	Cairo 4977	Barsha	28	*Zpi*	H	Vaso canópico				
B2L	BM 38039	Barsha	33	*Gwꜣ*	H	Ataúd	E	IVab	2	
B2P	Louvre E10779B	Barsha	33	*Zpi*	H	Ataúd	I	IIIba	2	
B3Bo[9]	Boston 21.964–65	Barsha	8	*Ḏḥwty-nḫt*	M	Ataúd	E	I	1a	

Mummies and Magic, 115–16; Lacovara, "Coffin Footboard", en *Mummies and Magic*, 130–31; Lacovara, Catharine H. Roth y M. Leveque, "Tomb of Djehuty-nakht: Miscellaneous", en *Mummies and Magic*, 116–17.

[7] Reutilizado por *Iḥꜣ-nḫt*.

[8] Lacovara, "Tomb of Djehuty-nakht: Masks"; Brovarski, "Mummy Mask"; Lacovara, "Tomb of Djehuty-nakht: Jewelry"; D'Auria, "Tomb of Djehuty-nakht"; D'Auria y Marx, "Tomb of Djehuty-nakht: Mummies"; Lacovara, "Tomb of Djehuty-nakht: Sticks and Staves"; Lacovara, "Model Coffin and Shawabti"; Roehrig, "Tomb of Djehuty-nakht: Models"; Roehrig, "Tomb of Djehuty-nakht: Model Scenes"; Roehrig, "Tomb of Djehuty-nakht: Model Boats"; Roehrig, "Tomb of Djehuty-nakht: Offering Bearers"; Lacovara, "Coffin Footboard"; Lacovara, Roehrig y Leveque, "Tomb of Djehuty-nakht: Miscellaneous".

[9] Lacovara, "Tomb of Djehuty-nakht: Masks"; Brovarski, "Mummy Mask"; Lacovara, "Tomb of Djehuty-nakht: Jewelry"; D'Auria, "Tomb of Djehuty-nakht"; D'Auria y Marx, "Tomb of Djehuty-nakht: Mummies"; Lacovara, "Tomb of Djehuty-nakht: Sticks and Staves"; Lacovara, "Model Coffin and Shawabti"; Roehrig, "Tomb of Djehuty-nakht: Models"; Roehrig, "Tomb of Djehuty-nakht: Model Scenes"; Roehrig, "Tomb of Djehuty-nakht: Model Boats"; Roehrig, "Tomb of Djehuty-nakht: Offering Bearers"; Lacovara, "Coffin Footboard"; Lacovara, Roth y Leveque, "Tomb of Djehuty-nakht: Miscellaneous".

Sigla	Nº	Procedencia	Datación	Propietario	Sexo	Objeto	Tipo	DE	DI	OD
B4Bo[10]	Boston 21.966–67	Barsha	8	*Ḏḥwty-nḫt*	M	Ataúd	I	I	1a	
B5Bo	Boston 21.421–22	Barsha	8	*Ḏḥwt-nḫt*	M	Vaso canópico				
B3C	Cairo 28085	Barsha	18	*Z3.t-ḥḏ-ḥtp*	M	Ataúd	I	IIIaa	1b	
B4C	Cairo 28085	Barsha	18	*Z3.t-ḥḏ-ḥtp*	M	Ataúd	E	IIIaa	1b	
B3L	BM 38042	Barsha	33	*Sn*	H	Ataúd	I	VIII	2	
B4L	BM 38041	Barsha	33	*Sn*	H	Ataúd	E	IVab	2	
B5C	Cairo J37566	Barsha	28	*Ḏḥwty-ḥtp*	H	Ataúd	I	VI	2	
B7C	Cairo J37566	Barsha	28	*Ḏḥwty-ḥtp*	H	Ataúd	E	VI	2	
B6Bo	Boston 21.810–11, 21.968	Barsha	12	*Z3.t-mk.wt*	M	Ataúd[11]	E	I	1a	
B6C	Cairo 28094	Barsha	15	*ˁḥ3-nḫ.t*	H	Ataúd		I	1b	
B7Bo	Boston 21.969A-B	Barsha	12	*Z3.t-mk.wt*		Ataúd[12]	I	I	1a	
B9C	Cairo 28091	Barsha	23	*Ỉmn-m-ḥ3.t*	H	Ataúd	M	IIIaa	2	
BH1Br	Bruxelles E5037	Beni Hassan	25	*M3*	H	Ataúd		VI	2	
BH1C	Cairo J37564a	Beni Hassan	14	*Skr-m-ḥ3.t (ṯ3wỉ)*	H	Ataúd	I	I	1b	
BH1Ox	Ashmolean E3906	Beni Hassan	14	*Nṯr-nḫ.t*	M	Ataúd	E	I	3	
BH2C	Cairo J37564b	Beni Hassan	14	*Skr-m-ḥ3.t (ṯ3wỉ)*	H	Ataúd	E	I		
BH3C	Cairo J37563b	Beni Hassan	14	*Nfry*	H	Ataúd	E	I	1b	

[10] Lacovara, "Tomb of Djehuty-nakht: Masks"; Brovarski, "Mummy Mask"; Lacovara, "Tomb of Djehuty-nakht: Jewelry"; D'Auria, "Tomb of Djehuty-nakht"; D'Auria y Marx, "Tomb of Djehuty-nakht: Mummies"; Lacovara, "Tomb of Djehuty-nakht: Sticks and Staves"; Lacovara, "Model Coffin and Shawabti"; Roehrig, "Tomb of Djehuty-nakht: Models"; Roehrig, "Tomb of Djehuty-nakht: Model Scenes"; Roehrig, "Tomb of Djehuty-nakht: Model Boats"; Roehrig, "Tomb of Djehuty-nakht: Offering Bearers"; Lacovara, "Coffin Footboard"; Lacovara, Roth y Leveque, "Tomb of Djehuty-nakht: Miscellaneous".

[11] Fragmentos.

[12] Fragmentos.

Sigla	Nº	Procedencia	Datación	Propietario	Sexo	Objeto	Tipo	DE	DI	OD
BH3Ox	Ashmolean E3908	Beni Hassan	?	*Ḫnm-ḥtp*	H	Ataúd[13]	E			
BH4C	Cairo J37565	Beni Hassan	25	*Nṯr.w-ḥtp*	H	Ataúd		VI	2	
BH5C	Cairo J37569	Beni Hassan	14	*Ḫnm-nḫ.t*	H	Ataúd		IIa	1b	
D1C[14]	Cairo 28117	Dendera	?	*Bb*	H	Sarcófago[15]			3	
Da1C	Cairo 28101	Dahshur	?	*Z3.t-ḫt-ḥr-mr*	M	Ataúd	I			C
Da2C	Cairo 28104	Dahshur	?	*Nb-ḥtp.ti-ẖrd*	M	Revestimiento de oro de un ataúd		IVa		
Da3C	Cairo 28105	Dahshur	?	*Z3.t-sbk*	M	Revestimiento de oro de un ataúd				C
Da4C	Cairo 28106	Dahshur	?	*3w-ib-rʿ*	H	Revestimiento de oro de un ataúd		IVa		
G1Be[16]	Berlin 13772	Gebelein	?	*Ḥnwy*	H	Ataúd				A
G1T[17]	Turin 15.774	Gebelein	3	*Ἰqr*	H	Ataúd	I	I	2	
G2T[18]	?	Gebelein	3	*Ἰqr*	H	Ataúd	E			
H = X1Len	Hermitage 769	Gebelein ?	?	*Ἰ.t*	M	Ataúd		VI	2	
K1T	Turin 4310	Kau	?	?		Ataúd[19]				

[13] Fragmentos.
[14] Henry G. Fischer, *Dendera in the Third Millennium B.C. down to the Theban Domination of Upper Egypt* (Locust Valley, NY: Augustin, 1968), 182–83.
[15] Caliza.
[16] Wolfgang Schenkel, *Frühmittelägyptische Studien*, BOS 13 (Bonn, 1962), 122.
[17] Derchain, "The Egyptian Coffin", 361; Schenkel, *Frühmittelägyptische*, 122.
[18] Destruido. Schenkel, *Frühmittelägyptische*, 122.
[19] Fragmentos.

Sigla	Nº	Procedencia	Datación	Propietario	Sexo	Objeto	Tipo	DE	DI	OD
L1Li[20]	Lisht	Lisht	39	*Ssnb-n.f*	H	Ataúd	E			A
L1NY[21]	MMA 32.1.133	Lisht	26	*Ḥ.ty*	H	Ataúd			2	
L2Li[22]	Lisht	Lisht	39	*Ssnb-n.f*	H	Ataúd	I			A
L3Li[23]	Lisht	Lisht	26	*Nḫt*	H	Ataúd	E	IVaa	2	
M10C	Cairo 28044	Meir	18	?	M	Ataúd[24]		IIIab	1	
M11C	Cairo 28045	Meir	18	?	H	Ataúd[25]		IIIab	1	
M12C[26]	Cairo 28046	Meir	18	*¿Ỉqr-ʿnḫ?*	H	Ataúd[27]		IIIaa	1b	
M45C[28]	Cairo 28053	Meir	18	*Ỉqr-ʿnḫ*	H	Ataúd[29]		III	?	

[20] (= SN1A). Mueller, "An Early Egyptian", 124 (n. 1); William C. Hayes, *The Texts in the Mastabeh of Sen-wosret-ankh at Lisht* (Nueva York: Arno Press, 1987); James P. Allen, "Funerary Texts from Lisht", en *Sesto Congresso Internazionale di Egittologia, Turin, 1st–8th September 1991: Abstracts of Papers*, ed. S. Curto (Turín: IAE, 1991), 7; Allen, "Coffin Texts from Lisht", en *The World of the Coffin Texts*, ed. H. Willems, EgUit 9 (Leiden: Nederlands Instituut voor het Nabije Oosten, 1996), 1–15; Arthur C. Mace y Herbert E. Winlock, *The Tomb of Senebtisi at Lisht* (Nueva York: The Metropolitan Museum of Art, 1916); Joseph E. Gautier y Gustave Jéquier, *Mémoire sur les fouilles de Licht*, MIFAO 6 (El Cairo: IFAO, 1902), lám. xvi–xx.

[21] Mueller, "An Early Egyptian", 124 (n. 1); Hayes, *The Texts in the Mastabeh*; Allen, "Funerary Texts"; Allen, "Coffin Texts"; Mace y Winlock, *The Tomb of Senebtisi*.

[22] (= SN1A). Mueller, "An Early Egyptian", 124 (n. 1); Hayes, *The Texts in the Mastabeh*; Allen, "Funerary Texts"; Allen, "Coffin Texts"; Mace y Winlock, *The Tomb of Senebtisi*; Gautier y Jéquier, *Mémoire sur*, pl. xxi–xxvi.

[23] (= N1A). Mueller, "An Early Egyptian", 124 (n. 1); Hayes, *The Texts in the Mastabeh*; Allen, "Funerary Texts"; Allen, "Coffin Texts"; Mace y Winlock, *The Tomb of Senebtisi*; Gautier y Jéquier, *Mémoire sur*, pl. xxvii–xxviii.

[24] Lado de la cabeza.

[25] Lado de la cabeza.

[26] ¿Cf. M45C?

[27] Lado de los pies.

[28] Desaparecido. ¿Cf. M12C?

[29] Lado de la cabeza.

Sigla	Nº	Procedencia	Datación	Propietario	Sexo	Objeto	Tipo	DE	DI	OD
M13C	Cairo 28055	Meir	18	*Nẖt*[30]	H	Ataúd[31]		IIIab	1	
M14C	Cairo 28058	Meir	18	*Wḫ-ḥtp*	H	Ataúd[32]		IIIaa	1b	
M16C	Cairo 28073	Meir	?	*Ꞽy-n.i*	H	Máscara[33]				
M18C[34]	Cairo 28075	Meir	?	*Ḥn-ḥr.y-ib*	H	Ataúd[35]				
M23C	Cairo 28076	Meir	?	*¿Ḥn-ḥr.y-ib?*	H	Ataúd[36]				
M19C	Cairo 28054	Meir	18	?		Ataúd[37]		IIIaa		
M1Ann	?	Meir	?	?		Máscara[38]				
M1C	Cairo J42949	Meir	24	*Rrw.t*	M	Ataúd	I	IVaa	2	
M1NY	MMA 12.182.132A-B	Meir	24	*Wḫ-ḥtp*	H	Ataúd		IVaa	1b	
M20C	Cairo 28042	Meir	?	?	M	Ataúd[39]				
M21C	Cairo J43004	Meir	?	?		Ataúd[40]				
M22C	Cairo J42828	Meir	?	?		Plancha de madera				
M24C	Cairo 28077	Meir	18	*¿Sn-nw?*	H	Ataúd[41]				

[30] Reutilizado por *Nḫ.t* (mujer).
[31] Falta la tapa.
[32] Lado de la cabeza.
[33] *Cartonnage*.
[34] ¿Cf. M23C?
[35] Lado de la espalda.
[36] Fragmentos.
[37] Lado de la cabeza.
[38] *Cartonnage*.
[39] Tapa.
[40] Fondo.
[41] Lado de la espalda.

Sigla	Nº	Procedencia	Datación	Propietario	Sexo	Objeto	Tipo	DE	DI	OD
M25C	Cairo 28078 & 9r	Meir	?	*Nfr-s3b*	M	Ataúd[42]				
M28C	Cairo 28040	Meir	18	*Wḫ-ḥtp*	H	Ataúd[43]		IIIaa	1b	
M2Ann	?	Meir	?	*Mrr.w*	H	Máscara[44]				
M2C	Cairo J42947	Meir	24	*H̱nm-ḥtp*[45]	H	Ataúd[46]		IVaa	2	
M2NY	MMA 12.183.11A	Meir	25	*Ḥpi-ʿnḫ.t(y).fy*	H	Ataúd	E	VI	2	
M30C	Cairo nº ?	Meir	?	?		Ataúd[47]				
M31C	Cairo nº ?	Meir	?	?		Ataúd[48]				
M35C	Cairo J42953	Meir	?	?[49]	H	Máscara[50]				
M36C	Cairo J42834	Meir	?	*Snb.i*	H	Máscara[51]				
M37C[52]	Cairo 28041	Meir	18	*Snb.i*	H	Ataúd[53]		IIIaa	1	
M39C[54]	Cairo 28048	Meir	18	*¿Snb.i?*	H	Ataúd[55]		III	1b	

---

[42] Fragmentos.
[43] Laterales y tapa.
[44] *Cartonnage.*
[45] Reutilizado por *Ḥnn.i.*
[46] Falta la tapa.
[47] Fragmento.
[48] Fragmento.
[49] Reutilizado por *Ḥtp.t* (mujer).
[50] *Cartonnage.*
[51] *Cartonnage.*
[52] ¿Cf. M39C?
[53] Laterales.
[54] Desaparecido.
[55] Lado de la espalda.

Sigla	Nº	Procedencia	Datación	Propietario	Sexo	Objeto	Tipo	DE	DI	OD
M38C[56]	Cairo 28047	Meir	18	?		Ataúd[57]		III	1b	
M3Ann	?	Meir	?	?		Plancha de madera				
M3C	Cairo J42825	Meir	18	*Snb.ỉ*[58]	M	Ataúd		IIIaa	1b	
M41C	Cairo 28050	Meir	18	?		Ataúd[59]		III		
M44C[60]	Cairo 28052	Meir	?	(…)-*ꜣs.t-iqr*	M ?	Ataúd[61]		III		
M46C	Cairo 28056	Meir	?	?		Ataúd[62]				
M47C	Cairo 28057	Meir	18	*Sn-ꜥnḫ*	H	Ataúd[63]		III	1b	
M48C[64]	Cairo 28059	Meir	18	?		Ataúd[65]		III		
M4C	Cairo J42950	Meir	18	*Snb.ỉ*[66]	H	Ataúd		IVaa	1	
M54C	Cairo 28074	Meir	20	*H̱nm-ḥtp*	H	Ataúd[67]				
M57C	Cairo nº ?	Meir	35	*Sbk-ḥr-ḥb*	H	Ataúd[68]		XIII	3	

[56] Desaparecido.
[57] Lado de la espalda.
[58] Reutilizado por *Wḫ-ḥtp*.
[59] Fragmento del lado de la espalda.
[60] Desaparecido. Lacau, *Sarcophages antérieurs*, 1:144 (nº 28052).
[61] Lado de la espalda.
[62] Fondo.
[63] Fondo.
[64] Desaparecido.
[65] Lado de los pies.
[66] Reutilizado por *Snb-imy*.
[67] Tapa.
[68] Lados de la cabeza y del frente.

Sigla	Nº	Procedencia	Datación	Propietario	Sexo	Objeto	Tipo	DE	DI	OD
M5C	Cairo J42826	Meir	14	*Nḫt-ḥw.t-ḥr*[69]	M	Ataúd		IX	1b	
M6C	Cairo J42827	Meir	18	*Snb.i*	H	Ataúd		IIIaa	1b	
M7C	Cairo 28037	Meir	31	*Wr-nfr*	H	Ataúd[70]	E	VI	2	
M8C	Cairo 28038	Meir	31	*Wr.s-nfr*	H	Ataúd[71]	M	IVba	2	
M9C	Cairo 28043	Meir	18	?	H	Ataúd[72]		IIIaa	1	
MAnn.[73]	?	Meir	18	*Ḥw.t-ḥr-m-ḥ3.t*	H	Ataúd		VII		
MC105	Cairo nº ?	Tebas	11	*Šd.i*[74]	M	Ataúd	I			
pBerl[75]	Berlin P. 10482	Asiut	11	*Sdḫ*	H	Papiro				
pGardII	BM 10676	¿Asiut?	46			Papiro				
pGardIII	Chicago OIM 14059–87	¿Asiut?	46			Papiro				
pGardIV	Louvre E 14703	¿Asiut?	46			Papiro[76]				
S10C	Cairo J44980	Asiut	30	*Iri*[77]	H	Ataúd			1b	As
S11C	Cairo J44978	Asiut	30	*Šms*	M	Ataúd				As
S12C	Cairo J45065	Asiut	30	*ꜥnḫ.f*	H	Ataúd				As

[69] Reutilizado por *Nḫ.t* (mujer).
[70] Falta el fondo.
[71] Fragmentos.
[72] Fragmento del lado de la cabeza.
[73] Ahmed Kamal, "Rapport sur les fouilles exécutées dans la zone comprise entre Deïrout, au nord, et Deir-el-Ganadlah, au sud", *ASAE* 12 (1912): 97–127; Kamal, "Rapport sur les fouilles exécutées dans la zone comprise entre Deïrout, au nord, et Deir-el-Ganadlah, au sud", *ASAE* 14 (1914): 45–87; Willems, *Chests of Life*, 82–101; Mueller, "An Early Egyptian Guide", 123 (n. 2).
[74] Reutilizado por *ḏdw*.
[75] Regulski, *Repurposing Ritual*, 123–296.
[76] Fragmentos.
[77] Reutilizado por *ꜥnḫ.f*.

Sigla	Nº	Procedencia	Datación	Propietario	Sexo	Objeto	Tipo	DE	DI	OD
S14C	Cairo J44981	Asiut	16	*Ḥn.t-n.i*	M	Ataúd		I	1b	
S16C	Cairo 28128 : J 36318	Asiut	16	*Nḫt*	H	Ataúd	I			As
S1C	Cairo 28118	Asiut	30	*Msḥ.ty*	H	Ataúd	I			As
S1Chass	?	Asiut	30	*Nḫt.i*	H	Ataúd[78]				As
S1P	Louvre 11981	Asiut	30	*Nḫt.i*	H	Ataúd	E			As
S1Tü	Tübingen nº ?	Asiut	30	*ỉdy*	H	Ataúd				As
S2C	Cairo 28119	Asiut	30	*Msḥ.ty*	H	Ataúd	E			As
S2Chass[79]	?	Asiut	30	*M3ʿ.t*	M	Ataúd				As
S2P	Louvre 11936	Asiut	30	*Nḫt.i*	H	Ataúd	I			As
S3C	Cairo J36444	Asiut	30	*ỉt(f)-ib.i*	H	Ataúd				As
S3P	Louvre nº ?	Asiut	30	*Ḫwn-skr*[80]	M	Ataúd				As
S5C	Cairo J45064	Asiut	30	*Ṯ3w3w*	H	Ataúd				As
S6C	Cairo J28131 : J 36320	Asiut	30	*Ḫw.n-skr*[81]	M	Ataúd				As
S6P	Louvre 12035	Asiut	30	*Wp-w3.wt-m-ḥ3.t*	M	Ataúd				As
S9C	Cairo J44979	Asiut	30	*Ṯ3w3w*	H	Ataúd				As
Sq10C	Cairo 8 / 1 / 27 / 3	Saqqara	43	*ỉnp(w)-m-ḥ3.t* (?)	H	Ataúd	E	I	3	
Sq11C	Cairo 11 / 11 / 20 / 8	Saqqara	43	*Wsr-mw.t*	H	Ataúd	I	I	1b	
Sq12C	Cairo 18 / 1 / 27 / 2	Saqqara	43	*Wsr-mw.t* (?)	H	Ataúd	E	I	1b	
Sq1C	Cairo 28034	Saqqara	26	*Z3.t-b3styt*	M	Ataúd		VI	2	
Sq1Sq	Saqqara	Saqqara	43	*Sk-wsḫ.t*	H	Sarcófago[82]		?		

[78] Tapa.
[79] Situación actual desconocida.
[80] Reutilizado por *Nḫ.t* y *Ḥnn* (mujeres).
[81] Reutilizado por *Ḫty* (mujer).
[82] También en los muros de la tumba. Caliza.

Sigla	Nº	Procedencia	Datación	Propietario	Sexo	Objeto	Tipo	DE	DI	OD
Sq2C	Cairo 28036	Saqqara	26	*Ḫpr-k3-rʿ*	H	Ataúd		VI	2	
Sq2Sq	Saqqara	Saqqara	43	*Z3-ḥw.t-ḥr-ipy*	H	Sarcófago[83]				
Sq3C	Cairo J 39014	Saqqara	10	*Nfr-mḏ-din.t*	M	Ataúd	I	I	2	
Sq3Sq	Saqqara	Saqqara	10	*Snn.y*	H	Ataúd	I	XV	1b	
Sq4C	Cairo J 39052	Saqqara	43	*Ḫnw*	H	Ataúd	I	XV	1	
Sq4Sq	Saqqara	Saqqara	10	*ʾIpi-ḥr-ssnb.f*	H	Ataúd		I	1b	
Sq5C	Cairo J 39054a	Saqqara	43	*K3-rnn.i*	H	Ataúd[84]	I	I	1	
Sq6C[85]	Cairo J 39054b	Saqqara	10	*K3-rnn.i*	H	Ataúd	E	I	2	
Sq5Sq	Saqqara	Saqqara	43	*ʾIpi-ʿnḫ.w*	H	Ataúd	I	I	3	
Sq7C	Cairo 28035	Saqqara	26	*Ḥr*	H	Ataúd		VI	2	
Sq7Sq	Saqqara	Saqqara	43	*ʾIpi-ḥr-mnḫ.t*	H	Ataúd				
Sq8Sq	Saqqara	Saqqara	43	*?*		Ataúd[86]				
T10C	Cairo 28029	Tebas	45	*Snb-nw*	H	Ataúd				A
T1Be[87]	Berlin 9	Tebas	21	*Mnṯw-ḥtp*	H	Ataúd	E	VI	2	
T1C	Cairo 28023	Tebas	7	*Ḥr-ḥtp*	H	Sarcófago[88]				A
T1L	BM 6654	Tebas	7	*ʾIm3*	H	Ataúd	E	I	1a	
T1NY	Detroit IA 65.394[89]	Tebas	11	*N(y)-sw*	H	Ataúd[90]		I	1a	
T2Be	Berlin 10	Tebas	21	*Mnṯw-ḥtp*	H	Ataúd	M	VI	2	

[83] También en los muros de la tumba. Caliza.
[84] Laterales y tapa.
[85] Dahms, *Die Särge des Karenen*.
[86] Tapa.
[87] Desaparecido.
[88] También en los muros de la cámara sepulcral.
[89] Antiguo MMA 27.3.73.
[90] Lado de atrás.

Sigla	Nº	Procedencia	Datación	Propietario	Sexo	Objeto	Tipo	DE	DI	OD
T2C	Cairo 28024	Tebas	5	*Dꜣg*	H	Sarcófago		I	1a	
T2L	BM 6655	Tebas	21	*Mnṯw-ḥtp*	H	Ataúd		Vaa	2	
T3Be	Berlin 45	Tebas	21	*Sbk-ꜥꜣ*	H	Ataúd		VI	2	
T3C	Cairo J 47355	Tebas	3	*ꜥꜣš.yt*[91]	M	Ataúd	I	I	2	
T3L	BM 29570	Tebas	21	*Sbk-ḥtp*	H	Ataúd		XIV	2	
T6C	Cairo 28028	Tebas	45	*Mr.s* (*Ḫnsw*)	M	Ataúd				A
T9C	Cairo 28027	Tebas	5	*Mnṯw-ḥtp*[92]	H	Ataúd		I	1a	
TT240	Tebas TT240	Tebas	11	*Mr.w*	H	Muro tumbal		?	1b	
TT319	Tebas TT319	Tebas	¿7?	*Nfr.w*[93]	M	Muro tumbal			1a	
Y1C	Cairo J 45237	?	?	?	?	Ataúd[94]				

91 Reina.
92 Propietario del interior: *Bwꜣw*.
93 Reina.
94 Fondo.

Anexo IV
Fuentes no incluidas en la edición de Adriaan de Buck

La lista que sigue no es exhaustiva, como no podría ser de otra manera dada la gran cantidad de excavaciones en proceso, actualizaciones de catalogaciones en museos y otras colecciones, así como revisiones de errores en la transmisión de la información sobre las fuentes con Textos de los Ataúdes.

Incluyo en esta lista aquellas fuentes que Adriaan de Buck no usó para su edición de los Textos de los Ataúdes y de las que he podido recabar información sobre los textos que contienen. La información sobre estos puede ser más o menos precisa porque, con frecuencia, las fuentes no están publicadas aún y, en ocasiones sólo he podido utilizar bibliografía secundaria. La contribución más significativa a la lista de fuentes nuevas ha sido la reciente publicación de James P. Allen de los documentos de Lisht (2022)[1].

No he incluido las fuentes de cuyos textos no he podido recabar información. Para una lista exhaustiva de las fuentes con Textos de los Ataúdes, sin referencia a los textos que contienen, utilizadas o no por De Buck y hasta el Reino Medio incluido, remito al lector al trabajo de Harco Willems, *Historical and Archaeological Aspects of Egyptian funerary Culture* (2014). Asimismo, las siglas usadas para identificar los documentos son las propuestas en esa obra[2].

Como criterio general, no he incluido en la lista las fuentes posteriores al Reino Medio, para las que el lector acudirá al trabajo de Louise Gestermann, *Die Überlieferung ausgewählter Texte altägyptischer Totenliteratur ("Sargtexte") in spätzeitlichen Grabanlagen* (2005). Sin embargo, he juzgado de interés incluir referencias a algunas fuentes tebanas del Segundo Periodo Intermedio que presentan una continuidad directa con los Textos de los Ataúdes (en particular CT 335) a

[1] James P. Allen, *Inscriptions from Lisht: Texts from Burial Chambers*, Publications of the Metropolitan Museum of Arts Egyptian Expedition 31 (Nueva York: Metropolitan Museum of Art, 2022).
[2] Willems, *Historical and Archaeological*, 230–315.

la par que funcionan como testigos textuales de transición con el Libro de los Muertos.

El lector entenderá que esta lista es, ante todo, una herramienta de trabajo, y espero que la juzgue de utilidad, ya que en ella he recopilado datos difíciles de encontrar y contrastar. El lector sabrá excusar los errores que se me hayan podido deslizar en ella.

Procedencia	**Documentos**	**Siglas**	**Textos**
Asiut	P. Berlin 10480 + 10481e[3]	P. Berl. 3	CT 105–107, 112, 114, 172, 431, 422, 353, 355, 400, 267, 413, 414, 424.
	Ataúd de *Nḫt*[4]	S1Hil	CT 197–199, 252–258, 261, 481, 575, 866.
Asuán	QH31/15/S1/UE16/30[5]	-	CT 335
	QH33[6]	-	CT 788, CT temp 189
Balat	Mastaba de *Mdw-nfr*[7]	Ba1X	CT 965, 991, 1013, 1011, 370, 160.
Barsha	Techo de la tumba de *Nḥr.y* II en Barsha[8]	B1B	PT 677 CT 44–45, 1029, 1071/1181, 1073/1183, 384, 216, 385, 389, 421, 423, 353, 413, 215, 388, 109, 361, 205, 434, 488, 491.
	Techo de la tumba de *Ḏḥwty-nḫt* VI[9]	B3B	PT 215 CT 44–47 y Libro de los Dos Caminos

[3] Regulski, *Repurposing Ritual*, 23–122.
[4] Museo Römer- und Pelizäus de Hildesheim nº 5999. Véase Rainer H. G. Hannig, "Sarg des Nacht", en *Suche nach Unsterblichkeit: Totenkult und Jenseitsglaube im Alten Ägypten*, ed. A. Eggebrecht (Hildesheim: Pelizaeus-Museum, 1990), 58–61.
[5] José Manuel Alba Gómez, "The Funerary Chambers of Sarenput II and the Destruction of his Outer Coffin", en *Middle Kingdom Palace culture and its Echoes in the Provinces*, ed. A. Jiménez Serrano y A. J. Morales, HES 12 (Leiden: Brill, 2021), 33.
[6] Antonio J. Morales, "Opening the Vision of Osiris Sarenput: A Contextual and Typological Analysis of the Coffin of Sarenput the Younger from Qubbet el-Hawa", en *Middle Kingdom Palace Culture and Its Echoes in the Provinces*, ed. A. Jiménez Serrano y A. J. Morales, HES 12 (Leiden: Brill, 2021), 340 y 343.
[7] Valloggia, *Balat I*, 74–78.
[8] Edward J. Brovarski, "Ahanakht of Bersheh and the Hare Nome in the First Intermediate Period and Middle Kingdom", en *Studies in Ancient Egypt, the Aegean and the Sudan: Essays in Honor of Dows Dunham on the Occasion of His Ninetieth Birthday, June 1, 1980*, ed. W. K. Simpson y W. M. Davis (Boston: Museum of Fine Arts, 1981), 14–30; David P. Silverman, "Inscriptions of the Tomb of Nehri II at El Bersheh", en *VIth ICE (Abstracts)*, 445–46; Silverman, "Coffin Texts from Bersheh", 132.
[9] Ahmed Kamal, "Rapport sur les fouilles exécutées à Deîr-el-Barshé", *ASAE* 2 (1901b): 217–21; Brovarski, "Ahanakht of Bersheh"; Silverman, "Inscriptions of the Tomb", 445–6; Silverman, "Coffin Texts from Bersheh", 132.

Procedencia	Documentos	Siglas	Textos
Dendera	*Mnỉ*[10]	D1Chic	¿Sólo PT?
Heracleópolis[11]	Tumba de *Nfr-iri.wt*	H1H	CT 390–391, 384, 223, 421–422, 113, 387, 423–424, 432, 335, 355, 434, 207, 551, 676, 574, 109, 225, 115, 389, 108, 162.
	Tumba de *Z3-kt*	H2H	CT 390–391, 630, 677, 384, 223, 421–422, 113, 387, 335, 355, 434, 207, 208, 108, 162.
Kom el-Hisn	Tumba de *Ḫsw*[12]	Kh1Kh	PT 364–368, 593, 357, 664–665, 373, 379, 77–78, 25, 213–217, 260, 482, 422, 371, 356, 411–412, 33, 423, 588, 645, 647, 442, 576, 81, 414, 689, 488, 245, 719, 511, 357, 690, 667, 509–510, 340, 447, 450–451, 333. CT 1110–1113, 897, 936, 270, 274, 286, 634, 854, 84–85, 1–3, 20–21, 8, 69, 67, 63, 42, 845, 227, 280–281, 284–285, 838–839, 530, 723, 61, 876, 10, 484, 516.
Lisht[13]	Ataúd de *ʿnḫ.t*[14]	L4X	Fondo: PT 213–217, 220–222[15]. Tapa: CT 335, 349, 397.
	Sarcófago de *Mnṯ.w-ḥtp.(w)* (visir de Sesostris I)[16]	L4Li	PT 77–79, 223–224, 226–228, 356, 367, 428, 446–453, 588, 863. CT 151, 168–169, 301, 335, 338, 340, 352, 397, 457, 529, 625, 679, 821, 831, 907. Textos no identificados.
	Ataúd de *Ptḥ-wnn.f*[17]	L12X	PT 26, 28–30, 81, 226–238, 427, 450, 588, 591. Textos no identificados.

[10] Fischer, *Dendera in the Third Millennium*, 85–91. Véase Willems, *Chests of Life*, 22; Willems, *Historical and Archaeological Aspects*, 252–53.

[11] Alessandro G. Roccati, "I testi dei sarcofagi di Eracleopoli", *OA* 13 (1974): 161–97; Jesús López, "Rapport préliminaire sur les fouilles d'Hérakléopolis (1969)", *OA* 14 (1975): 57–78. Para la datación, véase Harco O. Willems, "A note on the Date of the Early Middle Kingdom Cemetery at Ihnasiya al-Medina", *GM* 150 (1996): 99–109.

[12] Silverman, *The Tomb Chamber*; Silverman, "Coffin Texts from Bersheh", 133–37.

[13] Allen, "Funerary Texts from Lisht", 7; Allen, "Coffin Texts from Lisht", 1–15; Allen, *Inscriptions from Lisht*.

[14] Allen, "Coffin Texts from Lisht", 3–6; Allen, *Inscriptions from Lisht*, 1.

[15] Como en la pared sur de las cámaras sepulcrales de las pirámides del Reino Antiguo.

[16] Allen, "Coffin Texts from Lisht", 3–12; Allen, *Inscriptions from Lisht*, 6.

[17] Allen, "Coffin Texts from Lisht", 3–12; Allen, *Inscriptions from Lisht*, 8.

Procedencia	Documentos	Siglas	Textos
	Ataúd de un desconocido[18]	L8X	CT 788. Textos no identificados
	Ataúd de *Zꜣ-ii*[19]	L7X	CT 788. Textos no identificados
	Ataúd interior de *Z-n-wsr.t* (luego usurpado por *Ḥpi*)[20]	L1X	CT 335, 340, 831.
	Ataúd de *Bnr*[21]	L10NY	CT 788. PT 588.
	Ataúd de *H̱nz.w-ptḥ-mꜣ.t*[22]	L10X	PT 588, 690.
	Ataúd de *Wꜣḥ-nfr-ḥtp*[23]	L11NY	CT 788. PT 588.
	Ataúd de *Nn.y*[24]	L11X	PT 213, 588, 593.
	Ataúd de *dbḥ.n.(i)*[25]	L13NY	CT 788. PT 588.
	Caja canópica de *Ptḥ-wnn.f*[26]	L13X	CT 526.
	Ataúd interior de *Snb.t(y).s(y)*[27]	L14NY	PT 429.
	Máscara de *Snb*[28]	L15NY	PT 588.
	Ataúd de un desconocido[29]	L16X	PT 72–76, 78.
	Ataúd exterior de *Snb.t(y).s(y)*[30]	L3X	CT 788.
	Cámara sepulcral de *Wsr*[31]	L4NY	PT 226, 247, 300, 588.
	Cámara sepulcral de *i-m-ḥtp*[32]	L5Li	PT 204–205, 207, 209–214, 254–258, 260–263, 267–272, 306–321.

[18] Allen, "Coffin Texts from Lisht", 9; Allen, *Inscriptions from Lisht*, 14.
[19] Allen, "Coffin Texts from Lisht", 9; Allen, *Inscriptions from Lisht*, 16.
[20] Allen, "Coffin Texts from Lisht", 3–12; Allen, *Inscriptions from Lisht*, 16.
[21] Allen, *Inscriptions from Lisht*, 1.
[22] Allen, *Inscriptions from Lisht*, 5.
[23] Allen, *Inscriptions from Lisht*, 10.
[24] Allen, *Inscriptions from Lisht*, 8.
[25] Allen, *Inscriptions from Lisht*, 2.
[26] Allen, *Inscriptions from Lisht*, 8.
[27] Allen, *Inscriptions from Lisht*, 9.
[28] Allen, *Inscriptions from Lisht*, 10.
[29] Allen, *Inscriptions from Lisht*, 12.
[30] Allen, *Inscriptions from Lisht*, 9.
[31] Allen, *Inscriptions from Lisht*, 10.
[32] Dieter Arnold, *Middle Kingdom Tomb Architecture at Lisht*, PMMA-EE 28 (Nueva York: Metropolitan Museum of Art, 2008), 33–38; Allen, *Inscriptions from Lisht*, 3.

Procedencia	Documentos	Siglas	Textos
	Ataúd de *Ip*[33]	L5X	CT 335
	Ataúd de *By*[34]	L6X	CT 335
	Ataúd de *Ḥn.wt-m3.t*[35]	L9X	CT 788. PT 588, 690.
Mendes	Tumba de *Ppy-im3*[36]	Me1Me[37]	CT 885, 611, 727.
Naga ed-Deir	Ataúd de *Ppy-im3*[38]	NeD1Bo	Nuevos textos, similares a CT 488–500.
Qau	Tumba de *Ḥn-ib*[39]	Ḳ2-3T	CT 75, 154–155, 307, 335, 351, 390.
Saqqara	Bandas laterales[40]	Sq21X	CT 885, 930[41].
	Tumba de *Ib.y*[42]	-	Similares a PT 627B, CT 682 y 990; CT 517.
Sedment[43]	Ataúd de *W3ḏ* (mujer)	Sid2Sid	Cabeza: PT 77. Pies y espalda: CT 343. Tapa: CT 225.
	Ataúdes externo e interno de *Ḫ.ty*	Sid3-4Sid	Sid3Sid. Pies: CT 225. Tapa: CT 225–226.

[33] Allen, "Funerary Texts from Lisht", 3–6; Allen, *Inscriptions from Lisht*, 4.
[34] Allen, "Funerary Texts from Lisht", 3–6; Allen, *Inscriptions from Lisht*, 2.
[35] Allen, *Inscriptions from Lisht*, 2.
[36] Donald P. Hansen, "The Excavations at Tell el Rubaa", *JARCE* 6 (1967): 14; Willems, *Chests of Life*, 246 (n. 23); Silverman, "Coffin Texts from Bersheh", 137–41.
[37] Ausente en Willems, *Historical and Archaeological*.
[38] MFA 25.1519 (más una caja funeraria, ahora en el Museo Hearst, PAHMA 6-2068). Véase Hussein, "A New Coffin Text"; Brovarski, *Naga ed-Dêr*, 315–24 y fig. 11.13.
[39] Roccati, "A Ghost Tomb", 109–10.
[40] Jürgen Osing, "Sprüche gegen die *jbh3tj*-Schlange", *MDAIK* 43 (1987): 205; Günter Lapp, "Harco Willems, Chests of Life", *BiOr* 48 (1991): 812. Un volumen complementario de la edición de De Buck estaba en preparación por L. Gestermann, P. Jürgens y W. Schenkel: véase Louise Gestermann, "Aus der Arbeit mit neuen Sargtextvarianten: Das Projekt eines Nachtragsbandes zu Adriaan de Buck, The Egyptian Coffin Texts", en *The World of the Coffin Texts*, ed. H. Willems, EgUit 9 (Leiden: Nederlands Instituut voor het Nabije Oosten, 1996), 31–40.
[41] Fórmulas contra la serpiente *ibh3.ty* / *ibh3-hi.ty*. Aunque Steiner, *Early Northwest Semitic Serpent Spells in the Pyramid Texts*, HSS 61 (Winona Lake: Eisenbrauns, 2011) no trata de los Textos de los Ataúdes, estas fórmulas (CT 885 y 930) deben de estar relacionadas con las que él comenta de los Textos de las Pirámides (PT 232–238 y 281–287), escritas en semítico noroccidental y egipcio. Véase Katharina Stegbauer, *Magie als Waffe gegen Schlangen in der ägyptischen Bronzezeit*, ÄSL 1 (Heidelberg: Propylaeum, 2019), 149–204.
[42] Altenmüller, *Synkretismus*, 2; Hermsen, *Die zwei Wege des Jenseits*, 19; Alvarez, "An Epigraphical Journey".
[43] Abdel Fatah y Bickel, "Trois cercueils de Sedment".

Procedencia	Documentos	Siglas	Textos
			Sid4Sid. Tapa: CT 30, 31, 32. Pies: CT 32.
Tebas	TT240[44]	TT240	CT 857.
	BM 10553[45]	T4L	Exterior: CT 777–784. Interior: BD 17–18, 22–26, 43, 30 A, 31, 33, 45, 72, 122, 56, 62, CT 362, BD 55, CT 372/373, BD 64LV, 30B, 64KV, 119, 144, CT 154.
	BM 29997[46]	T5L	CT 335
	Cairo JE 66218[47]	-	CT 335
	TT87[48]	-	CT 335
	Ataúd de *ỉmn.y*[49]	-	Cabeza: CT 530. Pies: CT 44, 72, 906, 926, 936. Espalda: CT 44, 74, 761, 832, 837. Tapa: CT 272, 273, 304, 307, 335, 338, 340, 468. Fondo: CT 3, 160, 265, 369, 377, 378, 397–408, 435, 658–660, 813, 1011, 1012.[50]

[44] Ya en la edición de De Buck (en parte). Véase Roccati, "A Ghost Tomb", 111.

[45] Ataúd rectangular de la reina Montuhotep (dinastía XIII o XVII; ¿Sheij abd-el Qurna?). Véase Ursula Rößler-Köhler, "Einige vorläufige Bemerkungen zu Kapitel 17 BD vom Sarg des Königin Mentuhotep", en *Göttinger Totenbuchstudien: Beiträge zum 17. Kapitel*, ed. W. Westendorf, GOF I4.3 (Wiesbaden: Harrassowitz, 1975), 11–27; Geisen, *Die Totentexte*; Geisen, "Zur zeitlichen", 155–57; Grajetzki, *The Coffin of Zemathor*, 46–47; Gestermann, "Auf dem Weg zum Totenbuch: Von Tradition und Neuerung", en *Herausgehen am Tage. Gesammelte Schriften zum altägyptischen Totenbuch*, ed. R. Lucarelli, M. Müller-Roth y A. Wüthrich, SAT 17 (Wiesbaden: Harrassowitz, 2012), 70–78.

[46] Ataúd rectangular del príncipe Herunefer, no rey Montuhotep (como indican Lesko, *Index of the Spells*, 11 y Willems, *Chests of Life*, 33) (dinastía XVII; ¿Deir el-Medina?). Véase Richard B. Parkinson y Stephen Quirke, "The Coffin of Prince Herunefer and the Early History of the Book of the Dead", en *Studies in Pharaonic Religion and Society in Honor of J. Gwyn Griffiths*, ed. A. B. Lloyd (Londres: EES, 1992), 37–51.

[47] Vendas de Hatnefer (dinastía XVIII, reino de Hatshepsut; Sheij abd-el Qurna). Véase Irmtraut Munro, *Die Totenbuchhandschriften der 18. Dynastie im Ägyptischen Museum Kairo*, ÄA 54 (Wiesbaden: Harrassowitz, 1994), 27–29.

[48] Muro tumbal de Nejetmin (dinastía XVIII; Sheij abd-el Qurna). Véase Barbara Lüscher, *Die Vorlagen-Ostraka aus dem Grab des Nachtmin* (TT87), BAÄ 4 (Basilea: Lapp, 2013), 23.

[49] Dra Abu el-Naga. Véase Daniel Polz, ed., *Für die Ewigkeit geschaffen: Die Särge des Imeni und der Geheset* (Mainz: Zabern, 2007).

[50] Agradezco esta información a Sika Pedersen, *Textual Variation in Middle Kingdom Burials: A Study of Burial Chambers and Inner/Outer Coffins* (tesis doctoral, Universidad de Alcalá de Henares, e.p.).

Procedencia	Documentos	Siglas	Textos
	Ataúd SMDAN 805[51]	-	CT 335
Desconocida	pLouvre E 15594[52]	P. Weill	CT I 109 a–127 b, 129–156, 178–179, IV 349–363, 370 b–376 g.
	pGolenischeff[53]	P. Golen	CT I 360 b, V 373 a–c y 385 s–t; CT 187, 197, 206.
	Estela Louvre E 25485[54]	-	CT 369, 378–379, 381–382, 434–436, 586, 640, 885, 265?
	pTurin 54003[55]	-	CT 885, 607, 82, 105–6, 117, 510.
	pTurin 54065[56]	-	CT 249.
	Rollo de pergamino del Cairo[57]	-	Libro de los Dos Caminos.

[51] Ataúd antropomórfico (Segundo Periodo Intermedio; Dra Abu el-Naga), escrito en hierático, en horizontal. Véase Lucía E. Díaz-Iglesias y José Manuel Galán, "17th Dynasty Inscribed Materials from a Robbers' Passage Connecting Two Funerary Shafts in Dra Abu el-Naga", *MDAIK* 75 (2019): 106–13 y fig. 19. SMDAN = Spanish Mission working at Dra Abu el-Naga.

[52] Raymond Weill, "Idéogramme luxuriant pour *faj* 'porteur'", *RdE* 6 (1951): 232; Madeleine Bellion, *Catalogue des manuscrits hiéroglyphiques et hiératiques et des dessins sur des papyrus, cuir ou tissu, publiés ou signalés* (París, 1987), 222; Egberts, "The Collection", 10.

[53] Museo Pushkin, nº 893, Eg 6149. Véase Joris F. Borghouts, "A New Middle Kingdom Netherworld Guide", en *Akten des vierten internationalen Ägyptologen Kongresses, München 1985* I-IV, ed. S. Schoske (Hamburgo: Buske), 3:131–39; Egberts, "The Collection", 10.

[54] Jürgen Osing, "Zur Disposition der Pyramidentexte des Unas", *MDAIK* 42 (1986): n. 17 (135); Joris F. Borghouts, "The Victorious Eyes: A Structural Analysis of Two Egyptian Mythologizing Texts of the Middle Kingdom", en *Studien zu Sprache und Religion Ägyptens zu Ehren von Wolfhart Westendorf überreicht von seinen Freunden und Schülern* I–II, ed. F. Junge (Gotinga: Junge, 1984), 2:703–16; Jacques Vandier, "Deux textes religieux du Moyen Empire", en *Festschrift für Siegfried Schott zu seinem 70. Geburtstag am 20. August 1967*, ed. W. Helck (Wiesbaden: Harrassowitz, 1968), 121–24; Hartwig Altenmüller, "Zwei neue Exemplare des Opfertextes der 5. Dynastie", *MDAIK* 23 (1968): 1.

[55] Alessandro G. Roccati, *Papiro ieratico N. 54003: Estratti magici e rituali del Primo Medio Regno* (Torino: Fratelli Pozzo, 1970).

[56] Alessandro G. Roccati, "Un nuovo rotolo magico diviso tra le raccolte di Ginevra e Torino", *BSEG* 7 (1982): 91–94; Alessandro G. Roccati, "  ", en *Hommages à Jean Leclant* I–IV, ed. C. Berger, G. Clerc y N. Grimal, BdE 106 (El Cairo: IFAO, 1994), 493–97; Roccati, "A Ghost Tomb", 111–13.

[57] JdE 69292. Véase Sherbiny, *Through Hermopolitan Lenses*, 1 (n. 2).

Bibliografía esencial

El lector interesado en los Textos de los Ataúdes acudirá a las publicaciones en primer lugar. La publicación de referencia son los siete volúmenes de los *Coffin Texts* editados por Adriaan de Buck[1], complementados por el octavo volumen que contiene la edición de las copias de Textos de las Pirámides en documentos del Reino Medio, a cargo de James Allen[2]. A esta publicación conjunta se suele aludir con la abreviatura CT I–VIII, es decir *Coffin Texts*, volúmenes I–VIII.

El lector dispone también de dos traducciones generales del corpus: la inglesa de Raymond Faulkner, que incluye numerosas notas, y la francesa de Claude Carrier, que da una transliteración también, por lo que ambas obras se complementan bien[3]. Asimismo, el lector cuenta ahora con la versión beta de la base de datos MORTEXVAR, de acceso libre en internet, que proporciona transliteración, traducción al francés y los metadatos arqueológicos básicos incluidos en la obra de Leonard Lesko de 1979 (necrópolis, cronología y posición en los documentos)[4]; esta base está aún en desarrollo[5].

Otras obras instrumentales aportan los paralelos de las fórmulas de los Textos de los Ataúdes con los Textos de las Pirámides y el Libro de los Muertos[6], las referencias arqueológicas[7], las concordancias morfosintácticas[8], dos

[1] De Buck, *The Egyptian Coffin Texts* I–VII.
[2] Allen, *The Egyptian Coffin Texts* VIII.
[3] Raymond O. Faulkner, *The Ancient Egyptian Coffin Texts* I–III (Warminster: Aris & Phillips, 1994–1996); Claude Carrier, *Textes des sarcophages du Moyen-Empire égyptien* I–III (París: du Rocher, 2004).
[4] Lesko, *Index of the Spells.*
[5] Gracia Zamacona, http://database.mortexvar.com/
[6] Thomas G. Allen, *Occurrences of Pyramid Texts with Cross Indexes of these and other Mortuary Texts*, SAOC 27 (Chicago: University of Chicago Press, 1950).
[7] Lesko, *Index of the Spells.*
[8] Van der Molen, *An Analytical Concordance.*

diccionarios[9] y una bibliografía, hasta los años sesenta del siglo pasado, de los pasajes de los Textos de los Ataúdes[10].

Entre las introducciones generales, remito a las de Harco Willems[11] y Joris Borghouts[12], a las que se puede añadir la lectura de las actas de los congresos internacionales relacionados habidos hasta la fecha[13].

[9] Van der Plas y Borghouts, *Coffin Texts Word Index*; Van der Molen, *A Hieroglyphic Dictionary*.
[10] Reinhard Grieshammer, *Die altägyptischen Sargtexte*.
[11] Willems, *Chests of Life*; Willems, *Historical and Archaeological*.
[12] Joris F. Borghouts, *An Introductory Guide*.
[13] Willems, *The World of the Coffin Texts*; Bickel y Mathieu, *D'un monde à l'autre*; Bickel y Díaz-Iglesias, *Studies in Ancient Egyptian Funerary Literature*; Gracia Zamacona, *Variability in the Earlier Egyptian Mortuary Texts*.

Bibliografía general

Además de cubrir el corpus de los Textos de los Ataúdes, esta bibliografía incluye todas las obras relevantes mencionadas en el presente estudio.

Abbas, Eltayeb Sabed. *The Lake of Knives and the Lake of Fire: Studies in the Topography of Passage in Ancient Egyptian Religious Literature*. BAR-IS 2144. Oxford: Archaeopress, 2010.

Alba Gómez, José Manuel. "The Funerary Chambers of Sarenput II and the Destruction of his Outer Coffin". Páginas 16–44 en *Middle Kingdom Palace Culture and its Echoes in the Provinces*. Editado por Alejandro Jiménez-Serrano y Antonio J. Morales. HES 12. Boston: Brill, 2021.

Alberti, Benjamin y Marshall, Yvonne. "Animating Archaeology: Local Theories and Conceptually Open-Ended Methodologies". *CAJ* 19 (2009): 344–56.

Allen, James P. "The Funerary Texts of King Wahkare Akhtoy on a Middle Kingdom Coffin". Páginas 1–29 en *Studies in Honor of George R. Hughes. January 12, 1977*. Editado por Janet Johnson y Edward Wente. SAOC 20. Chicago: The Oriental Institute of the University of Chicago, 1976.

———. "Funerary Texts and their Meaning". Páginas 38–49 en *Mummies and Magic: The Funerary Arts of Ancient Egypt*. Editado por Sue D'Auria, Peter Lacovara y Catharine Roehrig. Boston: Museum of Fine Arts Boston, 1988.

———. "Funerary Texts from Lisht". Página 7 en *Sesto Congresso Internazionale di Egittologia, Turin, 1st–8th September 1991: Abstracts of Papers*. Editado por Silvio Curto et al. Turín: IAE, 1991.

———. "Coffin Texts from Lisht". Páginas 1–15 en *The World of the Coffin Texts*. Editado por Harco Willems. EgUit 9. Leiden: Nederlands Instituut voor het Nabije Oosten, 1996.

———. *The Heqanakht Papyri*. PMMA-EE 27. Nueva York: The Metropolitan Museum of Art, 2002.

———. "Traits dialectaux dans les Textes des Pyramides du Moyen Empire". Páginas 1–14 en *D'un monde à l'autre: Textes des Pyramides et Textes des

Sarcophages. Editado por Susanne Bickel y Bernard Mathieu. BdE 139.El Cairo: IFAO, 2004.

———. *The Egyptian Coffin Texts VIII: Middle Kingdom Copies of Pyramid Texts*. OIP 132. Chicago: Oriental Institute Chicago, 2006.

———. *A New Concordance of the Pyramid Texts* I–VI. Providence: Brown University, 2013.

———. *The Ancient Egyptian Language: An Historical Study*. Cambridge: Cambridge University Press, 2013.

———. *The Ancient Egyptian Pyramid Texts*. Atlanta: Society of Biblical Literature, 2015.

———. *Ancient Egyptian Phonology*. Cambridge: Cambridge University Press, 2020.

———. *Inscriptions from Lisht: Texts from Burial Chambers*. PMMA-EE 31. Nueva York: Metropolitan Museum of Art, 2022.

Allen, Thomas G. "Types of Rubrics in the Egyptian Book of the Dead". *JAOS* 56 (1936): 145–54.

———. *Occurrences of Pyramid Texts with Cross Indexes of These and Other Mortuary Texts*. SAOC 27. Chicago: University of Chicago Press, 1950.

———. "The Egyptian Coffin Texts, V". *JNES* 14 (1955): 280–82.

———. "The Egyptian Coffin Texts, VI". *JNES* 17 (1958): 149–52.

———. *The Egyptian Book of the Dead. Documents in the Oriental Institute Museum at the University of Chicago*. Chicago: University of Chicago Press, 1960.

———. "The Egyptian Coffin Texts, VII". *JNES* 22 (1963): 133–37.

Altenmüller, Brigitte. *Synkretismus in den Sargtexten*. GOF IV.7. Wiesbaden: Harrassowitz, 1975.

Altenmüller, Hartwig. "Jenseitsführer". Páginas 47–58 en *Ägyptologie: Literatur*. Editado por Hellmut Brunner. HdO I.1.2. Leiden: Brill, 1952.

———. "Messersee, gewundener Wasserlauf und Flammensee: Eine Untersuchung zur Gleichsetzung und Lesung der drei Bereiche". *ZÄS* 92 (1966): 86–95.

———. "Zwei neue Exemplare des Opfertextes der 5. Dynastie". *MDAIK* 23 (1968): 1–8.

———. "Zum Beschriftungssystem bei religiösen Texten". *DO* 17 (1969): 58–67.

———. *Die Texte zum Begräbnisritual in den Pyramiden des Alten Reiches*. ÄA 24. Wiesbaden: Harrassowitz, 1972.

———. "Bemerkungen zu Spruch 313 der Sargtexte". Páginas 1–17 en *Form und Mass: Beiträge zur Literatur, Sprache und Kunst des Alten Ägypten; Festschrift für Gerhard Fecht*. Editado por Jürgen Osing y Günter Dreyer. ÄAT 12. Wiesbaden: Harrassowitz, 1987.

———. "Die Vereinigung des Schu mit dem Urgott Atum. Bemerkungen zu CT I 385d–393b". *SAK* 15 (1988): 1–16.

———. "David P. Silverman, *The Tomb Chamber of ḫsw the Elder*". *BiOr* 49 (1992): 102–106.

Alvarez, Christelle. "An Epigraphical Journey in the Pyramid of Ibi: Between Textual Transmission and Mistakes". Páginas 20–33 en *Current Research in Egyptology 2015: Proceedings of the Sixteenth Annual Symposium; University of Oxford, United Kingdom 15-18 April 2015*. Editado por Christelle Alvarez, Arto Belekdanian, Ann-Katrin Gill y Solène Klein. Oxford: Oxbow, 2016.

———. "Monumentalizing Ritual Texts in Ancient Egyptian Pyramids". *MTC* 1 (2022): 112–42.

———. "Variability and Orality in the Transfer of Ritual Texts: The Case of PT ^{N}627B and Later Variants". Páginas 219–249 en *Variability in the Earlier Egyptian Mortuary Texts*. Editado por Carlos Gracia Zamacona. HES 21. Boston: Brill, 2024.

Angenot, Valérie. "Lire la paroi: Les vectorialités dans l'imagerie des tombes privées de L'Ancien Empire Égyptien". *AHAA* 18 (1996): 7–21.

———. "Le texte en écriture rétrograde de la tombe de Sennefer et les scribes 'montrant du doigt': étude sur la vectorialité". Páginas 11–26 en *Thèbes aux 101 portes*. Editado por Valérie Angenot y Eugène Warmenbol. MonAeg 12. Turnhout: Brepols, 2010.

Arnold, Dieter. *Middle Kingdom Tomb Architecture at Lisht*. PMMA-EE 28. Nueva York: Metropolitan Museum of Art, 2008.

Arquier, Bernard. *Le double sarcophage de Mésehti S1C (CG 28118)-S2C (CG 28119): recherches sur l'organisation du décor iconographique et textuel*. Tesis doctoral, Université Paul Valéry-Montpellier III, 2014.

———. "La mise en exergue du nom du défunt dans les Textes des Sarcophages des deux cercueils de Mésehti (S1C et S2C)". *GM* 243 (2014): 15–22.

Assmann, Jan. *Liturgische Lieder an den Sonnengott*. MÄS 19. Hessling: Berlín, 1969.

———. "Tod und Initiation in altägyptischen Totenglauben". Páginas 336–359 en *Sehnsucht nach dem Ursprung zu Mircea Eliade*. Editado por Hans Peter Duerr. Frankfurt: Syndikat, 1983.

———. "Death and Initiation in Funerary Religion of Ancient Egypt". Páginas 135–59 en *Religion and Philosophy in Ancient Egypt*. Editado por William K. Simpson. YES 3. New Haven: Yale University, 1989.

———. "Egyptian Mortuary Liturgies". Páginas 1–45 en *Studies in Egyptology Presented to Miriam Lichtheim* I–II. Editado por Sarah Groll. Jerusalem: Magnes Press, 1990.

———. *Ma'at: Gerechtigkeit und Unsterblichkeit im alten Ägypten*. Múnich: Beck, 1990.

———. *Stein und Zeit*. Múnich: Fink, 1991.

———. "Ancient Egypt and the Materiality of the Sign". Páginas 15–31 en *Materialities of Communication*. Editado por Hans Ulrich Gumbrecht y K. Ludwig Pfeiffer. Stanford: Stanford University Press, 1994.

———. "Die Unschuld des Kindes: Eine neue Deutung der Nachschrift von CT spell 228". Páginas 19–25 en *Hermes Aegyptus: Egyptological Studies for B.H.*

Stricker. DE-SN 2. Editado por Terence Du Quesne. Oxford: DE Publications, 1995.

———. "Text und Kommentar: Einführung". Páginas 9–33 en *Text und Kommentar*. Editado por Jan Assmann y Burkhard Gladigow. BALK 4. Múnich: Fink, 1995.

———. "Spruch 62 der Sargtexte und die ägyptischen Totenliturgien". Páginas 17–30 en *The World of the Coffin Texts*. Editado por Harco Willems. EgUit 9. Leiden: Nederlands Instituut voor het Nabije Oosten, 1996.

———. "Cultural and Literary Texts". Páginas 1–15 en *Definitely Egyptian Literature*. Editado por Gerald Moers. LingAeg-SM 2. Gotinga: Seminar für Ägyptologie und Koptologie, 1999.

———. *Images et rites de la mort dans l'Égypte ancienne: l'apport des liturgies funéraires*. París: Cybèle, 2000.

———. *Tod und Jenseits im Alten Ägypten*. Múnich: Beck, 2001.

———. *The Search for God in Ancient Egypt*. Ithaca: Cornell University Press, 2001.

———. *Altägyptische Totenliturgien* 1: *Totenliturgien in den Sargtexten des Mittleren Reiches*. SSHAW 14. Heidelberg: Winter, 2002.

———. *Cultural Memory and Early Civilization: Writing, Remembrance and Political Imagination*. Cambridge: Cambridge University Press.

Aufrère, Sidney H., Philip S. Alexander y Zlatko Plese, eds. *On the Fringe of Commentary: Metatextuality in Ancient Near Eastern and Ancient Mediterranean Cultures*. OLA 232. París: Peeters, 2014.

Austin, John L. *How to Do Things with Words*. Oxford: Oxford University Press, 1962.

Backes, Burkhard. *Das altägyptische "Zweiwegebuch": Studien zu den Sargtext-Sprüchen 1029–1130*. ÄA 69. Wiesbaden: Harrassowitz, 2005.

———. *Sarg und Sarkophag der Aaschyt (Kairo JE 47355 und 47267)*. SAT 21. Wiesbaden: Harrassowitz, 2020.

Baillet, Jules. "Réunion de la famille dans les enfers égyptiens". *JA* 10 (1904): 307–29.

Baines, John. "Modelling Sources, Processes, and Locations of Early Mortuary Texts". Páginas 15–41 en *D'un monde à l'autre: Textes des Pyramides et Textes des Sarcophages*. Editado por Susanne Bickel y Bernard Mathieu. BdE 139. El Cairo: IFAO, 2004.

Bakhtin, Mikhail M. "The Problem of Speech Genres". Páginas 60–102 en *Speech Genres and other Later Essays*. Escrito por Mikhail M. Bakhtin. UTPSS 8. Austin: University of Texas Press, 1986.

Bandy, Kathryn E. "Hieratic Text: Papyrus Gardiner III". Páginas 161–2 en *Visible Language: Inventions of Writing in the Ancient Middle East and Beyond*. Editado por Christopher Woods, Emily Teeter y Geoff Emberling. OIMP 32. Chicago: Oriental Institute of the University of Chicago, 2010.

Barguet, Paul. "Parallèle égyptien à la légende d'Antée". *RHR* 165 (1964): 1–12.

———. "Essai d'interprétation du Livre des Deux Chemins". *RdE* 21 (1969): 7–17.
———. "Les textes spécifiques des différents panneaux des sarcophages du Moyen Empire". *RdE* 23 (1971): 15–22.
———. *Les textes des sarcophages égyptiens du Moyen Empire*. París: du Cerf, 1986.
Barriales Valbuena, Iker, Carlos Gracia Zamacona, César Guerra Méndez y Anne Landborg. *Variability of Middle Kingdom Mortuary Texts: Three Case Studies*, e.pr.
Barta, Winfried. *Das Selbstzeugnis eines altägyptischen Künstlers (Stele Louvre C 14)*. MÄS 22. Berlín: Hessling, 1970.
———. "Bemerkungen zur Anbringung von Totentexten auf den Särgen des Mittleren Reiches". *JEOL* 27 (1983): 33–42.
Bauman, Richard y Charles L. Briggs. "Poetics and Performance as Critical Perspectives on Language and Social Life". *ARA* 19 (1990): 59–88.
Bayoumi, Abbas. *Autour du champ des souchets et du champ des offrandes*. El Cairo: Imprimerie Nationale, 1940.
Beaux, Nathalie. "La marque du 'divin': comparaison entre deux corpus funéraires, les Textes des Pyramides et les Textes des Sarcophages". Páginas 43–56 en *D'un monde à l'autre: Textes des Pyramides et Textes des Sarcophages*. Editado por Susanne Bickel y Bernard Mathieu. BdE 139. El Cairo: IFAO, 2004.
Beinlich-Seeber, Christine. "Ein römerzeitliches Sargfragment in Marseille". Páginas 9–40 en *Ein ägyptisches Glasperlenspiel. Ägyptologische Beiträge für Erik Hornung aus seinem Schülerkreis*. Editado por Andreas Brodbeck. Berlín: Gebr. Mann, 1998.
———. *Bibliographie Altägypten 1822-1946* I–III. ÄA 61. Wiesbaden: Harrassowitz, 1998.
Bell, Catherine. *Ritual Theory, Ritual Practice*. Oxford: Oxford University Press, 1992.
Bellion, Madeleine. *Catalogue des manuscrits hiéroglyphiques et hiératiques et des dessins sur des papyrus, cuir ou tissu, publiés ou signalés*. París, 1987.
Bène, Élise y Guilhou, Nadine. "Le 'Grand Départ' et la 'Suite A' dans les Textes des Sarcophages". Páginas 57–83 en *D'un monde à l'autre: Textes des Pyramides et Textes des Sarcophages*. Editado por Susanne Bickel y Bernard Mathieu. BdE 139. El Cairo: IFAO, 2004.
Benveniste, Émile, "Les relations de temps dans le verbe français". *BSL* 54 (1959): 69–82.
Berger, John. *The Shape of a Pocket*. Nueva York: Pantheon, 2001.
Bergman, Jan. "Zum Zwei-Wege-Motiv". *SEA* 41–42 (1976–1977): 51–54.
———. "Nut-Himmelsgöttin-Baumgöttin-Lebensgeberin". Páginas 53–69 en *Humanitas religiosa: Festschrift für Haralds Biezais zu seinem 70. Geburtstag*. Estocolmo: Almqvist & Wiksell, 1979.
Bianchi, Alberto. "Remarks on the Being Called *mrrwty* or *mrwryt* in the Coffin Texts". *JEA* 73 (1987): 206–207.

Biber, Douglas. "A Typology of English Texts". *Linguistics* 27 (1989): 3–43.

Bickel, Susanne. "Furcht und Schrecken in den Sargtexten". *SAK* 15 (1988): 17–25.

———. "Un hymne à la vie: essai d'analyse du chapitre 80 des Textes des Sarcophages". Páginas 81–97 en *Hommages à Jean Leclant* I–IV. Editado por Catherine Berger, Gisèle Clerc y Nicolas Grimal. BdE 106. El Cairo: IFAO, 1994.

———. *La cosmogonie égyptienne avant le Nouvel Empire*. OBO 134. Friburgo: Universitätsverlag Freiburg, 1994.

———. "Die Jenseitsfahrt des Re nach Zeugen der Sargtexte". Páginas 41–56 en *Ein ägyptisches Glasperlenspiel. Ägyptologische Beiträge für Erik Hornung aus seinem Schülerkreis*. Editado por Andreas Brodbeck. Berlín: Gebr. Mann, 1998.

———. "D'un monde à l'autre: le thème du passeur et de sa barque dans la pensée funéraire". Páginas 91–117 en *D'un monde à l'autre: Textes des Pyramides et Textes des Sarcophages*. Editado por Susanne Bickel y Bernard Mathieu. BdE 139. El Cairo: IFAO, 2004.

———. "Everybody's Afterlife? 'Pharaonisation' in the Pyramid Texts". Páginas 119–48 en *Studies in Ancient Egyptian Funerary Literature*. Editado por Susanne Bickel y Lucía Díaz-Iglesias. OLA 257. Lovaina: Peeters, 2017.

Bickel, Susanne y Bernard Mathieu, eds. *D'un monde à l'autre: Textes des Pyramides et Textes des Sarcophages*. BdE 139. El Cairo: IFAO, 2004.

Bidoli, Dino. *Die Sprüche der Fangnetze in den altägyptischen Sargtexten*. ADAIK 9. Glückstadt: Augustin, 1976.

Bienkowski, Piotr y Tooley, Angela. *Gifts of the Nile: Ancient Egyptian Arts and Crafts in Liverpool Museum*. Londres: HMSO, 1995.

Billson, Börn. *Two Aspects of Middle Kingdom Funerary Culture from Two Different Middle Egyptian Nomes*. Tesina de máster, University of Birmingham, 2010.

Birch, Samuel. *Egyptian Texts of the Earliest Period from the Coffin Amamu*. Londres: Longmans, 1886.

Blackman, Aylward M. "Some Middle Kingdom Religious Texts". *ZÄS* 47 (1909): 116–32.

———. "Some Chapters of the Totenbuch and Other Texts on a Middle Kingdom Coffin". *ZÄS* 49 (1911): 54–66.

———. *The Rock Tombs of Meir* I–VI. ASE 22–25 y 28–29. Londres: EES, 1914–1953.

———. "Some Notes on the Ancient Egyptian Practice of Washing the Dead". *JEA* 5 (1918): 117–24.

Bleeker, Claas J. *Die Geburt eines Gottes*. Leiden: Brill, 1953.

Bonacker, Wilheim. "The Egyptian 'Book of the Two Ways'". *Imago Mundi* 7 (1950): 5–17.

Bonanno, Mariano. *La Duat como espacio de una dialéctica de la regeneración: in-habitación y resignificación del espacio funerario en los Textos del Amduat*. BAR–IS 2738. Oxford: Archaeopress, 2015.

Borghouts, Joris F. *The Magical Texts of Papyrus Leiden I 348*. OMRO 51. Leiden: Brill, 1971.

———. *An Introductory Guide to Coffin Texts*. Amsterdam: Egyptologisch Seminarium Universiteit van Amsterdam, 1973.
———. "The Victorious Eyes: A Structural Analysis of two Egyptian Mythologizing Texts of the Middle Kingdom". Páginas 703–16 en *Studien zu Sprache und Religion Ägyptens zu Ehren von Wolfhart Westendorf überreicht von seinen Freunden und Schülern* I–II. Editado por Friedrich Junge. Gotinga, 1984.
———. "*ꜣḫ.w* and *ḥkꜣ.w*: Two Basic Notions of Ancient Egyptian Magic and the Concept of the Divine Creative Word". Páginas 29–46 en *La magia in Egitto ai tempi dei faraoni*. Editado por Alessandro Roccati y Albero Siliotti. Verona: Rassegna Internazionale di Cinematografia Archeologica, 1987.
———. "A New Middle Kingdom Netherworld Guide". Páginas 131–39, vol. III, en *Akten des vierten internationalen Ägyptologen Kongresses. München 1985* I–IV. Editado por Sylvia Schoske. Hamburgo: Buske, 1988.
———. "An Early Book of Gates. Coffin Texts, Spell 336". Páginas 12–22 en *Funerary Symbols and Religion: Essays Dedicated to Professor M. S. H. G. Heerma Van Voss on the Occasion of His Retirement from the Chair of the History of Ancient Religions at the University of Amsterdam*. Editado por Jacques H. Kamstra, H. Milde y Kees Wagtendonk. Kampen: Kok, 1988b.
Bourriau, Janine D. "Patterns of Change in Burial Customs during the Middle Kingdom". Páginas 3–20 en *Middle Kingdom Studies*. Editado por Stephen Quirke. New Malden: SIA Publishing.
Breasted, James H. "The Oriental Institute of the University of Chicago: A Beginning and a Program". *AJSLL* 38 (1921–1922): 233–38.
Broux, Yanne. "Graeco-Egyptian Naming Practices: A Network Perspective". *GRBS* 55 (2015): 706–20.
Brovarski, Edward. "The Doors of Heaven". *Orientalia* 46 (1977): 107–15.
———. "Sarkophag". Páginas 471–485 en *Lexikon der Ägyptologie* I–VI. Editado por Wolfgang Helck y Eberhard Otto. Wiesbaden: Harrassowitz, 1975–1989.
———. "Naga ed-Dêr". Páginas 296–317 en *Lexikon der Ägyptologie* I–VI. Editado por Wolfgang Helck y Eberhard Otto. Wiesbaden: Harrassowitz, 1975–1989.
———. "Ahanakht of Bersheh and the Hare Nome in the First Intermediate Period and Middle Kingdom". Páginas 14–30 en *Studies in Ancient Egypt, the Aegean and the Sudan: Essays in Honor of Dows Dunham on the Occasion of His 90th Birthday, June 1, 1980*. Editado por William K. Simpson y Whitney M. Davis. Boston: Museum of Fine Arts, 1981.
———. "Tomb of Djehuty-nakht: Tomb Owners". Páginas 109–10 en *Mummies and Magic: The Funerary Arts of Ancient Egypt*. Editado por Sue D'Auria, Peter Lacovara y Catharine Roehrig. Boston: Museum of Fine Arts Boston, 1988.
———. "Coffin of the Lady of the House Neby". Páginas 118–19 en *Mummies and Magic: The Funerary Arts of Ancient Egypt*. Editado por Sue D'Auria, Peter Lacovara y Catharine Roehrig. Boston: Museum of Fine Arts Boston, 1988.

———. "Mummy Mask". Páginas 198–120 en *Mummies and Magic: The Funerary Arts of Ancient Egypt*. Editado por Sue D'Auria, Peter Lacovara y Catharine Roehrig. Boston: Museum of Fine Arts Boston, 1988.

———. *Inscribed Material of the First Intermediate Period from Naga ed-Dêr*. Tesis doctoral, University of Chicago, 1989.

———. "Epigraphic Work in the Tombs of the Nomarchs at Bersheh". Páginas 443–4 en *Sesto Congresso Internazionale di Egittologia. Turin, 1st-8th September 1991: Abstracts of Papers*. Editado por Silvio Curto et al. Turín: IAE, 1991.

———. *Report of the 1990 Field Season of the Joint Expedition of the Museum of Fine Arts (Boston)*. BR 1. Boston: University Museum (University of Pennsylvania) y Leiden University: Boston, 1992.

———. "A Coffin from Farshût in the Museum of Fine Arts, Boston". Páginas 37–69 en *Ancient Egyptian and Mediterranean Studies in Memory of William A. Ward*. Editado por Leonard H. Lesko. Providence: Department of Egyptology, Brown University, 1998.

———. "A Phantom Debate?" Páginas 25–30 en *From Illahun to Djeme: Papers Presented in Honour of Ulrich Luft*. Editado por Eszter Bechtold, András Gulyás y Andrea Hasznos. BAR-IS 2311. Oxford: Archaeopress, 2011.

———. "Overseers of Upper Egypt in the Old to Middle Kingdoms: Part 1". ZÄS 140 (2013): 91–111 y pl. XV–XVI.

———. "Overseers of Upper Egypt in the Old to Middle Kingdoms: Part 2, dossiers". ZÄS 141 (2014): 22–33.

———. *Naga ed-Dêr in the First Intermediate Period*. Boston: MFA, 2016.

Brown, Penelope y Stephen C. Levinson. *Politeness: Some Universals in Language Usage*. Cambridge: Cambridge University Press, 1987.

Bruinsma, Tjalling. "Some Literary Aspects of Coffin Texts Spell 38". Páginas 13–18 en *Acta Orientalia Neerlandica. Proceedings of the Congress of the Dutch Oriental Society Held in Leiden on the Occasion of Its 50th. Anniversary, 8-9 May 1970*. Leiden: Brill, 1971.

Brunner, Helmut. *Die Texte aus den Gräbern der Herakleopolitenzeit von Siut*. ÄF 5. Glückstadt: Augustin, 1937.

———. "Compte rendu CT II". *AfO* 14 (1941–1944): 221–23.

———. "Compte rendu CT V–VI". *AfO* 19 (1959–1962): 429–30.

———. "Zum Verständnis des Spruches 312 der Sargtexte". *ZDMG* 111 (NF 36) (1959–1962): 439–45.

Brunner-Traut, Emma. *Frühformen des Erkennens: Aspektive im Alten Ägypten*. Darmstadt: Wissenschaftliche Buchgesellschaft, 1996.

Buchberger, Hannes. *Transformation und Transformat*. Sargtextstudien 1. ÄA 52. Wiesbaden: Harrassowitz, 1993.

De Buck, Adriaan. "The Earliest Version of Book of the Dead 78". *JEA* 35 (1949): 87–97.

———. "The Fear of Premature Death in Ancient Egypt". Páginas 79–88 en *Pro Regno Pro Sanctuario: Een bundel studies en bijdragen van vrienden en vereerders bij de zestigste verjaardag van Prof. G. van der Leeuw*. Editado por Willem Jan Kooiman y J.M. van Veen. Nijkerk: Callenbach, 1950.

———. "Une forme énigmatique de la question: qui es-tu?" Páginas 397–99 en *Diatribae quas amici collegae discipuli Francisco Lexa quinque et septuaginta annos nato DDD*, I–II. Editado por Zbyněk Žába. *ArchOr* 20. Praga: Orientální Ústav, 1952.

———. *The Egyptian Coffin Texts*, I–VII. OIP, 24, 49, 64, 67, 73, 81 y 87. Chicago: University of Chicago Press, 1935–1961 (Véase CT).

Bull, Ludlow S. *The Religious Texts from an Egyptian Coffin of the Middle Kingdom*. Tesis doctoral, University of Chicago, 1922.

Bussmann, Richard. "Great and Little Traditions in Egyptology". Páginas 37–48 en *10. Ägyptologische Tempeltagung: ägyptische Tempel zwischen Normierung und Individualität*. Editado por Martina Ullmann. Wiesbaden: Harrassowitz, 2016.

Byrne, David. *How Music Works*. Edimburgo: Cannongate, 2013.

Callender, John. "Wolfgang Schenkel, Aus der Arbeit einer Konkordanz zu den altägyptischen Sargtexten". *BiOr* 45 (1988): 105–107.

Carrier, Claude. *Textes des sarcophages du Moyen-Empire égyptien* I–III. París: du Rocher, 2004.

Centrone, Maria Costanza. *Egyptian Corn-mummies: A Class of Religious Artefacts Catalogued and Systematically Analysed*. Saarbrücken: VDM Verlag Dr. Müller, 2009.

Černý, Jaroslav. *The Valley of the Kings: fragments d'un manuscrit inachévé*. BdE 61. El Cairo: IFAO, 1973.

Cervelló Autuori, Josep. *Escrituras, lenguas y cultura en el antiguo Egipto*. Bellaterra: UAB, 2015.

Chassinat, Émile y Palanque, Charles. *Une campagne de fouilles dans la nécropole d'Assiout*. MIFAO 24. El Cairo: IFAO, 1911.

Chegodaev, Mikhail A. "Some Remarks regarding the So-called 'Retrograde' Direction of Writing in the Ancient Egyptian Book of the Dead". *DE* 35 (1996): 19–24.

Ciampini, Emanuele M. "I percorsi misteriosi di Rosetau (*šmt št3t nt r3-st̠3w / w3wt št3t r3-st̠3w*)". *VO* 11 (1998–1999): 67–102.

Clère, Jacques Jean. "Le fonctionnement grammatical de l'expression *pri-ḫrw* en ancien égyptien". Páginas 753–97 en *Mélanges Maspero I: Orient ancien* 2. El Cairo: IFAO, 1935–1938.

———. "Un nouvel example de l'expression *pri-ḫrw* à la forme *sḏm.ty.fy*". *JEA* 25 (1939): 216.

———. "Nouvelles observations sur l'expression *pri-ḫrw*". *RdE* 2 (1957): 158–59.

Clivaz, Claire y Marthot-Santaniello, Isabelle. *Perceptions of Writing in Papyri: Crossing Close and Distant Readings*. Online Conference, 7–8 December 2023 at

Basel University (https://d-scribes.philhist.unibas.ch/en/events-1/papyri-conference/).

Collombert, Philippe. "The Egyptian Hieroglyphic Sign for the Sky 𓇯". *Hieroglyphs* 1 (2023): 219–44.

Cooper, Julien y Evans, Linda. "Transforming into a Swallow: Coffin Text Spell 294 and Avian Behaviour". *ZÄS* 142 (2015): 12–24.

Coulombe, Patrick, Clifford Qualls, Robert Kruszynski, Andreas Nerlich, Raffaella Bianucci, Richard Harris, Christine Mermier y Otto Appenzeller. "Network Science in Egyptology". *PLoS ONE* 7.11 (2012).

Coulon, Laurent. "Rhétorique et stratégies du discours dans les formules funéraires: les innovations des Textes des Sarcophages". Páginas 119–42 en *D'un monde à l'autre: Textes des Pyramides et Textes des Sarcophages*. BdE 139. Editado por Susanne Bickel y Bernard Mathieu. El Cairo: IFAO, 2004.

Crozier-Berlot, Claude. *Textes des sarcophages: index de citations*. París, 1972.

Crum, Walter Ewing. *A Coptic Dictionary Compiled with the Help of Many Scholars*. Oxford: Clarendon, 1939.

Curto, Silvio. "L'espressione *prj-ḫrw* nell'Antico Regno". *MDAIK* 16 (1958): 47–72.

D'Auria, Sue H. "Tomb of Djehuty-nakht: Canopic Equipment". Página 111 en *Mummies and Magic: The Funerary Arts of Ancient Egypt*. Editado por Sue D'Auria, Peter Lacovara y Catharine Roehrig. Boston: Museum of Fine Arts Boston, 1988.

D'Auria, Sue H. y Marx, Myron. "Tomb of Djehuty-nakht: Mummies". Páginas 111–12 en *Mummies and Magic: The Funerary Arts of Ancient Egypt*. Editado por Sue D'Auria, Peter Lacovara y Catharine Roehrig. Boston: Museum of Fine Arts Boston, 1988.

Dąbrowska-Smektała, Elzbieta. "New Parallels to the Spell 398 of the Coffin Texts". Páginas 115–20 en *Ägypten und Kusch*. Editado por Erika Endesfelder, Karl-Heinz Priese, Walter-Friedrich Reineke y Steffen Wenig. SGKAO 13. Berlín: Akademie, 1977.

———. "*ḥtp di n<y> swt* formula, new variant from Meir". Páginas 131–32 en *Acts of the First International Congress of Egyptology, Cairo, October 2–10 1976*. Editado por Walter F. Reineke. Berlín: Akademia, 1979.

———. "Coffin Texts Spell 391". *GM* 68 (1983): 91.

Dahms, Jan-Michael. *Die Särge des Karenen: Untersuchungen zu Pyramidentexten und Sargtexten*. OLA 285. Lovaina: Peeters, 2020.

———. "Die Zusammenstellung von Pyramiden- und Sargtexten im Sarg des Karenen (Sq6C) und im Grab von Chesu dem Älteren (KH1KH)–Die Rolle des Verstorbenen als Empfänger oder Handelnder in sacerdotal und personal texts". Páginas 181–204 en *Studies in Ancient Egyptian Funerary Literature*. Editado por Susanne Bickel y Lucía Díaz-Iglesias. OLA 257. Lovaina: Peeters, 2017.

Dahms, Jan-Michael, Pehal, Martin y Willems, Harco. "Ramses II Helps the Dead: An Interpretation of Book of the Dead Supplementary Chapter 166". *JEA* 100 (2014): 395–420.

Daressy, Georges. "Fouilles de Deir el Bircheh (novembre-décembre 1897)". *ASAE* 1 (1900): 17–43.

Darnell, John C. *The Enigmatic Netherworld Books of the Solar-Osirian Unity*. OBO 198. Friburgo: Universitätsverlag Freiburg, 2004.

Darnell, John C. y Colleen Manassa Darnell. *The Ancient Egyptian Netherworld Books*. WAW 39. Atlanta: SBL Press, 2018.

Davies, William V. "Djehutyhotep's Colossus Inscription and Major Brown's Photograph". Páginas 29–35 en *Studies in Egyptian Antiquities: A Tribute to T.G.H. James*. BMOP 123. Editado por W. Vivian Davies. Londres: The Trustees of the British Museum, 1999.

De Cenival, Jean-Louis. "Les écritures du verbe *m33* 'voir' dans les textes des sarcophages: leurs conséquences théoriques". *RdE* 29 (1977): 21–37.

———. *Le livre pour sortir le jour*. París: Musée d'Aquitaine et Réunion des Musées Nationaux, 1992.

———. "Les tablettes à écrire dans l'Égypte pharaonique". *Bibliologia* 12 (1992): 35–40.

De Jong, Aleid. "Coffin Texts Spell 38: The Case of the Father and the Son". *SAK* 21, (1994): 141–157.

Delnero, Paul. "Memorization and the Transmission of Sumerian Literary Compositions". *JNES* 71 (2012): 189–208.

Demidchik, Arkadi E. "Prioritety religioznoj deyatel'nosti drevnikh egiptyan v 1130 zaklinanii Tekstov sarkofagov". *Sibir na perekreste mirovykh religij, 29–30 october 2001*. Novosibirsk: Universidad de Novosibirsk, 2001.

Depuydt, Leo. "Coffin Texts 414 j–k: Aspects of Syntax". *GM* 58 (1982): 15–25.

Derchain, Philippe. "The Egyptian Coffin Texts, IV". *CdE* 54 (1952): 358–68.

———. "Bébon, le dieu et les mythes". *RdE* 9 (1952): 23-47.

———. "A. de Buck, The Egyptian Coffin Texts, V". *CdE* 30 (1955): 302–303.

———. "A. de Buck, The Egyptian Coffin Texts, VII". *CdE* 37 (1962): 297–300.

Derrida, Jacques. *De la grammatologie*. París: Les Éditions de Minuit, 1967.

———. *La voix et le phénomène*. París: Presses Universitaires de France, 1967.

———. *L'Écriture et la difference*. París: Seuil, 1967.

Diakonoff, Igor M. *Semito-hamitic Languages: An Essay of Classification*. Moscú: Nauka, 1965.

Díaz-Iglesias, Lucía. "Libro de la Salida al Día". En *EDMA*. Editado por Jónatan Ortiz-García. Alcalá de Henares: UAH, 2021.

———. "Proyecto de documentación y conservación de tres cámaras funerarias en Luxor (Egipto): fundamentos de la investigación e informe preliminar de la primera y segunda campañas de trabajo (2019–2020)". *AuOr* 40 (2022): 235–64.

———. "Linear Hieroglyphs". En *UCLA Encyclopedia of Egyptology*. Editado por Andréas Stauder y Willeke Wendrich. Los Angeles: UCLA, 2023.

Díaz-Iglesias, Lucía y Galán, José M. "17th Dynasty Inscribed Materials from a Robbers' Passage Connecting Two Funerary Shafts in Dra Abu el-Naga". *MDAIK* 75 (2019): 95–117.

Dietrich, Nikolaus, Ludger Lieb y Nele Schneidereit, eds. *Theorie und Systematik materialer Textkulturen*. MT 46.1. Berlín: De Gruyter, 2023.

Dobbin-Bennett, Tasha. *Rotting in Hell: Ancient Egyptian Conceptions of Decomposition*. Tesis doctoral, Yale University, 2014.

Dodson, Aidan. "Funerary Mask in Durham and Mummy Adornment in the Late Second Intermediate Period and Early Eighteenth Dynasty". *JEA* 84 (1998): 93–99.

———. "On the Burial of Maihirpri and Certain Coffins of the Eighteenth Dynasty". Páginas 331–38 en *Proceedings of the Seventh International Congress of Egyptologists, Cambridge, 3–9 September 1995*. Editado por Christopher Eyre. OLA 82. Lovaina: Peeters, 1998.

Donnat, Sylvie. "Le dialogue d'un homme avec son *ba* à la lumière de la formule 38 des Textes des Sarcophages". *BIFAO* 104 (2004): 191–205.

———. *Écrire à ses morts*. Grenoble: Millon, 2021.

Donnat, Sylvie y Juan Carlos Moreno García. "Intégration du mort dans la vie sociale égyptienne à la fin du IIIe millénaire av. J.-C". Páginas 179–210 en *Life, Death, and Coming of Age in Antiquity: Individual Rites of Passage in the Ancient Near East and Adjacent Regions*. Editado por Alice Mouton y Julie Patrier. PIHANS 124. Leiden: Nederlands instituut voor het nabije oosten, 2014.

Doret, Eric. "Phrase nominale, identité et substitution dans les CT". *RdE* 40 (1989): 49–63.

———. "Sur une caractéristique grammaticale de quelques sarcophages d'El-Bershe". *BSEG* 13 (1989): 45–50.

———. "Phrase nominale, identité et substitution dans les CT (2ème partie)". *RdE* 41 (1990): 39–56.

———. "Phrase nominale, identité et substitution dans les Textes des Sarcophages (3ème partie)". *RdE* 43 (1992): 49–73.

Dowty, David R. "Thematic Proto-roles and Argument Selection". *Language* 67 (1991): 547–620.

Drioton, Étienne. "La chanson des quatre vents". *Revue du Caire* 44 (1942): 209–18.

———. "The Egyptian Coffin Texts III". *BiOr* 6 (1949): 140–42.

———. "The Egyptian Coffin Texts IV". *BiOr* 10 (1953): 167–71.

———. "The Egyptian Coffin Texts V". *BiOr* 12 (1955): 61–66.

———. "The Egyptian Coffin Texts VI". *BiOr* 15 (1958): 187–190.

Dulíková, Veronika y Miroslav Bárta, eds. *Addressing the Dynamics of Change in Ancient Egypt: Complex Network Analysis*. Praga: Charles University, 2020.

Dunham, Dows y Stewenson Smith, William. “A Middle Kingdom Painted Coffin from Deir el Bersheh”. Páginas 261–68 en *Studi in memoria di Ippolito Rosellini nel primo centenario della morte (4 giugno 1843–4 giugno 1943)*. Pisa: Lischi, 1955.

Egberts, Arno. “The Collection de Buck at Leiden”. *GM* 60 (1982): 9–12.

Enmarch, Roland. “Paratextual Signs in Egyptian Texts of the Old and Middle Kingdom”. Páginas 41–56 en *Signes dans les textes: continuités et ruptures des pratiques scribales en Égypte pharaonique, gréco-romaine et byzantine; actes du colloque international de Liège (2–4 juin 2016)*. Editado por Nathan Carlig, Guillaume Lescuyer, Aurore Motte y Nathalie Sojic. PapLeod 9. Lieja: Presses Universitaires de Liège, 2020.

Erman, Adolf. “Die Entstehung eines ‘Totenbuchtextes”. *ZÄS* 32 (1894): 2–22.

Eschenbrenner Diemer, Gersande y Alejandro Jimenez-Serrano. “Middle Kingdom Coffins from Qubbet el-Hawa: Manufacturing Techniques Investigated”. En *Proceedings of the Second Vatican Coffin Conference*, e.p.

Eschenbrenner Diemer, Gersande y Russo, Barbara. “Quelques particuliers inhumés à Saqqara Nord au début du Moyen Empire”. *BIFAO* 114 (2015): 155–86.

Eyre, Chistopher J. “The Material Authority of Written Texts in Pharaonic Egypt”. Páginas 1–11 en *The Materiality of Texts from Ancient Egypt*. Editado por Francisca A.J. Hoogendijk y Steffie van Gompel. PLB 35. Leiden: Brill, 2018.

Fábián, Zoltán I. “Bringing about BD 25: Attempts of Text-Critical Analysis of CT 410 and 412”. *StudAeg* 12 (1989): 29–56.

Fatah, Ahmed G.A. y Bickel, Susanne. “Three Coffins from Sedment”. *BIFAO* 100 (2000): 1–36.

Fathy, Ashraf M. “The Meanings of *snwt* in the Coffin Texts”. Páginas 701–12 en *Proceedings of the Ninth International Congress of Egyptologists, Grenoble, 6–12 september 2004*. OLA 150. Editado por Jean-Claude Goyon y Christine Cardin. Lovaina: Peeters.

Faulkner, Raymond O. “The Egyptian Coffin Texts, VI”. *JEA* 44 (1958): 130–31.

———. “Spells 38–40 of the Coffin Texts”. *JEA* 48 (1962): 36–44.

———. “The Conflict of Horus and Seth by J.G. Griffiths”. *JEA* 48 (1962): 171–72.

———. “Rec. CT VII”. *JEA* 49 (1963): 182.

———. “The Pregnancy of Isis”. *JEA* 54 (1968): 40–44.

———. “*hy* (*m*) *nhw* ‘Make a Rope Fast’”. *JEA* 57 (1971): 202.

———. “Coffin Texts Spell 313”. *JEA* 58 (1972): 91–94.

———. “Boat-Building in the Coffin Texts”. *RdE* 24 (1972): 60–63.

———. “*wn.k ṯn* ‘Where Are You?’”. *JEA* 61 (1975): 257.

———. “‘Liaison’ *n* between *-n* and *nwi*”. *JEA* 64 (1978): 129.

———. “Coffin Text III 317 r: A Correction”. *JEA* 65 (1979): 161.

———. “The Prospective *sḏm.f* in the Coffin Texts”. Páginas 1–3 en *Orbis aegyptiorum speculum: Glimpses of Ancient Egypt; Studies in Honour of H.W. Fairman*.

Editado por John Ruffle, G.A. Gaballa y Kenneth A. Kitchen. Warminster: Aris & Phillips, 1979.

———. "Abnormal or Cryptic Writings in the CT". *JEA* 67 (1981): 173–74.

———. "A Coffin Text Miscellany". *JEA* 68 (1982): 27–30.

———. *The Ancient Egyptian Coffin Texts* I–III. Warminster: Aris & Phillips, 1994–1996.

Favry, Nathalie. *Le nomarque sous Sésotris I.* IEA 1. París: Presses de l'Université Paris-Sorbonne, 2004.

Federn, Walter. "The 'Transformations' in the Coffin Texts: A New Aproach". *JNES* 19 (1960): 241–57.

Feyerabend, Paul. *Against Method.* London: Verso, 1978.

Fischer, Henry G. *Dendera in the Third Millennium B.C. down to the Theban Domination of Upper Egypt.* Locust Valley, NY: Augustin, 1968.

———. "L'orientation des textes". Páginas 21–23 en *Textes et langages de l'Égypte pharaonique: cent cinquante années de recherches 1822-1972; hommage à Jean-François Champollion* I–II. Editado por Serge Sauneron. BdE 64. El Cairo: IFAO, 1972.

———. *L'écriture et l'art de l'Egypte ancienne.* París: PUF, 1986.

Franke, Detlef. "The Middle Kingdom Offering Formulas: A Challenge". *JEA* 89 (2003): 39–57.

Freed, Rita E. "Fragments from the Tomb of Djehuty-hotep II". Página 120 en *Mummies and Magic: The Funerary Arts of Ancient Egypt.* Editado por Sue D'Auria, Peter Lacovara y Catharine Roehrig. Boston: Museum of Fine Arts Boston, 1988.

———. "Group Statue of Ukh-hotep II and His Family". Página 121 en *Mummies ad Magic: The Funerary Arts of Ancient Egypt.* Editado por Sue D'Auria, Peter Lacovara y Catharine Roehrig. Boston: Museum of Fine Arts Boston, 1988.

Gabra, Sami. *Rapport sur les fouilles d'Hermoupolis Ouest (Touna el-Gebel).* El Cairo: IFAO, 1941.

Garstang, John. *El Arabah: A Cemetery of the Middle Kingdom; Survey of the Old Kingdom Temenos; Graffiti from the temple of Sety.* ERA 6. Londres: EEF, 1901.

Gauthier, Henri y Lefebvre, Gustave. "Sarcophages du Moyen Empire provenant de la nécropole d'Assiout". *ASAE* 23 (1923): 1–33.

Gautier, Joseph E. y Jéquier, Gustave. *Mémoire sur les fouilles de Licht.* MIFAO 6. El Cairo: IFAO, 1902.

Gee, John. "Oracle by Image: Coffin Text 103 in Context". Páginas 83–88 en *Magic and Divination in the Ancient World.* Editado por Leda Ciraolo y Jonathan Seidel. Leiden: Brill, 2002.

Geisen, Christina. *Die Totentexte des verschollenen Sarges der Königin Mentuhotep aus der 13. Dynastie: ein Textzeuge aus der Übergangszeit von den Sargtexten zum Totenbuch.* SAT 8. Wiesbaden: Harrassowitz, 2004a.

———. "Zur zeitlichen Einordnung des Königs Djehuti an das Ende der 13. Dynastie". *SAK* 32 (2004b): 149–57.

Genette, Gérard. *Palimpsestes*. París: Seuil, 1982.

Gerhards, Simone y Konrad, Tobias, eds. *Book of Abstracts: Ägyptologische „Binsen"-Weisheiten IV. Hieratisch des Neuen Reiches: Akteure, Formen und Funktionen.* https://zenodo.org/record/3676389#.Yw8_lWzMKV4.

George, Beate. "Sargtextsprüche 912 und 629: zwei neue Stockholmer Varianten". *MB* 22 (1987): 3–19.

Germond, Philippe. *Sekhmet et la protection du monde*. AegHel 9. Ginebra: Belles-Lettres, 1981.

Gesenius, Wilhelm. *Hebraïsches und Aramäisches Handwörterbuch über das alte Testament*. Berlín: Springer, 1962.

Gestermann, Louise. "Zu den spätzeitlichen Bezeugungen der Sargtexte". *SAK* 19 (1992): 117–32.

———. "Aus der Arbeit mit neuen Sargtextvarianten: Das Projekt eines Nachtragsbandes zu Adriaan de Buck, The Egyptian Coffin Texts". Páginas 31–40 en *The World of the Coffin Texts*. Editado por Harco Willems. EgUit 9. Leiden: Nederlands Instituut voor het Nabije Oosten, 1996.

———. "Die Überlieferung der Sargtexte nach dem Mittleren Reich". Páginas 437–46 en *Proceedings of the Seventh International Congress of Egyptologists, Cambridge, 3-9 September 1995*. Editado por Christopher Eyre. OLA 82. Lovaina: Peeters, 1998.

———. "Die "Textschmiede" Theben—Der thebanische Beitrag zu Konzeption und Tradierung von Sargtexten und Totenbuch". *SAK* 25 (1998): 83–99.

———. "Neues zu Pap. Gardiner II (BM EA 10676)". Páginas 202–208 en *Egyptology at the dawn of the Twenty-First Century: Proceedings of the Eighth International Congress of Egyptologists, Cairo, 2000* I. Editado por Zahi Hawass y Lyla Pinch Brock. El Cairo: American University in Cairo Press, 2003.

———. "Sargtexte aus Dair al-Birscha: Zeugnisse eines historischen Wendepunktes?". Páginas 201–17 en *D'un monde à l'autre: Textes des Pyramides et Textes des Sarcophages*. Editado por Susanne Bickel y Bernard Mathieu. BdE 139. El Cairo: IFAO, 2004.

———. *Die Überlieferung ausgewählter Texte altägyptischer Totenliteratur ("Sargtexte") in spätzeitlichen Grabanlagen* I–II. ÄA 68. Wiesbaden: Harrassowitz, 2005.

———. "Die Datierung der Nomarchen von Hermopolis aus dem frühen Mittleren Reich–eine Phantomdebatte?" *ZÄS* 135 (2008): 1–15.

———. "Auf dem Weg zum Totenbuch. Von Tradition und Neuerung". Páginas 67–78 en *Herausgehen am Tage. Gesammelte Schriften zum altägyptischen Totenbuch*. Editado por Rita Lucarelli, Marcus Müller-Roth y Annik Wüthrich. SAT 17. Wiesbaden: Harrassowitz, 2012.

———. "Die altägyptischen Sargtexte in diachroner Überlieferung". Páginas 371–84 en *Perspektiven einer corpusbasierten historischen Linguistik und Philologie*. TLA 4. Editado por Ingelore Hafemann. Berlín: Berlin-Brandenburgische Akademie der Wissenschaften, 2013.

Gilula, Mordechai. "Coffin Texts Spell 148". *JEA* 57 (1971): 14–19.

———. "Hirtengeschichte 17–22 = CT VII 36m–r". *GM* 29 (1978): 21–22.

Glynn, Dylan y Kerstin Fischer, eds. *Quantitative Methods in Cognitive Semantics: Corpus-driven Approaches*. CLR 46. Berlín: De Gruyter, 2010.

Godlewski, Włodzimierz, Robert Mahler y Barbara Czaja-Szewczak. "Crypts 1 and 2 in the Northwest Annex of the Monastery on Kom H in Dongola: Report on the Exploration in 2009". *PAM 21* (2012): 338–60.

Goebs, Katja. "Untersuchungen zu Funktion und Symbolgehalt des *nms*". *ZÄS* 122 (1995): 154–81.

———. "Zerstörung als Erneuerung in der Totenliteratur: Eine kosmische Interpretation des Kannibalenspruches". *GM* 194 (2003): 29–50.

———. "The Cannibal Spell: Continuity and Change in the Pyramid Text and Coffin Text Versions". Páginas 143–173 en *D'un monde à l'autre: Textes des Pyramides et Textes des Sarcophages*. BdE Editado por Susanne Bickel y Bernard Mathieu. 139. El Cairo: IFAO, 2004.

———. *Crowns in Egyptian Funerary Literature*. Oxford: Griffith Institute, 2008.

Goedicke, Hans. "The Egyptian Idea of Passing from Life to Death (an Interpretation)". *Orientalia* 24 (1955): 225–39.

———. "The Egyptian Coffin Texts VII: Texts of Spells 787–1185". *AJA* 66 (1962): 413.

———. "A Concordance to the Coffin Texts". *GM* 8 (1973): 59.

———. "Coffin Text Spell 84 (CT II 49a–51c)". *BSEG* 12 (1988): 39–52.

———. "Coffin Texts Spell 6". *BSEG* 13 (1989): 57–64.

Goelet, Ogden. "Observations on Copying and the Hieroglyphic Tradition in the Production of the Book of the Dead". Páginas 131–32 en *Offerings to the Discerning Eye: An Egyptological Medley in Honor of Jack A. Josephson*. Editado por Sue D'Auria. CHANE 38. Boston: Brill, 2010.

Goldwasser, Orly. "*itn*—the 'Golden Egg' (CT IV 292 b–c [B9Ca])". Páginas 79–84 en *Essays on Ancient Egypt in Honour of Herman te Velde*. Editado por Jacobus van Dijk, Dieter Kurth y William J. Murnane. EgMem 1. Groningen: Styx, 1997.

Gracia Zamacona, Carlos. "Sur les déterminatifs de mouvement et leur valeur linguistique". *GM* 183 (2001): 27–45.

———. "Las preposiciones simples del complemento de dirección de los verbos de desplazamiento en el egipcio medio de los Textos de los Sarcófagos". *CAER* 2001 (2001): 104–107.

———. "Un corpus funerario egipcio: los Textos de los Sarcófagos". *Espacio, Tiempo, Forma* 2/19 (2006): 41–59.

———. *Les verbes de mouvement dans les Textes des Sarcophages: étude sémantique.* Tesis doctoral, EPHE, 2008.
———. "Space, Time and Abstract Relations in the Coffin Texts". *ZÄS* 137 (2010): 13–26.
———. "The Spatial Adjunct in Middle Egyptian: Data from the Coffin Texts". Páginas 221–58 en *Raumdimensionen im Altertum: Zum spatial turn in den Kulturwissenschaften.* Editado por Maria Kristina Lahn y Maren-Grischa Schröter. *MOSAIKjournal* 1. Piscataway: Gorgias Press, 2011.
———. "*ỉm.y-wr.t-(ꜥꜣ)-n-p.t* and *tꜣ-wr-(ꜥꜣ)-n-tꜣ* in the Solar Circuit: Data from the Coffin Texts". *JEA* 98 (2012): 185–94.
———. "A Database for the Coffin Texts". Páginas 139–55 en *Texts, Languages and Information Technology in Egyptology.* Editado por Stéphane Polis y Jean Winand. AegLeod 9. Lieja: Presses Universitaires de Liège, 2013.
———. "The Two Inner Directions of the Ancient Egyptian Script". *BEJ* 3 (2015): 9–23.
———. "Verbes sans limite, verbes à limite: étude préliminaire d'après les données des Textes des Sarcophages". Páginas 303–26 en *Aere perennius: Mélanges égyptologiques en l'honneur de Pascal Vernus.* Editado por Philippe Collombert, Dominique Lefèvre, Stéphane Polis y Jean Winand. OLA 242. Lovaina: Peeters, 2016.
———. *Manual de egipcio medio.* Oxford: Archaeopress, 2017.
———. "The MORTEXVAR Project: Valuing Variability in the Ancient Egyptian Mortuary Texts". *Cadmo-Revista de História Antiga* 29 (2020): 275–80.
———. "¿Qué quería? Tiempos segundos y legitimación en los Textos de los Ataúdes del Egipto antiguo (ca. 2000–1500 a.Jc.)". *Habis* 51 (2020): 9–22.
———. "(In(ter))discipline: The Case of Egyptology". *AuOr* 39 (2021): 53–75.
———. "Some Remarks on a Multidimensional Approach to the Unique Spells in the Coffin Texts". Páginas 171–222 en *Middle Kingdom Palace Culture and Its Echoes in the Provinces.* Editado por Alejandro Jiménez-Serrano y Antonio J. Morales. HES 12. Boston: Brill, 2021.
———. "Cómo convertirse en pulga, y con qué fin: la fórmula 49 de los Textos de los Ataúdes". *REDMA* (2022).
———. "Divine Words in the Ancient Egyptian Coffin Texts (ca. 2000–1500 BC)". Páginas 119–40 en *Uses and Misuses of Ancient Mediterranean Sources: Erudition, Authority, Manipulation.* Editado por Chiara Meccariello y Jennifer Singletary. SERAPHIM 12. Tubinga: Mohr Siebeck, 2022.
———. "Algunas reflexiones sobre cómo estudiar una lengua antigua: el caso de la semántica verbal del antiguo egipcio". Páginas 66–83 en *Lenguas modernas y antiguas: Diferencias y similitudes en el estudio de la semántica verbal.* Editado por Carlos Gracia Zamacona y Josué Santos Saavedra. RIIPOA 1. Alcalá de Henares: RIIPOA, 2022.

———, ed. *Variability in the Earlier Egyptian Mortuary Texts*. HES 21. Boston: Brill, 2024.

———. "Modulating Semograms: Some Procedures for Semantic Specification and Re-categorization in the Pyramid Texts and other Mortuary Texts". En *Signs, Language and Culture: The Semograms of the Pyramid Texts between Iconicity and Referential Reality*. Editado por Josep Cervelló y Marc Orriols. HES. Boston: Brill, e.p.

———. "Variability in the Earlier Egyptian Mortuary Texts: Two Possible Issues in Diachrony; ꜣ/ỉ/r/zero Variation, and the Nature of the Oblique Agent". En *Chronologies and Contexts of the First Intermediate Period*. Editado por Andrea Pillon. BdE. El Cairo: IFAO, e.p.

———. "Textos de los Ataúdes". En *Cultos, mitos y prácticas mágicas en el antiguo Egipto: textos religiosos (2800 a.C.-1000 d.C.)*. Editado por Antonio J. Morales. Barcelona: Universitat Autònoma de Barcelona, e.p.

———. "Pero no la esposa: la fórmula 146 de los Textos de los Ataúdes para encontrase con los suyos". En *Voces de mujeres del antiguo Egipto*. Editado por Antonio J. Morales, e.pr.

Gracia Zamacona, Carlos y Contreras, Anthonny. "The MORTEXVAR Database." https://database.mortexvar.com.

Grajetzki, Wolfram. "Bemerkungen zu einigen Spruchtypen auf Särgen des späten Mittleren Reiches". *GM* 166 (1998): 29–37.

———. *The Coffin of Zemathor and Other Rectangular Coffins of the Late Middle Kingdom and Second Intermediate Period*. GHPE 15. Londres: Golden House, 2010.

———. *Tomb Treasures of the Late Middle Kingdom: The Archaeology of Female Burials*. Philadelphia: Penn Press, 2013.

Grallert, Silke. "Die Fugeninschriften auf Särgen des Mittleren Reiches". *SAK* 23 (1996): 147–65.

———. "The Mitre Inscriptions on Coffins of the Middle Kingdom: A New Set of Texts for Rectangular Coffins?" Páginas 70–73 en *Life and Afterlife in Ancient Egypt during the Middle Kingdom and the Second Intermediate Period*. GHPE 7. Editado por Silke Grallert y Wolfram Grajetzki. Londres: Golden House, 2007.

Grapow, Hermann. "Über die Totentexte in den Särgen des Mittleren Reiches: Konkordanz". Páginas 143–45 en *Die Ausgrabungen der Deutschen Orientgesellschaft in Abusir 1902–1904 (-1908). Priestergräber und andere Grabfunde vom Ende des Alten Reiches bis zur griechischen Zeit vom Totentempel des Ne-user-re*, II. Editado por Heinrich Schäfer. Leipzig: Hinrichs, 1908.

———. "Zweiwegebuch und Totenbuch". *ZÄS* 46 (1909): 77–81.

———. "Eine alte Version von Totenbuch Kapitel 51–53". *ZÄS* 47 (1910): 100–111.

———. "Über einen ägyptischen Totenpapyrus aus dem frühen mittleren Reich". *KPAWS* 27 (1915): 376–84.

Grdseloff, Bernhard. *Das Ägyptische Reinigungszelt*. EtEg 1. El Cairo: IFAO, 1941.

Grieshammer, Reinhard. *Das Jenseitsgericht in den Sargtexten.* ÄA 20. Wiesbaden: Harrassowitz, 1970.

———. *Die altägyptischen Sargtexte in der Forschung seit 1936. Bibliographie zu de Bucks, The Egyptian Coffin Texts I–VII.* ÄA 28. Wiesbaden: Harrassowitz, 1974.

———. "Zur Formgeschichte der Sprüche 38–41 der Sargtexte". Páginas 231–35 en *Miscellanea in honorem Josephi Vergote.* Editado por Paul Naster, Herman de Meulenaere y Jan Quaegebeur. OLP 6–7. Lovaina: Departement Oriëntalistiek, 1975–1976.

Griffith, Francis Ll. *The Inscriptions of Siût and Dêr Rifêh.* Londres: Trübner, 1889.

Griffith, Francis Ll. y Newberry, Percy E. *El Bersheh* I–II. ASE 3–4. Londres: EEF, 1895.

Griffiths, John G. "The Egyptian Coffin Texts II". *JEA* 25 (1939): 115–16.

———. *The Origins of Osiris and His Cult.* MÄS 9. Brill: Leiden, 1966.

———. "Das Jenseitsgericht in den Sargtexten by R. Grieshammer". *JEA* 57 (1971): 211.

Guerra Méndez, César y Gracia Zamacona, Carlos, "Osiris as Written in the Pyramid Texts and the Coffin Texts". Páginas 131–58 en *Variability in the Earlier Egyptian Mortuary Texts.* Editado por Carlos Gracia Zamacona. HES 21. Boston: Brill, 2024.

Guilmot, Max. "La signification des métamorphoses du défunt en Egypte ancienne (d'après les Textes des Sarcophages +/- 2200 à 1800 av. J.-C.)". *RHR* 175 (1969): 5–16.

Gundlach, Rolf y Schenkel, Wolfgang. *Lexikalisch grammatische Liste zu Spruch 335A der altägyptische Sargtexte LL/CT.335A*, I–II. SDR S-8.1–2. Darmstadt: Deutsches Rechenzentrum, 1970.

Gunn, Battiscombe. "A Special Use of the *sḏm.f* and *sḏm.n.f* Forms". *JEA* 32 (1946): 21–24.

Haiman, John. "Economic and Iconic Motivation". *Language* 59 (1983): 781–819.

———, ed. *Iconicity in Syntax.* TSL 6. Amsterdam: Benjamins, 1985.

Hannig, Rainer. "Sarg des Nacht". Páginas 58–61 en *Suche nach Unsterblichkeit: Totenkult und Jenseitsglaube im Alten Ägypten.* Editado por Arne Eggebrecht. Hildesheim: Pelizaeus-Museum, 1990.

———. *Zur Paläographie der Särge aus Asiut.* HÄB 47. Hildesheim: Gerstenberg, 2006.

Hansen, Donald P. "The Excavations at Tell el Rubaa". *JARCE* 6 (1967): 5–16.

Harris, James R. *Lexicographical Studies in Ancient Egyptian Minerals.* DAWIO 54. Berlín: Akademie, 1961.

Haspelmath, Martin. "Frequency vs. Iconicity in Explaining Grammatical Asymmetries". *CL* 19 (2008): 1–33.

Hayes, William C. "The Egyptian Expedition's Excavations at Lisht". *BMMA* 28/11(2) (1933): 4–38.

———. "Career of the Great Steward Henenu under Nebhepetre Mentuhotpe". *JEA* 35 (1949): 43–49.

———. *The Texts in the Mastabeh of Sen-wosret-ankh at Lisht*. Nueva York: Arno Press, 1987.

Hays, Harold M. "Transformation of Context: The Field of Rushes in Old and Middle Kingdom Mortuary Literature". Páginas 175–200 en *D'un monde à l'autre: Textes des Pyramides et Textes des Sarcophages*. Editado por Susanne Bickel y Bernard Mathieu. BdE 139. El Cairo: IFAO, 2004.

———. "The Mutability of Tradition: the Old Kingdom Heritage and Middle Kingdom Significance of Coffin Texts Spell 343". *JEOL* 40 (2007): 175–200.

———. "Old Kingdom Sacerdotal Texts". *JEOL* 41 (2009): 47–94.

———. "Funerary Rituals (Pharaonic Period)". *UCLA Encyclopedia of Egyptology*. Editado por Jacco Dieleman y Willeke Wendrich. Los Angeles: UCLA, 2010.

———. "The Death of Democratisation of the Afterlife". Páginas 115–30 en *Old Kingdom, New Perspectives*. Editado por Nigel Strudwick y Helen Strudwick. Oxford: Oxbow, 2011.

———. *The Organization of the Pyramid Texts: Typology and Disposition* I–II. PÄ 31. Leiden: Brill, 2012.

———. "Entextualization of Pyramid Texts". Capítulo 5 en *Towards a New History for the Old Kingdom*. Editado por Peter der Manuelian y Thomas Schneider. HES 1. Leiden: Brill, 2015.

Heerma van Voss, Matthieu S. H. G. *De oudste versie van Dodenboek 17a Coffin Texts spreuk 335a*. Leiden: Groen & Zoon, 1963.

———. "De sjawabti's en het zandmysterie". *Phoenix* 9 (1963): 53–57.

———. "Oudegyptische gedaanteverwisselingen". *Phoenix* 17 (1971): 96–99.

———. "Sargtexte". Páginas 469–470 en *Lexikon der Ägyptologie*, I–VI. Editado por Wolfgang Helck y Eberhard Otto. Wiesbaden: Harrassowitz, 1975–1989.

———. "Sargtext 106 im Totenbuch". Páginas 49–52 en *Egyptological Studies in Honor of Richard A. Parker Presented on the Occasion of his 78th Birthday December 10, 1983*. Editado por Leonard H. Lesko. Hanover, NH: University Press of New England, 1986.

———. "Adriaan de Buck: Some Memories and Reflections". Páginas 41–44 en *The World of the Coffin Texts*. Editado por Harco Willems. EgUit 9. Leiden: Nederlands Instituut voor het Nabije Oosten, 1996.

Hellinckx, Bart R. "The Symbolic Assimilation of Head and Sun as Expressed by Headrests". *SAK* 29 (2001): 61–95.

———. "Altägyptische Totenliturgien". *OLZ* 9 (2004): 5–15.

Hellum, Jennifer. "The Questions of the Maidservant and the Concubine: Re-examining Egyptian Female Lexicology". Páginas 269–78 en *Dust, Demons and Pots: Studies in Honour of Colin A. Hope*. Editado por Ashten R. Warfe, James C.R. Gill, Caleb R. Hamilton, Amy J. Pettman y David A. Stewart. Peeters: Leuven, 2020.

Henare, Amiria, Martin Holbraad y Sari Wastell. "Introduction: Thinking through Things". Páginas 1–31 en *Thinking through Things: Theorising Artefacts Ethnographically*. Editado por Amiria Henare, Martin Holbraad y Sari Wastell. Londres: Routledge, 2007.

Herbin, François René. *Le livre de parcourir l'éternité*. OLA 58. Lovaina: Peeters, 1994.

———. *Books of Breathing and Related Texts*. CBD 4. Londres: British Museum Press, 2008.

Herbst, Thomas. "Chosing *Sandy beaches*–Collocations, Probabemes and the Idiom Principle". Páginas 27–57. En *The Phraseological View of Language: a Tribute to John Sinclair*. Editado por Thomas Herbst, Susen Faulhaber y Peter Uhriget. Berlín: De Gruyter, 2011.

Hermsen, Edmund. *Die zwei Wege des Jenseits*. OBO 112. Friburgo: Universitätsverlag Freiburg, 1991.

———. "Die Bedeutung des Flammensees im Zweiwegebuch". Páginas 73–86 en *Hermes Aegyptus: Egyptological Studies for B.H. Stricker*. DE–SN 2. Editado por Terence Du Quesne. Oxford: DE Publications, 1995.

Hick, Darren Hudson y Reinold Schmücker, eds. *The Aesthetics and Ethics of Copying*. London: Bloomsbury, 2016.

Hintze, Fritz. "Statistisches zu den Sargtexten". *GM* 9 (1974): 63–74.

Hoenes, Sigrid-E. *Untersuchungen zu Wesen und Kult der Göttin Sachmet*. Bonn: Habelt, 1978.

Hoffmeier, James K. "The Possible Origins of the Tent of Purification in the Egyptian Funerary Cult". *SAK* 9 (1981): 167–77.

———. "The Coffins of the Middle Kingdom: the Residence and the Regions". Páginas 69–86 en *Middle Kingdom Studies*. Editado por Stephen Quirke. New Malden: SIA Publishing.

———. "Are There Regionally-based Theological Differences in the Coffin Texts?" Páginas 45–54 en *The World of the Coffin Texts*. Editado por Harco Willems. EgUit 9. Leiden: Nederlands Instituut voor het Nabije Oosten, 1996.

Holbraad, Martin. *Truth in Motion: The Recursive Anthropology of Cuban Divination*. Chicago: The University of Chicago Press, 2012.

Hollander, Frances. "A Note on Coffin Texts Spell 148". Páginas 53–55 en *Papers for a Discussion* I. Editado por Sarah Groll, Emily Stein y Francs Bogot. Jerusalén: The Hebrew University, 1982.

Hornung, Erik. "Review of *The Origins of Osiris* by J.G. Griffiths". *OLZ* 65 (1970): 17–19.

———. *Ägyptische Unterweltsbücher*. Artemis: Zúrich, 1972.

———. "Die 'Kammern' des Thot-Heiligtumes". *ZÄS* 100 (1973): 33–35.

———. *Das Buch der Anbetung des Re im Westen (Sonnenlitanei): nach den Versionen des Neuen Reiches; Teil 1: Text*. AegHel 2. Ginebra: Éditions de Belles Lettres, 1975.

———. *Das Buch der Anbetung des Re im Westen (Sonnenlitanei): nach den Versionen des Neuen Reiches; Teil 2: Übersetzung und Kommentar*. AegHel 3. Ginebra: Éditions de Belles-Lettres, 1976.

———. *Altägyptische Jenseitsbücher: Ein einführender Überblick*. Darmstadt: Primus, 1977.

———. *Das Buch von den Pforten des Jenseits: nach den Versionen des Neuen Reiches; Teil 1: Text*. AegHel 7. Ginebra: Éditions de Belles-Lettres, 1979.

———. *Der ägyptische Mythos von der Himmelskuh: eine Ätiologie des Unvollkommenen*. OBO 46. Friburgo: Freiburg Universitätsverlag, 1982.

———. *Das Buch von den Pforten des Jenseits: nach den Versionen des Neuen Reiches; Teil 2: Übersetzung und Kommentar*. AegHel 8. Ginebra: Éditions de Belles-Lettres, 1984.

———. *Texte zum Amduat; Teil 1: Kurzfassung und Langfassung, 1. bis 3. Stunde*. AegHel 13. Ginebra: Éditions de Belles-Lettres, 1987.

———. *Texte zum Amduat; Teil 2: Langfassung, 4. bis 8. Stunde*. AegHel 14. Ginebra: Éditions Médecine et Hygiène, 1992.

———. *Texte zum Amduat; Teil 3: Langfassung, 9. bis 12. Stunde*. AegHel 15. Ginebra: Éditions de Belles Lettres, 1994.

Hultkranz, Åke. "An Ecological Approach to Religion". *Ethnos* 31 (1966): 131–50.

Hussein, Ramadan B. "A New Coffin Text spell from Naga ed-Dêr". Páginas 171–95 en *Egypt and Beyond: Essays Presented to Leonard H. Lesko*. Editado por Stephen E. Thompson y Peter der Manuelian. Providence: Department of Egyptology and Ancient Western Asian Studies, Brown University, 2008.

Jacq, Christian. *Le voyage dans l'autre monde selon l'Egypte ancienne*. Mónaco: du Rocher, 1986.

———. *Lexique des verbes de mouvement dans les Textes des Pyramides et les Textes des Sarcophages*. París: Institut Ramsès, 1993.

———. *Recherches sur les paradis de l'autre monde d'après les Textes des Pyramides et les Textes des Sarcophages*. Velaux: Institut Ramsès, 1993.

Jakobson, Roman. "Linguistics and poetics". Páginas 350–77 en *Style in Language*. Editado por Thomas A. Sebeok. Cambridge, MA: Massachusetts Institute of Technology Press, 1960.

James, Thomas G.H. *The Hekanakhte Papers and Other Early Middle Kingdom Documents*. PMMA-EE 19. Nueva York: Metropolitan Museum of Art, 1962.

Janák, Jiří. "Ba". En *UCLA Encyclopedia of Egyptology*. Editado por Jacco Dieleman y Willeke Wendrich. Los Angeles: UCLA, 2016.

Jankuhn, Dieter. "Der Spruch: 'Die Häuser im Wasser zu bauen' [CT VI, Sp. 571] (zur Frage der Lokalisierung der Nekropole von Buto-Sais)". *RdE* 29 (1977): 38–42.

———. "Der Spruch: 'Die Häuser im Wasser zu bauen' (CT VI, Sp. 571) (zur Frage der Lokalisierung der Nehropole von Buto-Sais)". Páginas 327–331 en *Acts of the First International Congress of Egyptology, Cairo, October 2-10 1976*. Editado por Walter F. Reineke. Berlín: Akademia, 1979.

Jansen-Winkeln, Karl. "Ein Anruf an den Sarg". *DE* 30 (1994): 55–63.

———. "Zur Bedeutung von *jm3ḫ*". *BSEG* 20 (1996): 29–36.

———. "'Horizont' und 'Verklärtheit': zur Bedeutung der Wurzel *3ḫ*". *SAK* 23 (1996): 201–215.

Janssen, Jozef M. A. "De bodem van sarcofaag Cairo 28087 [B17C]". *JEOL* 15 (1957–1958): 71–73.

Jéquier, Gustave. *Les frises d'objets des sarcophages du Moyen Empire*. MIFAO 47. El Cairo: IFAO, 1921.

De Jong, Aleid. "Coffin Texts Spell 38: The Case of the Father and the Son". *SAK* 21 (1994): 141–57.

Jousse, Marcel. *Le style oral-rythmique et mnémotechnique chez les verbo-moteurs*. París: Beauchesne, 1925.

Junge, Friedrich y Wolfgang Schenkel. "Göttinger Konkordanz zu den altägyptischen Sargtexten". *GM* 3 (1972): 37–38.

Junker, Hermann. *Die Onurislegende*. KAWW 59. Viena: Hölscher, 1917.

Jürgens, Peter. *Textgeschichtliche Untersuchungen zur Spruch 75 der altägyptischen Sargtexte*. Tesina de Máster, Universität Tübingen, 1986.

———. "Textkritische und überlieferungsgeschichtliche Untersuchungen zu den Sargtexten". *GM* 105 (1988): 27–39.

———. "Der Tote als Mittler zwischen Mensch und Göttern in Berliner Sargtexte Papyrus. Ein Zeugnis inoffizieler Religion im Mittleren Reich". *GM* 116 (1990): 51–63.

———. "Etappen der Überlieferung von Sargtexten in Oberägypten". Páginas 242–243 en *Sesto Congresso Internazionale di Egittologia, Turin, 1st-8th September 1991: Abstracts of Papers*. Editado por Silvio Curto et al. Turín: IAE, 1991.

———. "Möglichkeiten der Stemmakonstruktion bei Texten aus lebendiger Überlieferung (am Beispiel der Sargtexte)". *GM* 132 (1993): 49–65.

———. *Grundlinien einer Überlieferungsgeschichte der altägyptischen Sargtexte. Stemmata und Archetypen der Spruchgruppen 30-32 + 33-37, 75(-83), 162 + 164, 225 + 226 und 343 + 345*. GOF IV.31. Wiesbaden: Harrassowitz, 1995.

———. "Textkritik der Sargtexte: CT-Sprüche 1–27". Páginas 55–72 en *The World of the Coffin Texts*. EgUit 9. Editado por Harco Willems. Leiden: Nederlands Instituut voor het Nabije Oosten, 1996.

———. "Anmerkungen zu Sargtextspruch 335 und seiner Tradierung". *GM* 172 (1999): 29–46.

———. "Eine Coffin-Texts-Index-Databank". *GM* 179 (2000): 5–6.

Kadish, Gerald. "The Scatophagous Egyptian". *JSSEA* 9 (1978–1979): 203–17.

Kahl, Jochem. "Textkritische Bemerkungen zu den Diagonalsternuhren des Mittleren Reiches". *SAK* 20 (1993): 95–107.

———. *Siut-Theben: Zur Wertschätzung von Traditionen im alten Ägypten*. PÄ 13. Leiden: Brill, 1999.
———. "Religiöse Sprachsensibilität in den Pyramidentexten und Sargtexten am Beispiel des Namens des Gottes Seth". Páginas 219–46 en *D'un monde à l'autre: Textes des Pyramides et Textes des Sarcophages*. Editado por Susanne Bickel y Bernard Mathieu. BdE 139. El Cairo: IFAO, 2004.
———. *Ancient Asyut: The First Synthesis after Three Hundred Years of Research*. APS 1. Wiesbaden: Harrassowitz, 2012.
Kahl, Jochem y John Moussa Iskander. "Der Torpassagen der Zweiwegebuchs in Assiu.t" Páginas 145–54 en *Asyut: The Capital that Never Was*. Editado por Jochem Kahl y Andrea Kylian. APS 18. Wiesbaden: Harrassowitz, 2022.
Kákosy, Laszló. "R. Grieshammer, Das Jenseitsgericht in den Sagtexten". *OLZ* 68 (1973): 346–48.
Kamal, Ahmed. "Fouilles à Déïr-el-Barsheh". *ASAE* 2 (1901): 14–43.
———. "Rapport sur les fouilles exécutées à Deîr-el-Barshé". *ASAE* 2 (1901): 206–22.
———. "Fouilles à Deir-el-Barché exécutées dans les six premiers mois de l'année par M. Antonini de Mallawi". *ASAE* 3 (1902): 276–82.
———. "Rapport sur les fouilles exécutées dans la zone comprise entre Deïrout, au nord, et Deir-el-Ganadlah, au sud". *ASAE* 11 (1911) 3–39.
———. "Rapport sur les fouilles exécutées dans la zone comprise entre Deïrout, au nord, et Deir-el-Ganadlah, au sud". *ASAE* 12 (1912): 97–127.
———. "Rapport sur les fouilles exécutées dans la zone comprise entre Deïrout, au nord, et Deir-el-Ganadlah, au sud". *ASAE* 14 (1914): 45–87.
Von Känel, Frédérique. *Les prêtres-ouâb de Sekhmet et les conjurateurs de Serket*. BEHE 87. París: PUF, 1984.
Kaplony, Peter. "Der Titel *wnr(w)* nach Spruch 820 der Sargtexte". *MIO* 11 (1966): 137–63.
———. "Hirtenlied, Harfnerlieder und Sargtext-Spruch 671 als verwandte Gattungen der ägyptischen Literatur". *CdE* 45 (1970): 240–43.
Kees, Hermann. "Die Feuerinsel in den Sargtexten und im Totenbuch". *ZÄS* 78 (1942): 41–53.
———. "Sargtexte und Totenbuch". Páginas 39–47 en *Ägyptologie: Literatur*. HdO I.1.2. Editado por Hellmut Brunner. Leiden: Brill, 1952.
———. "De Buck, CT IV". *OLZ* 48 (1953): 230–31.
———. *Göttinger Totenbuchstudien*. UGAÄ 17. Berlín: Akademie, 1954.
———. "De Buck, CT V". *OLZ* 51 (1956): 125–28.
———. *Totenglauben und Jenseitsvorstellungen der Alten Ägypter*. Berlín: Akademia, 1956.
———. "De Buck, CT VI". *OLZ* 53 (1958): 129–32.
———. "De Buck, CT VII". *OLZ* 57 (1962): 589–91.

El Khadragy, Mahmoud y Kahl, Jochem. “The First Intermediate Period Tombs at Asyut Revisited”. *SAK* 32 (2004): 233–43.

Kirby, Christopher J., Sara E. Orel y Stuart T. Smith. “Preliminary Report on the Survey of Kom el-Hisn, 1996”. *JEA* 84 (1998): 23–43.

Klotz, David. “Thoth as Textual Critic: The Interrupting Baboons at Esna Temple”. *ENiM* 7 (2014): 33–60.

———. Review of *Die Stundenwachen im Osiriskult: Eine Studie zur Tradition und späten Rezeption von Ritualen im Alten Ägypten I–II*, A. Pries. *WdO* 52 (2022): 320–40.

———. “Osiris and the Solar Barks: New Readings of Two Enigmatic Compositions”. *ENiM* 16 (2023): 153–204.

Koenig, Yvan. *Le papyrus Boulaq 6: Transcription, traduction et commentaire*. BdE 87. El Cairo: IFAO, 1981.

———. *Magie et magiciens dans l’Égypte Ancienne*. París: Pigmalion, 1994.

———. “Le papyrus de Moutemheb”. *BIFAO* 104 (2004): 291–326.

———. “Histoires sans paroles (P. Deir al-Medîna 45, 46, 47)”. *BIFAO* 111 (2011): 243–56.

Köhler, Ulrich. “Einige vorläufige Bemerkungen zu Kap. 17 TB vom Sarg der Königin Mentuhotep”. Páginas 11–26 en *Totenbuchstudien: Beiträge zum 17. Kapitel*. Editado por Wolfhart Westendorf. GOF 4.3. Wiesbaden: Harrassowitz, 1975.

Kootz, Anja. “Zur Bedeutung des Begriffes *wḥm*”. *Afrikanistik-Aegyptologie-Online* 2023 (2023): 1-27

Kóthay, Katalin Anna. “Divine Beings at Work: A Motif in Late First Intermediate Period and Early Middle Kingdom Mortuary Texts”. *JEA* 96 (2010): 83–100.

Krauss, Rolf. *Astronomische Konzepte und Jenseitsvorstellungen in den Pyramidentexten*. ÄA 59. Wiesbaden: Harrassowitz, 1977.

Kruck, Elisabeth. “Occurrence of Grave Goods and Their Representations on Coffins: A Concept of Substitution?” Páginas 131–158 en *Variability in the Earlier Egyptian Mortuary Texts*. Editado por Carlos Gracia Zamacona. HES 21. Boston: Brill, 2024.

Kupreyev, Maxim. *Deixis in Egyptian: The Close, the Distant and the Known*. HES 18. Boston: Brill, 2022.

Kurth, Dieter. “Das Lied von den vier Winden und seine angebliche pantomimische Darstellung”. Páginas 444–79 en *Essays in Egyptology in Honour of Hans Goedicke*. Editado por Betsy M. Bryan y David Lorton. San Antonio: Van Siclen, 1994.

Laborinho, Eliana M. “Nun, the Primeval Water according the Coffin Texts”. Páginas 221–28 en *L’acqua nell’antico Egitto*. Editado por Alessia Amenta, Maria Novella Sordi y Maria Michella Luiselli. Roma: L’Erma di Bretschneider, 2005.

Lacau, Pierre. “Textes religieux”. *RT* 26 (1904), 59–81 y 224–36.

———. "Notes sur les textes religieux contenus dans les sarcophages de M. Garstang". *ASAE* 5 (1904): 229–49.
———. *Sarcophages antérieurs au Nouvel Empire* I–II. CGC 14 y 27. El Cairo: IFAO, 1904–1905.
———. "Textes religieux". *RT* 27 (1906): 53–61, 217–33.
———. "Textes religieux". *RT* 29 (1907): 143–59.
———. "Textes religieux". *RT* 30 (1908): 65–73, 185–202.
———. "Textes religieux". *RT* 31 (1909): 10–33, 161–75.
———. "Textes religieux". *RT* 32 (1910) 78–87.
———. *Textes religieux égyptiens*. París: Champion, 1910.
——— "Textes religieux". *RT* 33 (1911): 27–37.
———. "Textes religieux". *RT* 34 (1912): 175–82.
———. "Textes religieux". *RT* 36 (1914): 209–18.
———. "Suppressions et modifications de signes dans les textes funéraires". *ZÄS* 51 (1914): 1–64.
———. "Textes religieux". *RT* 37 (1915): 137–47.
Lacau, Pierre y Quibell, James Edward. *Excavations at Saqqara (1906-1907)*. El Cairo: IFAO, 1908.
Lacovara, Peter. "Tomb of Djehuty-nakht". Página 109 en *Mummies and Magic: The Funerary Arts of Ancient Egypt*. Editado por Sue D'Auria, Peter Lacovara y Catharine Roehrig. Boston: Museum of Fine Arts Boston, 1988.
———. "Tomb of Djehuty-nakht: Coffins". Páginas 110–11 en *Mummies and Magic: The Funerary Arts of Ancient Egypt*. Editado por Sue D'Auria, Peter Lacovara y Catharine Roehrig. Boston: Museum of Fine Arts Boston, 1988.
———. "Tomb of Djehuty-nakht: Masks". Página 112 en *Mummies and Magic: The Funerary Arts of Ancient Egypt*. Editado por Sue D'Auria, Peter Lacovara y Catharine Roehrig. Boston: Museum of Fine Arts Boston, 1988.
———. "Tomb of Djehuty-nakht: Jewelry". Página 112 en *Mummies and Magic: The Funerary Arts of Ancient Egypt*. Editado por Sue D'Auria, Peter Lacovara y Catharine Roehrig. Boston: Museum of Fine Arts Boston, 1988.
———. "Tomb of Djehuty-nakht: Sticks and Staves". Páginas 116–17 en *Mummies and Magic: The Funerary Arts of Ancient Egypt*. Editado por Sue D'Auria, Peter Lacovara y Catharine Roehrig. Boston: Museum of Fine Arts Boston, 1988.
———. "Model Coffin and Shawabti". Página 126 en *Mummies and Magic: The Funerary Arts of Ancient Egypt*. Editado por Sue D'Auria, Peter Lacovara y Catharine Roehrig. Boston: Museum of Fine Arts Boston, 1988.
———. "Coffin Footboard". Páginas 130–31 en *Mummies and Magic: The Funerary Arts of Ancient Egypt*. Editado por Sue D'Auria, Peter Lacovara y Catharine Roehrig. Boston: Museum of Fine Arts Boston, 1988.

———. "Rishi Coffin". Página 131 en *Mummies and Magic: The Funerary Arts of Ancient Egypt*. Editado por Sue D'Auria, Peter Lacovara y Catharine Roehrig. Boston: Museum of Fine Arts Boston, 1988.

Lacovara, Peter y Roth, Ann M. "Model Coffin and Shawabti". Página 130 en *Mummies and Magic: The Funerary Arts of Ancient Egypt*. Editado por Sue D'Auria, Peter Lacovara y Catharine Roehrig. Boston: Museum of Fine Arts Boston, 1988.

Lacovara, Peter, C. H. Roehrig y Margaret A. Leveque. "Tomb of Djehuty-nakht: Miscellaneous". Páginas 116–17 en *Mummies and Magic: The Funerary Arts of Ancient Egypt*. Editado por Sue D'Auria, Peter Lacovara y Catharine Roehrig. Boston: Museum of Fine Arts Boston, 1988.

Lakoff, George y Mark Johnson. *Metaphors We Live By*. Chicago: Chicago University Press, 1980.

Lalouette, Claire. *Textes sacrés et profanes de l'ancienne Egypte* I. París: Gallimard, 1984.

Landborg, Anne. *Manifestations of the Dead in Ancient Egyptian Coffin Texts*. Tesis doctoral, University of Liverpool, 2014.

Langacker, Ronald W. *Foundations of Cognitive Grammar* I–II. Stanford: Stanford University Press, 1987 y 1991.

Lange, Hans O. y Heinrich Schäffer. *Grab- und Denksteine des Mittleren Reichs* I–IV. CG 20001-20780. Berlín: Reichsdruckerei, 1902, 1908 y 1925.

Lapp, Günther. "Sarg. Särge des AR und MR". Páginas 430–34 en *Lexikon der Ägyptologie* I–VI. Editado por Wolfgang Helck y Eberhard Otto. Wiesbaden: Harrassowitz, 1975–1989.

———. "Zweiwegebuch". Páginas 1430–32 en *Lexikon der Ägyptologie* I–VI. Editado por Wolfgang Helck y Eberhard Otto. Wiesbaden: Harrassowitz, 1975–1989.

———. *Särge des Mittleren Reiches aus der ehemaligen Sammlung Khashaba*. ÄA 43. Wiesbaden: Harrassowitz, 1985.

———. "Der Sarg des Imny mit einem Spruchgut am Übergang von Sargtexten zum Totenbuch". *SAK* 13 (1986): 135–47.

———. "Zur Bedeutung von Spruchfolgen für die Redaktionsgeschichte der Sargtexte". Páginas 269–79, vol. III, en *Akten des vierten internationalen Ägyptologen Kongresses. München 1985* I–IV. Editado por Sylvia Schoske. Hamburgo: Buske, 1988.

———. "Die Papyrusvorlagen der Sargtexte". *SAK* 16 (1989): 171–202.

———. "Die Spruchkompositionen der Sargtexte". *SAK* 17 (1990): 221–34.

———. "Harco Willems, Chests of Life". *BiOr* 48 (1991): 801–12.

———. *Typologie der Särge und Sargkammern von der 6. bis 13. Dynastie*. SAGA 7. Heidelberg: Heidelberger Orientverlag, 1993.

———. "Die Entwicklung der Särge von de 6. bis 13. Dynastie". Páginas 73–99 en *The World of the Coffin Texts*. EgUit 9. Editado por Harco Willems. Leiden: Nederlands Instituut voor het Nabije Oosten, 1996.

———. *Die prt-m-hrw Sprüche (Tb 2, 64–72)*. Totenbuchtexte 7. Basilea: Orientverlag, 2011.

———. "Totentexte der Privatleute vom Ende des Alten Reiches bis zur 1. Zwischenzeit unter besonderer Berücksichtigung von Sargkammern und Särgen". *SAK* 43 (2014): 209–22.

Lavier, Marie-Christine. "Les formes d'écriture de la barque *nšmt*". *BSEG* 13 (1989): 89–101.

———. "La barque *nechemet* dans le chapitre 409 des Textes des Sarcophages". Páginas 1083–90 en *Proceedings of the Ninth International Congress of Egyptologists, Grenoble, 6–12 September 2004*. OLA 150. Editado por Jean-Claude Goyon y Christine Cardin. Lovaina: Peeters.

Lavrentieva, Nika V. "Редкие списки религиозных текстов на папирусах: форма хранения или способ трансформации?" *Aegyptiaca Rossica* 4 (2016): 203–19.

Le Quellec, Jean-Loïc. "'La religion' et 'le fait religieux': deux notions obsolètes". Páginas 19–32 en *L'Anthropologie pour tous*. Editado por Jean-Loïc Le Quellec. Saint-Benoist-sur-Mer: Traces, 2015.

Le Page Renouf, Peter. "On Some Religious Texts of the Early Egyptian Period, Preserved in Hieratic Papyri in the British Museum". *TSBA* 9 (1893): 295–306.

Lefébure, Eugène. "Le *per m hrou*: étude sur la vie future chez les Égyptiens". *MelEg* 3 (1873): 218–41.

Leitz, Christian. *Altägyptische Sternuhren*. OLA 62. Lovaina: Peeters, 1995.

———, ed. *Lexikon der ägyptischen Götter und Götterbezeichnungen*. OLA 110. Lovaina: Peeters, 2002.

Leonardi, Isabella. "De la vogue de *sḫt-ḥtp* à l'Ancien Empire: recherche de probables prototypes de la vignette CT V, 353–CT V, 363 § 466 parmi les mastabas de cette période". *BSEG* 13 (1989): 103–106.

Leospo, Enrichetta. "Assiout entre la Première Période Intermédiaire et le Moyen Empire (Fouilles Schiaparelli)". Páginas 667–76 en *Proceedings of the Seventh International Congress of Egyptologists, Cambridge, 3–9 September 1995*. Editado por Christopher Eyre. OLA 82. Lovaina: Peeters, 1998.

Lepsius, Karl R. *Aelteste Texte des Todtenbuchs nach Sarkophagen des altaegyptischen Reichs im Berliner Museum*. Berlín: Hertz, 1867.

Lepsius, Richard. "Textes des Todtenbuches aus dem Alten Reiche". *ZÄS* 2 (1864): 83–89.

Lesko, Leonard H. "Some Observations on the Composition of the Book of Two Ways". *JAOS* 91 (1971): 30–43.

———. "The Field of Hetep in Egyptian Coffin Texts". *JARCE* 9 (1971–1972): 89–101.

———. *The Ancient Egyptian Book of Two Ways*. Berkeley: University of California Press, 1972.

———. "Progress Report on the Egyptian Coffin Texts Project". *GM* 7 (1973): 19–23.

———. *Index of the Spells on Egyptian Middle Kingdom Coffins and Related Documents*. Berkeley: B.C. Scribes Publications, 1979.

———. "The Texts on Egyptian Middle Kingdom Coffins". Páginas 39–43, vol. I, en *L'Egyptologie en 1979* I–II. Editado por Jean Leclant. París: CNRS, 1982.

Von Lieven, Alexandra. *The Carlsberg Papyri 8: Grundriss des Laufes der Sterne. Das sogenannte Nutbuch* I–II. CNIP 31. Copenhagen: Museum Tusculanum, 2007.

———. "Deified Humans". En *UCLA Encyclopedia of Egyptology*. Editado por Jacco Dieleman y Willeke Wendrich. Los Angeles: UCLA, 2010.

———. "Originally Non-funerary Spells from the Coffin text: The Example of CT Spell 38". Páginas 345–54 en *Studies in Ancient Egyptian Funerary Literature*. Editado por Susanne Susanne y Lucía Díaz-Iglesias. OLA 257. Lovaina: Peeters, 2017.

Lilyquist, Christine. "A Note on the Date of Senebtisi and other Middle Kingdom Groups". *Serapis* 5 (1979): 27–28.

Livchitz, I.G. "Росписи и надписи на саркофаге египтянки *'It*, дочери *'Ij*". *Africana* 4 (1969): 12–108.

Locher, Kurt. "Middle Kingdom Astronomical Coffin Lids: Extension of the Corpus from 12 to 17 Specimens since Neugebauer and Parker". Páginas 697–701 en *Proceedings of the Seventh International Congress of Egyptologists, Cambridge, 3-9 September 1995*. Editado por Christopher Eyre. OLA 82. Lovaina: Peeters, 1998.

López, Jesús. "Rapport préliminaire sur les fouilles d'Hérakléopolis (1969)". *OA* 14 (1975): 57–78.

Loprieno, Antonio. "Forme verbali nei Testi dei Sarcofagi". *ASGM* 21 (1981): 20–23.

———. *Ancient Egyptian: A Linguistic Introduction*. Cambridge: Cambridge University Press, 1995.

———. *La pensée et l'écriture*. París: Cybèle, 2001.

———. "Drei Leben nach dem Tod: Wieviele Seelen hatten die alten Ägypter?" Páginas 200–27 en *Grab und Totenkult im Alten Ägypten*. Editado por Heike Guksch, Eva Hofmann y Martin Bommas. Múnich: Beck, 2003.

Lorton, David. "Observations on the Birth and Name of Horus in Coffin Texts Spell 148". *VA* 5 (1989): 205–212.

———. "God's Beneficient Creation: Coffin Texts Spell 1130, the Instructions for Merikare and the Great Hymn to the Aton". *SAK* 20 (1993): 125–55.

Lurson, Benoît. *Le livre de la vache du ciel*. París: Geuthner, 2004.

Lüscher, Barbara. *Die Vorlagen-Ostraka aus dem Grab des Nachtmin* (TT87). BAÄ 4. Basilea: Lapp, 2013.

Mace, Arthur C. y Herbet E. Winlock. *The Tomb of Senebtisi at Lisht*. Nueva York: The Metropolitan Museum of Art, 1916.

Malaise, Michel y Jean Winand. *Grammaire raisonnée de l'égyptien classique*. AegLeod 6. Lieja: CIPL, 1999.

Maspero, Gaston. "Bershéh et Sheikh-Saîd". *BiEg* 28 (1912): 199–211.

Massart, Adhémar. "De Buck, CT VII". *Orientalia* 32 (1963): 477.

Mathieu, Bernard. "La distinction entre Textes des Pyramides et Textes des Sarcophages est-elle légitime?" Páginas 247–262 en *D'un monde à l'autre: Textes des Pyramides et Textes des Sarcophages*. Editado por Susanne Bickel y Bernard Mathieu. BdE 139. El Cairo: IFAO, 2004.

———. "Irtysen le technicien (stèle Louvre C 14)". Páginas 10–18 en *Artists and Colour in Ancient Egypt: Proceedings of the Colloquium Held in Montepulciano, August 22nd–24th, 2008*. Editado por Valérie Angenot y Francesco Tiradritti. SPE 1. Montepulciano: Missione Archeologica Italiana a Luxor, 2016.

McDonald, Angela. "Putting Intentions in Their Place: Materialising Meaning through Spatial Dynamics in Appeals to the Dead". Páginas 81–116 en *Variability in the Earlier Egyptian Mortuary Texts*. Editado por Carlos Gracia Zamacona. HES 21. Boston: Brill, 2024.

McGillivray, Murray. *Memorization in the Transmission of the Middle English Romances*. Londres: Routledge, 1990.

Meeks, Dimitri. "Notes de lexicographie (§ 1)". *RdE* 26 (1974): 62–65.

Meltzer, Edmund S. "A hitherto Unexplained Writing in the Coffin Texts: A Suggestion". *JSSEA* 12 (1982): 155.

Méndez-Rodríguez, Daniel. "Libro de las Doce Cavernas". En *EDMA*. Editado por Jónatan Ortiz-García. Alcalá de Henares: UAH, 2021.

De Meyer, Marleen y Cortebeeck, Kylie. *Djehoetihotep: 100 jaar opgravingen in Egypte / Djéhoutihotep: 100 ans de fouilles en Égypte*. Lovaina: Peeters, 2015.

Meyer-Dietrich, Erika. *Nechet und Nil: Ein ägyptischer Frauensarg des Mittleren Reiches aus religionsökologischer Sicht*. AUU 18. Uppsala: University Press, 2001.

———. *Senebi und Selbst: Personenkinstituentien zur rituellen Wiedergeburt in einem Frauensarg des Mittleren Reiches*. OBO 216. Friburgo: Freiburg Universitätsverlag, 2006.

Miniaci, Gianluca. *Rishi Coffins and the Funerary Culture of Second Intermediate Period Egypt*. GHPE 17. Londres: Golden House, 2010.

———. "The Incomplete Hieroglyphs System at the End of the Middle Kingdom". *RdE* 61 (2010): 113–34.

Van der Molen, Rami. *A Hieroglyphic Dictionary of Egyptian Coffin Texts*. PÄ 15. Leiden: Brill, 2000.

———. *An Analytical Concordance of the Verb, the Negation and the Syntax in Egyptian Coffin Texts* I–II. HOS 77. Leiden: Brill, 2005.

Montet, Pierre. "Les tombeaux de Siout et de Deir Rifeh". *Kêmi* 1 (1928): 53–68.

———. "Adriaan de Buck, The Egyptian Coffin Texts, V". *RdE* 11 (1957): 166–68.

Morales, Antonio J. *The Transmission of the Pyramid Texts into the Middle Kingdom*. Tesis doctoral, University of Pennsylvania, 2013.

———. "Text-Building and Transmission of Pyramid Texts in the Third Millennium BCE: Iteration, Objectification, and Change". *JANER* 15 (2015): 169–201.

———. "Iteration, Innovation und Dekorum in Opferlisten des Alten Reichs: Zur Vorgeschichte der Pyramidentexte". *ZÄS* 142 (2015): 55–69.

———. *The Transmission of the Pyramid Texts of Nut: Analysis of Their Distribution and Role in the Old and Middle Kingdoms*. SAK 19. Hamburgo: Buske, 2017.

———. "Unraveling the Thread: Transmission and Reception of Pyramid Texts in Late Period Egypt". Páginas 463–96 en *Studies in Ancient Egyptian Funerary Literature*. Editado por Susanne Bickel y Lucía Díaz-Iglesias. OLA 257. Lovaina: Peeters, 2017.

———. "Opening the Vision of Osiris Sarenput: A Contextual and Typological Analysis of the Coffin of Sarenput the Younger from Qubbet el-Hawa". Paǵinas 330–57 en *Middle Kingdom Palace Culture and Its Echoes in the Provinces*. Editado por Alejandro Jiménez-Serrano y Antonio J. Morales. HES 12. Boston: Brill, 2021.

Moreno García, Juan Carlos. "Élites provinciales, transformations sociales et idéologie à la fin de l'Ancien Empire et à la Première Période Intermédiaire". Paǵinas 215–228 en *Des Néferkarê aux Montouhotep: Travaux archéologiques en cours sur la fin de la VIe dynastie et la Première Période Intermédiaire; Actes du colloque CNRS-Université Lumière Lyon 2, tenu le 5–7 juillet 2001*. Editado por Laure Pantalacci y Catherine Berger-El-Naggar. TMOM 40. Lyon: Maison de l'Orient et de la Méditerranée Jean Pouilloux, 2005.

———. "Households". En *UCLA Encyclopedia of Egyptology*. Editado por Elizabeth Frood y Willeke Wendrich. Los Angeles: UCLA, 2012.

———. "The Cursed Discipline? The Peculiarities of Egyptology at the Turn of the Twenty-First Century". Páginas 50–63 en *Histories of Egyptology: Interdisciplinary Measures*. Editado por William Carruthers. RSE 2. Nueva York: Routledge, 2014.

———. "*Dmjw*, *n(j)wtjw* "Townsfolk" in the Coffin Texts: Social and Political Changes in Egypt at the Turn of the Third Millennium BC". Páginas 190–218 en *Variability in the Earlier Egyptian Mortuary Texts*. Editado por Carlos Gracia Zamacona. HES 21. Boston: Brill, 2024.

Morenz, Ludwig. "Zu einem Beispiel schöpferischer Vorlagenverarbeitung in den Sargtexten: ein Beitrag zur Textgeschichte". *GM* 143 (1994): 109–111.

———. *Die Zeit der Regionen mi Spiegel der Gebelein-Region: Kulturgeschichtliche Re-Konstruktionen*. PÄ 27. Leiden: Brill, 2010.

Morenz, Siegfried. "Eine Naturlehre in den Sargtexten". *WZKM* 54 (1957): 119–29.

Moret, Alexandre. "L'accession de la plèbe égyptienne aux droits religieux et politiques sous le Moyen Empire". Páginas 331–60 en *Recueil d'études égyptologiques dédiées à la mémoire de Jean-François Champollion*. BEHE 234. París: Champion, 1922.

Moretti, Franco. *La letteratura vista da lontano*. Turín: Einaudi, 2005.

———. *Distant Reading*. Londres: Verso, 2013.

———. *Falso movimento: la svolta quantitativa nello studio della letteratura*. Milán: Nottetempo, 2022.

Moretti, Franco y Sobchuk, Oleg. "Hidden in Plain Sight: Data Visualization in the Humanities". *NLR* 118 (2019): 86–115.

Mrsich, Tycho Q. "Ein *imjt-pr*-Rubrum der Sargtexte (Sp. 754) und seine Implikationen". Páginas 561–611 en *Studien zu Sprache und Religion Ägyptens zu Ehren von Wolfhart Westendorf überreicht von seinen Freunden und Schülern* I–II. Editado por Friedrich Junge. Gotinga: Junge, 1984.

Müller, Dieter. "Adriaan de Buck, The Egyptian Coffin Texts VII". *BiOr* 20 (1963): 246–50.

———. "M.S.G.H. Heerma van Voss, De oudste versie van Dodenboek 17 a. Coffin Texts Spreuk 335 a". *BiOr* 22 (1965): 150.

———. "Eine ungewöhnliche Konstruktion der Längenangabe in den Sargtexten". *CdE* 42 (1967): 259–65.

———. "An Early Egyptian Guide to the Hereafter". *JEA* 58 (1972): 99–125.

Munro, Irmtraut. *Untersuchungen zu den Totenbuch-Papyri der 18. Dynastie*. Londres: Kegan Paul, 1988.

———. *Die Totenbuchhandschriften der 18. Dynastie im Ägyptischen Museum Kairo*. ÄA 54. Wiesbaden: Harrassowitz, 1994.

Myśliwiec, Karol. "An Illustration of the Coffin Texts on a Roman Cartonnage". *JEA* 66 (1980): 171–72.

Neugebauer, Otto y Parker, Richard A. *Egyptian Astronomical Texts I: The Early Decans*. Providence: Brown University Press, 1960.

Newberry, Percy E. "Egyptian Historical Notes". *PSBA* 36 (1914): 35–39, 168–74.

Niccacci, Alviero. "Sul detto 76 dei 'Sarcofagi' (CT II, 1–17)". *LibAn* 28 (1978): 5–23.

———. "Su una formula dei 'Testi dei Sarcofagi'". *LibAn* 30 (1980): 197–224.

Nyord, Rune. "The Body in the Hymns of the Coffin Sides". *CdE* 82 (2007): 5–34.

———. *Breathing Flesh: Conceptions of the Body in the Ancient Egyptian Coffin Texts*. CNIP 37. Copenhague: Museum Tusculanum, 2009.

———. "Taking Ancient Egyptian Mortuary Religion Seriously: Why Would We, and How Could We?" *JAEI* 17 (2018), 73–87.

———, ed. *Concepts in Middle Kingdom Funerary Culture: Proceedings of the Lady Wallis Budge Anniversary Symposium Held at Christ's College, Cambridge, 22 January 2016*. CHANE 102. Leiden: Brill, 2019.

———. "Introduction: Egyptian and Egyptological Concepts". Páginas 1–23 en *Concepts in Middle Kingdom Funerary Culture: Proceedings of the Lady Wallis Budge Anniversary Symposium Held at Christ's College, Cambridge, 22 January 2016*. Editado por Rune Nyord. CHANE 102. Leiden: Brill, 2019.

———. "The Concept of *ka* between Egyptian and Egyptological Frameworks". Páginas 150–293 en *Concepts in Middle Kingdom Funerary Culture: Proceedings of the Lady Wallis Budge Anniversary Symposium Held at Christ's College, Cambridge, 22 January 2016*. Editado por Rune Nyord. CHANE 102. Leiden: Brill, 2019.

———. "On Interpreting Ancient Egyptian Funerary Texts". *Claroscuro* 19 (2020): 1–23.

O'Connell, Robert H. "An Exposition of Coffin Texts Spell 148: The Emergence of Horus". Páginas 102–37 en *Papers for a Discussion* I. Editado por Sarah Groll y Emily Stein. Jerusalén: The Hebrew University, 1982.

———. "The Emergence of Horus: An Analysis of Coffin Texts Spell 148". *JEA* 69 (1983): 66–87.

Ogdon, Jorge R. "CT VII, 36i–r = Spell 836". *GM* 58 (1982): 59–64.

———. "A New Dramatic Argument in the Coffin Texts (Spells 30–37)". Páginas 37–43, vol. II, en *L'Egyptologie en 1979* I–II. Editado por Jean Leclant. París: CNRS, 1982b.

———. "On the Name and the Epithets of the Beings Called *mrw.ty* in the Coffin Texts". *VA* 4 (1988): 221–32.

———. "Another Hitherto Unrecognized Metaphor of Death in Coffin Texts, Spells 168–172". *GM* 162 (1998): 65–71.

———. "Studies in Ancient Egyptian Magical Thought, V: A New Look at the Terminology for 'Spell' and Related Terms in Magical Texts". *DE* 40 (1998): 137–45.

———. "The Reception in the West: An Early Funerary Drama Rediscovered; Second Preliminary Report". *DE* 55 (2003): 79–92.

———. "Return to Coffin Texts Spell 836 and the Hirtengeschichte". *CCE* 6 (2004): 117–26.

Olabarria, Leire. *Kinship in Ancient Egypt: Archaeology and Anthropology in Dialogue*. Cambridge: Cambridge University Press, 2021.

Olette-Pelletier, Jean-Guillaume. "Note sur l'emploi d'une rubrique cryptographique dans un papyrus du Moyen Empire". *Nehet* 4 (2016): 59–64.

Ong, Walter J. *Orality and literacy*. Londres: Methuen, 1982.

Oppler, Dominique. *Ägyptische Sargtexte*. Norderstedt: Grin, 2010.

Osing, Jürgen. "Zur Disposition der Pyramidentexte des Unas". *MDAIK* 42 (1986): 131–44.

———. "Sprüche gegen die *jbhꜣtj*-Schlange". *MDAIK* 43 (1987): 205–10.

Ostermann, Carolin. *Cognitive Lexicography*. LSM 149. Berlín: De Gruyter, 2015.

Otto, Eberhard. *Beitrage zur Geschichte der Stierkulte in Ägypten*. UGAÄ 10. Leipzig: Akademie, 1938.

———. "Die Anschauung vom *bꜣ* nach Coffin Texts Sp. 99–104". Páginas 151–60 en *Miscellanea Gregoriana: raccolta di scritti pubblicati nel I Centenario dalla*

Fondazione del Pontificio Museo Egizio (1839-1939). Roma: Tipografia poliglotta vaticana, 1941.

———. "Zur Überlieferung eines Pyramidenspruches". Páginas 223–27 en *Studi in memoria di Ippolito Rosellini nel primo centenario della morte (4 giugno 1843–4 giugno 1943)*. Pisa: Lischi, 1949.

———. "Sprüche auf altägyptische Sargtexten". *ZDMG* 102 (1952): 187–200.

———. *Das ägyptische Mundöffnungsritual* I–II. ÄA 3. Wiesbaden: Harrassowitz, 1960.

———. "De Buck, CT VII". *ZDMG* 113 (1963): 196–203.

———. "Zur Komposition von Coffin Texts Spells 1130". Páginas 1–18 en *Fragen an die altägyptische Literatur: Studien zum Gedenken an Eberhard Otto*. Editado por Jan Assmann, Erika Feucht y Reinhard Grieshammer. Wiesbaden: Reichert, 1977.

Pantalacci, Laure. "Statuette of Osiris (Upper Portion)". Páginas 237–38 en *Mummies and Magic: The Funerary Arts of Ancient Egypt*. Editado por Sue D'Auria, Peter Lacovara y Catharine Roehrig. Boston: Museum of Fine Arts Boston, 1988.

———. "Procédés d'enrichissement du lexique égyptien: les mots composés dans les Textes des Sarcophages". Páginas 316–17 en *Sesto Congresso Internazionale di Egittologia, Turin, 1st–8th September 1991. Abstracts of Papers*. Editado por Silvio Curto et al. Turín: IAE, 1991.

Parkinson, Richard B. *The Tale of the Eloquent Peasant: A Reader's Commentary*. LingAeg–SM 10. Hamburgo: Widmaier, 2012.

Parkinson, Richard B. y Quirke, Stephen G. "The Coffin of Prince Herunefer and the Early History of the Book of the Dead". Páginas 37–51 en *Studies in Pharaonic Religion and Society in Honor of J. Gwyn Griffiths*. Editado por Alan B. Lloyd. Londres: EES, 1992.

Parry, Milman. *The Making of Homeric Verse: The Collected Papers of Milman Parry*. Oxford: Oxford University Press, 1971.

Pätznick, Jean-Pierre. "De Khenti-Mentiou à Khenti-Imentiou: miroir du monde funéraire royal de l'Âge Thinite à l'Ancien Empire". Páginas 117–30 en *Variability in the Earlier Egyptian Mortuary Texts*. Editado por Carlos Gracia Zamacona. HES 21. Boston: Brill, 2024.

Pedersen, Sika. *Textual Variation in Middle Kingdom Burials: A Study of Burial Chambers and Inner/Outer Coffins*. Tesis doctoral, Universidad de Alcalá, e.p.

Pepin, Jean-François. "Quelques aspects de *Nouou* dans les Textes des Pyramides et les Textes des Sarcophages". Páginas 339–45, vol. III, en *Akten des vierten internationalen Ägyptologen Kongresses, München 1985* I–IV. Editado por Sylvia Schoske. Hamburgo: Buske, 1988.

Pérez-Die, María del Carmen y Vernus, Pascal. *Excavaciones en Ehnasya el-Medina (Heracleópolis Magna)*. IA–E 1. Madrid: Instituto del Patrimonio Histórico Español, 1992.

Petráček, Karel. *Altägyptisch, Hamitosemitisch und ihre Beziehungen zu einigen Sprachfamilien in Afrika und Asien: Vergleichende Studien.* AUC–PM 90. Praga: Univerzita Karlova, 1988.

Peust, Carsten. *Egyptian Phonology: An Introduction to the Phonology of a Dead Language*. Gotinga: Peust & Gutschmidt, 1999.

———. "The Stemma of the Story of Sinuhe or How to Use an Unrooted Phylo-Genetic Tree in Textual Criticism". *LingAeg* 20 (2012): 209–20.

Pfouma, Oscar. "À propos de l'abeille et des Textes des Sarcophages". *CCE* 6 (2004): 109–16.

Piankoff, Alexandre. *Le Livre du jour et de la nuit.* BdE 13. Cairo: IFAO, 1942.

———. "Le Livre des quererts: 1er tableau". *BIFAO* 41 (1942): 1–11 y lám. 1–9.

———. "Le Livre des quererts: seconde division, troisième division, quatrième division, cinquième division". *BIFAO* 42 (1944): 1–62 y lám. 10–79.

———. "Le Livre des quererts: sixième division". *BIFAO* 43 (1945): 1–50 y lám. 80–151.

———. "Le livre des Quererts (fin)". *BIFAO* 45 (1947): 1–42.

———. *The Tomb of Ramesses VI.* Nueva York: Pantheon Books, 1954.

———. *The Litany of Re.* AERR 4. Nueva York: Bollingen Foundation, 1964.

Pierre-Croisiau, Isabelle. "Nouvelles identifications de Textes des Sarcophages parmi les 'nouveaux' Textes des Pyramides de Pépy Ier et de Mérenrê". Páginas 263–78 en *D'un monde à l'autre: Textes des Pyramides et Textes des Sarcophages.* Editado por Susanne Bickel y Bernard Mathieu. BdE 139. El Cairo: IFAO, 2004.

Pike, Kenneth L. *Language in Relation to a Unified Theory of the Structure of Human Behaviour.* La Haya: De Gruyter, 1967.

Van der Plas, Dirk. "Progress in the Egyptian Coffin Texts Word Index". *IE* 5 (1988): 26–36.

———. "The Coffin Texts Word Index". Páginas 101–107 en *The World of the Coffin Texts.* Editado por Harco Willems. EgUit 9. Leiden: Nederlands Instituut voor het Nabije Oosten, 1996.

———. "Utrechter Datenbank der grossen Sammlungen religiöser Texte. Pyramidentexte, Sargtexte, Totenbuch". Páginas 223–27 en *Textcorpus und Wörterbuch: Aspekte zur ägyptischen Lexikographie.* Editado por Stefan Grunert e Ingelore Hafemann. PÄ 14. Leiden: Brill, 1999.

Van der Plas, Dirk y Borghouts, Joris F. *Coffin Texts Word Index.* PIREI 6. Utrecht: CCER, 1998.

Pogo, Alexander. "Calendars on Coffin Lids from Asyut". *Isis* 17 (1932): 6–24.

———. "The Astronomical Inscriptions on the Coffins of Heny (XIth Dynasty?)". *Isis* 18 (1932): 7–13.

Polis, Stéphane. "Hieratic Palaeography: Tools, Methods and Perspectives". Páginas 550–65 en *The Oxford Handbook of Egyptian Epigraphy and*

Palaeography. Editado por Vanessa Davies y Dimitri Laboury. Oxford: Oxford University Press, 2020.

Polis, Stéphane y Stasse, Baudoin. "Pour une nouvelle philologie numérique: réflexions sur la relation texte(s)–document(s)". *MISH* 2 (2009): 153–77.

Polotsky, Hans J. *Études de syntaxe copte*. El Cairo: IFAO, 1944.

———. "Egyptian Tenses". *IASHP* 2.5 (1965): 1–25.

Polz, Daniel, ed. *Für die Ewigkeit geschaffen: Die Särge des Imeni und der Geheset*. Maguncia: Zabern, 2007.

Popielska-Grzybowska, Joanna. "Religious Texts as a Source of a Contemporary Study of Antiquity: Linguistic Interpretations of the Pyramid Texts and the Coffin Texts". *RA* 1 (2019): 214–29.

Posener, Georges. "Les signes noirs dans les rubriques". *JEA* 35 (1949): 77–81.

———. "Sur l'emploi de l'encre rouge dans les manuscrits égyptiens". *JEA* 37 (1951): 75–80.

Quack, Joachim F. "Wenn die Götter zuhören: Zur Rolle der Rezitationssprüche im Tempelritual". Páginas 115–58 en *Wenn Götter und Propheten reden: Erzählen für die Ewigkeit*. NA 3. Editado por Amr El Hawary. Berlín: EB, 2012.

———. "Conceptions of Purity in Egyptian Religion". Páginas 115–58 en *Purity and the Forming of Religious Traditions in the Ancient Mediterranean World and Ancient judaism*. Editado por Christian Frevel y Christophe Nihan. DHR 3. Leiden: Brill, 2013.

Quirke, Stephen. Review of *Maat. Gerechtigkeit und Unsterblichkeit im alten Ägypten*, by J. Assmann. *JEA* 80 (1994): 219–31.

———. *Going Out in Daylight: prt m hrw; The Ancient Egyptian Book of the Dead*. GHPE 20. Londres: Golden House Publications, 2013.

Ragazzoli, Chloé. *Scribes: Les artisans du texte de l'Égypte ancienne (1550–1000)*. París: Les Belles Lettres, 2019.

Regulski, Ilona. "Papyrus Fragments from Asyut: A Paleographic Comparison". Páginas 301–35 en *Ägyptologische „Binsen"-Weisheiten I–II: Neue Forschungen und Methoden der Hieratistik; Akten zweier Tagungen in Mainz im April 2011 und im März 2013*. Editado por Ursula Verhoeven. AAWL 14. Wiesbaden: Steiner, 2015.

———. "Writing Habits as Identity Marker: On Sign Formation in Papyrus Gardiner II". Páginas 235–65 en *Ägyptologische „Binsen"-Weisheiten III: Formen und Funktionen von Zeichenliste und Paläographie; Akten der internationalen und interdisziplinären Tagung in der Akademie der Wissenschaften und der Literatur, Mainz im April 2016*. Editado por Svenja Gülden, Kyra van der Moezel y Ursula Verhoeven. Wiesbaden: Steiner, 2018.

———. *Repurposing Ritual: Pap. Berlin P. 10480-82; A Case Study from Middle Kingdom Asyut*. ÄOPH 5. Berlín: De Gruyter, 2020.

Reisner, Georges A. "The Tomb of Hepzepa, Nomarch of Siût". *JEA* 5 (1918): 79–98.

Richards, Janet. "Kingship and Legitimation". Páginas 55–84 en *Egyptian Archaeology*. Editado por Willeke Wendrich. Chichester: Wiley-Blackwell, 2010.
Ridealgh, Kim. "Polite like an Egyptian? Case Studies of Politeness in the Late Ramesside Letters". *JPR* 12 (2016): 245–66.
Rigault-Déon, Patricia. *Masques de momies du Moyen Empire égyptien: les découvertes de Mirgissa*. París: Musée du Louvre, 2012.
Riggs, Christina. "Funerary Rituals: Ptolemaic and Roman Periods". En *UCLA Encyclopedia of Egyptology*. Editado por Jacco Dieleman y Willeke Wendrich. Los Angeles: UCLA, 2010.
Ritner, Robert K. *The Mechanics of Ancient Egyptian Magical Practice*. SAOC 54. Chicago: The Oriental Institute of the University of Chicago, 1997.
Roberson, Joshua A. *The Ancient Egyptian Books of the Earth*. WSEAWA 1. Atlanta: Lockwood, 2012.
Robinson, Peter. "'As for Them Who Know Them, They Shall Find Their Paths': Speculations on Ritual Landscapes in the 'Book of the Two Ways'". Páginas 139–59 en *Mysterious Lands*. Editado por David O'Connor y Stephen Quirke. EAE 4. Londres: UCL, 2003.
———. "Ritual Landscapes in the Coffin Texts: A Cognitive Mapping Approach". Páginas 118–32 en *Current Research in Egyptology 2004* (CRE V). Editado por Rachel J. Dann. Oxford: Oxbow Books, 2006.
Roccati, Alessandro. "Sulla tradizione dei 'Sarcofagi'". *OA* 6 (1967): 169–80.
———. *Papiro ieratico N. 54003: estratti magici e rituali del Primo Medio Regno*. Turín: Fratelli Pozzo, 1970.
———. "Lavori sui testi dei sarcofagi". *GM* 7 (1973): 25–28.
———. "I testi dei sarcofagi di Eracleopoli". *OA* 13 (1974): 161–97.
———. "Un nuovo rotolo magico diviso tra le raccolte di Ginevra e Torino". *BSEG* 7 (1982): 91–94.
———. "  ". Páginas 493–97 en *Hommages à Jean Leclant* I–IV. Editado por Catherine Berger, Gisèle Clerc y Nicolas Grimal. BdE 106. El Cairo: IFAO, 1994.
———. "A Ghost Tomb and a Torn Papyrus with Coffin Texts at Turin". Páginas 109–13 en *The World of the Coffin Texts*. Editado por Harco Willems. EgUit 9. Leiden: Nederlands Instituut voor het Nabije Oosten, 1996.
Roeder, Günther. "Die ägyptischen 'Sargtexte' und das Totenbuch". *ARW* 16 (1913): 66–85.
———. "Ein namenloser Frauensarg des Mittleren Reiches". *AVBWG* 3 (1929): 218–20.
Roehrig, Catharine H. "Tomb of Djehuty-nakht: Models". Páginas 112–13 en *Mummies and Magic: The Funerary Arts of Ancient Egypt*. Editado por Sue D'Auria, Peter Lacovara y Catharine Roehrig. Boston: Museum of Fine Arts Boston, 1988.

———. "Tomb of Djehuty-nakht: Model Scenes". Páginas 113–14 en *Mummies and Magic: The Funerary Arts of Ancient Egypt*. Editado por Sue D'Auria, Peter Lacovara y Catharine Roehrig. Boston: Museum of Fine Arts Boston, 1988.

———. "Tomb of Djehuty-nakht: Model Boats". Páginas 114–15 en *Mummies and Magic: The Funerary Arts of Ancient Egypt*. Editado por Sue D'Auria, Peter Lacovara y Catharine Roehrig. Boston: Museum of Fine Arts Boston, 1988.

———. "Tomb of Djehuty-nakht: Offering Bearers". Páginas 115–16 en *Mummies and Magic: The Funerary Arts of Ancient Egypt*. Editado por Sue D'Auria, Peter Lacovara y Catharine Roehrig. Boston: Museum of Fine Arts Boston, 1988.

Rogge, Eva. "Mummy Mask and Fragments". Página 128 en *Mummies and Magic: The Funerary Arts of Ancient Egypt*. Editado por Sue D'Auria, Peter Lacovara y Catharine Roehrig. Boston: Museum of Fine Arts Boston, 1988.

Van Roode, Sigrid M. "Observations on the *ibw*-tent: Preliminary Results". *PalArch* (2003): 1–7.

Rößler-Köhler, Ursula. "Einige vorläufige Bemerkungen zu Kapitel 17 BD vom Sarg des Königin Mentuhotep". Páginas 11–27 en *Göttinger Totenbuchstudien; Beiträge zum 17. Kapitel*. GOF IV.3. Editado por Wolfhart Westendorf. Wiesbaden: Harrassowitz, 1975.

———. "Sargtextspruch 335 und seine Tradierung". *GM* 163 (1998): 71–91.

———. "Das eigentliche Zweiwegebuch". *GM* 192 (2003): 83–98.

———. "Religion und Macht: Das altägyptische 'Zweiwegebuch'; Zum Schiksal eines Vorläufers des königlichen Amduat während der 12. Dynastie". Páginas 113–38 en *Liebe, Macht und Religion: Interdisziplinäre Studien zu Grunddimensionen menschlicher Existenz (GS Helmut Merklein)*. Editado por Marlis Gielen y Joachim Kügler. Stuttgart: Katholisches Bibelwerk, 2003.

Rouder, Jeffrey y Julia M. Haaf. "Are There Reliable Qualitative Individual Difference in Cognition?" *JC* 4 (2021): 1–16.

Roulin, Gilles. *Le Livre de la Nuit: une composition égyptienne de l'au-delà* I–II. OBO 147. Friburgo: Freiburg Universitätsverlag, 1996.

Russell, Jonny, Mengmeng Sun, Wen Liang, Min He, Yan Schroën, Wenjun Zou, Tanja Pommerening y Wang, Mei. "An Investigation of the Pharmacological Applications Used for the Ancient Egyptian Systemic Model '*r3-ib*' Compared with Modern Traditional Chinese Medicine". *JEP* 265 (2021): 1–10.

Russo, Barbara. "Funerary Spells at Saqqarah South: Some Considerations about the Inscriptions of Anu's Coffin (Sq20X) and Their Date". *ZÄS* 139 (2012): 80–92.

El-Sabbahy, Abdul Fattah. "A Funerary Bed from the Tomb of Sen-nedjem". *DE* 43 (1999): 13–18.

El-Sabban, Sherif. "The Cat's Coffin of *ḏḥwty-ms* in the Cairo Museum". *DE* 46 (2000): 65–78.

Sauneron, Serge. "Le monde du magicien égyptien". Páginas 27–66 en *Le monde du sorcier*. Editado por Denise Bernot et al. París: Du Seuil, 1966.

El-Sayed, Ramadan. "A propos des spells 407 et 408 des Textes des Sarcophages". *RdE* 26 (1974): 73–82.

Scalf, Foy D. "From the Beginning to the End: How to Generate and Transmit Funerary Texts in Ancient Egypt". *JANER* 15 (2015): 202–23.

Schack-Schackenburg, Hans. *Das Buch von den zwei Wegen des seiligen Toten (Zweiwegebuch)*. Leipzig: Hinrichs, 1903.

Schenkel, Wolfgang. *Frühmittelägyptische Studien*. BOS 13. Bonn, 1962.

———. "Zur Redaktions- und Überlieferungsgeschichte des Spruchs 335 A der Sargtexte". Páginas 37–79 en *Göttinger Totenbuchstudien: Beiträge zum 17. Kapitel*. GOF IV.3. Editado por Wolfhart Westendorf. Wiesbaden: Harrassowitz, 1975.

———. "Repères chronologiques de l'histoire rédactionelle des Coffin Texts". Páginas 98–103, vol. II, en *Actes du XXIX*[e] *Congrès des Orientalistes: Egyptologie* I–II. Editado por Georges Posener. París: L'Asiathèque, 1975.

———. *Das Stemma der altägyptischen Sonnenlitanei: Grundlegung der Textgeschichte nach der Methode der Textkritik*. GOF 4.6. Wiesbaden: Harrassowitz, 1978.

———. "Zur herakleopolitanischen Tradition der Pyramidentexte". *GM* 28 (1978): 35–44.

———. "Eine Konkordanz zu den altägyptischen Sargtexten". Páginas 45–53, vol. II, en *L'Egyptologie en 1979* I–II. Editado por Jean Leclant. París: CNRS, 1982.

———. *Aus der Arbeit an einer Konkordanz zu den altägyptischen Sargtexte; Teil I: Zur Transkription des Hieroglyphsch-Ägyptischen; Teil II: Zur Pluralbildung des Ägyptischen*. GOF IV.12. Wiesbaden: Harrassowitz, 1983.

———. "Graphien der 1. Person Plural mit Personendeterminativ in den Sargtexten". *GM* 165 (1988): 91–98.

———. "*sḏm.t*-Perfekt und *sḏm.ti*-Stative: Die beiden Pseudopartizipien des Ägyptischen nach dem Zeugnis der Sargtexte". Páginas 157–82 en *Quaerentes scientiam: Festgabe für Wolfhart Westendorf zu seinem 70. Geburtstag überreicht von seinem Schülern*. Editado por Heike Behlmer. Gotinga: Seminar für Ägyptologie und Koptologie, 1994.

———. "Eine Konkordanz zu den Sargtexten und die Graphien der 1. Person Singular". Páginas 115–27 en *The World of the Coffin Texts*. EgUit 9. Editado por Harco Willems. Leiden: Nederlands Instituut voor het Nabije Oosten, 1996.

———. "s-Kausativa, t-Kausativa und 'innere' Kausativa: Die s-Kausativa der Verben I.s in den Sargtexten". *SAK* 27 (1999): 313–52.

———. "*muẖnt* "Fähre": Die Graphie *mw*$_0$ des Nominalbildungspräfixes *m:* in den Sargtexten, Schreiberlaune und Indiz für die Vokalisation". *GM* 168 (1999): 87–100.

———. "Haplographie von *t* als scheinbares morphologisches Indiz: Die Tilgung des Phonogramms *t* in Tabuschreibungen für das eigene Sterben und für Totengeister (Befunde der Sargtexte)". *GM* 171 (1999): 103–11.

———. "Die Endungen des Negativkomplements im Spiegel der Befunde der Sargtexte". *LingAeg* 7 (2000): 1–26.

———. "Die Endungen des Prospektivs und des Subjunktivs (*sḏm.f, sḏm.w.f, sḏm.y.f*) nach Befunden der Sargtexte". *LingAeg* 7 (2000): 27–112.

———. "*sḏm.(w).f*-Passiv, Perfekt vs. Futur, nach dem Zeugnis der Sargtexte, 1. Teil". *ZÄS* 131 (2004): 173.

———. "Das *sḏm.(w).f*-Passiv, Perfekt vs. Futur, nach dem Zeugnis der Sargtexte, 2. Teil". *ZÄS* 132 (2005): 40–54.

———. "Die ägyptische Nominalbildungslehre und die Realität der hieroglyphischen Graphien der Sargtexte: Die Nominalbildungsklassen A I 5 und A I 6". *LingAeg* 13 (2005): 141–71.

Schmidt, Benjamin. "A Grammatical Study of a Coffin Text Entitled 'Sailing from Death unto Life'". Páginas 138–55 en *Papers for a Discussion* I. Editado por Sarah Groll y Emily Stein. Jerusalén: The Hebrew University, 1982.

Schneider, Thomas. "The West beyond the West: The Mysterious 'Wernes' of the Egyptian Underworld and the Chad Palaeolakes". *JAEI* 2 (2010): 1–14.

Schott, Siegfried. "Schreiber und Schreibergerät im Jenseits". *JEA* 54 (1968): 45–50.

Schwab, A. *Die Sarkophage des MR: Eine typologische Untersuchung für die 11.-13. Dyn.* Tesis doctoral, Universität Wien, 1989.

Schweitzer, Simon. *Ancient Egyptian Dictionary*. Dallgow, 2020.

Schweizer, Andreas. *Seelenführer durch den verborgenen Raum: das ägyptische Unterweltsbuch Amduat*. Múnich: Kösel, 1994.

Seeber, Christoph. "Jenseitsgericht". Páginas 249–52 en *Lexikon der Ägyptologie* I–VI. Editado por Wolfgang Helck y Eberhard Otto. Wiesbaden: Harrassowitz, 1975–1989.

Serova, Dina. "CT 335 in the Sarcophagus of Ipi (TT 315): On Variation and Register Choices". Páginas 370–443 en *Variability in the earlier Egyptian mortuary texts*. HES 21. Editado por Carlos Gracia Zamacona. Boston: Brill, 2024.

Servajean, Frédéric. *Les formules de transformations du Livre des morts*. BdE 137. El Cairo: IFAO, 2003.

Sethe, Kurt. *Die altägyptische Pyramidentexte* I–IV. Leipzig: Hinrichs, 1908–1922.

———. "Zur Komposition des Totenbuchspruches für das Herbeibringen der Fähre (Kap. 99. Einleitung)". *ZÄS* 54 (1918): 1–15.

———. *Dramatische Texte zu altaegyptischen Mysterienspielen*. UGAÄ 10. Leipzig: Hinrichs, 1928.

———. "Die Totenliteratur der alten Ägypter: Die Geschichte einer Sitte". *SPAW* 18 (1931): 520–41.

———. *Übersetzung und Kommentar zu den Altägyptischen Pyramidentexten* I–IV. Glückstadt: Augustin, 1935–1962.

Sherbiny, Wael. "A Note on the Arrangement of Textual Elements Accompanying the Drawings in Coffin Texts Spells 1120, 1122 and 1123". *GM* 222 (2009): 77–87.

———. *Through Hermopolitan Lenses: Studies on the So-Called Book of the Two Ways in Ancient Egypt*. PdÄ 33. Leiden: Brill, 2017.

———. "Echoes of a Lost Legacy: The Recent Research on the So-Called Book of Two Ways in Ancient Egypt". *Shodoznavstvo* 81 (2018): 44–57.

Shisha-Halevy, Ariel. "(*i*)*rf* in the Coffin Texts: A Functional Tableau". *JAOS* 106 (1986): 641–58.

Shunnar, A. *Bilderschmuck und Texte auf dem Sarg des Mittleren Reiches Nr. 70/1971 in der Ägyptischen Abteilung der Staatlichen Museen Berlin (West)*. Tesina de Máster, Freie Universität Berlin, 1974.

Silverman, David P. "Coffin Text Spell 902 and its Later Usages in the New Kingdom". Páginas 67–70, vol. I, en *L'Egyptologie en 1979* I–II. Editado por Leclant, Jean. París: CNRS, 1982.

———. *The Tomb Chamber of ẖsw the Elder: The Inscribed Material at Kom el-Hisn I; Illustrations*. Winona Lake: Eisenbrauns, 1988.

———. "Textual Criticism in the Coffin Texts". Páginas 29–53 en *Religion and Philosophy in Ancient Egypt*. Editado por William K. Simpson. YES 3. New Haven: Yale University, 1989.

———. "A Spell from an Abbreviated Version of the Book of Two Ways in a tomb of the Western Delta". Páginas 853–76 en *Studies in Eqyptology Presented to Miriam Lichtheim* I–II. Editado por Sarah Groll. Jerusalem: Magnes Press, 1990.

———. "Inscriptions of the Tomb of Nehri II at El Bersheh". Páginas 445–46 en *Sesto Congresso Internazionale di Egittologia, Turin, 1st–8th September 1991: Abstracts of Papers*. Editado por Silvio Curtoo et al. Turín: IAE, 1991.

———. "Coffin Texts from Bersheh, Kom el Hisn and Mendes". Páginas 129–41 en *The world of the Coffin Texts*. Editado por Harco Willems. EgUit 9. Leiden: Nederlands Instituut voor het Nabije Oosten, 1996.

Simonet, Jean Luc. "Le héraut et l'échanson". *CdE* 62 (1987): 53–89.

Simpson, Robert S. "Retrograde Writing in Ancient Egyptian inscriptions". Páginas 337–45 en *Illuminating Osiris: Egyptological Studies in Honor of Mark Smith*. Editado por Richard Jasnow y Ghislaine Widmer. Atlanta: Lockwood, 2017.

Sinclair, John. *Corpus, Concordance, Collocation*. Oxford: Oxford University Press, 1991.

Slater, Ray A. *The Archaeology of Dendereh in the First Intermediate Period*. Tesis doctoral, University of Michigan, 1982.

Sledzianowski, Bernd. "Versuch zur Überlieferung von CT Spruch 335 b". Páginas 115–28 en *Göttinger Totenbuchstudien: Beiträge zum 17. Kapitel*. GOF 4.3. Editado por Wolfhart Westendorf. Wiesbaden: Harrassowitz, 1975.

Smith, Harry S. "The Treatment of Roots in Lexicography of Ancient Egyptian". Páginas 71–73, vol. I, en *L'Egyptologie en 1979* I–II. Editado por Jean Leclant. París: CNRS, 1982.

Smith, Mark. "Osiris NN or Osiris of NN?". Páginas 325–37 en *Totenbuch-Forschungen: gesammelte Beiträge des 2. Internationalen Totenbuch-Symposiums, Bonn, 25. bis 29. September 2005*. Editado por Burkhard Backes, Irmtraut Munro y Simone Stöhr. Wiesbaden: Harrassowitz, 2006.

———. "Osiris and the Deceased". En *UCLA Encyclopedia of Egyptology*. Editado por Jacco Dieleman y Willeke Wendrich. Los Angeles: UCLA, 2008.

———. "Democratization of the Afterlife". En *UCLA Encyclopedia of Egyptology*. Editado por Jacco Dieleman y Willeke Wendrich. Los Angeles: UCLA, 2009.

Smith, William S. "Paintings of the Egyptian Middle Kingdom at Bersheh". *AJA* 55 (1951): 321–32.

———. "Painting in the Asiut Tomb of Hepzefa". *MDAIK* 15 (1957): 221–24.

Sokolova, Marina I. "Rubrics of Spells as a Method of Analysis of the Coffin Texts (Based on *CT* I–II)". Páginas 257–68 en *St. Petersburg Egyptological Readings 2009–2010*. Editado por Andrey O. Bolshakov. TSH 45. San Petersburgo: State Hermitage, 2011.

———. "The Tradition of the Coffin Texts in Hermopolis: Productive or Reproductive?" Páginas 69–93 en *(Re)productive Traditions in Ancient Egypt*. Editado por Todd Gillen. AegLeod 10. Lieja: Université de Liège, 2017.

Speelers, Louis. *Textes des Cercueils du Moyen Empire égyptien*. Bruselas, 1947.

Spiegelberg, Wilheim. "Zu *r3-sṯ3w* 'Nekropolis'". *ZÄS* 59 (1924): 159–60.

Stauder-Porchet, Julie. *Les autobiographies de l'ancien empire égyptien*. OLA 25. Lovaina: Peeters, 2017.

Stefanović, Danijiela. "The Social Network(s) of the Middle Kingdom and Second Intermediate Period Treasurers: Rehuerdjersen, Siese, Ikhernefret and Senebsumai". *JEH* 12 (2019): 259–87.

Stegbauer, Katharina. *Magie als Waffe gegen Schlangen in der ägyptischen Bronzezeit*. ÄSL 1. Heidelberg: Propylaeum, 2019.

Steindorff, George. *Grabfunde des mittleren Reiches in den königlichen Museen zu Berlin: I. das Grab des Mentuhotep*. Berlín: Spemann, 1896.

Steiner, Ann. *Reading Greek Vases*. Cambridge: Cambridge University Press, 2007.

Steiner, Richard C. *Early Northwest Semitic Serpent Spells in the Pyramid Texts*. HSS 61. Winona Lake: Eisenbrauns, 2011.

Stephan, Elena, Nira Liberman y Yaacov Trope. "Politeness and Psychological Distance: A Construal Level Perspective". *JPSP* 98 (2010): 268–80.

Tarasenko, Mykola O. "Some Remarks to the Semantics of Image of Deity on the Coffin of Sepi III (Cairo CG 28083)". Páginas 229–39 en *Eternal Sadness: Representations of Death in Visual Culture from Antiquity to the Present Time*. Editado por Luis Vives-Ferrándiz Sánchez. EiIm 10. Madrid: Universidad Complutense de Madrid, 2021.

Taylor, John. *Death and the Afterlife in Ancient Egypt*. Londres: British Museum, 2001.

———. *Egyptian Mummies*. Londres: British Museum, 2010.

Terrace, Edward L. B. *Egyptian Paintings of the Middle Kingdom: The Tomb of Djehutinekht*. Nueva York: Braziller, 1967.

Thausing, Gertrud. "Amarna-Gedanken in einem Sargtext". Páginas 108–10 en *Vorderasiatische Studien: Festschrift für Prof. Dr. Viktor Christian, gewidmet von Kollegen und Schülern zum 70. Geburtstag*. Editado por Kurt Schubert. Viena: Notring der Wissenschaftlichen Verbände Österreichs, 1956.

———. "'Des Phönix Lied': Ein altägyptischer Sargtext". *MGG* 5 (1958): 8–14.

———. "Mittelkrafte in den Sargtexten". Páginas 83–85 en *Akten des Vierundzwanzigsten Internationalen Orientalisten-Kongress, München, 28. August bis 4. September 1957*. Editado por Herbert Franke. Wiesbaden: Franz Steiner, 1959.

Thompson, Sandra A. "Grammar and Written Discourse: Initial vs. Final Purpose Clauses in English". *TIJSD* 5 (1985): 55–84.

Thompson, Stephen E. "The Origin of the Pyramid Texts Found on Middle Kingdom Saqqâra Coffins". *JEA* 76 (1990): 17–25.

Tobin, Vincent A. "Coffin Texts, Spell 573 (VII, 177a–183f)". Páginas 166–90 en *Papers for a Discussion* I. Editado por Sarah Groll y Emily Stein. Jerusalén: The Hebrew University, 1982.

Tooley, Angela. "Osiris Bricks". *JEA* 82 (1996): 167–79 y lám. XIII–XV.

Topmann, Doris. *Die "Abscheu"-Sprüche der altägyptischen Sargtexte: Untersuchungen zu Textemen und Dialogstrukturen*. GOF 4.39. Wiesbaden: Harrassowitz, 2002.

El-Toukhy, Adel. "*Nw* in den Sargtexten". *GM* 132 (1993): 33–36.

Trapani, Marcella. *La dévolution des fonctions en Égypte pharaonique: étude critique de la documentation disponible*. GHPE 22. Londres: Golden House, 2015.

Trovato, Paolo. *Everything You Always Wanted to Know about Lachmann's Method*. Padua: Libreria Universitaria, 2014.

Uljas, Sami. "Iconicity and Semantic-Structural Mapping in Earlier Egyptian Complementation". *LingAeg* 29 (2021): 215–38.

Valloggia, Michel. *Balat I: Le mastaba de Medou-nefer; Fasc. I: texte*. FIFAO 31.1. El Cairo: IFAO, 1986.

Vandier, Jacques. "Deux textes religieux du Moyen Empire". Páginas 121–24 en *Festschrift für Siegfried Schott zu seinem 70. Geburtstag am 20. August 1967*. Editado por Wolfgang Helck. Wiesbaden: Harrassowitz, 1968.

Varga, Edith. "L'apparition du CT 531 sur des masques de cartonnage à la Basse Epoque". Páginas 63–71, vol. II, en *L'Egyptologie en 1979* I–II. Editado por Jean Leclant. París: CNRS, 1982.

Végh, Zsuzsanna. *"Feste der Ewigkeit": Untersuchungen zu den abydenischen Kulten während des Alten und Mittleren Reiches*. ORA 43. Tubinga: Mohr Siebeck, 2021.

Vergote, Joseph. *Phonétique historique de l'égyptien: Les consonnes*. BdM 19. Lovaina: Université de Louvain, 1945.

Verhoeven, Ursula. "Textgeschichtliche Beobachtungen am Schlußtext von Totenbuchspruch 146". *RdE* 43 (1992): 169–94.

Vernus, Pascal. "Deux inscriptions de la XIIe dynastie provenant de Saqqara". *RdE* 28 (1976), 119–38.

———. "Le mot *št3w*, 'branchages, bosquets, bois'". *RdE* 29 (1977): 180–93.

———. "Diachronie et synchronie dans la langue égyptienne". Página 18, vol. I, en *L'Egyptologie en 1979* I–II. Editado por Jean Leclant. París: CNRS, 1982.

———. "Schreibtafel". Páginas 703–9, vol. V, en *Lexikon der Ägyptologie*. Editado por Wolfgang Helck y Eberhard Otto. Wiesbaden: Harrassowitz, 1975–1989.

———. "Ritual *sḏm.n.f* and Some Values of the 'accompli' in the Bible and the Koran". Páginas 307–16 en *Pharaonic Egypt: The Bible and Christianity*. Editado por Sarah Israelit-Groll. Jerusalén: The Magnes Press, 1985.

———. "Études de philologie et de linguistique (VI)". *RdE* 38 (1987): 163–81.

———. "L'égypto-copte". Páginas 161–206 en *Les langues dans le monde ancien et moderne, 3ème partie: Les langues chamito-sémitiques; textes réunis par D. Cohen, CNRS, Paris, 1988*. Editado por Jean Perrot. París: CNRS, 1988.

———. "Support d'écriture et fonction sacralisante dans l'Égypte pharaonique". Páginas 23–34 en *Le texte et son inscription*. Editado por Roger Laufer. París: CNRS, 1989.

———. *Future at Issue: Tense, Mood and Aspect in Middle Egyptian; Studies in Syntax and Semantics*. YES 4. New Haven: Yale Egyptological Seminar, 1990.

———. "La structure ternaire du système de déictiques dans les Textes des Sarcophages". *SEAP* 7 (1990): 27–45.

———. "Un emploi particulier du démonstratif *nw* dans les Textes des Sarcophages". Páginas 411–15 en *Hommages à Jean Leclant* I–IV. Editado por Catherine Berger, Gisèle Clerc y Nicolas Grimal. BdE 106. El Cairo: IFAO, 1994.

———. "La position linguistique des Textes des Sarcophages". Páginas 143–96 en *The World of the Coffin Texts*. Editado por Harco Willems. EgUit 9. Leiden: Nederlands Instituut voor het Nabije Oosten, 1996.

———. *Les parties du discours en moyen égyptien: autopsie d'une théorie*. CSE 5. Ginebra: Société d'Égyptologie, 1997.

———. "Une formulation de l'autobiographie et les expressions avec *wn* et *m3ʿ*". *GM* 170 (1999): 101–105.

———. "Le syntagme de quantification en égyptien de la première phase: sur les relations entre Textes des Pyramides et Textes des Sarcophages". Páginas 279–311 en *D'un monde à l'autre: Textes des Pyramides et Textes des Sarcophages*. Editado por Susanne Bickel y Bernard Mathieu. BdE 139. El Cairo: IFAO, 2004.

———. "'Littérature', 'littéraire' et supports d'écriture: contribution à une théorie de la littérature dans l'Égypte pharaonique". *EDAL* 2 (2010–2011): 19–145.
———. "L'écrit et la canonicité dans la civilisation pharaonique". Páginas 271-347 en *Problems of Canonicity and Identity Formation in Ancient Egypt and Mesopotamia*. Editado por Kim Ryholt y Gojko Barjamovic. Copenhagen: Museum Tusculanum Press; Department of Cross-Cultural and Regional Studies, University of Copenhagen, 2016.
———. "Modelling the Relationship between Reproduction and Production of 'Sacralized' Texts in Pharaonic Egypt". Páginas 475–509 en *(Re)productive Traditions in Ancient Egypt: Proceedings of the Conference Held at the University of Liège, 6th–8th February 2013*. Editado por Todd Gillen. AegLeod 10. Lieja: Presses Universitaires de Liège.
———. "Sur l'euphémisme en général et sur l'euphémisme par antiphrase (a contrario) en particulier". Páginas 283–316 en *Ein Kundiger, der in die Gottesworte eingedrungen ist: Festschrift für den Ägyptologen Karl Jansen-Winkeln zum 65. Geburtstag*. Editado por Shih-Wei Hsu, Vincent Pierre-Michel Laisney y Jan Moje. ÄAT 99. Münster: Zaphon, 2020a.
———. "Form, Layout, and Specific Potentialities of the Ancient Egyptian Hieroglyphic Script". Páginas 13–30 en *The Oxford Handbook of Egyptian Epigraphy and Palaeography*. Editado por Vanessa Davies y Dimitri Laboury. Oxford: Oxford University Press, 2020.
———. "Le pronom *nwj*: entrave à l'amuïssement d'un *n* final; fait de sandhi; réanalyse, extension et grammaticalisation". *RdE* 71 (2021): 147–80.
———. "À propos du 'Götterdekret über das Abaton': accord des toponymes, prépositions formées sur *ḥ3.t* et le nisbé *ḥry* en tant que qualificatif divin". *GM* 266 (2022): 127–42.
Volokhine, Youri. "Ancient Egyptian Food Prohibitions". *The Ancient Near East Today* 10.8 (2022).
Waitkus, Wolfgang. "Anmerkungen zur Verteilung der Dämonennamen aus Tb 144/147 im 'Zweiwegebuch'". *GM* 62 (1983): 79–83.
Wallin, Patrik. *Celestial Cycles: Astronomical Concepts of Regeneration in the Ancient Egyptian Coffin Texts*. USE 1. Uppsala: Department of Archaeology and Ancient History Uppsala University, 2002.
Weill, Raymond. *Le champ des roseaux et le champ des offrandes dans la religion funéraire et la religion générale*. París: Geuthner, 1936.
———. "Idéogramme luxuriant pour *faj* 'porteur'". *RdE* 6 (1951): 232.
Werning, Daniel. *Das Höhlenbuch im Grab des Petamenophis (TT33): Szenen, Texte, Wandtafeln*. BSAW 66. Berlín: Edition Topoi, 2019.
Westendorf, Wolfhart. "Der Rezitationsvermerk *ṯs-pẖr*". Páginas 383–402 en *Ägyptologische Studien*. Editado por Otto Firchow. Berlín: Akademia, 1955.

———. "Göttinger Totenbuchstudien (Spruch 335 der Sargtexte und Kapitel 17 des Totenbuches)". *GM* 7 (1973): 29–30.

———. "Isisknoten". Página 204 en *Lexikon der Ägyptologie* I–VI. Editado por Wolfgang Helck y Eberhard Otto. Wiesbaden: Harrassowitz, 1975–1989.

———. "Die Lehre von den zwei Ewigkeiten und ihre Nutzanwendung durch den Toten, dargestellet Anhand des 17. Kapitels des Totenbuches". Páginas 183–208 en *Göttinger Totenbuchstudien: Beiträge zum 17. Kapitel*. Editado por Wolfhart Westendorf. GOF 4.3. Wiesbaden: Harrassowitz, 1975.

Willems, Harco. "The Nomarchs of the Hare Nome and Early Middle Kingdom History". *JEOL* 28 (1985): 80–102.

———. *Chests of Life: A Study of the Typology and Conceptual Development of Middle Kingdom Standard Class Coffins*. Leiden: Vooraziatisch-Egyptisch Genootschap, 1988.

———. "Deir el-Bersheh: A Preliminary Report". *GM* 110 (1989): 75–95.

———. "De rotsgraven van Deir el-Bersheh". *Phoenix* 38 (1992): 7–13.

———. *The Coffin of Heqata (Cairo 36418): A Case Study of Egyptian Funerary Culture of the Early Middle Kingdom*. OLA 70. Lovaina: Peeters, 1996.

———. "The Shu-spells in Pratice". Páginas 197–209 en *The World of the Coffin Texts*. Editado por Harco Willems. EgUit 9. Leiden: Nederlands Instituut voor het Nabije Oosten, 1996.

———. "A Note on the Date of the Early Middle Kingdom Cemetery at Ihnasiya al-Medina". *GM* 150 (1996): 99–109.

———. "The Embalmer Embalmed: Remarks on the Meaning of the Decoration of some Middle Kingdom Coffins". Páginas 343–72 en *Essays on Ancient Egypt in Honour of Herman te Velde*. Editado por Jacobus van Dijk. EgMem 1. Groningen: Styx, 1997.

———. "De autobiografie van Ahanacht I uit Deir al-Barsja". Páginas 57–70 en *Zij schreven geschiedenis: Historische documenten uit het Oude Nabije Oosten (2500–100 v.Chr.)*. Editado por Robert J. Demarée y Klaas R. Veenhof. MVEOL 33. Leiden: Peeters, 2003.

———. "The Social and Ritual Context of a Mortuary Liturgy of the Middle Kingdom (CT Spells 30–41)". Páginas 253–72 en *Social Aspects of Funerary Culture in the Egyptian Old and Middle Kingdoms*. Editado por Harco Willems. OLA 103. Lovaina: Peeters, 2003.

———. "The Feather of the West". *RdE* 56 (2005): 208–13.

———. *Les Textes des Sarcophages et la démocratie: éléments d'une histoire culturelle du Moyen Empire égyptien; quatre conférences présentées à l'EPHE, Section des Sciences Religieuses, Mai 2006*. París: Cybèle, 2007.

———. *Dayr al-Barsha I: The Rock Tombs of Djehutinakht (17K74/1), Khnumnakht (17K74/2) and Iha (17K74/3)*. OLA 155. Lovaina: Peeters, 2007.

———. “Nomarchs and Local Potentates: The Provincial Administration in the Middle Kingdom”. Páginas 341–92 en *Ancient Egyptian Administration.* HdO I.104. Editado por Juan Carlos Moreno García. Leiden: Brill, 2013.
———. *Historical and Archaeological Aspects of Egyptian Funerary Culture: Religious Ideas and Ritual Practice in Middle Kingdom Elite Cemeteries.* CHANE 73. Leiden: Brill, 2014.
———. “High and Low Niles: A Natural Phenomenon and Its Mythological Interpretation according to Plutarch, De Iside et Osiride 38 and Coffin Texts Spell 168”. *JEA* 100 (2014): 488–93.
———. “Family Life in the Hereafter according to Coffin Texts Spells 131–146: A Study in the Structure of ancient Egyptian Domestic Groups”. Páginas 447–72 en *Lotus and Laurel: Studies on the Egyptian Language and Religion in Honour of Paul John Frandsen.* Editado por Rune Nyord y Kim Ryholt. CNIP 39. Copenhague: Tusculanum, 2015.
———. “A Fragment of an Early Book of Two Ways on the Coffin of Ankh from Dayr al-Barshā (B4B)”. *JEA* 104 (2018): 1–12.
———. “Who Am I? An Emic Approach to the So-called ‘Personal Texts’ in Egyptian ‘Funerary Literature’”. Páginas 204–48 en *Concepts in Middle Kingdom Funerary Culture: Proceedings of the Lady Wallis Budge Anniversary Symposium held at Christ’s College, Cambridge, 22 January 2016.* Editado por Rune Nyord. CHANE 102. Leiden: Brill, 2019.
Williams, Bruce. “The Date of Senebtisi at Lisht”. *Serapis* 3 (1975–1976): 41–58.
Winand, Jean. “Le verbe *ỉy/ỉw*: unité morphologique et sémantique”. Páginas 357–87 en *Proceedings of the Second International Conference on Egyptian Grammar (Crossroads II); Los Angeles, October 17-20, 1990.* Editado por Antonio Loprieno. LingAeg 1. Gotinga: Seminar für Ägyptologie und Koptologie, 1991.
———. “The *Tale of Sinuhe*: History of a Literary Text”. Páginas 215–43 en *Interpretations of Sinuhe.* Editado por Harold Hays, Frank Feder y Ludwig Morenz. EgUit 27. Leiden: Peeters, 2014.
———. “Quand le texte en suffit plus: éléments de réflexion sur la notion de paratexte dans l’Égypte ancienne”. Páginas 11–40 en *Signes dans les textes: continuités et ruptures des pratiques scribales en Égypte pharaonique, gréco-romaine et byzantine; actes du colloque international de Liège (2-4 juin 2016).* Editado por Nathan Carlig, Guillaume Lescuyer, Aurore Motte y Nathalie Sojic. PapLeod 9. Lieja: Presses Universitaires de Liège, 2020.
Winlock, Herbert E. “The Tombs of the Kings of the Seventeenth Dynasty at Thebes”. *JEA* 10 (1924): 217–77.
Yamazaki, Seria. “Repeating the Ritual Underground: Performance of the Royal Object Ritual in the Middle Kingdom”. Páginas 161–89 en *Variability in the Earlier Egyptian Mortuary Texts.* HES 21. Editado por Carlos Gracia Zamacona. Boston: Brill, 2024.

Yoyotte, Jean. "Contribution à l'histoire du chapitre 162 du Livre des Morts". *RdE* 29 (1977): 194–202.

Zakrzewska, Ewa D. "Formal Syntactic Description of the Old Perfective in the Coffin Texts: Presentation of Methods and Results". Páginas 111–20, vol. III, en *Akten des vierten internationalen Ägyptologen Kongresses: München 1985* I–IV. Editado por Sylvia Schoske. Hamburgo: Buske, 1988.

Zandee, Jan. "De reis van de dode". *JEOL* 15 (1957–1958): 65–71.

———. *Death as an Enemy according to Egyptian Conceptions*. Leiden: Brill, 1960.

———. "De Buck, Adriaan, The Egyptian Coffin Texts VII". Páginas 31–44 en *Annual Egyptology Bibliography*. Editado por Jozef M. A Janssen. Leiden: Brill, 1961.

———. "Sargtexte, Spruch 75". *ZÄS* 97 (1971): 155–62.

———. "Sargtexte, Spruch 75. Fortsetzung (CT I 348b–372c)". *ZÄS* 98 (1972): 149–55.

———. "Sargtexte, Spruch 75. Schluss (CT I 372d–405c)". *ZÄS* 99 (1973): 48–63.

———. "Sargtexte, Spruch 76". *ZÄS* 100 (1973): 60–71.

———. "Sargtexte, Spruch 77 (CT II 1–17)". *ZÄS* 100 (1973): 71–72.

———. "Bericht über die Arbeiten zu Sargtexten und Totenbuch an der Universität Utrecht". *GM* 7 (1973): 35.

———. "Sargtexte, Spruch 78 (CT II 19–23c)". *ZÄS* 100 (1974): 141–44.

———. "Sargtexte, Spruch 79 (CT II 23d–27c)". *ZÄS* 100 (1974): 145–49.

———. "Sargtexte, Spruch 80 (CT II 27d–43)". *ZÄS* 101 (1974): 62–79.

———. "Sargtexte, Spruch 81 (CT II 44)". *ZÄS* 101 (1974): 80.

———. "Sargtexte um über Wasser zu verfügen (CT V 8–22; Sprüche 356–362)". *JEOL* 8 (1975–1976): 1–47.

———. "Bemerkungen zu einigen Kapiteln aus den Sargtexten". Páginas 511–29 en *Fragen an die altägyptische Literatur: Studien zum Gedenken an Eberhard Otto*. Editado por Jan Assmann, Erika Feucht y Reinhard Grieshammer. Wiesbaden: Reichert, 1977.

———. "Egyptian Funerary Ritual: Coffin Texts, Spell 173". *BiOr* 41 (1984): 5–33.

———. "Sargtexte, Sprüche 363–366 (Coffin Texts V 23–28)". Páginas 165–81 en *Funerary Symbols and Religion*. Editado por Jacques H. Kamstra, H. Milde y Kees Wagtendonk. Kampen: Kok, 1988.

Zeidler, Jürgen. *Pfortenbuchstudien; Teil 1: Textkritik und Textgeschichte des Pfortenbuches; Teil 2: Kritische Edition des Pfortenbuches nach den Versionen des Neuen Reiches*. GÖF 4.36. Wiesbaden: Harrassowitz, 1999.

Zitman, Marcel. *The Necropolis of Assiut: A Case Study of Local Egyptian Funerary Culture from the Old Kingdom to the End of the Middle Kingdom* I–II. OLA 180. Lovaina: Peeters, 2010.

Índices
General

activación, 193
architexto, 53
ataúd
  disposición de la momia, 75, 99
  lados, 16–17, 113, 149
  plano del fondo, 94
autobiografías, 113
barquero, 73, 78–83, 109
camino, 92–93
campo de los juncos, 78–83, 102, 104
canal desbordante, 78–83, 102, 110
canon, 193
circuito solar, 71–75, 78–91, 102, 108, 161–62, 170
cognitivismo, 194
conectividad social, 195
"constelaciones", 195
conocimiento, 78–89, 91–93, 102, 109–10, 112
corporeidad, 195
cortesía / descortesía (*(im)politeness*), 37, 164–76
creencias mortuorias, 1
decanos, 43, 83, 162
decreto, 47
deixis, 100
democratización del más allá, 195
determinativos, 169
diálogo, 83, 112, 114–15, 156, 177
discurso / relato, 196
divinización, 33
ecología de la religión, 196
edición, 196
émico / ético, 196
enemigo (ver poder)
énfasis, 64, 70, 90, 101, 114–19
error / variante creativa, 151–52
escala al cielo, 83–89
escriba, 149–52
escritura retrógrada, 17, 24, 94, 124, 136–37, 145–46, 197, 199, 201
espacios (topografía), 101–3
estemática, 197
eufemismo, 107–8
familia, 33, 43–48, 103–4
festival dorado, 69
finalidad problemática, 114–19
friso de objetos, 135, 145–46, 148, 180, 197
iconismo, 115
identificación / identidad, 70, 88–89, 110, 118
ideogramas, 170
imagen (*facework*), 165, 172
  participantes: distinción ontológica, 165, 167–71
  participantes: distinción jerárquica, 165, 172–76
individuo, 104–7
intertextualidad, 59, 150, 156–64
isla de la llama, 85, 87, 102
justificación (ver legitimación)

lago de fuego, 59
lectura cercana (*close reading*), 14, 21
lectura lejana (*letteratura da lontano, distant reading*), 14, 21, 101, 121, 177–79, 182, 200
legitimación (justificación), 27–29, 70, 100, 112–19, 126–27, 177, 198
metatexto, 59, 69
método, 177–83
mito, 4–5
nomarcas, 153–54
ontological turn, 200
orden, 107–8
orientación, 29, 31
papiro, 127–35
paratexto, 8, 23, 53, 59, 94, 160, 201
padre-hijo, 29–33, 41–43, 95, 103–4
poder, 54–58, 110–12
red, 59, 71–75, 78–83, 108–9
Rosetau, 91–93, 103
rostro, 87, 90
rúbrica, 23–24, 34, 53, 64, 68, 114–15, 133
salir al/durante el día, 42, 60, 63, 68–69
segunda muerte, 112, 119, 169
sincronía / diacronía, 201
supervivencia, 108–10
tablilla, 145–49
tabú alimentario, 50–54, 197
teoría, 1
textos funerarios, 202
textos mortuorios, 156–64, 202
  base de datos, 2–3
  cartas a los muertos, 104, 157
  colaboración, 19, 138–43, 178, 182
  Coffin Text Project, 6, 17
  corpus, 1–4, 179
  documento / testigo / texto, 125–37, 145–46, 148
  ensamblaje (*emboîtement*), 18, 43, 196
  entextualización, 15, 17, 59, 123, 127
  estructura comunicativa, 22–25, 178, 182–83
  fórmula mágica, 77
  fórmulas de repulsión. *Ver* tabú alimentario
  fórmulas multiocurrentes, 181–82
  fórmulas únicas, 155, 181
  "género", 25, 182
  guía (*sšm.w*), 198
  inscripciones de las juntas, 198
  lamadas a los vivos, 157
  MORTEXVAR project, 18
  oralidad y textualidad, 122–25, 202
  performatividad, 4, 157–58, 203
  repositorio, 2, 4
  sampleo, 2, 19, 137–49, 151–52, 180–82, 201
  temas (de fórmulas), 201
  testigo, 2, 15–19, 201
  texto genérico (almacenamiento) y específico (actualizado), 126, 133
  tradición corta, 160–62, 204
  tradición larga, 59, 158–59, 204
  transmisión, 5, 15, 19, 142, 144, 150, 181, 204
  unidad supratextual ("libro"), 8, 25, 158
  unidad textual ("fórmula"), 2, 16, 197
  variabilidad, 18
  versión, 19
textos religiosos, 203
textos sacralizados, 97–101, 124
tiempos segundos, 115–18, 203
toro, 83–89
tratamiento del difunto como osiris, 29
variabilidad, 3, 18, 137–38, 150, 177, 179

Términos egipcios comentados

ꜣb.t (grupo social; se suele traducir por "familia"), 33, 43–48, 104
ꜣḫ (el difunto como entidad brillante y eficaz; se suele traducir por "espíritu"), 26, 29, 34–41, 59, 98, 100, 103, 105–6, 109, 113, 160, 194
i.ꜣḫ.w (zona luminosa de ascenso hacia el cielo), 40
i (exclamación vocativa), 57–58
ib.w (tienda, abrigo de pescadores), 95
bꜣ (el difunto como entidad móvil y con capacidad de reproducción; se suele traducir por "alma"), 26, 34–43, 100, 103, 105–6, 108, 194
imꜣḫ.(y/w) (tratamiento transitorio del difunto; aquel que accede o ha accedido a *i.ꜣḫ.w*; se suele traducir por "venerable"), 26, 91
pr.t m hrw (salida al/durante el día), 53, 60, 68–69
mꜣʿ.t (orientación; de donde, orden, justicia, verdad), 1, 38, 113, 117
mn pn (referencia no actualizada al difunto: "este fulano"), 58
mdw ḏd.(w) (marca de verificación), 130–34, 145
hꜣ (exclamación vocativa), 57–58
ḥkꜣ.w (se suele traducir por "magia"), 97–100, 106, 110
ḫpr (manifestación, adopción de un aspecto determinado por parte del difunto, frecuentemente por medio de su *bꜣ*; se suele traducir por "transformación"), 27, 34–41, 100, 102, 104–7, 183, 204
ḫpr mdw.t (se ha producido el veredicto), 69
zš n ḫpr.w (registro de transformados), 69
sꜣḫ.w (conversión del difunto en *ꜣḫ* por parte de un oficiante; los textos usados con ese fin, "liturgias"; se suele traducir por "transfiguración"), 27–29, 59–71, 99, 105–7, 112–13, 183, 200, 204
smꜣʿ-ḫrw (legitimar, justificar), 57
sḫm m (tener poder sobre algo o alguien, disponer de algo), 54–58, 110–12
šꜣb.ty (figurilla-avatar del difunto), 75–78, 108
kꜣ (el difunto como entidad relacionada con la alimentación; se suele traducir por "doble"), 43, 98, 198
ḏd mdw (decir las palabras), 69, 130–32

Documentos

(lista completa en los anexos III y IV)

A1C 139, 166
B1Be 166
B1Bo 96, 113–14, 137–45, 166
B2Bo 57–58, 74, 107
B3Bo 113
B4Bo 57–58, 113
B1C 43–48, 145–49, 166
B3C 59, 89–93, 166
B4C 114
B5C 94
B6C 166
B9C 78–83
B10C 96, 166
B12C 29–33, 134, 174
B13C 174
B16C 174
B17C 47, 166
B20C 174
B1L 47, 89, 91
B2L 47, 75–78, 166
B3L 41–43, 47, 145
B4L 47
B1P 75, 93–96, 116–17, 166
B2P 47
B1Y 58
BH1Br 68–69
Estela Louvre C14 97
G1T 114, 116, 134, 139, 166
G2T 47
M3C 11, 166
M4C 166
M5C 11, 166
M20C 166
M1NY 170–71
M1War 125
pBerlin 10 480–82, 12–13, 57–58, 126, 133
pGardII 47, 53, 137–45
pGardIII 127–30, 137–45
pGardIV 133
pGolenischeff 133
pWeill 133
Pirámide de Ibi 137–45, 187–91
Pirámide de Iput 147
Pirámide de Merenra 147
Pirámide de Neit 147
Pirámide de Pepi I 137–45, 147
Pirámide de Pepi II 137–45, 147
Pirámide de Teti 137–45, 147
Pirámide de Unis 147
Pirámide de Wedyebteni 147
S1C 34–41, 43, 47, 50–54, 57–58, 166
S2C 47, 54–58, 71–75, 166
S10C 83–89
S14C 166
S17C 112
Sq4C 47
Sq5C 12
Sq6C 12
Sq3Sq 47
Sq4Sq 59
T1Be 5
T2Be 5, 60
T3Be 5

Textos

Libro de los Muertos (BD = Book of the Dead), 199
Libro de los Muertos (BD = Book of the Dead), fórmulas
6 78
15 161, 163
17 69
144–147 161, 163
146 118
166 160
Libro de la Salida al Día. *Ver* Libro de los Muertos
Textos de los Ataúdes (CT = Coffin Texts), 202
Textos de los Ataúdes (CT = Coffin Texts), pasajes
I 1 29
I 12a 169
I 56c–58a 116
I 68a 110
I 102a–106c 117
I 160g–161b 174
I 161c–162f 103
I 164g 33
I 178q 111
I 182h 168
I 187e 101
I 210b–204b 48
I 254b 96
I 330a–333b 165–66
II 60a 107
II 158c–d 175
II 89c 99
III 4d 98
III 174l 169
III 212–213a 127
III 220b–233a 111–12
III 232–233b 58
III 296 m 99
IV 6 b–7l 106
IV 57i–58f 99–100, 105–6
IV 96c–d 93
IV 184–185b 69
IV 186b 59
IV 188a 59
IV 228–229b 27
IV 243d 68
IV 290b–293f 69
IV 310a 69, 106
IV 348a–b 74
IV 353b 74
IV 356b 74
IV 357a–c 74, 174
IV 357d–e 73
IV 358a 74
IV 359b 74
V 45a–b 114
V 47b–e 116
V 267e 96
V 315d 98
V 385m–o 172
VI 13c–g 83, 110
VI 13h–14g 108–9
VI 15e–16e 110
VI 230a 113
VI 248a 84

VI 248g 84
VI 248k 88
VI 249b 84, 88
VI 249i 84
VI 250u-v 89
VI 270w 110–11
VI 308p-q 114
VI 310e-f 175
VI 312a-b 111, 114
VII 27r 169
VII 83j 173
VII 98s 110
VII 253c 91
VII 255d 90
VII 256b 90
VII 521b 95
VII 521f 94
VIII 46–75 145
Textos de los Ataúdes (CT = Coffin Texts), fórmulas
1 27–29, 103
38 29–33, 103, 174
49 41
75 34–41, 106–7
90 107
94 41–43, 108
105 106
131–146 47
146 43–48, 103–4
149 106
210 48–50, 108
215 50–54
225 54–58, 111–12, 127
269 106
271 106
274 41
284 106
335 59–71, 106–7
343 71–75, 78, 107, 109–10
383 114
389 145
395–398 83
472 75–78, 108
473 78–83, 109–10, 181
474–481 78, 83, 181
513 89
573 90
577 89
618 113
629 83–89, 112
682 113–14, 137–45, 185–91
747 89
942–944 128–29
990 137–45, 187–91
1029 89–91, 103
1072 91–93, 103
1185 89, 93–96, 103
Textos de los Ataúdes (CT = Coffin Texts), "libros"
Libro de las cámaras de Thot 199
Libro del campo de las ofrendas200
Libro de los dos caminos 6, 13, 59, 89–96, 155, 163, 199
Libro de llevar Maat a Ra 199
Libro de las palabras divinas 199
Libro de la red 181, 197
Libro de Shu 200
Textos de las Pirámides (PT = Pyramid Texts) 202
Textos de las Pirámides (PT = Pyramid Texts), pasajes
137a 148
138a-c 147–48
139a 148
833a 101
Textos de las Pirámides (PT = Pyramid Texts), fórmulas
213–214 145–49
273–274 90
450 101
627B 137–45, 187–91
669 137–45, 185–87
Textos de las Pirámides (PT = Pyramid Texts), "libros"
Fórmulas de Nut 162
Vigilias nocturnas (*Stundenwachen*)152

Autores modernos

Allen, James P. 9, 11, 13, 22
Allen, Thomas G. 23
Altenmüller, Brigitte 8
Arquier, Bernard 18
Assmann, Jan 1, 8, 22, 69, 178, 182
Austin, John 157
Backes, Burkhard 13
Bakhtin, Mikhail 25, 178, 182
Bárta, Miroslav 20
Barriales Valbuena, Iker 180
Bauman, Richard 15, 127
Bell, Catherine 11
Benveniste, Émile 22
Biber, Douglas 25
Bickel, Susanne 12–13
Birch, Samuel 5
Borghouts, Joris 8
Breasted, James 6
Briggs, Charles 15, 127
Brovarski, Edward J. 12
Byrne, David 19, 142, 178
De Buck, Adriaan 7, 22
De Cenival, Jean-Louis 5, 9
Dahms, Jan-Michael 12
Dobbin-Bennett, Tasha 11–12
Doret, Éric 9
Dulíková, Veronika 20
Enmarch, Roland 23
Erman, Adolf 5
Eschenbrenner Diemer, Gersande 20
Fatah, Ahmed G. 12
Feyerabend, Paul 178
Gardiner, Alan 6
Geisen, Christina 12
Genette, Gérard 23
Gracia Zamacona, Carlos 10, 23–24
Grajetzki, Wolfram 12
Grieshammer, Reinhard 8
Guerra Méndez, César 180
Haaf, Julia 178
Hannig, Rainer 12
Hays, Harold 15, 123, 127
Heerma van Voss, Matthieu 7
Hick, Darren H. 14
Hultkranz, Åke 11
Hussein, Ramadan 13
Jiménez-Serrano, Alejandro 20
Johnson, Mark 11
Jousse, Marcel 122
Kahl, Jochem 12
Klotz, David 152
Krauss, Rolf 91
Lacau, Pierre 6
Lakoff, George 11
Landborg, Anne 180
Lapp, Günter 9
Lepsius, Karl Richard 5
Lesko, Leonard 8, 16
Mathieu, Bernard 13
Meyer-Dietrich, Erika 11
Miniaci, Gianluca 12
Van der Molen, Rami 10
Morales, Antonio J. 15
Morenz, Ludwig 12
Moretti, Franco14, 21–22, 177–79, 182
Mrsich, Tycho Q. 23

Nyord, Rune 11
Olette-Pelletier, Jean-Guillaume 23
Ong, Walter 122
Otto, Eberhard 7
Parkinson, Richard 15
Parry, Milman 123
Peust, Carsten 15
Polis, Stéphane 19
Posener, Georges 23
Pries, Andreas 152
Quirke, Stephen 15
Van der Plas, Dirk 10
Ragazzoli, Chloé 150
Regulski, Ilona 12–13, 126
Ridealgh, Kim 165
Roccati, Alessandro 9
Rouder, Jeffrey 178
Russo, Barbara 13, 20
Schack-Schackenburg, Hans 6
Schenkel, Wolfgang 9, 14
Schmücker, Reinold 14
Schwab, A. 9
Servajean, Jean 150
Sethe, Kurt 6–7
Sherbiny, Wael 13
Silverman, David 9
Sobchuk, Oleg 178
Sokolova, Marina I. 23
Stasse, Baudouin 19
Steindorff, Georg 5
Thompson, Sandra A. 114
Topmann, Doris 13
Trovato, Paolo 14
Valloggia, Michel 9
Vernus, Pascal 11
Wallin, Patrik 13
Willems, Harco 9–12, 15
Winand, Jean 15, 23–24
Zandee, Jan 7
Zitman, Marcel 12

Antropónimos egipcios

ꞽImꜣ	5
ꞽIqr	134
Wꜣḥ-kꜣ-Rꜥ	9
Wḫ-ḥtp	170–71
Wḫ-šms	125
Mnṯ.w-ḥtp.(w)	5
Mzḥ.ty	57
Mdw-nfr	9
Nḫt	112
Ḥqꜣ-tꜣ	10
Ḫsw	9
H̱.ty	132
Zpi	145–49
Sbk-ꜥꜣ	5
Sdḫ	57, 126, 133
Ḏḥwty-nḫt.(w)	113

www.ingramcontent.com/pod-product-compliance
Lightning Source LLC
Chambersburg PA
CBHW021935290426
44108CB00012B/851
9781628375589